学术著作

重庆抗战遗址遗迹保护研究

编委会名单

主　　　编：黄晓东　张荣祥
副 主 编：艾智科　石丽敏
编　　委：陶　昕　杨　雨
　　　　　张　莉　夏伙根

重庆出版集团　重庆出版社

图书在版编目(CIP)数据

重庆抗战遗址遗迹保护研究 / 黄晓东, 张荣祥主编. —重庆: 重庆出版社, 2013.6

ISBN 978-7-229-06351-1

Ⅰ.①重… Ⅱ.①黄… ②张… Ⅲ.①抗日战争—革命纪念地—研究—重庆市 Ⅳ.①K878.23

中国版本图书馆 CIP 数据核字(2013)第 045422 号

重庆抗战遗址遗迹保护研究
CHONGQING KANGZHAN YIZHI YIJI BAOHU YANJIU

主　编　黄晓东　张荣祥
副主编　艾智科　石丽敏

出 版 人：罗小卫
责任编辑：曾海龙　林　郁
责任校对：李小君
装帧设计：重庆出版集团艺术设计有限公司·陈　永　吴庆渝

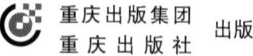 重庆出版集团
　　　　　重庆出版社　出版

重庆长江二路 205 号　邮政编码：400016　http://www.cqph.com
重庆出版集团艺术设计有限公司制版
自贡兴华印务有限公司印刷
重庆出版集团图书发行有限公司发行
E-MAIL:fxchu@cqph.com　邮购电话：023-68809452
全国新华书店经销

开本：740mm×1 030mm　1/16　印张：41　字数：705 千
2013 年 6 月第 1 版　2013 年 6 月第 1 次印刷
ISBN 978-7-229-06351-1
定价：82.00 元

如有印装质量问题，请向本集团图书发行有限公司调换：023-68706683

版权所有　侵权必究

《中国抗战大后方历史文化丛书》

编纂委员会

总 主 编: 章开沅
副总主编: 周 勇

编 委: (以姓氏笔画为序)

山田辰雄	日本庆应义塾大学教授
马振犊	中国第二历史档案馆副馆长、研究馆员
王川平	重庆中国三峡博物馆名誉馆长、研究员
王建朗	中国社科院近代史研究所副所长、研究员
方德万	英国剑桥大学东亚研究中心主任、教授
巴斯蒂	法国国家科学研究中心教授
西村成雄	日本放送大学教授
朱汉国	北京师范大学历史学院教授
任 竟	重庆图书馆馆长、研究馆员
任贵祥	中共中央党史研究室研究员、《中共党史研究》主编
齐世荣	首都师范大学历史学院教授
刘庭华	中国人民解放军军事科学院研究员
汤重南	中国社科院世界历史研究所研究员
步 平	中国社科院近代史研究所所长、研究员
何 理	中国抗日战争史学会会长、国防大学教授
麦金农	美国亚利桑那州立大学教授
玛玛耶娃	俄罗斯科学院东方研究所教授

陆　大　钺	重庆市档案馆原馆长、中国档案学会常务理事
李　红　岩	中国社会科学杂志社研究员、《历史研究》副主编
李　忠　杰	中共中央党史研究室副主任、研究员
李　学　通	中国社会科学院近代史研究所研究员、《近代史资料》主编
杨　天　石	中国社科院学部委员、近代史研究所研究员
杨　天　宏	四川大学历史文化学院教授
杨　奎　松	华东师范大学历史系教授
杨　瑞　广	中共中央文献研究室研究员
吴　景　平	复旦大学历史系教授
汪　朝　光	中国社科院近代史研究所副所长、研究员
张　国　祚	国家社科基金规划办公室原主任、教授
张　宪　文	南京大学中华民国史研究中心主任、教授
张　海　鹏	中国史学会会长，中国社科院学部委员、近代史研究所研究员
陈　　晋	中共中央文献研究室副主任、研究员
陈　廷　湘	四川大学历史文化学院教授
陈　兴　芜	重庆出版集团总编辑、编审
陈　谦　平	南京大学中华民国史研究中心副主任、教授
陈　鹏　仁	台湾中正文教基金会董事长、中国文化大学教授
邵　铭　煌	中国国民党文化传播委员会党史馆主任
罗　小　卫	重庆出版集团董事长、编审
周　永　林	重庆市政协原副秘书长、重庆市地方史研究会名誉会长
金　冲　及	中共中央文献研究室原常务副主任、研究员
荣　维　木	《抗日战争研究》主编、中国社科院近代史研究所研究员
徐　　勇	北京大学历史系教授
徐　秀　丽	《近代史研究》主编、中国社科院近代史研究所研究员
郭　德　宏	中国现代史学会会长、中共中央党校教授
章　百　家	中共中央党史研究室副主任、研究员
彭　南　生	华中师范大学历史文化学院教授
傅　高　义	美国哈佛大学费正清东亚研究中心前主任、教授

温贤美　四川省社科院研究员
谢本书　云南民族大学人文学院教授
简笙簧　台湾国史馆纂修
廖心文　中共中央文献研究室研究员
熊宗仁　贵州省社科院研究员
潘　洵　西南大学历史文化学院教授
魏宏运　南开大学历史学院教授

编辑部成员（按姓氏笔画为序）

朱高建　刘志平　吴　畏　别必亮　何　林　黄晓东　曾海龙　曾维伦

总　序

章开沅

　　我对四川、对重庆常怀感恩之心,那里是我的第二故乡。因为从1937年冬到1946年夏前后将近9年的时间里,我在重庆江津国立九中学习5年,在铜梁201师603团当兵一年半,其间曾在川江木船上打工,最远到过今天四川的泸州,而启程与陆上栖息地则是重庆的朝天门码头。

　　回想在那国破家亡之际,是当地老百姓满腔热情接纳了我们这批流离失所的小难民,他们把最尊贵的宗祠建筑提供给我们作为校舍,他们从来没有与沦陷区学生争夺升学机会,并且把最优秀的教学骨干稳定在国立中学。这是多么宽阔的胸怀,多么真挚的爱心!2006年暮春,我在57年后重访江津德感坝国立九中旧址,附近居民闻风聚集,纷纷前来看望我这个"安徽学生"(当年民间昵称),执手畅叙半个世纪以前往事情缘。我也是在川江的水、巴蜀的粮和四川、重庆老百姓大爱的哺育下长大的啊!这是我终生难忘的记忆。

　　当然,这八九年更为重要的记忆是抗战,抗战是这个历史时期出现频率最高的词语。抗战涵盖一切,渗透到社会生活的各个层面。记得在重庆大轰炸最频繁的那些岁月,连许多餐馆都不失"川味幽默",推出一道"炸弹汤",即榨菜鸡蛋汤。……历史是记忆组成的,个人的记忆汇聚成为群体的记忆,群体的记忆汇聚成为民族的乃至人类的记忆。记忆不仅由文字语言承载,也保存于各种有形的与无形的、物质的与非物质的文化遗产之中。历史学者应该是文化遗产的守望者,但这绝非是历史学者单独承担的责任,而应是全社会的共同责任。因此,我对《中国抗战大后方历史文化丛书》编纂出版寄予厚望。

抗日战争是整个中华民族(包括海外侨胞与华人)反抗日本侵略的正义战争。自从19世纪30年代以来，中国历次反侵略战争都是政府主导的片面战争，由于反动统治者的软弱媚外，不敢也不能充分发动广大人民群众，所以每次都惨遭失败的结局。只有1937年到1945年的抗日战争，由于在抗日民族统一战线的旗帜下，长期内战的国共两大政党终于经由反复协商达成第二次合作，这才能够实现史无前例的全民抗战，既有正面战场的坚守严拒，又有敌后抗日根据地的英勇杀敌，经过长达8年艰苦卓绝的壮烈抗争，终于赢得近代中国第一次民族解放战争的胜利。我完全同意《中国抗战大后方历史文化丛书》的评价："抗日战争的胜利成为了中华民族由衰败走向振兴的重大转折点，为国家的独立，民族的解放奠定了基础。"

中国的抗战，不仅是反抗日本侵华战争，而且还是世界反法西斯战争的重要组成部分。

日本明治维新以后，在"脱亚入欧"方针的误导下，逐步走上军国主义侵略道路，而首当其冲的便是中国。经过甲午战争，日本首先占领中国的台湾省，随后又于1931年根据其既定国策，侵占中国东北三省，野心勃勃地以"满蒙"为政治军事基地妄图灭亡中国，独霸亚洲，并且与德、意法西斯共同征服世界。日本是法西斯国家中最早在亚洲发起大规模侵略战争的国家，而中国则是最早投入反法西斯战争的先驱。及至1935年日本军国主义者通过政变使日本正式成为法西斯国家，两年以后更疯狂发动全面侵华战争。由于日本已经与德、意法西斯建立"柏林—罗马—东京"轴心，所以中国的全面抗战实际上揭开了世界反法西斯战争(第二次世界大战)的序幕，并且曾经是亚洲主战场的唯一主力军。正如1938年7月中共中央《致西班牙人民电》所说："我们与你们都是站在全世界反法西斯的最前线上。"即使在"二战"全面爆发以后，反法西斯战争延展形成东西两大战场，中国依然是亚洲的主要战场，依然是长期有效抗击日本侵略的主力军之一，并且为世界反法西斯战争的胜利作出了极其重要的贡献。2002年夏天，我在巴黎凯旋门正好碰见"二战"老兵举行盛大游行庆祝法国光复。经过接待人员介绍，他们知道我也曾在1944年志愿从军，便热情邀请我与他们合影，因为大家都曾是反法西斯的战士。我虽感光荣，但却受之有愧，因为作为现役军人，未能决胜于疆场，日本就宣布投降了。但是法国老兵非常尊重中国，这是由于他们曾经投降并且亡国，而中国则始终坚持英勇抗战，并主要依靠自己的力量赢得最后胜利。尽管都是"二战"的主要战胜国，毕竟分量与地位有所区别，我们千万不可低估自己的抗战。

重庆在抗战期间是中国的战时首都，也是中共中央南方局与第二次国共合作的所在地，"二战"全面爆发以后更成为世界反法西斯战争远东指挥中心，因而具有多方面的重要贡献与历史地位。然而由于大家都能理解的原因，对于抗战期间重庆与大后方的历史研究长期存在许多不足之处，至少是难以客观公正地反映当时完整的社会历史原貌。现在经由重庆学术界倡议，并且与全国各地学者密切合作，同时还有日本、美国、英国、法国、俄罗斯等外国学者的关怀与支持，共同编辑出版《中国抗战大后方历史文化丛书》，堪称学术研究与图书出版的盛事壮举。我为此感到极大欣慰，并且期望有更多中外学者投入此项大型文化工程，以求无愧于当年的历史辉煌，也无愧于后世对于我们这代人的期盼。

在民族自卫战争期间，作为现役军人而未能亲赴战场，是我的终生遗憾，因此一直不好意思说曾经是抗战老兵。然而，我毕竟是这段历史的参与者、亲历者、见证者，仍愿追随众多中外才俊之士，为《中国抗战大后方历史文化丛书》的编纂略尽绵薄并乐观其成。如果说当年守土有责未能如愿，而晚年却能躬逢抗战修史大成，岂非塞翁失马，未必非福？

2010年已经是抗战胜利65周年，我仍然难忘1945年8月15日山城狂欢之夜，数十万人涌上街头，那鞭炮焰火，那欢声笑语，还有许多人心头默诵的杜老夫子那首著名的诗："剑外忽传收蓟北，初闻涕泪满衣裳！却看妻子愁何在？漫卷诗书喜欲狂。白日放歌须纵酒，青春作伴好还乡。即从巴峡穿巫峡，便下襄阳向洛阳。"

即以此为序。

庚寅盛暑于实斋

（章开沅，著名历史学家、教育家，现任华中师范大学东西方文化交流研究中心主任）

目 录

总　序 ……………………………………………… 章开沅 1

绪　论 ……………………………………………………… 1
　一、相关研究综述 ……………………………………… 2
　二、研究思路与主要创新点 …………………………… 4
　三、研究的重点与难点 ………………………………… 5
　四、研究的意义 ………………………………………… 6

总　论

第一章　重庆抗战遗址遗迹的内涵与价值 …………… 9
　一、重庆抗战遗址遗迹的内涵 ………………………… 9
　二、保护重庆抗战遗址遗迹的重要价值 …………… 12

第二章　重庆抗战遗址遗迹保护的历程与现状 …… 15
　一、重庆抗战遗址遗迹的保护历程 ………………… 15
　二、重庆抗战遗址遗迹的保护现状 ………………… 18

第三章　重庆抗战遗址遗迹的分布及其特点 ……… 35
　一、重庆抗战遗址遗迹的分布状况 ………………… 35
　二、重庆抗战遗址遗迹分布的特点 ………………… 38

第四章　重庆抗战遗址遗迹保护的目标和原则 ·················· 42
一、重庆抗战遗址遗迹保护的目标 ·················· 42
二、重庆抗战遗址遗迹保护的原则 ·················· 44

第五章　重庆抗战遗址遗迹保护的方法 ·················· 46
一、重庆抗战遗址遗迹保护的核心理念 ·················· 46
二、重庆抗战遗址遗迹保护的主要模式 ·················· 48
三、重庆抗战遗址遗迹保护的主要步骤 ·················· 51

第六章　比较视野下的重庆抗战遗址遗迹保护研究 ·················· 57
一、世界各国对遗址保护的认识 ·················· 57
二、世界二战遗址保护的典型案例分析 ·················· 59
三、国际视野下重庆抗战遗址遗迹保护的建议 ·················· 65

分　论

中共中央南方局、八路军重庆办事处旧址 ·················· 71
中共中央南方局、八路军重庆办事处附属旧址 ·················· 75
新华日报营业部旧址 ·················· 80
中共代表团驻地旧址 ·················· 84
中美合作所旧址 ·················· 86
重庆谈判遗址群 ·················· 89
同盟国驻渝外交机构遗址群 ·················· 94
新华日报总馆旧址 ·················· 104
中国民主政团同盟暨三民主义同志联合会旧址 ·················· 107
国民政府主席官邸旧址（林园） ·················· 112
史迪威旧居 ·················· 117
国民参政会旧址 ·················· 122
保卫中国同盟总部旧址暨重庆宋庆龄旧居 ·················· 125

大韩民国临时政府旧址 …………………………………… 129

沙磁文化教育遗址群 …………………………………… 133

国民政府军事委员会政治部旧址 ……………………… 141

中共中央南方局外事组旧址 …………………………… 145

张自忠墓 ………………………………………………… 150

万州西山公园抗战纪念遗址群 ………………………… 156

中苏文化协会旧址 ……………………………………… 160

国民政府军事委员会遗址群 …………………………… 164

世界佛学苑汉藏教理院旧址 …………………………… 169

重庆抗战金融遗址群 …………………………………… 174

国民政府行政院旧址 …………………………………… 182

重庆冯玉祥旧居 ………………………………………… 186

山洞抗战遗址群 ………………………………………… 191

国民政府军事委员会政治部第三厅暨文化工作委员会旧址 …… 199

解放碑 …………………………………………………… 205

瀼渡电厂 ………………………………………………… 210

重庆大轰炸遗址群 ……………………………………… 214

重庆黄山抗战遗址群 …………………………………… 221

大公报社重庆旧址 ……………………………………… 234

白沙抗战遗址群 ………………………………………… 238

陈诚公馆旧址 …………………………………………… 246

重庆抗战兵器工业遗址群 ……………………………… 249

国立复旦大学重庆旧址 ………………………………… 259

国立中央图书馆暨国立罗斯福图书馆筹备处旧址 …… 265

国民政府立法院、司法院及蒙藏委员会旧址 ………… 269

国民政府经济部旧址 …………………………………… 273

军政部第二(日军)俘虏收容所旧址 …………………… 277

重庆国民政府外交部旧址 ……………………………… 281

广阳坝飞机场遗址 …… 286
民生公司旧址暨卢作孚旧居 …… 294
南泉抗战遗址群 …… 298
跳伞塔遗址 …… 307
望龙门缆车遗址 …… 311
于右任官邸旧址 …… 315
中国国民党中央执行委员会旧址 …… 318
中国美术学院（研究院）旧址暨徐悲鸿旧居 …… 321
中华全国文艺界抗敌协会旧址 …… 325
中国民主革命同盟旧址 …… 328
潘文华公馆旧址 …… 332
唐式遵公馆旧址 …… 335
戴笠公馆旧址 …… 338
冯玉祥歇台子旧居 …… 340
白鹤嘴石碉堡 …… 344
打枪坝水厂纪念塔 …… 346
大川银行旧址 …… 348
戴笠神仙洞公馆及军统办公室旧址 …… 350
丹麦公使馆旧址 …… 351
飞阁 …… 352
苏军烈士墓 …… 354
桐轩石室 …… 356
佛图关白骨塔 …… 357
佛图关抗战石刻蒋介石题刻处 …… 358
高显鉴公馆旧址 …… 359
归元寺石碉堡 …… 361
国际村旧址 …… 363
国民党警察局旧址 …… 365

国民政府国防部会议厅旧址 …… 367
国民政府军事参议院旧址 …… 369
韩国光复军司令部旧址 …… 370
贺国光旧居 …… 371
红楼 …… 373
胡子昂旧居 …… 375
华威银行旧址 …… 377
交通银行旧址建筑群 …… 378
抗建堂旧址 …… 380
李根固旧居 …… 381
李子坝石碉堡 …… 383
李宗仁旧居 …… 384
李宗仁公馆旧址 …… 385
刘湘公馆旧址 …… 387
孙科公馆旧址 …… 389
鲜宅旧址 …… 391
徐远举公馆旧址 …… 393
中央公园旧址 …… 395
歌乐山抗战石刻群 …… 396
歌乐山林森题刻 …… 400
中国国际广播电台发电站旧址 …… 402
中央研究院地质研究所暨中国科学工作者协会旧址 …… 405
《涵园记》题刻 …… 407
冰心寓所旧址 …… 409
曾俊臣公馆旧址 …… 411
川军总司令行营令题刻 …… 412
邓家彦公馆旧址 …… 413
斐然渠堰坝、题刻 …… 414

冯玉祥题纪念段绳武先生题刻 ································· 416
龚家洞金库旧址 ·· 417
郭勋祺公馆旧址 ·· 418
国民政府国史馆旧址 ··· 419
国民政府军委会交通司电报局旧址 ··························· 420
国民政府内政部旧址 ··· 421
国民政府铨叙部旧址 ··· 422
孔祥熙公馆旧址 ·· 423
吴国桢公馆旧址 ·· 424
国民政府文官处旧址 ··· 425
国民政府驻郊区办事处旧址 ······································ 426
吉星文公馆旧址 ·· 427
金九公馆旧址 ·· 428
宽仁医院门柱 ·· 429
刘牧虎公馆旧址 ·· 431
刘雨卿、官全斌公馆旧址 ·· 432
盛世才、沈鸿烈公馆旧址 ·· 433
孙炎公馆旧址 ·· 434
唐式遵公馆旧址 ·· 435
王正廷公馆旧址 ·· 436
夏斗寅公馆旧址 ·· 437
许世英公馆旧址 ·· 438
臧克家旧居 ··· 439
张心田公馆旧址 ·· 440
山洞隧道 ··· 441
私立赈济初级中学旧址 ··· 442
松堡美国教会学校旧址 ··· 443
项家院 ··· 445

新华日报印刷所旧址 …… 446

于右任监察院办公室旧址 …… 447

大公报印刷厂遗址 …… 448

观音阁 …… 450

军政部军粮局万县第十二仓库暨六战区兵站总监部第六粮服库 …… 451

万州抗日阵亡将士纪念碑 …… 452

杨森万县公馆暨民国万县防空指挥部旧址 …… 454

青岛海军军官学校旧址 …… 456

狮子寨炮台旧址 …… 457

天生城炮台旧址 …… 458

杨沧白墓 …… 459

吕超墓 …… 462

曾子唯公馆旧址 …… 464

王家湾国民政府高等法院旧址 …… 466

鱼洞中坝机场遗址（大中坝机场） …… 468

木洞中坝海军修械所旧址 …… 470

木洞海军修械所档案库旧址 …… 471

关门石题刻 …… 473

经济部中央工业试验所旧址 …… 475

瞿塘峡抗战摩崖题刻 …… 478

中国西部科学院旧址 …… 480

峡防局旧址（文昌宫） …… 483

中国科学社生物研究所旧址 …… 485

鹿钟麟公馆旧址 …… 487

五云山寨 …… 488

建业岗别墅群 …… 489

安达森洋行旧址 …… 491

塘坎村抗战题刻 …… 492

美国使馆酒吧旧址 ·· 493

美国大使馆武官公寓旧址 ·· 494

新华信托储蓄银行旧址 ·· 496

南山邮政总局及其别墅旧址 ·· 497

重庆市私立南山中学遗址 ·· 499

杜月笙公馆旧址 ·· 500

汪山别墅 ·· 501

王陵基别墅旧址 ·· 502

孔香园 ··· 503

泉山炮台遗址 ··· 504

英国大使馆南山别墅旧址 ·· 505

中华剧艺社旧址 ·· 506

潘文华公馆旧址 ·· 507

何北衡旧居 ·· 508

中国银行货币发行处旧址 ·· 509

国民政府中央国际电台旧址 ··· 510

国民政府中央造币厂旧址 ·· 511

重庆中华职业学校旧址暨于学忠将军旧居 ···················· 512

汉渝公路渝北段旧址 ··· 514

杜家冶炼高炉旧址 ·· 515

中央大学柏溪分校旧址 ·· 516

兵工署第二十五兵工厂弹药库洞旧址 ··························· 517

大竹林临时弹药库旧址 ·· 518

柏溪于学忠将军旧居 ··· 519

悦来南京青年会中学校旧址 ··· 520

梁实秋旧居（雅舍） ··· 521

中国乡村建设学校旧址暨晏阳初旧居 ··························· 523

中国词典馆暨军政部陆军制药研究所旧址 ···················· 525

阳翰笙创作地旧址（竹楼）………………………………………… 526
林森主席山庄旧址（馨室）………………………………………… 528
数帆楼 ………………………………………………………………… 530
陈书农公馆旧址（农庄）…………………………………………… 531
国立江苏医学院重庆旧址 …………………………………………… 532
国民政府司法院行政部旧址 ………………………………………… 533
美龄堂 ………………………………………………………………… 534
国民党中央警卫署旧址 ……………………………………………… 536
北川铁路——白庙子码头绞车遗址 ………………………………… 537
梁漱溟旧居 …………………………………………………………… 539
国民政府行政法院旧址 ……………………………………………… 541
最高法院检察署旧址 ………………………………………………… 542
桃花溪电站旧址 ……………………………………………………… 543
军政部第十一陆军医院旧址 ………………………………………… 544
罗围中心校旧址 ……………………………………………………… 545
第七保育院旧址 ……………………………………………………… 546
抗战建国阵亡将士纪念碑 …………………………………………… 548
明诚中学旧址 ………………………………………………………… 549
国民党中央党部党史资料编撰委员会旧址 ………………………… 551
朱再明墓 ……………………………………………………………… 552
南京内学院旧址 ……………………………………………………… 553
陈独秀旧居 …………………………………………………………… 555
国立中央图书馆旧址 ………………………………………………… 557
欧阳渐墓 ……………………………………………………………… 559
米邦沱日机炸弹爆炸点遗址 ………………………………………… 560
朝天嘴码头 …………………………………………………………… 561
夏坝国立第二华侨中学旧址 ………………………………………… 562
国民政府四川省建设厅园艺场旧址 ………………………………… 564

后勤总司令部驻川粮积处第二十六仓库白沙堆积所旧址 …… 565

乐善堂 …… 566

白沙第四中山中学班旧址 …… 567

艾坪山防空洞 …… 568

邓鹤丹、邓燮康合葬墓 …… 569

国立女子师范学院旧址 …… 571

邓家院子 …… 572

白沙新运纺织厂旧址 …… 573

江津简易乡村师范学校旧址 …… 575

大塔遗址 …… 576

钓鱼城抗战摩崖碑刻 …… 577

育才学校旧址 …… 579

合川国立二中旧址 …… 580

战时儿童保育会直属第三保育院旧址 …… 582

瑞山中学防空洞 …… 584

合川献机运动旧址 …… 586

杨瑞符墓 …… 588

崇敬中学东岳庙旧址 …… 590

甘家坝军粮仓库旧址 …… 592

豫丰和记纱厂合川支厂旧址 …… 593

大昌冶炼厂旧址 …… 595

崇敬中学天平寨旧址 …… 596

江陵机器厂遗址 …… 597

王伯群墓 …… 598

石家花园 …… 599

绿川英子、刘仁旧居暨反攻杂志社旧址 …… 601

黄生芝公馆旧址 …… 603

兵工署第二十一兵工厂旧址 …… 604

国民党社会部第一保育幼院旧址 …………………………………… 606

军政部后方医院旧址 …………………………………………………… 607

三民印刷所旧址 ………………………………………………………… 608

龙章造纸厂旧址 ………………………………………………………… 609

蜀都中学旧址 …………………………………………………………… 611

兵工署第二十六兵工厂旧址 …………………………………………… 612

綦江闸坝群旧址 ………………………………………………………… 613

綦江中学张家沟旧址 …………………………………………………… 614

綦江齿轮厂遗址 ………………………………………………………… 615

潼南陆军机械化学校遗址群 …………………………………………… 616

铜梁林森公馆 …………………………………………………………… 619

秀山抗日阵亡将士纪念碑 ……………………………………………… 620

参考文献 ……………………………………………………………… 621

后　记 ………………………………………………………………… 631

绪 论

抗战时期，重庆是中国战时首都、中共中央南方局所在地、抗日民族统一战线的重要政治舞台和世界反法西斯战争东方战场统帅部所在地，为中国抗日战争和世界反法西斯战争的胜利作出了巨大的历史贡献。抗战时期，重庆由于其特殊的历史地位，留下了大批文物、建筑及其附属品。这些众多的遗迹广泛分布在现今重庆所辖各区县，它们既是抗战历史的见证，也是当前重庆重要的文化资源。2007年至2009年，以开展全国文物第三次普查为契机，重庆市对包括抗战遗址在内的近现代不可移动文物遗迹作了调查。2008年以来，重庆把推进抗战大后方文化的研究提高到重要文化战略高度，写入市委三届五次全委会"决定"，编制印发《重庆中国抗战大后方历史文化研究与建设工程规划纲要》，启动了历史文化研究、文物抢救保护、文献档案整理出版、文艺精品创作、文化设施建设、对外交流合作等六个方面工作。2010年5月，重庆市政府批准了《重庆抗战遗址遗迹保护利用总体规划》。至此，重庆抗战遗址遗迹的保护与开发利用工作进入到一个新的阶段。2012年6月，重庆市第四次党代会明确强调要实施特色文化培育工程，将抗战文化与巴渝文化、统战文化和非物质文化一起并列为重庆文化建设的四大内容，要求加以挖掘、保护和传承，这再次凸显了抗战大后方文化研究与建设的重要性，有助于今后抗战遗址遗迹保护工作的进一步开展。

一、相关研究综述

抗日战争是中华民族从衰败走向振兴的伟大转折。在这一时期,中华民族为抵御日本侵略,书写了一部部可歌可泣的壮丽史诗,同时也形成了丰富多彩的抗战文化。抗战遗址遗迹是抗战文化的物质载体,是一种具有视觉效果和现实利用价值的抗战文化。然而,在很长时间内,抗战遗址遗迹研究并没有受到文博学界的重视。事实上,抗战遗址遗迹同文献资料一样,都是对历史典藏与记忆的一种方式。因此,研究抗战遗址遗迹是研究抗战史,是深刻认识和发掘抗战文化的主要方式。

重庆现存的抗战遗址遗迹数量在全国居首,其相关研究工作开展得相对较早,成果也较多。较早涉足这一领域的是重庆的文化学者,例如陈文渝在1988年曾出版了《陪都遗迹·重庆林园》,对一些抗战遗址作了简单介绍(重庆出版社,1988)。紧接着,重庆市沙坪坝区地方志办又编撰了《抗战时期的陪都沙磁文化区》(科学技术文献出版社,1989)。尔后,一批文化人士、政协委员在20世纪90年代初专门就筹建抗战陪都博物馆计划进行了讨论,此举得到重庆市委的认可与支持,相关的专题研究也由此逐步展开。王戎和潘洵各自在21世纪初对重庆抗战文化资源的分布状况、保护措施等作了探讨。稍后,廖庆渝以实地考察为基础,采取图文并茂的方式撰写了《重庆歌乐山陪都遗址》,集中对歌乐山中的抗战遗址作了介绍(四川大学出版社,2005)。

值得注意的是,重庆的一些城市规划学者在论及城市文化景观时将抗战遗址遗迹也纳入其研究的范围,试图用规划学的理论来阐释遗址遗迹保护与开发利用。如杜春兰、李燕在文章中就认为,重庆抗战遗址遗迹保护和利用不仅可以延续历史文脉,也可以丰富人文景观,并对如何保护、利用好抗战遗址遗迹提出了一些建议。最近,曹春霞、钱紫华在2011中国城市规划年会上发文,认为重庆抗战遗址遗迹保护应该将历史文化的挖掘与展现、物质空间形态的保护与修缮、功能复兴与旅游价值的合理利用有机结合,构建可持续的保护利用模式。

与此同时,重庆的文博工作者也广泛开展了抗战遗址遗迹方面的研究。冯开文曾在1996年撰文对重庆抗战遗址遗迹作了综观性介绍,对我们初步了解重庆抗战遗址遗迹的基本面貌有重要意义。2003年至2005年,张荣祥主持了国家文物局课题《重庆抗战遗址遗迹有效保护与合理利用》,对重庆抗战遗址遗迹作了一次比较全面的梳理,提出了诸多建议,具有较大的理论和现实意义。2005年,邓又萍等人撰写了《陪都溯踪》(重庆出版社,2005),探寻了一些重要抗战遗址的历史渊源,并对这些遗址的基本面貌作了介绍。最近,艾智科则以城市化的视角比较系统地阐述了重庆抗战遗址遗迹的保护价值,并从基本原则、主要模式、保障措施三个方面论述了重庆抗战遗址遗迹保护利用的对策。总的来讲,重庆抗战遗址遗迹研究已经取得了明显成效,并得到了社会的广泛关注。2010年,重庆市规划设计研究院和重庆相关文博机构联合编制了《重庆抗战遗址遗迹保护与开发利用总体规划》,对进一步推进重庆抗战遗址遗迹保护与开发利用产生了重要影响。尽管已有不少成果,但有关重庆抗战遗址遗迹的基础性研究仍然十分匮乏,特别是以实地调查为前提而展开的,对抗战遗址遗迹内涵与价值、保护历程与现状、分布及其特点等问题的探讨,还有待深入;对抗战遗址遗迹的保护原则、模式以及规律还需要作全面解读,以形成更为有效的范式意义;对主要抗战遗址遗迹的来源、空间形制、内部结构以及保护与开发利用的建议,均还要提出更为详尽的见解。

在其他地区,无论是从文史意义,还是从城市规划范畴,又或是从文物与博物馆学视角对抗战遗址遗迹的研究都相对较少。据我们所能查阅到的信息而言,目前仅有吴建宏的《芷江抗战受降遗址》(《抗日战争研究》,1994年第3期)、李建平的《广西抗战和"二战"遗址保护与旅游开发互动关系研究》(《沿海企业与科技》,2008年第12期),任振儒的《喜峰口长城抗战遗址考证》(《中国长城博物馆》,2010年第4期)等三篇研究性论文,以及李建平主编的《抗战遗踪:广西抗战文化遗产图集》(广西人民出版社,2005)一书,其他多为新闻报道或景点宣传介绍。可见,目前有关抗战遗址遗迹的研究仍然十分薄弱,需要探讨的内容还有很多。尤其是对遗址遗迹保护与开发利用理论的研究和总结,还比较粗浅,也很难与实际操作结合起来。

二、研究思路与主要创新点

(一)研究思路

抗战遗址遗迹保护是一项系统工程,涉及到的学科知识较多,实际操作的环节也十分复杂。抗战遗址遗迹保护研究则是基于保护实践的认知,在不断比较、鉴别、总结之后,对其中的概念、判断、推理、逻辑、方法以及结论等问题所作的学术探讨,具有很强的理论性,同时也具有一定的实践意义。因此,本书以国家文物第三次普查数据为基础,以实地调查为前提而展开对抗战文化遗址遗迹内涵与价值、保护历程与现状、分布及其特点等问题的探讨,比较全面地阐释抗战文化遗址遗迹的保护原则、模式以及规律,同时采取比较研究的方式对重庆抗战遗址遗迹保护提出一些建议。本书分为绪论、总论、分论三部分,以理论研究为基础,采用图文并茂的方式分别阐述重庆现有395处抗战遗址遗迹的来源、空间形制、内部结构、主要价值以及保护建议。

(二)主要创新点

鉴于目前抗战遗址遗迹保护与利用研究的状况和重庆抗战遗址遗迹保护与利用的实际,本书在以下几个方面作了创新:

1. 首次系统地对重庆抗战遗址遗迹进行理论研究,比较完整地梳理重庆抗战遗址遗迹的历程,阐释重庆抗战遗址遗迹的基本内涵、整体价值、保护原则、模式及规律。

2. 首次全面地对重庆各个抗战遗址遗迹的来源、形制、价值和保护建议进行探讨,使得各个抗战遗址遗迹都能比较清晰地呈现在世人面前,并能更好地促进今后的保护和利用工作。

3. 首次对重庆抗战遗址遗迹与国外二战的遗址保护工作进行比较研究,并从中提出一些可行性建议。

4. 首次将博物馆学、文物学与历史学、文化遗产、城市规划学、文化生态学、环境保护学等多学科交叉研究的方法运用于重庆抗战遗址遗迹保护与利用的研究中。

三、研究的重点与难点

（一）本书的重点有以下三点

1. 全面查清抗战时期内迁重庆的政治、经济、军事、外交、教育和文化等重要机构、重要人物、重大事件发生的确切地点及代表性建筑，在第三次文物普查的基础上，采取分类统计、分析的方式，建立比较完整的"重庆抗战遗址遗迹名录体系"，形成了对重庆抗战遗址遗迹比较全面的宏观性认识。

2. 针对目前重庆抗战遗址遗迹的保护现状，提出今后遗址遗迹保护的基本理念和模式以及遵循的原则。

3. 采取比较研究的方法，借鉴国外二战遗址保护和利用的成功经验和成熟模式，总结重庆抗战遗址遗迹保护和利用的经验教训，提出具有建设性的改进措施，以供参考。

（二）面对重庆抗战遗址遗迹点多面广的实际情况，本书的难点有以下三点

1. 田野调查工作量特别大，操作环节繁琐，需要大量人力、物力和财力支撑。

2. 缺乏现有的完善的理论体系支撑，故研究过程中，需要综合运用到博物馆学、文物学与历史学、文化遗产、城市规划学、文化生态学、环境保护学等多学科的理论，并略作探索和创新，构成本课题的基本理论构架。

3. 政治性和政策性强，学术的规范性和操作的可行性要求高。我们在研究中，将尽可能地使用最近的规范性表述，但由于工作量大、精力有限，文本的叙述很可能还会出现不可避免的错误，这将在以后的研究中不断丰富和改进。

四、研究的意义

第一,系统论述重庆抗战遗址遗迹保护的理论问题,促进遗址遗迹保护研究工作的开展。当前,学者的研究多关注抗战史本身所涉及的人物、事件等问题,有关抗战遗址遗迹保护特别是其理论方面的论述还不多见,而古代遗址遗迹保护的报告、著述则相对较为成熟。因此,本书的出版,在推动近现代遗址遗迹保护的理论探索上具有开拓性意义。相信,通过本书所涉及相关问题的研究,可以开启遗址保护学更多领域的研究。

第二,逐一理清重庆各抗战遗址遗迹的基本状况,并提出具体保护建议,进而有助于改善重庆抗战遗址遗迹保护工作。重庆市抗战遗址遗迹的数量庞大、分布广泛,各抗战遗址遗迹的来源、形制和价值都值得详细探讨。本书的研究在这方面做出了巨大努力,并取得了良好的成果。这对于各个抗战遗址遗迹保护成果的展示以及今后保护工作的进一步开展,都有较大的现实意义。

第三,推动抗战大后方历史文化工程,促进文化大发展、大繁荣。本书是在重庆市抗战大后方历史文化工程背景下开展的,各方面的研究也取得了较大进展,既富有学术性,也具有实践性。因此,在文化大发展、大繁荣的今天,本书的研究能够增强人们对抗战遗址遗迹和抗战文化的认识,从而更好地推动大后方历史文化研究与建设工程的进一步开展。

总 论

第一章　重庆抗战遗址遗迹的内涵与价值

长期以来,学界并没有对抗战遗址遗迹的内涵与价值作深入探讨或严格界定,只是专注于现实生活中的实践操作。然而,如果没有一个基本的认识,就很难在实际操作中产生持久而良好的效果。重庆是目前全国范围内保留抗战遗址遗迹最多的城市,对抗战遗址遗迹的内涵作明确界定,对其价值作比较全面的分析,是深入认识和理解抗战遗址遗迹的首要问题,也是更好地利用和保护抗战遗址遗迹的首要问题。

一、重庆抗战遗址遗迹的内涵

文化遗址,通俗地讲就是与人类文明演进息息相关,反映人类的文化内涵及其时代特征的工程或地点。遗址的一般性特点是不完整性,具有一定的区域范围。考古学范畴的文化遗址还常常是指深埋于地下的遗迹,人们可以通过发掘这类文化遗址探求古代人类的生活轨迹。然而,随着时间的推移,历史遗留给人们的文化积淀越来越丰厚,文化遗址的概念也早已超越了考古学所及的外延。《中华人民共和国文物保护法》也明确将"与重大历史事件、革命运动或者著名人物有关的以及具有重要纪念意义、教育意义或者史料价值的近现代重要史迹、实物、代表性建筑"列为保护对象。事实上,今天的文化遗址所涵盖的范围将越来越多地包括近现代文物、建筑及其附属品。

重庆是中国历史文化名城,有着悠久的历史和较为深厚的文化传承。重庆的文化遗址资源十分丰富,全市不可移动文物一万多处。这既包括了以龙骨坡洞穴遗址和大溪文化遗址等为代表的展示重庆地区人类早期活动的遗址,也包括了以大足石刻、钓鱼城和明玉珍墓葬等为代表的展示重庆地区古代人类社会发展的遗址,同时还包括了以海关、教堂、租界和抗日战争遗迹等为代表的展示重庆地区近代社会变迁的遗址。毫无疑问,抗战遗址是重庆各个时代文化遗址的重要组成部分,也反映着重庆城市发展的历史进程和文明特质。

由于重庆及其周边地区具有良好的战略优势,符合战时之需,还在抗战之前就被国民政府视作巩固统治的后方根基。1935年3月4日,蒋介石就明确指出:"就四川地位而言,不仅是我们革命的一个重要地方,尤其是我们中华民国立国的根据地。无论从哪方面讲,条件都很完备。人口之众多,土地之广大,物产之丰富,文化之普及,可以说为各省之冠。"抗日战争全面爆发后,鉴于"对空安全"、"对海陆敌人之袭击有适当之安全距离",以及战场形势的发展和保存民族之基本等问题的考虑,全国绝大部分党政组织、文化名人、各工厂以及教育机构纷纷后撤。1937年11月19日,国民政府国防最高会议决定迁都重庆。第二天,《国民政府移驻重庆宣言》发表。国民政府中央各机构陆续迁至重庆办公。与此同时,蒋介石、林森、冯玉祥、孔祥熙、宋子文、陈果夫、陈立夫、戴笠等国民党党政要员纷纷在重庆设立官邸。随着国民政府及其主要工作人员的迁渝,世界各国驻华机构、办事处以及著名新闻媒体也来到重庆,并以重庆为中心开展活动。在中国共产党方面,为了更好地进行国共合作,中共中央南方局于1939年1月在重庆正式成立。在周恩来的领导下,秦邦宪、吴玉章、叶剑英、董必武、邓颖超、郭沫若、王炳南等人在重庆开展了广泛的抗日救亡活动,留下了众多革命遗迹。不仅如此,抗战时期活跃在重庆的还有张澜、沈钧儒、鲜英、史良等民主人士,有卢作孚、康心如等实业家,有马寅初、茅盾、田汉、徐悲鸿、梁实秋等知识分子,他们的居所与活动足迹也是抗战遗址的组成部分。在抗战期间,重庆还接纳了西迁的绝大部分高校、工厂、媒体和金融机构,高校如中央大学、复旦大学、交通大学等,工厂如第一、二、十、二十、二十一兵工厂等,媒体如《中央日报》《新华日报》《大公报》等,金融机构如中央银行、交通银行、中国银行、农业银行等。抗战时期的重庆还受到了日军的狂轰滥炸,其原址以及与此相关的墓葬、石刻和纪念物都是值得永久保存的。

综上所述,重庆抗战遗址遗迹就是指受抗日战争影响,在重庆留存的以国民政府遗址和中共中央南方局驻地为代表的重要史迹和重要机构旧址,外事机构,军事建筑及设施,名人故(旧)居,工业遗产建筑及附属物,名人墓、烈士墓及纪念设施,交通道路设施,金融商贸建筑,文化教育卫生建筑及附属物,石刻题记,其他等11大类不可移动文物。

然而,文化遗址遗迹的内涵并不单单是指这些不可移动文物,它还应该包括该文物所体现出的文化背景和文化演变过程。因此,抗战遗址遗迹应该是一种充分彰显人文价值和城市品位的载体,它是一种代表着民族历史和集体记忆的文化载体。单霁翔曾指出,在理念上,"文化遗产保护比文物保护更突出两个方面:一个是更突出世代传承性,二是更突出公众参与性"。他进一步强调,"所谓世代传承性,强调今天我们所做的所有保护和利用工作都是一个历史过程。我们认识到保护不是目的,利用也不是目的,真正的目的是传承,是能够使我们祖先创造的文明成果完整无损地、世世代代地传承下去";"所谓公众参与性,强调文物保护不是各级政府或文物工作者的专利,而是广大群众的共同事业,只有每一个人都意识到保护文化遗产的权利和义务,文化遗产才是最安全的"。由此,我们又可以看出,重庆抗战遗址遗迹不仅仅是指抗战时期重庆留存下来的各种不可移动文物之躯壳,还应该指文物本体背后所包含的各种人文信息以及以此而构建的城市记忆。这种记忆与巴渝文化、统战文化一样,都是重庆文化的重要范畴,是建构重庆精神时必不可少的关键要素。

近代以后重庆这座城市的发展经历了几个具有标志性的阶段:开埠—抗战—西南大区—三线建设—改革开放—直辖。其中,抗战是重庆城市化的一个跨越时期。抗日战争留给重庆的是一座极为丰富的历史宝库,而抗战遗址遗迹则是全国人民为维护民族独立和争取民族解放在重庆展开活动的历史镜像，体现了中华民族在国危家难、艰难困苦中形成的心理素质、意识形态和生活习俗等。人们在抗战中生存，城市从抗战中走来，这就是重庆抗战遗址遗迹所要表达的一个重要意涵。毫无疑问，抗战遗址遗迹是重庆这座历史文化名城最富价值、最具代表性的资源，是重要的文化资源和城市发展的宝贵财富。我们保护和利用抗战遗址遗迹，就是要认识和理解抗战精神的实质，传承和发扬抗战文化的精髓，培育和提高市民的文化素养，营造和增强城市的人文气息。从这个意义上讲，抗战遗址遗迹的保护与利用就是要在专门机构规划的基础上，发挥广大市民参与的积极性，让抗战文化走进城市生活，真正成为市民共享的文化资源。

二、保护重庆抗战遗址遗迹的重要价值

重庆抗战遗址遗迹是中华民族抗日战争这段悲壮而辉煌历史的经历者，是国共合作、共赴国难、奋力拯救民族危亡的伟大见证者，是中国人民为世界反法西斯战争的胜利、为维护世界和平作出卓越贡献的不可替代的历史场所，是全世界华人华侨伸张正义、救亡图存民族精神的物化载体。同时，重庆抗战遗址遗迹也是日本法西斯侵略暴行的历史罪证。毫无疑问，重庆抗战遗址遗迹不仅与近代重庆城市发展和市民生活息息相关，是今天重庆城市文化资源的重要组成部分，还是中华民族从衰败走向振兴的历史见证，也是世界人民反对侵略、爱好和平的历史见证。因此，保护好重庆抗战遗址遗迹具有极高的历史文物价值和现实意义。

第一，铭记历史，构建集体记忆。抗日战争时期既是重庆城市近代化最重要的时期，也是中华民族所受灾难最为深重的时期。众所周知，抗战全面爆发后，全国的主要资源都向大后方聚集，作为战时首都的重庆在获得空前发展的同时，也成了抗战的重心。抗战时期的重庆历史在中华民族的抗战史

中占据十分重要的地位。在这一过程中,产生了伟大的抗战精神和影响深远的红岩精神,弘扬了优良的爱国主义传统,也产生了丰富多彩的统战文化,它们既是重庆的,更是民族的。因此,保护抗战遗址遗迹一方面是对重庆城市发展史的再认识,另一方面也是对民族存亡与全民抗战这段历史的铭记。这是由历史发展的客观过程所决定的。可见,无论是对重庆市民而言,还是对中华民族而言,保护抗战遗址遗迹都是构建集体记忆的重要方式。

第二,保护文物,继承优秀文化遗产,促进社会文明。《中华人民共和国文物保护法》明确指出了保护文物的目的在于"继承中华民族优秀的历史文化遗产,促进科学研究工作,进行爱国主义和革命传统教育,建设社会主义精神文明和物质文明"。重庆抗战遗址遗迹本身以及与之相关的器物与文献都是文物的重要范畴,它们或者与重大事件或人物有关,或者体现了明显的近代特征。这些文物都具有重要的科研、教育价值,是传播文化知识所必需的。另外,抗战的目的是为了和平,和平的价值观与文化知识一样,都是社会文明的重要范畴,保护抗战遗址遗迹能够更好地彰显社会文明。

第三,更好地促进统一战线建设,加强台海两岸交流。抗战时期,在抗日民族统一战线的基础上,在以重庆为中心的舞台上,国共双方密切合作,并号召各民主党派、社会团体以及其他阶层力量都团结起来,同仇敌忾,形成了一道坚不可摧的长城。尽管中间有分歧和摩擦,但合作是主流。抗战胜利后,重庆谈判、全国政治协商会议均在重庆召开,这充分体现了重庆是这一时期统一战线重要舞台的历史地位。而今,两岸正频繁接触,且总的方向是好的,两岸在与抗战相关的项目上也进行了广泛的交流。以此来看,保护抗战遗址遗迹可以在体现对历史尊重的同时,更好地构筑统一战线建设和台海两岸交流的平台。

第四,进一步夯实符合重庆城市发展定位的文化基础,促进重庆科学发展。抗战时期,重庆城市地位空前提高,它是战时首都、南方局所在地、统一战线重要舞台和国际反法西斯远东指挥中心,这就使得重庆成为今天全国抗战遗址遗迹最为丰富、最为集中的城市之一。抢救战时首都遗迹、保护红岩革命遗址,可以彰显重庆在我国近代史和中共党史上的特殊地位和突出作用。当前,重庆已经是国家五个中心城市之一,中西部唯一的直辖市,这样的城市定位必须要有一个相应的文化载体来支撑。抗战遗址遗迹的保护应该在这一过程中扮演着无可替代的重要角色,它必然成为重庆文化资源开发与城市文化魅力展示的重要方式。正如有学者所指出的那样:"抢救保护好这些抗战遗址,关系到重庆城市文化的建设与创新,关系到重庆人文精神的培育,关系到重庆实现科学发展的竞争力和软实力。"由此可见,抗战遗址遗迹保护实际上也是提升重庆人民精气神,推动重庆整体、协调、科学发展的重要内容。

综上所述,保护和利用好抗战遗址遗迹既是一项历史任务和社会工作,也是一项政治任务。通俗地讲,这样既可以尊重历史,又可以让市民享用文化大餐;既可以认知历史,又可以传承文化;既可以还原历史,又可以通过历史搭建合作交流的平台;既可以典藏历史,又可以从历史中寻找当今城市发展的新因素。

第二章 重庆抗战遗址遗迹保护的历程与现状

相对于其他城市而言,重庆抗战遗址遗迹的保护工作开展得较早,也形成了不少成果。这与重庆抗战遗址遗迹的数量和规模有关,也是历届重庆市委、市政府和相关文博机构努力的结果。但是,受种种因素的影响,重庆抗战遗址遗迹保护的现状也不容乐观。近乎一半以上的遗址遗迹已经消失,而现存的遗址遗迹也存在大量的损坏。即便是已经列入保护议程,或者已经对外开放展示的遗址遗迹,也有很多不足和缺陷。可见,重庆抗战遗址遗迹保护工作任重而道远。

一、重庆抗战遗址遗迹的保护历程

重庆的抗战遗址遗迹保护工作从新中国成立后就已经展开了,但多以革命遗迹为主。较早的如八路军重庆办事处在1958年即被定为第一批四川省省级文物保护单位,1961年又被国务院公布为第一批全国重点文物保护单位。"文革"期间,重庆的抗战遗址遗迹保护工作受到较大影响,各项工作基本停滞,不少遗址遗迹遭到破坏。1977年,重庆市发布《关于保护革命纪念地、文物古迹、风景和文化体育等公共活动场所的规定》,要求对红岩村、曾家岩50号、上清寺桂园、鹅岭公园、南山公园等遗址恢复原状,加以保护。1983

年，重庆市公布了改革开放后第一批市文物保护单位，其中包括革命遗址及革命纪念建筑物15处。1982年至1985年期间，重庆市政府对林园的林森官邸、蒋介石官邸和宋美龄宅邸等陪都遗址进行了维修；对北碚张自忠将军墓进行了修整，建成了烈士陵园；对郭沫若故居、国民政府军事委员会政治部文化工作委员会旧址进行了修复。1986年，重庆被国务院公布为国家历史文化名城，进一步推动了抗战遗址遗迹保护工作。1988年，歌乐山烈士陵园被国务院列为全国重点文物保护单位。1992年，重庆市政府拨专款，采取"整旧如旧"的方式，对黄山抗战遗址作了修缮。1996年，重庆市人民政府颁布了《重庆市人民政府关于公布郭沫若旧居等92处市级文物保护单位保护范围和保护管理办法的通知》，该办法对当时的市级文物保护单位逐一作了保护说明，其中有一大批属于抗战遗址，这为推动后来抗战遗址保护工作的开展起了极为重要的作用。1997年，重庆市被列为直辖市。随着城市地位的提高和城市发展的加快，重庆抗战遗址遗迹的保护更加受到重视，其保护的范围更广，保护的力度也逐渐加大。

2000年，重庆颁布了直辖后的第一批市级文物保护单位名单，共148处。其中，近现代史迹和代表性建筑有58处，绝大多数为抗战遗址。2004年2月重庆市政府公布了《重庆红岩遗址保护区管理办法》，2005年9月重庆市颁布施行《重庆市实施〈中华人民共和国文物保护法〉办法》，均对历史文化遗址保护作了明确规定，如《重庆市实施〈中华人民共和国文物保护法〉办法》第十款明确提出，"抗日战争时期、重庆开埠时期及其他具有历史价值的近现代建筑物、构筑物及其遗存"，纳入文物保护的范畴。这些办法规定明确了抗战遗址遗迹保护的方式和方法。与此同时，重庆市于2004年12月编制的《重庆历史文化名城保护规划》、2007年9月国务院批准的《重庆城乡总体规划》均对抗战遗址遗迹保护作了严格的规定。在以上规划的指导下，结合实际需求，重庆市还编制了重点抗战遗址遗迹的保护规划，如《歌乐山烈士陵园保护规划》、《黄山抗战历史文化遗址保护规划》、《重庆冯玉祥旧居保护规划》等。

2007年9月，结合第三次全国文物普查，重庆市组织了抗战文物遗址遗迹专项普查，基本摸清了重庆抗战文物遗址遗迹的家底，对这些遗址遗迹的数量、分级、分类等均作了详细统计。2009年5月,重庆市政府下发《关于切实加强危旧房改造工程中文物保护工作的通知》,强调抗战遗址保护工作;6月,市委三届五次全委会,将抗战遗址遗迹保护列入九件实事之一,借此成立了以市委市政府分管领导为组长、15个部门为成员单位的重庆市抗战遗址保护和利用工作协调小组,整合、调动起了全市的工作力量。"重庆中国抗战大后方历史文化研究与建设工程"由此诞生。会议还指出:"到2012年,完成中共代表团驻地旧址、刘伯承六店旧居等120处重要革命遗址、抗战遗址的抢险维修,并逐步对外开放。"同年7月,由重庆市文物委员会统一设计、制作保护标牌,对全市13个区县的182处尚未定级的抗战遗址遗迹实施了统一挂牌保护。这年年底,重庆市又颁布了第二批市级文物保护单位名单,共193个。其中,近现代史迹与代表性建筑有89个。抗战遗址遗迹在市级文物保护单位中的比重也明显上升。

除了颁布相关法规和制定措施之外,重庆还加强了抗战遗址遗迹的抢救性维修、开放利用以及科学研究等工作。重庆市目前已经完成宋庆龄重庆旧居、黄山抗战遗址、大韩民国临时政府旧址、冯玉祥旧居、史迪威旧居、宋子文公馆、特园、市委机关大院抗战建筑等78处抗战遗址的抢救性维修,近年来累计投入维修资金2亿多元。在做好维修保护的同时,重庆市已对外开放抗战遗址63处,如黄山抗战遗址博物馆、史迪威陈列馆、重庆宋庆龄旧居陈列馆、冯玉祥旧居陈列馆等。2008年,这些遗址遗迹免费开放共接待参观群众180万人次。另外,直辖后的重庆市还大力加强与抗战有关的课题研究。全市征集抗战文物3000多件及重要抗战影像资料600多分钟,开展了《抗战时期重庆大轰炸》等课题研究。重庆中国三峡博物馆《重庆抗战遗址遗迹有效保护与合理利用》列入国家文物局科研课题项目,重庆红岩联线文化发展管理中心对全市200多处抗战遗址遗迹进行了现状拍照和摄像。2010年,受市委市政府委托,在全面总结之前抗战遗址遗迹保护经验的基础上,重庆市规划设计研究院联合重庆中国三峡博物馆、重庆文化遗产保护中心等单位编制了《重庆抗战遗址遗迹保护利用总体规划》,该规划对重庆抗战遗址遗迹进行了比较全面的清理,就保护的价值、目标、理念、方式、步骤等问题作了初步说明,对接下来的重庆抗战遗址遗迹保护工作产生了重要影响。

二、重庆抗战遗址遗迹的保护现状

经过数十年的努力,重庆抗战遗址遗迹的保护与利用已经取得了较大进展。这首先是一批国家级和市级重点文物保护单位的涌现,其次是保护所涉及的行政区域在扩大,保护所涉及的遗址遗迹种类也在增加,人们对抗战遗址遗迹的认识也在不断提升。下表比较清晰地展现了当前重庆抗战遗址遗迹的保护现状(该表数据以"三普"资料为基础,同时参考了第七批全国重点文物保护单位名录):

表1　重庆抗战遗址遗迹保存状况

编号	名称	所在区县	保护级别	保存状况		
				较好	一般	较差
1	中共中央南方局、八路军重庆办事处旧址	渝中区	国家级	√		
2	中共中央南方局、八路军重庆办事处托儿所旧址	渝中区	国家级	√		
3	中共中央南方局、八路军重庆办事处招待所旧址	渝中区	国家级	√		
4	中共中央南方局、八路军重庆办事处礼堂旧址	渝中区	国家级	√		
5	中共中央南方局、八路军重庆办事处附属建构筑物	渝中区	国家级	√		
6	饶国模旧居	渝中区	国家级	√		
7	周公馆	渝中区	国家级	√		
8	新华日报营业部旧址	渝中区	国家级	√		
9	中共代表团驻地旧址	渝中区	国家级		√	

续表

编号	名称	所在区县	保护级别	保存状况 较好	保存状况 一般	保存状况 较差
10	桂园	渝中区	国家级	√		
11	保卫中国同盟总部旧址暨重庆宋庆龄旧居	渝中区	国家级	√		
12	新华日报总馆旧址	渝中区	市级	√		
13	国民参政会红岩村旧址	渝中区	市级	√		
14	重庆大韩民国临时政府旧址	渝中区	市级	√		
15	国民政府外交部旧址	渝中区	国家级	√		
16	李宗仁官邸	渝中区	市级		√	
17	国立中央图书馆暨罗斯福图书馆筹备处旧址	渝中区	市级		√	
18	蒋介石官邸(市委大院7号楼)	渝中区	国家级	√		
19	国民政府军事委员会侍从室(市委大院9号楼)	渝中区	国家级	√		
20	宋美龄旧居(市委大院2号楼)	渝中区	国家级	√		
21	李宗仁公馆(市委大院6号楼)	渝中区	市级	√		
22	国民政府行政院旧址(市委大院8号楼)	渝中区	国家级	√		
23	中国民主政团同盟暨三民主义同志联合会旧址(特园)	渝中区	国家级	√		
24	国民参政会旧址	渝中区	国家级	√		
25	中苏文化协会旧址	渝中区	市级			√
26	"六五"大隧道惨案遗址	渝中区	市级	√		
27	重庆市消防人员殉职纪念碑	渝中区	市级			
28	大公报社重庆旧址	渝中区	市级			√
29	跳伞塔	渝中区	市级			√
30	望龙门缆车遗址	渝中区	市级			√
31	国民政府军事委员会行营旧址	渝中区	市级			√
32	国民政府军委员会礼堂旧址	渝中区	市级	√		
33	国民政府立法院、司法院、蒙藏委员会旧址	渝中区	国家级	√		

续表

编号	名称	所在区县	保护级别	保存状况		
				较好	一般	较差
34	国民政府经济部旧址	渝中区	市级	√		
35	重庆美国大使馆旧址	渝中区	国家级	√		
36	重庆苏联大使馆旧址	渝中区	国家级	√		
37	土耳其大使馆旧址	渝中区	国家级	√		
38	澳大利亚大使馆旧址	渝中区	国家级	√		
39	丹麦公使馆旧址	渝中区	国家级	√		
40	桐轩石室	渝中区	市级	√		
41	飞阁	渝中区	市级	√		
42	苏军烈士墓	渝中区	市级	√		
43	鹅岭抗战防空洞	渝中区	市级		√	
44	佛图关抗战石刻	渝中区	市级		√	
45	宋子文公馆(怡园)	渝中区	国家级	√		
46	重庆冯玉祥歇台子旧居	渝中区	市级	√		
47	中共中央南方局外事组旧址暨重庆沈钧儒旧居	渝中区	市级		√	
48	郭沫若旧居暨国民政府军事委员会政治部第三厅旧址	渝中区	国家级		√	
49	重庆史迪威旧居	渝中区	国家级	√		
50	中国国民党中央执行委员会旧址(张骧公馆)	渝中区	市级	√		
51	胡子昂旧居	渝中区	市级	√		
52	陈诚公馆	渝中区	市级	√		
53	人民解放纪念碑(抗战胜利纪功碑)	渝中区	国家级	√		
54	交通银行旧址(中央银行、中国银行、中国农民银行旧址)	渝中区	国家级	√		
55	美丰银行旧址	渝中区	国家级	√		
56	国民政府外交部新华路旧址	渝中区	国家级		√	
57	中英联络处旧址	渝中区	国家级		√	
58	打枪坝水厂纪念塔	渝中区	市级	√		

续表

编号	名称	所在区县	保护级别	保存状况 较好	保存状况 一般	保存状况 较差
59	戴笠旧居暨军统办公楼旧址	渝中区	区级	√		
60	潘文华公馆	渝中区	区级	√		
61	中国民主革命同盟会旧址	渝中区	区级		√	
62	戴笠公馆	渝中区	区级	√		
63	刘湘公馆	渝中区	区级	√		
64	法国领事馆旧址	渝中区	国家级		√	
65	唐式遵公馆	渝中区	区级		√	
66	中国国民党中央执行委员会调查统计局旧址	渝中区	区级	√		
67	苏联大使馆武官处旧址	渝中区	国家级	√		
68	宋子文旧居（绿园）	渝中区	文物点	√		
69	王陵基公馆	渝中区	文物点	√		
70	归元寺石碉堡	渝中区	文物点		√	
71	国际村石碉堡	渝中区	文物点		√	
72	李子坝2村石碉堡	渝中区	文物点		√	
73	抗建堂旧址	渝中区	文物点	√		
74	国民政府接待厅旧址	渝中区	文物点	√		
75	交通银行印钞厂旧址	渝中区	文物点	√		
76	高显鉴公馆	渝中区	文物点	√		
77	国民政府军事参议院旧址	渝中区	文物点	√		
78	孙科公馆	渝中区	文物点		√	
79	徐远举公馆	渝中区	文物点			√
80	李根固旧居	渝中区	文物点	√		
81	交通银行学校旧址	渝中区	文物点	√		
82	国民政府国防部会议厅旧址	渝中区	文物点	√		
83	杨森公馆	渝中区	文物点	√		
84	王缵绪公馆	渝中区	文物点	√		
85	王陵基公馆（红楼）	渝中区	文物点	√		

续表

编号	名称	所在区县	保护级别	保存状况 较好	保存状况 一般	保存状况 较差
86	贺国光旧居	渝中区	文物点	√		
87	佛图关白骨塔	渝中区	文物点		√	
88	马鞍山历史建筑	渝中区	文物点		√	
89	白鹤嘴石碉堡	渝中区	文物点	√		
90	川康平民商业银行旧址	渝中区	国家级	√		
91	大川银行旧址	渝中区	文物点			√
92	国民政府侨务委员会档案室旧址	渝中区	文物点		√	
93	颜料同业公会旧址	渝中区	文物点			√
94	国民政府警察局旧址	渝中区	文物点		√	
95	华威银行旧址	渝中区	文物点			√
96	中央公园旧址	渝中区	文物点	√		
97	吴铁城公馆	渝中区	国家级		√	
98	国际村102号历史建筑	渝中区	文物点			√
99	大韩民国光复军司令部旧址	渝中区	文物点			√
100	鲜英旧居	渝中区	文物点			√
101	大韩民国临时政府和平路旧址	渝中区	文物点			√
102	中美合作所"四一"图书馆	沙坪坝区	国家级	√		
103	中美合作所杨家山总办公室	沙坪坝区	国家级	√		
104	中美合作所政训处	沙坪坝区	国家级	√		
105	中美合作所梅园	沙坪坝区	国家级	√		
106	中美合作所气象台	沙坪坝区	国家级	√		
107	国民政府军事委员会政治部第三厅暨文化工作委员会旧址暨重庆郭沫若旧居	沙坪坝区	国家级	√		
108	重庆冯玉祥陈家桥旧居	沙坪坝区	市级	√		
109	国民政府军事委员会政治部旧址暨张治中旧居	沙坪坝区	国家级	√		
110	兵工署第二十四兵工厂旧址	沙坪坝区	国家级		√	
111	林园蒋介石官邸(1号楼)	沙坪坝区	国家级	√		

续表

编号	名称	所在区县	保护级别	保存状况		
				较好	一般	较差
112	林园宋美龄公馆（2号楼）	沙坪坝区	国家级	√		
113	林园马歇尔公馆（3号楼）	沙坪坝区	国家级	√		
114	林园林森官邸（4号楼）	沙坪坝区	国家级	√		
115	林森墓	沙坪坝区	国家级	√		
116	林园美龄舞厅	沙坪坝区	国家级	√		
117	陈诚、顾祝同、罗广文公馆	沙坪坝区	市级			√
118	何应钦官邸	沙坪坝区	市级	√		
119	寅初亭	沙坪坝区	市级	√		
120	重庆大学工学院	沙坪坝区	市级	√		
121	重庆大学理学院	沙坪坝区	市级	√		
122	重庆大学文字斋	沙坪坝区	市级	√		
123	津南村	沙坪坝区	市级	√		
124	重庆南开中学图书馆	沙坪坝区	市级	√		
125	重庆南开中学运动场	沙坪坝区	市级	√		
126	重庆南开中学水塔	沙坪坝区	市级	√		
127	潘文华公馆	沙坪坝区	市级		√	
128	周均时、梁颖文公馆	沙坪坝区	市级	√		
129	林森山洞公馆	沙坪坝区	市级		√	
130	国民政府蒙藏委员会旧址	沙坪坝区	市级		√	
131	张群公馆	沙坪坝区	市级		√	
132	杨森公馆（谷芳山庄）	沙坪坝区	市级	√		
133	范绍增公馆	沙坪坝区	市级		√	
134	周季悔公馆	沙坪坝区	市级		√	
135	夏斗寅公馆	沙坪坝区	市级			√
136	曾俊臣公馆	沙坪坝区	市级		√	
137	唐式遵公馆	沙坪坝区	市级		√	
138	吉星文公馆	沙坪坝区	市级		√	
139	贺耀组、杭立武公馆	沙坪坝区	市级		√	

续表

编号	名称	所在区县	保护级别	保存状况 较好	一般	较差
140	金九公馆	沙坪坝区	区级			√
141	项家院	沙坪坝区	区级	√		
142	吴国桢公馆	沙坪坝区	区级	√		
143	国民政府铨叙部旧址	沙坪坝区	区级	√		
144	重庆市政府歌乐山郊区办公处	沙坪坝区	区级	√		
145	监察院于右任办公室旧址	沙坪坝区	区级			√
146	孔祥熙公馆	沙坪坝区	区级	√		
147	冰心寓所	沙坪坝区	区级	√		
148	鹿钟麟公馆	沙坪坝区	区级	√		
149	新华日报印刷所旧址	沙坪坝区	区级			√
150	兵工署第二十五兵工厂旧址	沙坪坝区	国家级	√		
151	五云山寨	沙坪坝区	文物点	√		
152	重庆大学校门	沙坪坝区	文物点	√		
153	中央大学"七七抗战"礼堂	沙坪坝区	文物点	√		
154	四川省立教育学院旧址	沙坪坝区	文物点	√		
155	"寸心"、"云梯"石刻	沙坪坝区	文物点	√		
156	国民政府文官处旧址	沙坪坝区	文物点			√
157	川军总司令行营告示牌	沙坪坝区	文物点	√		
158	邓家彦公馆	沙坪坝区	文物点			√
159	王正廷公馆	沙坪坝区	文物点	√		
160	宽仁医院歌乐山遗迹	沙坪坝区	文物点		√	
161	"佛"字石刻	沙坪坝区	文物点	√		
162	歌乐山抗战石刻群A区	沙坪坝区	文物点		√	
163	歌乐山抗战石刻群B区	沙坪坝区	文物点		√	
164	歌乐山抗战石刻群C区	沙坪坝区	文物点		√	
165	歌乐山抗战石刻群D区	沙坪坝区	文物点		√	
166	冯玉祥题纪念段绳武先生石刻	沙坪坝区	文物点	√		
167	《涵园记》题刻	沙坪坝区	文物点	√		

续表

编号	名称	所在区县	保护级别	保存状况 较好	保存状况 一般	保存状况 较差
168	山洞隧道	沙坪坝区	文物点		√	
169	龚家洞金库旧址	沙坪坝区	文物点	√		
170	斐然渠堰坝及题刻	沙坪坝区	文物点		√	
171	国民政府内政部旧址	沙坪坝区	文物点			√
172	中央研究院地质研究所暨中国科学工作者协会旧址	沙坪坝区	文物点			√
173	松堡美国教会学校旧址1—7号楼	沙坪坝区	文物点		√	
174	中国国际广播电台发电站旧址	沙坪坝区	文物点		√	
175	郭勋祺公馆	沙坪坝区	文物点	√		
176	国民政府国史馆旧址	沙坪坝区	文物点			√
177	国民政府军委会电报局旧址	沙坪坝区	文物点			√
178	国民政府宪兵连驻地旧址	沙坪坝区	文物点			√
179	何九渊公馆	沙坪坝区	文物点		√	
180	臧克家旧居	沙坪坝区	文物点			√
181	刘雨卿、官全斌公馆	沙坪坝区	文物点			√
182	许世英公馆	沙坪坝区	文物点		√	
183	盛世才、沈鸿烈公馆	沙坪坝区	文物点		√	
184	孙炎公馆	沙坪坝区	文物点	√		
185	刘牧虎公馆	沙坪坝区	文物点			√
186	私立赈济初级中学旧址	沙坪坝区	文物点			√
187	张心田公馆	沙坪坝区	文物点			√
188	黄山云岫楼	南岸区	国家级	√		
189	黄山云峰楼	南岸区	国家级	√		
190	黄山松厅	南岸区	国家级	√		
191	黄山草亭	南岸区	国家级	√		
192	黄山松籁阁	南岸区	国家级	√		
193	黄山莲青楼	南岸区	国家级	√		
194	国民政府军事委员会委员长侍从室	南岸区	国家级	√		

续表

编号	名称	所在区县	保护级别	保存状况		
				较好	一般	较差
195	国民政府军事委员会委员长侍卫室	南岸区	国家级	√		
196	黄山孔园	南岸区	国家级	√		
197	黄山周至柔旧居	南岸区	国家级	√		
198	黄山小学	南岸区	国家级	√		
199	望江亭	南岸区	国家级	√		
200	黄山防空洞1—2	南岸区	国家级	√		
201	广阳岛飞机场碉堡1—8	南岸区	市级			√
202	广阳岛飞机场士兵营房1—3	南岸区	市级			√
203	广阳岛飞机场发电房	南岸区	市级			√
204	广阳岛飞机场库房	南岸区	市级			√
205	广阳岛飞机场防空洞	南岸区	市级			√
206	广阳岛飞机场油库1—6	南岸区	市级		√	
207	广阳岛飞机场美军招待所	南岸区	市级			√
208	南山空军坟	南岸区	市级	√		
209	法国大使馆	南岸区	国家级			
210	苏联大使潘友新旧居	南岸区	国家级	√		
211	印度专员公署	南岸区	国家级	√		
212	法国公使馆旧居	南岸区	国家级	√		
213	经济部中央工业实验所旧址	南岸区	市级			√
214	于右任官邸	南岸区	市级			√
215	美军南山招待所	南岸区	国家级	√		
216	英国大使馆	南岸区	国家级			√
217	美国大使馆武官处	南岸区	国家级	√		
218	建业岗别墅群1—5	南岸区	区级			
219	安达森洋行	南岸区	区级			√
220	美国使馆酒吧	南岸区	区级	√		
221	塘坎村抗战摩崖题刻	南岸区	文物点		√	
222	黄山发电机房	南岸区	国家级	√		

续表

编号	名称	所在区县	保护级别	保存状况 较好	保存状况 一般	保存状况 较差
223	黄山防空炮位	南岸区	国家级	√		
224	广阳岛钢筋水泥平桥	南岸区	文物点			√
225	美国大使馆武官公寓	南岸区	文物点			√
226	比利时大使馆	南岸区	国家级			√
227	意大利大使馆	南岸区	国家级			√
228	新华信托储蓄银行	南岸区	文物点			√
229	邮政总局旧址	南岸区	文物点			√
230	重庆市私立南山中学遗址	南岸区	文物点			√
231	西班牙公使馆	南岸区	国家级	√		
232	杜月笙公馆	南岸区	文物点	√		
233	汪岱玺别墅	南岸区	文物点			√
234	王陵基别墅	南岸区	文物点			√
235	孔香园	南岸区	文物点	√		
236	泉山炮台遗址	南岸区	文物点			√
237	英国大使馆南山别墅	南岸区	文物点	√		
238	邮政总局别墅	南岸区	文物点			√
239	中华剧艺社旧居	南岸区	文物点			√
240	潘文华南山旧居	南岸区	文物点			√
241	何北衡旧居	南岸区	文物点			√
242	中国银行货币发行处旧址	南岸区	文物点			√
243	中央国际电台旧址	南岸区	文物点			√
244	中央造币厂旧址	南岸区	文物点			√
245	中国西部科学院地质研究所（地质楼）	北碚区	国家级		√	
246	中国西部科学院（惠宇楼）	北碚区	国家级	√		
247	卢作孚旧居	北碚区	市级	√		
248	峡防局旧址(文昌宫)	北碚区	国家级			√
249	老舍旧居	北碚区	市级	√		

续表

编号	名称	所在区县	保护级别	保存状况 较好	保存状况 一般	保存状况 较差
250	梁实秋旧居(雅舍)	北碚区	市级	√		
251	中国乡村建设学校旧址暨晏阳初旧居	北碚区	国家级	√		
252	国立复旦大学重庆旧址	北碚区	市级	√		
253	张自忠将军墓	北碚区	市级	√		
254	北碚警报台旧址	北碚区	市级	√		
255	红楼(含清凉亭)	北碚区	国家级	√		
256	世界佛学苑重庆汉藏教理院	北碚区	国家级		√	
257	中国词典馆暨军政部陆军制药研究所	北碚区	市级		√	
258	中国科学社生物研究所(中央研究院生物研究所)	北碚区	市级			√
259	阳翰笙创作地旧址(竹楼)	北碚区	国家级	√		
260	林森主席山庄旧址(罄室)	北碚区	国家级		√	
261	数帆楼	北碚区	国家级		√	
262	陈书农公馆(农庄)	北碚区	国家级		√	
263	国立江苏医学院重庆旧址	北碚区	区级			
264	国民政府司法院行政部旧址	北碚区	区级			√
265	美龄堂	北碚区	区级		√	
266	国民党中央警卫署旧址	北碚区	文物点			√
267	北川铁路—白庙子码头绞车遗址	北碚区	文物点			√
268	梁漱溟旧居	北碚区	国家级	√		
269	国民政府行政法院旧址	北碚区	文物点			√
270	最高法院检察署旧址	北碚区	文物点			√
271	最高法院旧址	北碚区	文物点			√
272	杨沧白墓	巴南区	市级		√	
273	中央政治大学研究部旧址	巴南区	国家级		√	
274	孔祥熙官邸	巴南区	国家级		√	
275	蒋介石小泉官邸	巴南区	国家级	√		

续表

编号	名称	所在区县	保护级别	保存状况 较好	一般	较差
276	陈果夫、陈立夫旧居	巴南区	国家级	√		
277	林森听泉楼别墅	巴南区	国家级			√
278	红旗日本战俘营	巴南区	市级			√
279	鹿角日本战俘营	巴南区	市级			√
280	吕超墓	巴南区	区级		√	
281	曾子唯公馆	巴南区	区级		√	
282	王家湾国民政府高等法院旧址	巴南区	文物点			√
283	鱼洞中坝机场遗址	巴南区	文物点			
284	木洞海军修械所档案库旧址	巴南区	文物点		√	
285	中坝海军修械所旧址	巴南区	文物点		√	
286	关门石题刻	巴南区	文物点		√	
287	中华职业学校暨于学忠将军旧居	渝北区	市级	√		
288	"汉渝公路"渝北段旧址	渝北区	文物点		√	
289	杜家冶炼高炉旧址	渝北区	文物点		√	
290	中央大学柏溪分校旧址	渝北区	文物点			√
291	兵工署第二十五兵工厂弹药库洞	渝北区	文物点			√
292	大竹林临时弹药库旧址	渝北区	文物点		√	
293	柏溪于学忠将军旧居	渝北区	文物点			√
294	悦来南京青年会中学校旧址	渝北区	文物点			√
295	兵工署第二十九兵工厂旧址	大渡口区	国家级		√	
296	徐悲鸿旧居	江北区	市级	√		
297	兵工署第五十兵工厂(望江机械厂)抗战生产洞	江北区	国家级	√		
298	江陵机器厂遗址	江北区	市级			√
299	王伯群墓	江北区	区级	√		
300	石家花园	江北区	区级		√	
301	绿川英子、刘仁旧居暨反攻杂志社旧址	江北区	区级			√
302	黄生芝公馆	江北区	区级	√		

续表

编号	名称	所在区县	保护级别	保存状况 较好	保存状况 一般	保存状况 较差
303	大轰炸死难同胞墓地	江北区	文物点			√
304	兵工署第二十一兵工厂旧址	江北区	文物点	√		
305	兵工署第十兵工厂旧址	江北区	国家级	√		
306	国民党社会部第一保育幼院旧址	江北区	文物点	√		
307	军政部后方医院旧址	江北区	文物点	√		
308	三民印刷所旧址	江北区	文物点			
309	龙章造纸厂旧址	江北区	文物点		√	
310	兵工署第一兵工厂（建设机械厂）抗战生产洞	九龙坡区	国家级	√		
311	明诚中学旧址	九龙坡区	区级	√		
312	国民党中央党部党史资料编撰委员会旧址	九龙坡区	文物点			√
313	朱再明墓	九龙坡区	文物点			√
314	瀼渡电厂旧址	万州区	市级	√		
315	库里申科烈士墓园	万州区	市级			
316	西山公园抗战阵亡将士纪念碑	万州区	市级	√		
317	万县大轰炸白骨塔	万州区	市级			√
318	军政部军粮局第十二仓库旧址	万州区	区级		√	
319	六战区兵站总监部第六粮服库	万州区	区级		√	
320	观音阁	万州区	区级	√		
321	河口小学抗日阵亡将士纪念碑	万州区	区级		√	
322	天生城炮台遗址	万州区	文物点			√
323	狮子寨炮台遗址	万州区	文物点			√
324	青岛海军军官学校旧址	万州区	文物点			√
325	杨森万州公馆	万州区	文物点	√		
326	大公报印刷厂遗址	万州区	文物点			√
327	南京内学院旧址	江津区	市级	√		
328	国民政府审计部旧址	江津区	市级			√

续表

编号	名称	所在区县	保护级别	保存状况 较好	保存状况 一般	保存状况 较差
329	陈独秀旧居	江津区	市级	√		
330	夏仲实公馆	江津区	市级		√	
331	"七七"纪念堂	江津区	市级			√
332	聚奎书院	江津区	市级	√		
333	黑石山抗战题刻	江津区	市级	√		
334	鹤年堂	江津区	市级	√		
335	卞小吾故居	江津区	市级			√
336	第二陆军医院旧址	江津区	市级			√
337	国民党党史编撰委员会旧址	江津区	市级			√
338	高洞电站旧址	江津区	市级		√	
339	国立中央图书馆旧址	江津区	市级			√
340	张爷庙	江津区	市级			√
341	欧阳渐墓	江津区	文物点	√		
342	米邦沱日机炸弹爆炸点遗址	江津区	文物点		√	
343	朝天嘴码头	江津区	文物点		√	
344	夏坝国立第二华侨中学旧址	江津区	文物点		√	
345	国民政府四川省建设厅园艺场	江津区	文物点	√		
346	国民政府第二十六仓库白沙堆积所旧址	江津区	文物点	√		
347	乐善堂	江津区	文物点			√
348	白沙第四中山中学旧址	江津区	文物点			√
349	艾坪山防空洞	江津区	文物点			√
350	邓鹤丹、邓燮康合葬墓	江津区	文物点	√		
351	国立女子师范学院旧址	江津区	文物点		√	
352	邓家院子	江津区	文物点			√
353	白沙新运纺织厂旧址	江津区	文物点			√
354	江津简易乡村中学旧址	江津区	文物点	√		
355	大塔遗址	江津区	文物点		√	

续表

编号	名称	所在区县	保护级别	保存状况 较好	保存状况 一般	保存状况 较差
356	钓鱼城抗战摩崖碑刻	合川区	国家级		√	
357	育才学校旧址	合川区	国家级		√	
358	国立二中旧址	合川区	市级		√	
359	战时儿童第三保育院旧址	合川区	区级		√	
360	卢作孚旧居	合川区	区级			√
361	瑞山中学防空洞	合川区	文物点	√		
362	合川献机运动旧址	合川区	文物点		√	
363	杨瑞符墓	合川区	文物点		√	
364	民生公司电灯部旧址	合川区	文物点			√
365	崇敬中学东岳庙旧址	合川区	文物点			√
366	甘家坝军粮仓库旧址	合川区	文物点			√
367	豫丰和记纱厂合川支厂旧址	合川区	文物点		√	
368	大昌冶炼厂旧址	合川区	文物点			√
369	崇敬中学天平寨旧址	合川区	文物点			√
370	兵工署第二十六兵工厂旧址	长寿区	文物点			√
371	铁合金厂旧址	长寿区	文物点			√
372	桃花溪电站旧址	长寿区	文物点		√	
373	罗围中心校旧址	长寿区	文物点			√
374	军政部第十一陆军医院旧址	长寿区	文物点			√
375	来苏抗战纪念碑	永川区	文物点	√		
376	抗战第七保育院旧址	南川区	文物点			√
377	国民政府第二飞机制造厂旧址	綦江区	国家级		√	
378	麒麟坝碉堡	綦江区	文物点			√
379	国民政府军事委员会参议院旧址	綦江区	文物点			√
380	大韩民国临时政府主席李东宁旧居	綦江区	文物点			√
381	龙云旧居	綦江区	文物点			√
382	綦江闸坝群旧址	綦江区	文物点	√		
383	綦江中学张家沟旧址	綦江区	文物点			√

续表

编号	名　称	所在区县	保护级别	保存状况		
				较好	一般	较差
384	綦江齿轮厂旧址	綦江区	文物点			√
385	国民党陆军机械化学校中正室旧址	潼南县	县级			√
386	国民党陆军机械化学校将军楼旧址	潼南县	县级			√
387	国民党陆军机械化学校大礼堂旧址	潼南县	县级		√	
388	国民党陆军机械化学校练兵场旧址	潼南县	文物点		√	
389	国民党陆军机械化学校营房旧址	潼南县	文物点			√
390	国民党陆军机械化学校教学楼旧址	潼南县	文物点			√
391	林森西泉公馆	铜梁县	文物点			√
392	瞿塘峡抗战摩崖题刻	奉节县	市级	√		
393	秀山抗战阵亡将士纪念碑	秀山县	文物点			√
394	酉阳抗战阵亡将士纪念碑	酉阳县	县级			√
395	王光泽烈士碑	酉阳县	县级	√		

　　由上表所示,从重庆全部现存抗战遗址遗迹总数来看,保存较为完好的有174处,占44.1%;保存一般的有101处,占25.6%;保存较差的120处,占30.3%。这与保护的级别以及相应的保护条件有关,国家级和市级的抗战遗址遗迹因为经费投入较多,一般都保存较好;反过来,很多县级或文物点的遗址遗迹由于重视程度不够,保存状况很不理想。当然,保护的现状不一定完全与保护级别成正比例关系,也有一些国家级和市级以上抗战遗址遗迹的保护力度还比较薄弱,例如国民政府军事委员会行营旧址、大公报社重庆旧址、钓鱼城抗战摩崖碑刻、育才学校旧址、中苏文化协会旧址等。

　　一般而言,保护是利用的前提,利用是保护的目的。如果遗址遗迹的保存状况整体还较差,其利用就无从谈起。据有关学者统计,重庆市"现存的抗战遗址中被真正利用起来的不足1/6,而利用得较好的只有1/10"。由此可见,重庆市抗战遗址遗迹的保护与利用工作虽已历经半个多世纪,但实际上抗战历史文物保护与利用才刚刚起步,还处于初步探索阶段,依然任重道远。

事实上，抗战遗址遗迹本身不仅具有不可再生性和不可替代性的物质特性，而且遗址遗迹蕴涵和凝固的历史信息，包括遗址的时间、空间结构，人与物的关系，人与自然的关系，人物历史过程等方面反映出的工艺水平、科学技术、审美观、生态观、重大历史事件等等，生动、形象、具体、细致，无声地讲述着抗战历史，同样不可再生和不可替代，即遗址遗迹的物质和精神内涵已经成为历史，不可能再重新创造。因此，保护和利用抗战遗址遗迹是相辅相成的两个方面，也是尊重、再现、感悟和体验历史的最好方式。我们应当全面、深刻地理解抗战遗址遗迹保护与利用的重要性，清醒地认识抗战遗址遗迹保护与利用任务的艰巨性，这样才能更好地把握好抗战遗址遗迹保护与利用的方向，提出切实可行的措施。

第三章　重庆抗战遗址遗迹的分布及其特点

重庆抗战遗址遗迹的分布是由抗战时期的人物活动场所和机构、单位的设置地点所决定的。从文物普查的结果来看，重庆抗战遗址遗迹广泛地分布在今天重庆行政区划的22个区县，但渝中区、沙坪坝区、南岸区、北碚区的遗址遗迹在空间分布上显得相对集中。从总数上来看，这些遗址遗迹数量近400处。其中，不少遗址遗迹规格较高，大多靠山或附山，地理特点鲜明，种类十分丰富。

一、重庆抗战遗址遗迹的分布状况

抗战全面爆发后，以重庆为中心的大后方逐渐成为抵御侵略的中坚力量。随着各种物质与文化资源的内迁，重庆作为整个抗战指挥重心的格局被确定下来。从1937年国民政府迁渝，到1946年还都南京，重庆始终都是战时国内外关注的一个焦点。这里聚集了国民政府的主要机构、各党派的活动场所、各阶层进步组织以及各国驻华使领馆；除此之外，还有一批为战时需要兴建的军用、民用设施。这些地点、机构、场所和设施成为今天重庆抗战遗址遗迹的基本组成内容。可以毫不夸张地说，重庆抗战遗址遗迹是一个时代给重庆和中国留下的宝贵财富。

21世纪初,重庆不少学者就呼吁保护抗战资源。2006年,重庆市政府也将抗战遗址遗迹归为近现代重要史迹及代表性建筑,要求加以保护,并指出:"加强文化遗产保护,传承优秀文化,对建设社会主义先进文化,贯彻落实科学发展观和构建和谐重庆具有重要意义。"2009年,受重庆市政府委托,重庆中国三峡博物馆联合重庆市规划设计研究院等单位,共同完成了对重庆抗战遗址遗迹的一次全方位调查,并对其保护工作进行了总体规划。这次规划明确强调:"加强对重庆抗战文物遗址的有效保护与合理利用,是传承城市发展文脉,尊重城市历史价值,塑造城市形象,谋求城市创新发展的必然要求。"由此可见,保护与开发利用抗战遗址遗迹已经成为重庆市民的共识,也引起了重庆市政府的高度重视。然而,由于历史和现实的原因,重庆市抗战遗址遗迹保护与利用的程度还比较低,其综合资源优势并未得到很好的发挥,这与当前重庆城市发展的新形势显然不符。因此,如何保护与利用好抗战遗址遗迹,丰富城市文化内涵,成为重庆城市发展中一个亟待解决的问题。

总的来看,重庆抗战遗址遗迹数量非常庞大,需要重点保护的也较多,且广泛地分布在今天重庆各行政区。长期以来,由于历史环境因素的影响,重庆抗战遗址遗迹的调查与统计工作开展得并不系统。因此,人们对抗战遗址遗迹的认知也很不全面。根据重庆市第三次全国文物普查的结果,截至2009年12月底,重庆全市共有767处抗战遗址,但现存的仅有395处,这表明大约有一半的遗址已经消失。由此也可以说明,在过去相当长一段时间内,尽管重庆抗战遗址遗迹的保护工作已经取得了一定成效,但与保护工作的艰巨性相比,仍显得十分缓慢。事实上,做好和加快抗战遗址遗迹保护工作的一个基本前提是"摸清家底",而这项任务在以往也常常是模糊不清的。根据近几年文物普查数据,我们可以将目前重庆抗战遗址遗迹的分布作如下分类:

表2 重庆市各区县抗战遗址分布统计表

处(点)数级别 区县	国家级	市级	区县级	文物点	合计
渝中区	36	26	7	32	101
沙坪坝区	15	24	10	37	86
南岸区	25	10	3	19	57
北碚区	11	8	3	5	27
巴南区	5	3	2	5	15
渝北区	0	1	0	7	8
大渡口区	1	0	0	0	1
江北区	2	2	4	6	14
九龙坡区	1	0	1	2	4
万州区	0	4	4	5	13
江津区	0	14	0	15	29
合川区	2	1	2	9	14
长寿区	0	0	0	5	5
永川区	0	0	0	1	1
南川区	0	0	0	1	1
綦江区	1	0	0	7	8
潼南县	0	0	3	3	6
铜梁县	0	0	0	1	1
奉节县	0	1	0	0	1
秀山县	0	0	0	1	1
酉阳县	0	0	2	0	2
总　计	99	94	41	161	395

由上表所示，在现存的遗址遗迹中，从文物保护级别来看，有全国重点文物保护单位99处、市级文物保护单位94处、区(县)级文物保护单位41处、文物点161处；以行政区来划分，重庆抗战遗址遗迹主城区的分布情况为渝中区101处、沙坪坝区86处、南岸区57处、北碚区27处、巴南区15处、渝北区8处、大渡口区1处、江北区14处、九龙坡区4处，其余82处均散落在另外12个

周边区县。概括而论，重庆抗战遗址遗迹总体呈现量多面广的态势，依托山水格局呈"一岛"、"三山"、"三坝"的布局形态。"一岛"即渝中半岛，"三山"即南山、歌乐山、缙云山，"三坝"即沙坪坝、夏坝、白沙坝。不过，需要说明的是，"一岛"、"三山"、"三坝"的布局态势的描述，仅包括了一些主要的遗址遗迹，且多靠近主城区，仍有不少遗址遗迹因分散在区县而未能涵盖。

二、重庆抗战遗址遗迹分布的特点

重庆抗战遗址遗迹受战时需求的影响，它们广泛地分布在各区县。根据现有的资料统计来看，重庆抗战文化遗址遗迹的分布存在如下几个方面的特点：

第一，重庆抗战遗址遗迹数量大、规格高。重庆抗战遗址遗迹的数量和规格与它在抗日战争时期的地位、影响是成正比的。重庆是抗日战争时期中国大后方的重心，是战时首都，是全世界抵御法西斯侵略的远东指挥中心。抗战爆发后，全国1/3以上的高等院校，超过2/3的军事工业，近90%的专家学者和社会名人迁往重庆，从而实现了中国历史上前所未有的经济文化中心由东向西的历史性大迁徙。国共两党无数军政界名人要人，文学、科学、艺术、教育、理论学术、经济等诸多领域的大师级人物，都在重庆这块土地上留下了厚重的历史印痕。所以，重庆抗战遗址遗迹的数量理所当然地位居全国前列，这显然也是其他城市无可比拟的。也正因为重庆在抗战时期的特殊地位，其抗战遗址遗迹在规格上也整体较高。在现存的395处重庆抗战遗址遗迹中，(省)市级以上的便有193处，其中包括中共中央南方局、八路军重庆办事处旧址，周公馆，新华日报营业部旧址，桂园，中美合作所"四一"图书馆，中国西部科学院地质研究所，钓鱼城抗战摩崖碑刻以及蒋介石、宋美龄、宋庆龄等名人官邸或旧居等99处国家级文物保护单位。毫无疑问，这些保护单位无论是从其名人效应上讲，还是以其曾经所发挥的历史作用而言，都具有十分重要的文物价值。

第二，重庆地形特殊，导致各项设施多靠山或附山，由此也构成了如今重庆抗战遗址遗迹的另一个显著特点。重庆位于四川盆地东南丘陵山地地区，市域内存在各个构造体系：新华夏构造体系的渝东南川鄂湘黔隆褶带、渝西川中褶带、渝中川东褶带，经向构造的渝南川黔南北构造带和渝东北大巴山弧形褶皱断裂带等。与此同时，重庆又是长江与嘉陵江交汇处，壁垒三面，气势磅礴。所以，《巴县志》讲，重庆"东捍荆襄"、"西御蕃猓"、"南通六诏"、"北走秦凤"。总之，重庆在地形和地貌上存在地势起伏大、以山地和丘陵为主、大江大河穿梭而过的基本特点。客观的地理形状与特征给内迁的各机构、单位甚至居所都提出了布局上的要求。以工厂为例，"为应国防上之急需"、"专供充实军备，以增厚长期抵抗外侮之力量"是工厂内迁的最直接目的，而重庆也是当时内迁工厂分布最多的地区。这些工厂内迁至重庆后，多以山为掩体，靠近水路或陆路交通较为便利之处。这主要是为了预防日军空袭，保存经济生产实力。同样，学校在内迁后的选址上也常常会考虑这一点。以复旦大学为例，起初迁至重庆的复旦大学分为两个校区，一在北碚夏坝黄桷树镇，一在菜园坝。1938年底，因为日军对重庆轰炸越来越频繁，复旦大学撤出了菜园坝，全部在北碚办学。即便如此，复旦大学当时仍然有师生在日军的空袭中身亡。至于国民党政要之别墅与官邸，更是广泛地分布在南山和歌乐山之中，它们而今已成为重庆独特文化景观的重要组成部分。总之，重庆抗战遗址遗迹这种依山连带的特点是其他城市抗战遗址所不具备的。

第三，重庆抗战遗址遗迹空间分布相对集中。从总体上看，重庆现存的395处抗战遗址遗迹散落在了22个区县，但其分布极不均匀。拥有10个市级或市级以上文物保护单位的行政区仅有渝中、沙坪坝、南岸、北碚以及江津等5个区，其余区县的市级以上文物单位寥寥无几，有的更是完全没有。其中，渝中、沙坪坝、南岸、北碚4区的抗战遗址遗迹数量占重庆市全部总量的68.6%，相对较为集中。特别是渝中区，抗战遗址遗迹总量达到101处，超过全部的1/4。不仅如此，渝中区在拥有国家级和市级文物保护单位的数量上也远高于其他区县。这种情况的出现，很大程度上与重庆在抗战时期的行政区划和市区的范围有关。解放前,重庆的市区范围基本限定在今渝中区之内。抗战时,迁渝的国民政府所在之曾家岩也只是重庆城郊,而八路军办事处所在的化龙桥则是远离市区的郊外了。在作为战时首都的几年里,重庆市区得到了扩大。与此同时,由于渝中区的地形限制,迁渝的一些学校和政府要员官邸则把位置主要定在了沙坪坝和南岸。沙坪坝随后形成了著名的沙磁教育区、歌乐山国民政府官邸,南岸也有了南山蒋介石、孔祥熙等人官邸。这些地方当时距离重庆核心市区比较偏远,但却为后来重庆城市空间拓展奠定了基础。所以,在《陪都十年建设计划草案》中,大陪都的范围东起广阳坝,西抵白市驿,北达北碚,南至南温泉,面积增至1940平方公里。此区域也基本涵盖了今天渝中、沙坪坝、南岸和北碚的抗战遗址遗迹范围。比如,就今天的沙坪坝区抗战遗址遗迹群来看,这里集中了具有保护价值的林园蒋介石官邸(1号楼)、林园宋美龄公馆(2号楼)、林园马歇尔公馆(3号楼)、林园林森官邸(4号楼)、林森墓、林园美龄舞厅、国民政府军事委员会政治部第三厅暨文化工作委员会旧址暨重庆郭沫若旧居、重庆冯玉祥陈家桥旧居、国民政府军事委员会政治部旧址暨张治中旧居等近90处遗址遗迹。应该说,重庆抗战遗址遗迹相对集中的特点既是历史发展的结果,也为今天做好遗址遗迹保护工作提供了客观便利条件。

第四,重庆抗战遗址遗迹种类十分丰富。抗日战争是中华民族在近代史上的一次历时最久、任务最艰巨,也是唯一一次取得彻底胜利的反侵略战争。抗战期间,重庆政治、经济、文化、社会生活等各方面都发生了很大变化,这在后来的遗址遗迹中均有反映。经重庆第三次文物普查粗略统计,现存的395处抗战遗址遗迹分为12类,其中:重要史迹和重要机构旧址54处,占现存抗战遗址遗迹总数的13.70%;外事机构20处,占现存抗战遗址遗迹总数的5.07%;军事建筑及设施27处,占现存抗战遗址遗迹总数的6.85%;名人故、旧居107处,占现存抗战遗址遗迹总数的27.15%;工业遗产建筑及附属物16处,占现存抗战遗址遗迹总数的4.06%;名人墓、烈士墓及纪念设施26处,占现存抗战遗址遗迹总数的6.59%;宗教建筑1处,占现存抗战遗址遗迹总数的0.25%;交通道路设施3处,占现存抗战遗址遗迹总数的0.76%;金融商贸建筑

7处，占现存抗战遗址遗迹总数的1.77%；文化教育卫生建筑及附属物51处，占现存抗战遗址遗迹总数的12.94%；石刻题记11处，占现存抗战遗址遗迹总数的2.79%；其他72处，占现存抗战遗址遗迹总数的18.22%。重庆抗战遗址遗迹类型囊括了"文物普查"的所有类型，特别是重要史迹和重要机构旧址、外事机构、名人旧居、文教卫生建筑等就达232处，占了总数量的58.88%，以上足以说明重庆抗战遗址遗迹不仅种类丰富，而且具有重要的历史表征意义。由此也可以看出，对于重庆城市文化资源而言，抗战遗址遗迹是不可或缺的内容。

第四章　重庆抗战遗址遗迹保护的
　　　　　目标和原则

重庆抗战遗址遗迹保护是重庆城市发展和文化传承的一项重要任务,这一任务的性质直接决定了重庆抗战遗址遗迹保护与利用的基本目标和原则。在实际生活中,我们应该从基本目标出发,严格遵循相关原则,切实而有效地促进抗战遗址遗迹的保护与利用。

一、重庆抗战遗址遗迹保护的目标

重庆抗战遗址遗迹是彰显重庆文化特质、凝聚重庆精神、展现重庆城市活力的宝贵物质财富,它以其文化的兼容性和高层次性在重庆文化史上落下了浓墨重彩的一笔。重庆抗战遗址遗迹保护是对抗战文化的载体、重庆文化的特殊篇章进行专门的规划、修复、保存和展示。开展重庆抗战遗址遗迹保护工作就是要采取切实有效的措施,修复、还原遗址本体和场景,发挥遗址所蕴藏的文化性能,并使这一文化工程融入到现代城市生活之中,促进城市科学发展;在此基础上,通过相关文化产品的生产与消费,进行广泛的宣传、教育,从而弘扬天下兴亡、匹夫有责的爱国精神,万众一心、共御外侮的大局意识,不畏强暴、血战到底的英雄气概,追求正义、热爱和平的坚定信念。

第一,整合遗址遗迹本体空间,显现真实历史线索。遗址遗迹本体空间是指为维持遗址遗迹单个或成片存在所必需的物理空间,以及为展示遗址遗迹价值已经构建和仍需构建的人文空间。重庆抗战遗址遗迹本体空间由于各种原因会存在分裂、缺失现象,这就需要在遗址遗迹保护过程中对其空间进行复原和重构,以真实地表达遗址遗迹空间的意象。"空间意象的真实来源于对遗址本来的面貌、历史环境的深入认识,立足于对确凿的历史事实、文化个性的真实汲取。"遗址遗迹空间的意向表达充当着遗址遗迹与人之间的媒介。抗战遗址遗迹的历史价值与情感价值的揭示都期待其空间的布局、规划和展示。抗战遗址遗迹空间的形象与意境是凸显遗址所蕴含历史环境、文化氛围的决定性因素。人们可能对孤立的抗战遗址遗迹毫无认知,也可能仅仅将其看作一些陈旧的建筑,但通过对特定历史意境的感受和线索的梳理就能逐步领悟其丰富的人文价值。

第二,标识城市文化精神,构筑抗战名城印象。文化泛指人类物质财富和精神财富的总和。重庆文化是在重庆发展变迁过程中形成的代表重庆地域特色和市民性格的物质载体、行为方式和生活观念。重庆是一座拥有悠久历史和光荣传统的城市。"重庆文化的主体定位应放在巴渝文化、红岩文化、陪都文化、三峡文化四大基本板块上。"而红岩文化和陪都文化在某种程度上与抗战文化是共通的,它们都由抗战遗址遗迹作为实物来表现。更为重要的是,与其他城市相比,重庆在弘扬抗战文化方面的优势尤为明显。因此,抗战遗址遗迹实际上承载着展示重庆文化重要特质的任务。毋庸置疑,重庆在抗日战争和世界反法西斯战争中的地位和作用是十分重要的。抗战文化具有国际、政治、经济、文化、教育、社会等多种价值,是重庆所拥有的一项尤为可观的城市资源、城市名片和城市品牌,是一座取之不尽、用之不竭的城市文化宝库。

第三,弘扬抗战精神,增加民族凝聚力。抗战文化不仅是重庆人民的精神财富,更是全国人民的精神财富。保护好重庆抗战遗址遗迹,充分利用遗址遗迹的人文价值,并在重庆举办国际性的抗战纪念活动,能充分展示中华民族气节和民族精神,彰显中国融入世界主流、影响世界历史进程的国际地位。重庆抗战遗址遗迹所蕴含的抗战精神是由抗战的历史特性与重庆在抗战时期的历史地位所决定的。抗战的胜利,是中华民族的胜利,它打破了近代以来中国在抵御外敌中屡战屡败的向例,民族精神在抗战中得到锤炼和升华,中华民族由此显现了振兴的契机。重庆抗战文化"是集中体现中华民族伟大复兴精神凝聚和高扬,在抗日的民族革命战争中达到了过去从未有过的光辉顶点的辉煌历史"。抗日战争中的统一战线和全民抗战,正是中华民族在爱国主义旗帜下,热爱和平、团结与和谐精神的生动体现。今天,我们要构建社会主义和谐社会,就必须在全民族中培育和树立爱国、团结意识。

二、重庆抗战遗址遗迹保护的原则

遗址遗迹保护的原则是对遗址遗迹进行合理修复、整合、开发的根本准则和基本要求,它对遗址遗迹的存在样态及其走向起着重要作用。有关遗址遗迹保护的原则问题,一些学者作了探讨,有的强调了"整体性保护"、"原真性展示"、"体现特色"、"整旧如旧"、"可逆性"等五个基本原则;也有的学者将《中华人民共和国文物保护法》中"保护为主、抢救第一、合理利用、加强管理"的方针视作遗址遗迹保护与利用的原则。这些论述与概括都无可厚非。然而,重庆抗战遗址遗迹有其自身的历史形态和现实状况,特别是目标定位上有很大差别,它除了需要遵循上述原则外,还应在实际的保护与利用过程中按下列原则操作:

坚持政府主导、多方参与的原则。政府主导是指抗战遗址遗迹保护与利用应由政府作为行为主体,这能够有效地集中资源进行规划、融资、技术施工、旅游开发以及文化宣传。政府主导是抗战遗址遗迹有效保护与合理利用的保障。与此同时,抗战遗址遗迹保护与利用中还应坚持多方参与的原则。多方参与是对政府主导的补充,它体现的是国家与社会之间的良性互动。因此,在抗战遗址遗迹的保护与利用中政府最重要的职责是规范和引导,制定可实施的方针、政策,而由市场配置与社会资源重组形成的其他力量才是在具体操作中促成遗址遗迹功能的发挥和完善。

坚持分级保护、重点开发的原则。重庆抗战遗址遗迹种类繁多,且分布在22个区县,这就造成了不同地区不同种类的遗址遗迹在保护上存在差异。特别是一些具有重大标识意义、反映重大历史事件的遗址遗迹,它们已经或正在成为国家或市重点文物保护单位;而另外一些则因为遗址遗迹规模小、历史价值不大、保护难度高,甚至现实意义低,在保护上并不能引起足够的重视。目前,重庆市已经确定61个187处重要抗战遗址遗迹,对于这些重要遗址遗迹,除采取一般抗战遗址遗迹的保护措施外,还应采取抢救修缮、保护和整治遗址遗迹周边环境等具体措施,使重点抗战遗址遗迹及其周边环境恢复原有风貌特征。当然,分级保护不是继续忽略那些没有被重视保护的遗址遗迹,而是根据其自身的存在意义和价值,按照国家级、市级、区县级和文物点来进行保护。不同级别的遗址遗迹在保护与利用的投入上显然是有差别的。对于级别较高的遗址遗迹和相对集中的遗址群,我们都应该重点开发,做到在开发中保护、在保护中利用。

坚持公益为主、惠及民众的原则。党的十七届六中全会指出:"坚持把社会效益放在首位,坚持社会效益和经济效益有机统一……推动文化事业和文化产业全面协调可持续发展。"事实上,对于整个文化事业的发展而言,社会效益都应该是摆在第一位的。任何一项文化事业不追求社会效益,就会失去其发展方向和灵魂。抗战遗址遗迹的保护也理应以社会效益为导向,充分发挥其文化价值始终是我们的最重要目标。毫无疑问,抗战遗址遗迹是历史留给后人的宝贵财富,它应该属于人们共有。因此,只有坚持了公益为主的原则,才能使遗址遗迹的保护与利用惠及广大民众。

第五章 重庆抗战遗址遗迹保护的方法

重庆抗战遗址遗迹保护的核心理念是真确性、协调性、开放性，坚持这三个理念是有效保护重庆抗战遗址遗迹的基础，它们应该贯穿于遗址遗迹保护的全过程。在保护的模式上，可以采取博物馆模式、公园模式以及社区改造模式，也可以采取多种模式结合的方法。在保护步骤上可以按照遗址登录、动态性分级分类、制定保护范围与紫线、本体修复、陈列展览、环境改善以及城市文化空间构建等几个环节进行。

一、重庆抗战遗址遗迹保护的核心理念

（一）真确性

真确性是指遗址遗迹保护要直接呈现历史原貌，树立"不改变原状"和"原址保护"、保持历史真实性的指导思想。真确性实际上是澳大利亚学者戴维·思罗斯比(David Throsby)在其著作《经济学与文化》(*Economics and Culture*)一书中提出的一种文化价值。学者徐嵩龄在解读时认为："文化遗产能指的真确性价值不仅保证了符号所指的历史存在的真实性，即某些观念、意义在特定历史时期或时刻的实际状况，标示了它与特定时段文化语境的崎岖却又明确的边界，而且在这一物质载体上还保留了与同时代其他存在物或

载体的千丝万缕的相互联系。"重庆抗战遗址遗迹保护的真确性实际上包括了各遗址遗迹所承载抗战史实的准确性与遗址遗迹相关物的完整性。很显然,抗战遗址遗迹存在的意义并不仅仅在于其躯壳的观赏性和可利用性,很大程度上是因为它所处的环境;离开了环境,它就将成为孤零零的标本。在这里,环境的意义至少包括以下三点:"第一,环境的自身物质实体和人们对这个环境的视觉印象;第二,文化遗产与周边自然环境的相互作用;第三,遗产环境的文化背景及与该遗产相关的社会活动、习俗、传统知识等非物质文化遗产形式。"从这个意义上讲,重庆抗战遗址遗迹的保护应该从根本上改变以往过多考虑遗址遗迹经济利用价值而"失真"的倾向,特别是在城市建设过程中,不能将遗址遗迹保护让位于地产开发与房屋迁建,而应从遗址遗迹本体及其环境入手,在保证本体真确性及其环境完善的基础上充分而准确地挖掘其人文价值。

(二)协调性

协调性是指在遗址遗迹保护与利用过程中,要使城市建设发展、生活环境改善与主题利用展示相协调,遗址遗迹周边环境与文化史实相协调。抗战遗址遗迹不仅指各类建筑遗迹,也不仅是这些建筑遗迹中的一些文物,它还包括"遗址范围内我们所能观察到的山川、植被、地形等有形物体,乃至遗址氛围——空间视觉效果、置身其中的心灵感受、当地民众固有原生生产生活状态等内在的神韵"。事实上,让遗址遗迹能表现出其"应然"的神韵就是遗址遗迹保护的最终目标。反观今天的遗址遗迹保护,多是在千篇一律的高楼大厦中遗留一些窘迫的建筑,有的建筑物上虽有标识牌,但建筑物内是商铺或住房,有的建筑物只附有象征性的陈设。这就使得抗战遗址遗迹与周边环境格格不入,与历史本身也不协调。由此来看,遗址遗迹保护的协调性理念具有两方面的意涵:一是绝不仅仅是留存其本体,还应完善和复原其一定范围内的环境,使本体与环境协调;二是遗址遗迹内部的陈设应与历史吻合,使所展示的文化与本体相符。

(三)开放性

开放性是指抗战遗址遗迹的保护要能做到思想解放、实事求是。与一般意义的遗址遗迹保护不同,抗战遗址遗迹尤其是重庆的抗战遗址遗迹因为历史导向的禁锢,仍然存在许多思想误区。一方面,我们认为重庆是抗战时期的战时首都,是大后方抗战的重心,更是世界反法西斯战争远东指挥中心,但同时我们对于国民政府及其军队在其中所发挥的作用正视不够。事实上,"国民党正面战场为争取抗日战争的胜利作出了重大贡献,但由于国民党最高当局的错误指导,使其发挥的作用,与其执政党地位和拥有200多万人的军队,又很不相称,不尽人意"。然而,也正因为如此,对于国民政府的陪都及其在抗战中的作用仍定位不准。那些在陪都时代留下的遗址遗迹也因其历史影迹,有很多都仍然无法在保护中做到实事求是。这就需要进一步解放思想,也只有解放思想,我们才能在以后的工作中,以开拓创新的精神,客观、准确地保护好抗战遗址遗迹,为后人留下一份宝贵而真实的文化资源。

需要指出的是,重庆抗战遗址遗迹保护的真确性、协调性与开放性理念是相辅相成的一个整体,三者之间互有联系,又各有所指。在实际操作过程中,坚持这三个理念是有效保护重庆抗战遗址遗迹的基础,其归旨在于唤醒城市记忆,传承历史文脉,弘扬抗战精神。

二、重庆抗战遗址遗迹保护的主要模式

重庆抗战遗址遗迹数量庞大、种类繁多。通常情况下,文物保护部门会按照登录保护、分级分类保护、划定遗址保护范围和紫线等方式,使抗战遗址遗迹在落实具体保护措施的层面上有法可依、有章可循。然而,每一个重庆抗战遗址遗迹都是一个独具特色的城市文化空间,保护这些遗址遗迹,需要根据不同的客观情况采取不同的模式。在模式上,我们不仅要吸取各种先进

经验,还要进行广泛的拓展和创新。在这里,我们主要介绍三种具有可操作的模式。

(一)博物馆模式

博物馆模式是遗址遗迹保护的一种最直接和简约的模式,它以遗址本体为基本构成,通过修复遗址、陈列遗址相关信息,并以此成为民众的展示对象。《遗址博物馆学概论》一书认为,遗址博物馆是指"在古文化遗址上建立针对该遗址文化进行发掘、保护、研究、陈列的专门性博物馆"。这种传统型的定义无疑将遗址所指的时间段限定在了古代,事实上,遗址应该泛指一些自然的或文化的实体遗存,它必然也包括与抗战文化相关的各类建筑、物件、墓地等。因此,对于种类繁多、各具特色的重庆抗战遗址遗迹而言,在博物馆模式下保护的每一个遗址,都是一个博物馆或陈列馆,它们的规模和形制会因不同的客观条件有不同的表征。采取博物馆模式来保护重庆抗战遗址遗迹,并不是要在每一个遗址上都建博物馆,它的核心要义是根据需要比较灵活地处理各种规模的遗址,使它们以不同形式的陈列展示给众人。在重庆现存的近400个抗战遗址遗迹中,绝大多数都可以采取博物馆模式,因地制宜,配以相应的陈列展览,使其文化内涵呈现出来。对于比较分散、十分偏远、受损严重的遗址遗迹,可以考虑集中迁建和复原,寻找各种相关性因素,加以综合利用。

值得注意的是,在实际操作中,遗址遗迹往往不是孤立存在的,它与周边的环境连为一体。对遗址遗迹及其周边环境的充分考虑和利用可以采取公园模式和社区改造模式。

(二)公园模式

公园模式是以城市园林规划为基础的,把城市休闲空间和文化空间相结合的一种遗址保护模式。公园模式最初也多应用于古人类或生物遗址的保护上,与考古学和博物馆学的理论发展息息相关。单霁翔曾指出:"考古遗址公园建设是文化遗产保护和考古学理念不断进步,并达到一定阶段后必然选择的结果,也是目前在我国最具现实意义和操作性的一种大遗址保护途径。"事实上,在国外,建遗址公园早已是保护遗址的有效方式。如德国明斯特的城墙已经全部被毁,该市在原城墙所在位置修建了环城带状花园,以树木花卉进行植物造景,同时配以游乐休闲设施,既作为城墙的标识和纪念,又向游人初步展示了古城墙的宏大规模,也为游客提供了娱乐和休闲场所。对于重庆抗战遗址遗迹而言,应该利用遗址周边地形、绿化、空间形制、城市功能需要等来选择一部分遗址进行整体规划。例如李子坝地区位于曾家岩—红岩村抗战遗址走廊的中间地带,集中了刘湘公馆、李根固旧居、国民政府军事委员会参议院旧址、交通银行学校旧址等抗战遗址,加之它南倚鹅岭,北临嘉陵江,可以远眺江北,将李子坝规划成抗战文化公园可以与鹅岭公园、史迪威将军纪念馆连成一片,山水相依的格局辅之以精心的人文规划可以较好地提升城市的生态和文化品位。而今,李子坝抗战遗址公园已经建成,今后应该进一步完善相关设施,加大宣传,使其成为重庆一个集文化、旅游、消费、休闲于一体的公共空间,并逐步发展成文化体验、旅游观光、文博展览的文化经济产业带。

(三)社区改造模式

社区改造模式是以城市建设和旧区改造为基础的,以整体保护和环境复原为目标的一种遗址保护和利用模式。近年来,我国城市化速度不断加快,城市的规划和建设常常在新旧交替中产生种种矛盾。这种新旧交替的现象包括物质和精神两个方面。就物质而言,城市社区的硬件建设、房屋拆迁、基础设施改造等均会对遗址本体保护产生较大影响,而精神方面多指社区文化的传承与弘扬。因此,社区改造模式下的遗址保护不仅是一项单纯的城市拆建任务,它还包括社区文化的修复与重塑。一些从事社会工作的专家指出:"社区文化是社区居民共同体的相互关系的产物,这个居民共同体,不仅包括当下的居民,还包括已经成为历史的居民,社区文化是在当下和历史的纠结中体现出来的。"正是从社区文化层面上讲,社区改造才超脱了以往普遍认为它仅仅是城市房屋迁建的狭隘观点。重庆的抗战遗址有相当大一部分处于闹市区,社区改造模式可以在保护过程中广泛运用。以位于渝中区天官府的国民政府军事委员会政治部第三厅暨文化工作委员会旧址为例,该遗址因处于密集居住区,且年久失修,已日渐破陋。现为民居,房屋总体结构变化不大,但楼梯等处已增加了不少居民自己搭建的小阁楼,外墙及内墙均有不同程度的损伤,保护情况较差。因此,对这一遗址的保护首先应以居民区的规划、拆建与环境整治为前提,然后将遗址结合时代背景修复,并进行场景复原和相关史实陈列展览。最后,可以进一步完善各种配套文化设施,使之成为天官府街巷的一个重要文化空间。目前,重庆对社区改造模式运用较为成功的例子是上清寺一带的抗战遗址保护。这一地区的周公馆、桂园、国民政府要员办公楼和官邸、民主同盟旧址等均连成一片,构成了以中山四路为核心的遗址保护群,它们也是这一社区的重要文化内核。于是,重庆市政府用数年时间对中山四路及其周边地区进行改造,不仅修复了相关建筑,还拆除了一些不利于遗址保护的建筑,使得上清寺片区的抗战遗址价值得到更好的提升。

三、重庆抗战遗址遗迹保护的主要步骤

(一)遗址登录

遗址登录保护是基于对遗址调查统计后的一项存档性记载。博物馆学原理认为:"遗址博物馆文物的建卡是遗址博物馆文物保管中一项关键性的基础工作。因为文物建账、建档及进一步研究的许多资料都要从文物登记卡上抄录。"由此看来,对于数量庞大且分散在20多个区县的重庆抗战遗址遗迹而言,首先应该做好比较系统的登记说明,并进行存档。这首先需要在对遗址本体及其环境科学调查、勘定、鉴定的基础上,摸清分布区域、位置特点、类别情况、保存现状、数量状况、权属关系和存在问题,建立科学的参考,形成有效保护依据。

在重庆,我们需要将395处遗址遗迹的登录记载以原件或复印件形式存放于以下四处:市委抗战工作协调小组办公室、市文广局、区县文广局、各遗址自身的管理部门。对于符合《档案法》有关规定的,还应该将遗址遗迹的登录档案材料原件移交相应各级档案馆。仍然需要强调的是,鉴于当今时代信息化的影响,我们还应该充分采取现代技术手段,包括计算机系统、声像设备等,对抗战遗址遗迹科学地记录和分类。事实上,对抗战遗址遗迹的保护状况和信息进行完整数字化记录,可以不断补充和增加新的资料和信息,完善重庆抗战遗址遗迹数据库,促进研究和保护工作的进一步开展。

(二)动态性分级分类

重庆现存抗战遗址遗迹在登记备案后,要按现行法律体系确定文物等级的原则,评定各文物和遗址遗迹的保护等级。根据这一要求,重庆市文物保护部门在对全市395处抗战遗址遗迹的调查统计中,已经确定:全国重点文物保护单位99处、市级文物保护单位94处、区(县)级文物保护单位41处、文物点161处。与此同时,他们还结合这些遗址的历史价值、保持现状及其具体特点,对于能体现重要抗战历史、展现抗战风貌的遗址,进行重点保护。目前已确立八路军办事处旧址、中国西部科学院旧址、重庆谈判遗址群、重庆黄山抗战遗址群等61个187处重要抗战遗址。除了分级外,重庆抗战遗址遗迹保护在实际操作中还需要根据其具体等级情况,拟定采取原址保护(364处)、就地迁移(6处)、异地搬迁(6处)、留取资料立牌说明(19处)等不同措施实施保护。

当然,遗址遗迹的保护体系应建立长效和动态的评估与刷新机制,在通过相应保护之后,得到抢救和保护的遗址遗迹及片区将转变保护模式,而增补的遗址遗迹及片区将根据自身状况进入不同保护程序。因此,重庆抗战遗址遗迹的分级保护必须是动态性的,这种动态性应该在一定时间段内有比较明显的体现。具体而言,可以实行保护好一个遗址点(群),就对升级一个遗址遗迹保护级别进行申报,并及时采取新的措施和模式来管理;反之,就提出建设性批评意见,乃至对相关部门作行政警告。更直截了当地讲,无论遗址遗迹属于国家级、市级,还是区县级、文物点级,在保护中,我们都应树立一种传承和弘扬文化遗址的理念与开拓创新的精神。我们相信,随着遗址遗迹定义的拓宽和城市历史研究的发展,将有更多的遗址遗迹列入各级文保单位名单,保护体系的对象群也将随之进行增补,体现出保护体系的开放性。

(三)制定遗址保护范围与紫线

1. 紫线保护涉及的保护界限分为保护范围和建设控制地带两部分,其中保护范围是确保遗址本体、构筑物及其附属部分的安全性和完整性所划定的保护安全范围,使其范围内遗址及其景观不受破坏;建设控制地带属于保护区与非保护区的过渡区域,允许进行适度建设开发,但建设活动应划定特别的管理控制区域。

2. 根据重庆市文广局、重庆市规划局关于印发《重庆市划定文物保护单位保护范围和建设控制地带的暂行规定》,市级以上文物保护单位保护范围和建设控制地带的划定,应有利于保护历史文化遗产、城市传统风貌、地方特色和自然景观。在此前提下,同时考虑与发挥文物作用有关的景观开发和视觉通廊的形成。

3. 市级以上单体抗战遗址建筑的保护范围外缘线的最小范围分别为:抗战历史建筑物等主体构筑物外墙线以外9米至30米;具有代表性历史价值或景观价值的抗战遗址的外围线以外9米至80米,或主体部分外围线以外30米;墓葬封土外缘线以外9米或墓口以外30米;石刻、碑刻或其他不可移动文物的主体外围线以外30米。处于城镇建筑中间的建筑类遗址,按照实际需要,在能够抵御各种破坏因素的前提下,可减少保护范围的标准。

4. 遗址建筑群的保护范围外缘线要根据保护对象的不同分别制定,保护范围外缘线距主体文物外围线一般不得小于60米,其中遗址外围线以外不得小于80米。

5. 建设控制地带外缘线的最小范围,原则上不得小于上述各项规定值的2倍。此范围内的新建筑物应与遗址本体相协调,其建筑高度不得高于遗址本体。

6. 在特殊情况下,按遗址级别、重要程度、所处区域等具体条件,保护范围和建设控制地带可根据周围环境和实际情况酌情处理,结合城市建设,作详细规划和具体划定。

(四)遗址本体修复、陈列展览与环境改善

遗址本体的修复是保护遗址的必要环节。重庆抗战遗址遗迹的本体修复应遵循"修旧如旧"的原则,应与抗战时代特征和历史事件结合起来,这是保存遗址原貌的基本要求。与此同时,"在处理遗迹与保护性构筑的关系方面,有两条原则,一是整体性原则,二是可识别性原则。同时加固和维护措施应尽可能地少,即坚持必要性选择,而且不应妨碍以后采取更有效的保护措施,即可逆性原则"。遗址本体修复之后,有关部门应该组织专业力量对遗址内包含的史实作专题陈列展览,陈列展览可以采取照片、文献展示和文物摆放的形式,同时还可以运用现代数码技术播放和宣传。

除此之外,对于重庆抗战遗址遗迹群的处理,我们还应该结合遗址周边环境,统筹规划,综合部署。对此,单霁翔也认为:"通过编制具有较强针对性的大遗址保护专项规划,并纳入城乡建设和经济社会发展规划,可以从全局的角度协调大遗址保护目标与城乡发展目标,制定详细的保护措施,统筹加以安排,最终实现大遗址本体和环境的整体保护。"针对15个抗战遗址片区,除保护抗战遗址点外,还应保护整治遗址周边环境和周边建筑与保护范围内的遗址相协调,达到提示历史事件、反映历史环境、展示片区抗战历史风貌的目标。例如重庆黄山抗战遗址群,它由云岫楼、松厅、孔园、草亭、莲青楼、云峰楼、松籁阁、黄山小学、周至柔旧居、侍从室、侍卫室、望江亭、防空洞、炮台山、发电房等15处遗址构成。这些遗址均位于黄山上,是成片的文化区域。因此,对黄山抗战遗址群的本体修复既要考虑每个遗址的结构、设施与功能不同,还应综合考虑黄山整体开发,最终达到文化浓重、规划精致、环境优美的标准。

(五)城市文化空间构建

重庆抗战遗址遗迹保护不能仅仅停留在文物本体修复、史实陈列上,还

应充分利用各种条件,结合抗战遗址的特点,将其打造成城市文化空间,这是重庆抗战遗址遗迹保护与开发利用成果的最终体现。一般而言,"城市文化空间包含文化生存空间和文化氛围的双重含义,并且随着互联网的发展,又增加了虚拟空间的概念"。重庆是一个历史悠久、文化多元的城市。历经数千年的发展,重庆的城市文化融合了巴渝地域文化、三峡民族文化、红岩革命文化、抗战爱国文化等不同的文化。与此同时,在近代以来的城市发展中,重庆人民还形成了锐意进取、开拓创新和勇于奋斗的精神风貌。这些文化和精神风貌,都应该在今天的城市建设和市民生活中彰显,并得以世代相传。

抗战时期,"重庆作为中国战时的首都,全国政治、经济、文化和军事的中心,这里发生的每一重大事件,倡行的每一重大行动,不仅具有全国性,而且和国际反法西斯战争休戚与共,因此可以说,重庆抗战文化,既是中华民族抗战文化的中心和重要主体部分,也是世界反法西斯联合战线的重要组成部分和有力的一翼"。重庆拥有大量抗战遗址遗迹,对它们的保护与开发利用,可以构建尊重历史、传承文化和适应时代需要的城市公共空间。通过抗战遗址遗迹保护利用来建构城市文化空间,是彰显重庆文化和精神风貌的具体表现。

目前,重庆市在以抗战遗址遗迹为平台构建城市文化空间方面的工作已经逐步展开,也取得了一定成效。例如曾家岩至红岩村一带,2公里长的"抗战文化长廊"业已成形,它包括曾家岩的周公馆,上清寺国民政府办公楼和官邸、桂园、民盟纪念馆,李子坝的抗战纪念公园,史迪威将军纪念馆,红岩村革命纪念馆等,这些纪念馆、公园和遗址群各自构成一个小的城市文化空间,但串联起来又无疑成为一道都市旅游、休闲风景线,是人们参观、游览、学习、考察,甚至感悟抗战历史、品味重庆文化的大型公共空间。

毫无疑问,对于一些比较容易与城市建设、居民生活联系起来的遗址,可以充分而迅速地规划,以达到构建文化空间的效果。但是,重庆抗战遗址遗迹中还存在一些比较特殊的情况,它们可能过于分散,或远离市中心,或很难融入城市建设中,这就需要我们在保护中不仅要将其打造成文化空间,还应结合实际需要,发挥其经济利用价值。例如重庆防空洞作为城市发展历程中遗留的一种特殊遗址，同时也是抗日战争特别是大轰炸历史的见证，它因重庆的地理形制而产生，具有很强的地域文化特色。重庆防空洞抗战遗址包含了重要的历史文化信息，同时也具备一定的建造风格，代表了一个时期的建造水平和艺术，理应加以合理的规划与设计。然而，当前重庆的防空洞抗战遗址基本裸露在城市街道、居住区、城市山体绿化带之间，大多得不到合理利用甚至废弃，成了城市中破败不堪的角落，严重影响了城市形象，与市民对现代高品质休闲生活场地的追求也不大相符。事实上，我们可以将废弃的防空洞抗战遗址的文化、位置、空间、气候特征加以利用，为整个城市提供一系列的特殊公共空间。比如，在规划穿山隧道时，可以考虑利用原抗战隧道遗址，既减少勘探工期，也节省建筑材料；与此同时，政府应将与抗战有关的素材和符号置入该建成的隧道内（比如墙体、出入口之装饰等）。另外，对于与重大历史事件相关的隧道遗址，应采取场景复原方式，形成专门题材的展览馆（室）；对于居民集中地的隧道遗址，应结合附近居住与社区规划，将其建成纳凉、休闲场所；对于远离居住区，比较分散、凌乱的隧道遗址，应结合周边环境，将其打造成城市景观带。

第六章　比较视野下的重庆抗战遗址遗迹保护研究

　　重庆抗战遗址遗迹的保护不是孤立进行的,中国抗战与世界反法西斯战争是联系在一起的,抗战遗址遗迹是众多同二战遗址保护与开发利用的一部分。从全球性视野来看,二战给人类带来了巨大灾难,也给人们留下了不可胜数的遗址。这些遗址都是因为那场战争而诞生,也都是人类文明进程中所留下的历史符号。世界各国对于保护二战遗址已经有了不少认识,一些国家在这方面取得了较好的成果,具有成功的经验,这对于我们更好地保护重庆抗战遗址遗迹具有借鉴和示范意义。

一、世界各国对遗址保护的认识

　　遗址保护是一个世界性难题,它关乎人类文明历程的记忆与典藏。因此,世界各国都注重对本国文明成果和历史信息的保护与展示。早在1976年联合国教科文组织第十九届会议上通过的《关于历史地区的保护及其当代作用的建议》,就明确指出:"历史地区及其环境应被视为不可替代的世界遗产的组成部分。其所在国政府和公民应把保护该遗产并使之与我们时代的社会生活融为一体作为自己的义务。"遗址是遗产的重要内容,因此,遗产保护很大程度上就是对遗址的保护。应该说,保护遗址是人类的共同使命已经成为共识。

　　法国是世界上第一个制定现代遗产保护法的国家。早在1913年，法国就进行立法保护历史建筑，1943年时就强调历史建筑的周边环境应当加以保护，其范围必要时可以以建筑本体为中心以500米为半径向外延伸。这种对遗址及其周边环境均加以保护的认识在1964年成为国际共识。该年5月底，联合国教科文组织在意大利的威尼斯召开会议，通过了《国际古迹保护与修复宪章》（通常也称《威尼斯宪章》）。这一宪章在第一条就指出："历史古迹的概念不仅包括单个建筑物，而且包括能从中找出的一种独特的文明、一种有意义的发展或一个历史事件见证的城市或乡村环境。"

　　在意大利，保存了全世界约60%的历史、考古及艺术资源。意大利于1975年专门成立了文化遗产部，负责全国文物保护工作。这项权力在意大利的《宪法》与《文化和自然遗产法》中均得到体现。此外，意大利还投入了大量财政资金来保护各种文物，并在1996年通过法律规定，将彩票收入的8‰用于文物保护。在土耳其，1973年和1983年出台了《文物法》和《保护文化和自然遗产法》，1983年批准了《保护世界文化和自然遗产公约》，1985年同欧洲委员会成员国签署了《保护欧洲建筑遗产公约》。另外，土耳其的学者Pat Yale还大力倡导遗产旅游开发，认为它是关注我们所继承的、一切能够反映这种继承的物质与现象——从历史建筑到艺术工艺、优美的风景等的一种旅游活动。

　　在美国，遗址的保护最初是由园林机构来完成的，但仍有国家、州、市、县以及地方基层多级遗址保护体系。如佛罗里达州，国家和州园林及其他机构对遗址保护有很大的投入。不仅如此，一些社会组织也会广泛参与到其中，进而形成一种全社会都关注和保护遗址的机制。另外，随着遗址保护所涉及到的领域越来越多，美国环境保护机构也介入其中，它们还被赋予一项权力，即针对那些废旧的遗址复原制定一项综合环境反哺责任法案，这项法案通常会给以拨付巨大的经费。事实上，美国的国家公园局、土地管理局、工兵部队等大量涉及基建的部门，都聘有专职的考古学家来负责有关文物保护事宜。

　　在日本，1919年就颁布了《史迹名胜天然纪念物保存法》。二战后，日本对于文化遗产的保护力度并没有减弱。1950年,日本颁布了《文化财保护法》,这在日本文化遗产保护历程上具有里程碑意义。该法律对日本的文化遗产保护体制、对象、范围等均作了明确规定,并首次提出了非物质文化遗产的保护。曾任日本参议院文部委员会委员长的田中耕太郎对该法律的出台表示了极大的赞许。他强调指出:"但凡国家提出保护本民族的优秀的文化遗产,绝不能说是基于狭隘的民族主义,而应当说是对后代、对全人类担负一种崇高的义务。"所谓"对全人类担负一种崇高的义务",正是对文化遗产保护精髓的最好解释。由于日本很早就形成了比较健全的文化遗产保护体制,政府在国民教育中对遗产保护常识进行了广泛的普及,明确其中的责任与义务,从而形成了政府、学术界、民间在遗产保护上的良性互动。日本的这种模式是全社会性的,因此有学者将之称为"举国体制"。

总的来讲,20世纪以来,世界各国都十分注重文化遗址的保护,并在这方面作出了积极探索,这是人类文明不断进步的结果。

二、世界二战遗址保护的典型案例分析

二战遗址是世界各类文化遗址的重要组成部分,是人类历史上与第二次世界大战相关的各种人物、事件的物质载体。西方国家对于二战遗址的保护也是循序渐进的,特别是在战后的恢复和重建时期,一些国家处于经济发展的黄金阶段,对二战遗址的保护也留下了不少问题。例如英国的Hugh Clout曾批评了二战后法国很多遗址被毁坏的现象,指出法国在战后30年对遗址的恢复与重建在现代化的冲击下使人产生了视觉上的混淆,这应该引起注意和反思。当然,西方国家有关遗址保护的基本理念仍然具有相当的先进性,其相关的体制也比较完善。对于二战遗址的保护,总体上仍取得了比较丰硕的成果,并形成了不少成功案例。这里选取法国诺曼底登陆遗址和美国珍珠港事件纪念遗址两处作典型案例分析。

(一)法国诺曼底登陆遗址群

1.基本概况

法国有很多二战纪念地,其中以诺曼底海滩最有名。诺曼底位于法国西北部,临靠英吉利海峡,海滩绵延数百英里。诺曼底因为二战时期的盟军在此登陆,并取得战争上的重大转折而闻名,而今成为法国著名的历史和文化大区。诺

诺曼底登陆阵亡将士纪念墓地

曼底登陆遗址群是一个具有鲜明军事特色的遗址群,同时也是历史纪念性遗址群。

法国诺曼底登陆遗址群主要由诺曼底登陆战场原址、墓地、纪念馆、纪念碑以及公园等构成。诺曼底登陆战场原址范围较广,包括多处海滩和农场。墓地是为纪念这次战役中阵亡的将士而修建,那里一排排白色十字架,排满了空无一人的漫漫山坡,寂静而凝重。这种墓地有20多处,按国籍或战役修建。以科勒维尔美军阵亡将士墓地为例,该墓地占地70公顷,埋葬了9387名军官和士兵,他们中有4名女兵,身份无法确认的为307人。1984年,法国为庆祝诺曼底登陆40周年,计划在诺曼底省的首府卡昂市建立诺曼底战役纪念馆,后名和平纪念馆。该馆由卡昂市负责设计和建造,经费由国家、地区和

卡昂和平纪念馆

市的各级政府分摊。法国卡昂和平纪念馆占地14公顷,最终于1988年竣工。卡昂和平纪念馆只是法国以诺曼底登陆为背景建造的众多纪念馆中的一个,在卡昂周边的一些小城市还有不少各具特色的小型纪念馆。在纪念公园和纪念碑方面,1994年美军纪念公园和加拿大第三步兵师纪念碑落成。之后,周边纪念碑的建造逐渐增多,如苏格兰步兵师战斗纪念碑、威尔士步兵师纪念碑、韦塞克斯纪念碑等均在其中。

2.遗址展示

(1)展示主题

反对战争,向往自由与和平。

(2)展示内容

展示内容包括战场原址、墓地、纪念碑、勋章、石刻以及各种二战史料和实物。其中,卡昂和平纪念馆设有二战厅、冷战厅与和平厅三个固定展厅,另外有一个多媒体图书馆和两个档案馆。纪念馆藏有2万多册历史资料、1200多份视听文件、100多部电影、4.2万帧照片和3000多张招贴画,以及1万多件二战用品。

卡昂和平博物馆前的雕塑

(3)展示方式

原址展示:以诺曼底登陆海岸线为主,这一地区基本保留了原有的场景,未进行大范围开发与建造。

修复展示:主要是对二战时期遗留的文物进行修复。

场景展示:围绕诺曼底登陆战役所进行的墓地、纪念碑和公园建造,以及各种雕塑、艺术创作和战时场景模拟设计。

陈列展示:对基本史实的展示,主要采用图片和文字以及实物相结合的方式,适当运用声光电系统。

3.主要启示

(1)具有震撼力的建筑和景观设计。遗址的保护与管理机构除了收藏了大量珍贵的历史照片、战争录像以及遗留的实物外,还在一些空旷地带进行了众多的艺术创作,用极具想象力的手法构筑了具有震撼力的景物,或者形象地展现了当时的战争场面,或者生动地凸显了遗址所承载的思想灵魂。

(2)拥有大量的影视资料,让参观者直观、迅速地进入历史场景。在卡昂和平纪念馆,每一位参观者可看到各种从不同角度反映诺曼底登陆战役的资料电影。利用多媒体检索设备,参观者还可了解战役的每一个细节,包括战争背景、双方指挥部、兵力编成和武器装备等。

(3)整体开发,景点联动。诺曼底登陆遗址群实际上是一个拥有40多处二战博物馆和战事遗迹的遗址群,它包括各种纪念馆、士兵墓地、工事遗迹等,形成了由博物馆、遗址、纪念碑、墓地等构成的全面反映诺曼底战役的纪念地体系,共同组成法国六大旅游景区之一。可以说,不同类型的诺曼底登陆遗址群共同形成了一个区域性的遗址保护范例,也构成了一座全面研究20世纪史,特别是第二次世界大战史的历史宝库。

(4)举办各类重大活动,扩大社会影响。在诺曼底登陆遗址群,每年都会举办大小不同的纪念和教育性活动数百场。在一些特殊的纪念日,法国政府会组织高规格的大型庆典活动。例如2004年,法国曾邀请16个国家元首、政府首脑以及数十个国家的几千名来宾在卡昂附近的阿罗芒什纪念诺曼底登陆战役60周年。

(二)美国珍珠港事件纪念遗址

1.基本概况

美国珍珠港事件纪念遗址是为纪念第二次世界大战中珍珠港事件以及在这次事件中牺牲的将士而建造的包括各种遗迹和各种纪念建筑物在内的场地。太平洋战争因为1941年珍珠港事件的爆发而展开,因此,珍珠港事件具有

亚利桑那号纪念馆

标志性的历史意义。美国珍珠港事件纪念遗址是对这一史实的再现。

美国珍珠港事件纪念遗址主要由亚利桑那号纪念馆、俄克拉荷马号纪念馆、犹他号纪念馆、密苏里号纪念馆以及其他众多主力舰停泊码头构成。这些遗址与位于莫洛凯岛的卡劳帕帕国家历史公园、位于塞班岛的美国纪念公园和位于关岛的太平洋战争国家历史公园共同组成太平洋历史公园,由美国国家公园管理局负责管理。

在美国珍珠港事件纪念遗址中,亚利桑那号纪念馆和密苏里号纪念馆最引人关注。亚利桑那号纪念馆是由美国政府和私人共同出资,以珍珠港事件中被日机偷袭炸毁的亚利桑那号沉没处为建筑范围,在水上建造的专题性纪念馆。亚利桑那号在珍珠港事件中被击沉后,美军当场死亡1177名将士,肯尼迪曾将这里命名为国家陵园。密苏里号纪念馆是1999年开放供参观的舰船。由于密苏里号曾经在二战后期的海战中发挥重大作用,也是日本受降仪式的地点,因此密苏里号承载了重要的历史符号。不仅如此,密苏里号在二战后还持续服役了约50年,经历了朝鲜战争和海湾战争,蕴藏着丰富的历史信息。

2.遗址展示

(1)展示主题

缅怀历史,珍惜和平。

(2)展示内容

以珍珠港事件为背景,以照片、文字和实物展示太平洋战争的爆发、过程,以及通过遗址复原、修建纪念物等形式来缅怀战争中的死难者。其中,亚利桑那号纪念馆由仪式厅、圣室等部分组成,圣室中镌刻着遇难海军将士的姓名。纪念馆中部的旗杆,直接连接在残存的亚利桑那号战舰主桅杆上,象征着亚利桑那号精神的永存。密苏里号纪念馆以舰船本身为基本展示对象,同时展示舰船所承载的历史信息和一般的舰船操作知识,既具有历史教育意义,也有一定的科普作用。

(3)展示方式

原址展示:珍珠港事件直接造成了美国海军的重大损失,不少战舰就此沉没,其中的一些并没有打捞出来,而是采取了水下保存的措施。而一些停泊军舰的码头,至今仍保留了当时的遗迹,使参观者很快就能感受到珍珠港事件爆发时的情形。

场景展示:珍珠港事件遗址多处为场景展示,工作人员通过对战舰的利用、新修纪念馆、镌刻纪念牌、艺术创作以及视频模拟等手段以达到建构场景的目的。

密苏里号纪念馆

陈列展示:主要采用图片和文字以及实物相结合的方式对基本史实的展示。

3.主要启示

(1)注重本体原址保护。例如亚利桑那号纪念馆建在海底填充物上,呈拱桥状,横跨在亚利桑那号战舰水下舰体上方。透过仪式厅的大窗口,隐约可见海底的亚利桑那号战舰的舰体。

(2)注重保护周边环境。美国列入国家名录的历史文化场所通常意味着在保护要求上应具有很高的完整性。该完整性包括位置(Location)、设计(Design)、环境(Setting)、材料(Material)、工艺(Workmanship)、感受(Feeling)和关联性(Association)。在珍珠港事件遗址的保护上,美国也十分注重各遗址周边环境的保护。步入遗址现场,可以感同身受地嗅到事件发生时的味道。以此为基础,通过创新性设计理念,精心布展,从而引发参观者心灵上的共鸣。

(3)开展重大纪念活动。美国的政府和民间机构均十分重视有关二战的纪念活动,特别是对于珍珠港事件,一些协会和志愿者组织常常去遗址现场参观和凭吊。2011年,美国特地为珍珠港事件70周年降半旗,以缅怀事件中牺牲的美国将士。另外还有120名珍珠港事件的幸存者和数千名嘉宾在珍珠港事件遗址现场出席了隆重的纪念仪式。

三、国际视野下重庆抗战遗址遗迹保护的建议

单霁翔曾指出："对于城市中的大遗址而言,它不应被看做是城市发展的包袱,而应是城市发展无可替代的重要财富,是城市的文脉标志,是城市文化景观的核心要素,是城市可持续发展的资本和动力。"由此可见,遗址实际上是城市文化精髓的重要载体,它所展现出的灵气是城市生机与活力的一种体现。发达国家在遗址保护上的认识是城市现代化持续发展和不断进步的结果,反观我国的遗址保护,特别是近现代遗址的保护,往往被声势浩大的城市建设进程所湮没。作为人们生活聚居的场所,城市表现得越来越千篇一律,其灵魂也越来越远离生活在其中的人。从这个意义上讲,发达国家日趋成熟的理念和一些赞不绝口的保护成果可以而且应当为我们所用。

就重庆抗战遗址遗迹而言,它首先是对重庆这座城市文明进程的反映,是中华民族展现团结、进取和向往和平精神的重要舞台,同时也是全世界二战遗址的重要组成部分。重庆现存有395处抗战遗址,它们是重庆城市文化建设的宝贵财富。经过若干年的努力,重庆的抗战遗址遗迹保护已经取得了一定成果,但由于多方面的原因,这些成果与遗址遗迹保护的实际要求还相差甚远。当前,我国正处于文化大发展大繁荣阶段,重庆市也启动了规模宏大的"中国抗战大后方历史文化研究和建设工程"。为了更好地促进重庆抗战遗址遗迹的保护,我们提出如下建议:

第一,积极探索更为合理的保护体制,尽可能地清除遗址保护过程中的体制性障碍。在体制问题上,邻国日本为我们提供了先进经验。日本与英国在历史文化遗址保护体制上具有很多相似之处,它们体现的是一段公众运动与法制建设交替的历史,而中国体现的则是专家呼吁与政府批示的历史,因此基本上是自上而下的单向行政管理制度为保护制度的核心,而相应的法律与资金保障体系则很不完善。这种体制性的障碍也是重庆抗战遗址遗迹保

护过程中长期困扰的问题,主要表现在以下两个方面:一是行政主管的重视程度和执行力对遗址的保护力度与成效产生了至关重要的影响;二是文保系统的行政权威过低,一些文保政策难以彻底执行。因此,重庆今后可以以抗战遗址保护为契机,探索自上而下与自下而上相结合的双向管理体制。

第二,普及保护常识,多方参与,形成全社会共同保护遗址的局面。以往的重庆抗战遗址遗迹保护工作并没有形成全社会的认同,其保护理念往往仅限于少数文保工作人员、专家和其他有识之士,这与长期以来重庆对文物保护常识的普及力度不够、普通市民没有形成广泛的保护意识有很大关联。我们通过对法国诺曼底登陆遗址和美国珍珠港事件遗址的案例分析表明,遗址保护过程中必须增强公众的基本意识,调动其参与性,才能更好地扩大保护成果。就重庆抗战遗址遗迹保护而言,首先应该开展各种教育和纪念性活动,使遗址及其所蕴藏的历史得到公众的尊重。Henry Cleere曾指出,美国的文化遗产展示所强调的是针对没有专业知识的普通观众,采用各种活动和手段,强化视觉效果,寓教于乐。美国在文博教育上的公众性与普及性可以为我们提供多方面的参考,例如突出书籍、影视作品、旅游宣传、学校教育、纪念活动等方面的作用。其次,广泛组织和发动社会团体参与遗址保护。社会团体在以往重庆抗战遗址遗迹保护中的作用明显不够,甚至有所抑制,但国外的二战遗址保护却较多地由社会组织来完成。例如2004年,马来西亚爱国工委会等社团组织筹建了一个和平纪念公园,其中包含墓园、马来西亚抗日英雄纪念碑以及抗日历史文物馆。事实上,重庆也有不少热衷于抗战历史的社会团体,合理地组织它们参与文化遗址的

综合整治后的李子坝抗战遗址公园

保护，无疑有助于这一事业的积极开展。

　　第三，注重遗址本体与环境的综合保护，满足历史环境再现与现代景观创意设计的双重要求。重庆的抗战遗址不仅数量多，且不少遗址的周边环境也十分复杂。特别是，随着城市化步伐的加快，一些遗址已经被现代化的建筑和设施所湮没，遗址周边的环境已经完全改变，遗址所承载的文化内涵已经不能完整地体现。这是重庆抗战遗址遗迹保护中比较普遍的现象，也是需要我们深刻反思的问题。在这方面，国外的例子或许可以给我们一些启迪。例如法国在诺曼底登陆遗址的保护上就充分体现了强调遗址周边环境完整性的要求。2011年，法国总统萨科奇曾宣布在包括诺曼底登陆遗址范围的法国西海岸建风力农场，此举遭到社会强烈批评。在日本，保护登录建筑时，不仅考虑传统建造物和建造物群，保存地区的环境和传统文化活动也是其保护的内容之一。由此可见，保护遗址不应当仅反映在对遗址本身价值的认识上，还应更多地体现在对遗址环境所包含的精神与文化烘托价值的理解与评价上。进一步讲，重庆抗战遗址遗迹保护应该充分利用遗址所在环境的特点，对其进行综合整治与开发利用，形成特色鲜明的城市文化景观。可喜的是，重庆在这方面已经迈出了坚实的一步，诸如中山四路、李子坝一带的抗战遗址，均得到了整体保护，但对于数量众多的重庆抗战遗址遗迹而言，这些已有的成就显然是不够的。可以预料，在遗址保护中，满足历史环境再现与现代景观创意设计的双重要求，应是今后重庆抗战遗址遗迹保护的一个重要思路。

分　论

付 录

中共中央南方局、八路军重庆办事处旧址

中共中央南方局是第二次国共合作时期中国共产党设在重庆的办事机构。它是秘密机关,依托八路军驻重庆办事处进行活动。中共中央南方局、八路军重庆办事处旧址便是当时这些机构的遗存,主要包括位于今天重庆红岩村的中共中央南方局、八路军办事处旧址和位于曾家岩的周公馆。

早在1938年初,长江局就在重庆建立了八路军重庆通讯处。武汉失陷后,八路军武汉办事处和长江局大多数工作人员撤离至重庆,并于1939年1月成立八路军重庆办事处。因人员增多,原址不敷使用,故八路军重庆办事处决定在附近寻找新的工作场所。最终,化龙桥红岩嘴农场主人饶国模为办事处提供了便利。于是,八路军重庆办事处的地址就设在了现在的红岩村。

在八路军重庆办事处成立的同时,中共中央也加紧筹划成立南方局。1938年9月至11月,中共中央在延安召开六届六中全会,会议对当时的形势作了判断,确定了"巩固华北,发展华中、华南"的战略方针。全会还决定撤销长江局,设立中原局和南方局。

位于红岩村的中共中央南方局、八路军重庆办事处旧址

1939年1月7日,周恩来、博古、凯丰致电中央书记处,将西南局改称南方局。13日,中央书记处复电同意,并确立周恩来、博古、凯丰、吴克坚、叶剑英、董必武6人为常委。16日,南方局又致电中央报告了具体分工:博古管组织,凯丰管宣传及党报,周恩来管统战,叶剑英管联络,吴克坚管报馆,邓颖超管妇女,并建议中央派蒋南翔来南方局负责青年工作。中共中央南方局和八路军重庆办事处最初将办公地设在城内的机房街70号,但是由于城内住房不够使用,加上日机轰炸,很不安全。因此,周恩来到重庆后指示在城区近郊另觅新址,在地下党的帮助下选中了饶国模的大有农场,饶国模"欣然延纳"并当即划出地皮供中共修建办公住宿大楼。

作为在国统区秘密活动的南方局,对外以八路军重庆办事处为掩护开展日常行政事务工作,同时也有自己严密的组织系统。南方局在重庆还有另一处办事地点,即曾家岩的周公馆。周公馆原是赵佩珊女士的私宅,后租给其丈夫的好友、重庆进步人士、近代社会学家陈长蘅住。1939年二三月间,邓颖超以周恩来的名义租下这一私宅,于是,该住址便成为周恩来赴渝后最主要的日常活动场所。因此,周公馆实际上也是南方局重要的机关办事处。南方局在周公馆的工作机构主要有:军事组,有叶剑英、边章五、薛子正、王梓木、张清华、雷英夫、傅大庆、黄若墩同志;文化组,有徐冰、张颖、张剑虹、陈舜瑶同志;妇女组,有邓颖超、张晓梅同志。此外还有周恩来的随从副官吴志坚和彭海贵同志及一部分为公馆服务的人员。

南方局作为中共中央在中国南部地区的代表机关,它除了直接领导八路

曾家岩50号周公馆外景

军、新四军重庆办事处外，还直接领导了八路军、新四军驻桂林、香港、长沙（后邵阳）、广州（后韶关）、衡阳、贵阳等地的办事处、通讯处、交通站，领导了中共中央南方局机关报《新华日报》及设在桂

复原后的周恩来办公室

林、昆明、成都等地的新华日报分馆、分销处，领导了四川、云南、贵州、湖南、湖北、广东、广西、江西、福建、江苏、上海、香港、澳门等省、市、区的中共省委、工委、特委、陆委、市委、特支，领导了沦陷区的南京、武汉、广州等大城市的中共城工委及其他中共党组织，领导了华南、西南地区的人民抗日武装如东江纵队、琼崖纵队等。由此可见，位于重庆的南方局实际负责了中共在大部分国统区和沦陷区的工作。

  1945年国共重庆谈判期间，毛泽东也曾在此办公。1946年5月，周恩来、董必武率中共中央代表团和南方局驻渝办事处的工作人员先后离开重庆前往南京。同年8月八路军驻渝办事处奉命撤销。1950年6月，饶国模将红岩大有农场土地3000方丈和连之前南方局和八路军办事处大楼在内的场内房舍全部无偿捐献给了党和人民政府。1955年，重庆市人民政府在此筹建纪念馆。1958年5月1日，以南方局、八路军办事处大楼为主要革命遗址的纪念馆建成并对外开放。1961年3月，国务院公布南方局、八路军重庆办事处旧址为第一批全国重点文物保护单位。1962年2月18日被四川省重庆市人民委员会公布为第一批重庆市文物保护单位，1980年7月7日被四川省人民政府重新公布为第一批四川省文物保护单位，1983年12月1日被四川省重庆市人民政府重新公布为第一批重庆市文物保护单位，2000年9月7日被直辖后的重庆市人民政府公布为第一批重庆市文物保护单位。

  中共中央南方局、八路军重庆办事处旧址属国家级重点文物保护单位，

复原后的毛泽东卧室

保存状况较好,已规划保护范围,其占地面积800平方米,建筑面积1193平方米。另外,南方局的另一个工作地点周公馆也得到了较好保护,是国家级重点文物保护单位,其占地面积364平方米,建筑面积882平方米。1958年,重庆博物馆依托中共中央南方局及八路军重庆办事处旧址红岩村和曾家岩50号周公馆,建成红岩革命纪念馆,占地总面积74384平方米,建筑总面积7351平方米。经过数十年的保护与建设,红岩革命纪念馆规模日益扩大,管理也日益完善。2007年,重庆市成立红岩联线,将位于红岩村的南方局、八路军重庆办事处旧址和周公馆囊括在内,形成了集中保护与展示的态势。

总结之前的工作,我们认为在今后的保护与利用过程中,还需在以下几个方面努力:

第一,有关中共中央南方局、八路军重庆办事处的研究还有待深入。当前,学界对南方局的研究已经取得了不少成果,特别是对南方局的成立、发展过程作了较好梳理,但这些成果多以革命史观的视角出现。今后类似的研究可以考虑结合新文化史的研究路数,在充分挖掘新史料的基础上,对与南方局和八路军驻渝办事处相关的谍报技术史、日常生活史、政治文化史等方面作一些探索。

第二,打造红色文化平台,加强宣传交流,构筑成有重要影响的德育基地。当前,重庆正在建设长江上游经济高地的同时,也在建设富有自身特色的文化高地。中共中央南方局、八路军重庆办事处旧址是重庆城市现代化过程中重要的文化平台,应该以此为基础,围绕红色文化,打造具有更加丰富内涵的城市文化空间和载体,并以此展开广泛的宣传交流活动,构筑成有重要影响的德育基地。

中共中央南方局、八路军重庆办事处附属旧址

中共中央南方局、八路军重庆办事处附属旧址主要是指因南方局、八路军驻渝办事处活动所产生的,除了位于红岩村的办事处大楼和位于曾家岩的周公馆以外的其他遗址遗迹,包括中共中央南方局、八路军驻渝办事处招待所,红岩礼堂,红岩托儿所,饶国模故居,水井,防空洞等。

中共中央南方局、八路军驻渝办事处招待所与中共中央南方局、八路军驻渝办事处大楼隔沟相望,是一幢深灰色土墙楼房。这幢小屋建筑面积129平方米,原是饶国模大有农场员工的住房,外貌看似平房实则内部夹有木板形成阁楼,一楼一底有四间房屋;后来,又在两头靠墙处增修了一间小屋,故一共有六间房屋。1939年夏,南方局和八路军驻渝办事处迁入红岩村后,最初机要电台工作人员住在这里。不久,由于工作人员增多和秘密工作的需要,南方局将机要电台迁至办事处三楼,把这里改作招待所。招待所的主要工作是负责接待:南方局下属组织来红岩村汇报请示工作、学习中央文件的领导同志,以及海外归来的华侨党员干部;各级地方组织送到南方局进行短期培训的干部;准备送往延安的各类同志;从延安派出来准备充实各地方党组织工作的干部;各地方党组织到南方局待命准备重新分配工作的干部;八路军、新四军过往人员;我党我军领导同志家属和亲戚,以及一些烈士遗孤,如毛泽覃的儿子毛楚雄、蔡和森的儿子蔡博、叶剑英的儿子叶选平、李硕勋的儿子李鹏等人,均曾在这里住过。

位于办事处大楼西侧的红岩礼堂,是在1944年秋冬,南方局和办事处根

据当时的国际国内形势,为准备将来更多的同志到重庆来工作而决定修建的。礼堂于1945年初破土动工,8月建成。南方局和办事处的同志自己设计并参加了修建。整幢房屋一楼一底,占地面积199平方米,建筑面积398平方米。底层是礼堂,二楼是宿舍。是年8月30日晚上,南方局和办事处的同志们在这里为毛泽东莅渝谈判举行了欢迎宴会暨落成典礼。办事处的同志们还在礼堂门口挖掘平整出一块大约四五十平方米的小土坝"乐园",工作之余常在这里看书、读报、唱歌、排戏和进行娱乐活动。革命的乐观主义和丰富多彩的生活娱乐情趣溢满红岩山谷。

在八路军驻渝办事处大楼西侧大约六七十米远的山坡上,矗立着一座深灰色的土墙穿斗平房,该房坐北朝南,面对深沟和高山,房前是用石头垒起来的一块大约100平方米的小平坝,连堂屋及两边厢房,共有房屋五间,建筑面积127平方米。这里原来是饶国模大有农场工人的住房。1942年,南方局和办事处的托儿所就设在这里。

红岩托儿所是在邓颖超同志的直接关怀下建立起来的。为了让南方局、办事处有了小孩的同志能安心工作,为了使下一代从小就受到良好的教育和健康的成长,1942年初,邓颖超指示南方局工作人员管平、张德碧等同志在这里先办起了托儿互助组,以后在此基础上逐步发展成为托儿所。张德碧任所

红岩托儿所旧址

长。办事处有孩子的女同志来轮流值班,八路军办事处的警卫战士为孩子们自制玩具。据张德碧回忆,红岩托儿所要求每位孩子的妈妈每周都要到托儿所值班一个至两个半天,同时还建立了学习、会议制度,规定每周业务学习一次,每月工作小结一次,每季、年度总结工作一次,建立了上下班交接制度。

饶国模旧居

先后进过红岩托儿所的儿童有数十个,有许涤新、荣高棠、陈家康、刘澄清、石西民、童小鹏、于江震、龙飞虎、华岗、罗清、蔡书彬等的子女。周恩来和邓颖超等同志在工作之余常来这里看望孩子们,和孩子们一起玩耍。邓颖超喜欢"小乐天"(荣高棠之子),便自称为"大乐天",周恩来则戏称自己是"赛乐天"。并作打油诗《题双乐天图》一首:"大乐天抱小乐天,嘻嘻哈哈乐一天。一天不见小乐天,一天想煞大乐天。"这首《题双乐天图》连同邓颖超怀抱"小乐天"的照片,后来被刊用在南方局和办事处办的墙报上,在红岩传诵一时。红岩托儿所为革命培养后代,也从侧面体现了八路军办事处犹如一个革命的大家庭。

在红岩村大有农场内,有一幢用红砖砌成的小楼。这栋楼房的主人,就是南方局和办事处的房东、大有农场的场主饶国模。饶国模是一位拥有殷实家产的爱国知识妇女,黄花岗七十二烈士之一饶国梁的胞妹。早在20世纪30年代初期,立志实业救国的饶国模买下了红岩嘴山沟深处的300亩荒谷坡地,创办大有农场。建场初期,为了经营和管理好农场,饶国模便在农场中央的这块小草地上,建造了这栋中西式结合的小红楼,带着三个儿女在农场内安了家。此楼占地面积约70余平方米,建筑面积180平方米,共有房间10间。从外观上看,形似两层,内部实则三层。在建筑上,该楼有个明显的特点,就是每层楼上楼的楼道都隐藏在一个房间里,而且还有一道门。不熟悉情况的人,在短时间内找不到上楼的地方。

1938年底,八路军办事处移渝。1939年春,因城内办公住宿地点被日机炸毁,先期移驻红岩嘴大有农场的南方局领导同志秦邦宪、何凯丰等人曾在此楼短期居住和工作。抗战八年中,饶国模还经常在这里请南方局和办事处的同志品茗观花、饮酒赏月、吟诗作赋、互相唱和。由于此楼坐落在从外面通往办事处的必经小道旁,因此它也起着保护南方局和办事处的安全、掩护和隐蔽到红岩的地下党同志和进步人士、爱国青年的作用。一些地下党的同志来南方局汇报请示工作,往往先说找大有农场的刘太太(饶的丈夫姓刘),再由饶国模送到办事处或通知南方局来人联系。此楼的三楼曾一度作为南方局与地下党组织的联络点之一。1946年5月,南方局和办事处的同志们迁往南京之前,董必武为饶国模赋诗一首:"八载成功大后方,红岩托足少栖惶。居停雅有园林兴,款客栽花种竹忙。"以此感谢她对南方局和办事处的支持和帮助。在与中国共产党人朝夕相处的日子里,在南方局和办事处同志们的影响和帮助下,饶国模由一个爱国主义者逐渐转变为共产主义者,1948年在川东地下党最危难的时候她加入了中国共产党。解放后担任全国政协委员、全国妇联常委等职。1960年病逝于北京,现葬于红岩。目前,饶国模故居底楼由红岩革命纪念馆举办了饶国模生平业绩展览;二楼作为历史复原陈列,供广大观众参观。"饶国模故居"大门匾额由原南方局老同志、中共中央政治局常委宋平同志题写。

南方局和办事处移驻红岩之初,饮用水要靠人从两三里远的嘉陵江边去挑,返回全是陡坡,十分吃力。后来有同志从山沟深处的石缝中发现一小股泉水,便用楠竹对剖成槽将水引到办事处,但还是水量不足并且水源质量没有安全保证,在此期间曾用过山沟中的溪水。为了从根本上解决问题,办事处便在西边的山沟小溪旁挖了口水井。这口水井深约二丈,水源充足,水质纯净,且四季不竭。办事处的日常生活用水从此得以解决。为防止坏人放毒和保证水源卫生,办事处还在井口上加了木盖,不取水时就盖上。

抗日战争时期,日机经常空袭重庆。1940年秋,一颗炸弹就落在了办事处大楼前,震垮了部分墙壁。为防空袭,办事处在水井旁的山脚下挖了一个十余米长的防空洞,并在洞口搭了席棚,种上藤蔓植物隐蔽。每有空袭,南方局和办事处的同志以及农场的工人都到这里来躲避。有时空袭时间很长,周恩来、董必武等领导同志就利用这个时间给大家讲革命故事、讲国内国际形势。重庆夏季气候炎热,而防空洞口却十分凉快,周恩来、董必武等人在酷暑难当时就常在这里办公、看书、写文章。他们还在这里会见过外国友人和新闻记者,接见过爱国青年学生。

综上所述,中共中央南方局、八路军驻渝办事处附属旧址本体的保护相对较好,但其背后的历史故事却少为人知,展示力度还不够。

新华日报营业部旧址

　　新华日报营业部旧址位于重庆市渝中区民生路中段240号,隔民生路主干道与重庆宾馆相望,上行200米是上海一百,下行不远即与重庆解放碑相接。故该旧址位于闹市区,居民密集,人流量大,后面有居民住宅区。该旧址是一幢三楼一底的砖木结构房屋,是重庆近现代重要史迹及代表性建筑。抗战时,为防敌机空袭,外部墙面涂为深灰色。楼房建筑面积480平方米,使用面积274平方米,有大小房间8间,最底层为地下室,当时系居民住房,临街底楼即一楼为新华日报报刊书籍门市部。二楼二间,为图书、广告、发行、邮购等办公室和会客室。三楼共四间,是新华日报社长潘梓年在城内的办公住宿用房和报馆记者临时住房及营业部工作人员、报丁、报童住房。楼顶晒坝为日常生活区。

新华日报营业部旧址

　　新华日报营业部是抗日战争时期和解放战争初期,负责《新华日报》及《群众》周刊全部发行和销售的机构所在地。《新华日报》是中国共产党在国民党统治区唯一公开发行的大型机关报,为宣传、动员民众抗战作出了重要贡献。这幢深灰色的楼房建于20世纪30年代,产权原属聚兴诚银行,后银行将此楼转租给赵子贞老中医。1940年8月20日,设在重庆市西三街12号的新华日报营业部被日机炸毁后,移至劝工局若瑟堂巷一号暂时营业。同年10月26日该处又被炸毁,营业部在移至劝工局若瑟堂的同时,报馆通过各种关系,知悉房东赵子贞及"华时代"百货店均想迁移乡下。于是报馆以个人名

抗战时期的新华日报营业部

义,在赵子贞处租赁了这幢当街临市的楼房。经过一番整修,营业部于当年10月28日迁入民生路208号(现240号)营业,直至1946年2月被国民党指使特务、流氓捣毁为止。

　　营业部大门上方挂着国民党元老于右任题写的"新华日报"四个大字招牌。底楼为营业部,二楼是营业部办公室。皖南事变后,由于国民党的白色恐怖加剧,为了方便与陪都各界进步人士的会见和晤谈,周恩来、董必武等南方局领导人常常在营业部二楼会客室与国统区有关人士、各民主党派负责人秘密会晤和交谈,这里成为南方局统战工作的重要场所。1945年9月,重庆谈判期间,毛泽东在周恩来陪同下专程来此视察工作和看望同志们。

　　新华日报营业部在此战斗近六年,共发行各类进步书刊数千种,为中国共产党在抗日战争时期和解放战争初期的舆论宣传事业作出了巨大的贡献。1946年2月,这里被国民党特务捣毁后,新华日报营业部迁至德兴里39号星庐继续战斗,直至1947年2月28日被国民党重庆当局查封为止,全体人

员撤返延安。新华日报营业部被查封后,该房产由川盐银行取得,后又作价卖与重庆分行。解放后这里先后由西南财政部行政财务处及四川省人民政府驻重庆办事处接管,1964年由重庆市渝中区房地产公司接管,并租与市民居住。1974年,重庆市人民政府将此处辟为纪念地,由红岩革命纪念馆接管并复原开放。1974年该旧址被定为市级文物保护单位。1982年对旧址进行全面维修精心复原后于1986年10月重新对外开放。1980年7月四川省人民政府公布为省级文物保护单位。2001年6月25日,国务院公布为全国第五批重点文物保护单位。现由重庆红岩革命历史博物馆(红岩联线)管理。新华日报营业部旧址是重庆市重要的抗战文物遗址,也是全国百家爱国主义教育基地。

新华日报营业部旧址是重庆抗战遗址遗迹的重要组成部分,它具有很高的历史与文物保存价值,主要表现在以下几个方面:

首先,该遗址是《新华日报》在战时首都重庆宣传、动员民众抗战的历史见证;是抗日战争时期和解放战争初期,中国共产党在国民党统治区唯一公开出版发行的大型机关报《新华日报》的营销和办公住址;是被毛泽东誉为"新华军"的前哨阵地。"报道正确消息、供应进步书刊"是其宗旨。

其次,该遗址是中共代表和南方局领导人在闹市中心开展统战工作的重要场所。由于这里销售各种宣传抗战的进步书刊,当年来此购书买报的读者很多,一些从事地下工作的人员,也常常装扮成读者来此递交情报或上二楼会客室向南方局有关负责人汇报请示工作。因这里是闹市的中共公开机关,一些向往光明、追求进步的各界人士和失去关系的共产党员,都到这里来和党组织取得联系。周恩来、董必武等南方局领导人还常在营业部二楼会客室与国统区有关各界人士、各民主党派负责人及外国友人秘密会晤和交谈。这里是第二次国共合作和中国共产党新闻运动史的重要历史见证。

鉴于以上情形,我们认为,在今后对新华日报营业部旧址的保护与利用过程中,应该注重以下几点:

第一,加强管理和宣传、确保充分发挥全国重点文物保护单位的作用。

第二,该旧址有渗漏雨水情况,急需得到更好的保护和日常维修,建议加强文物建筑的保护力度。如前所述,新华日报营业部旧址为20世纪30年代所建砖木结构楼房,电线线路老化存在火灾隐患,且虫蛀白蚁现象较严重,建议进一步加强做好现有消防、防雷设备和管理。

第三,地处市中心的闹市区,周边建筑林立,建议增设更醒目的保护性标志,整治周边环境。

第四,进一步充实、丰富该遗址陈列的文物文献资料,完善展示内容。

中共代表团驻地旧址

重庆中共代表团驻地旧址位于渝中区中山三路,是典型的中西式砖木结构建筑群,占地约627平方米,由四个单元组成。大的一幢坐西向东,二楼一底;小的一幢则为事务、机要电台人员用房。

抗战胜利后,在中共和各民主党派的坚决争取和各界人民的一致呼吁下,国民党政府被迫同意召开政治协商会议。1945年12月,中共中央派出以周恩来为团长的中共代表团赴重庆出席政治协商会议。同月16日,出席会议的中共代表周恩来、董必武、王若飞、叶剑英、邓颖超、陆定一、吴玉章等30余人分乘两架飞机由延安飞抵重庆。这是中国共产党首次以合法平等的地位公开派出代表团到重庆,由国民政府拨给中山三路263号两幢房屋作为中共代表团驻地。

中共代表团的主要任

中共代表团驻地旧址

务是参加政治协商会议和继续进行国共谈判。经过中共代表团的努力,1946年1月,国共双方签订了停战协定,在1月10日至30日召开的政协会议上通过了政府改组等五项议案,并围绕实现政协协议,中共代表团与南方局紧密配合,领导国统区和平、进步力量同国民党进行了坚决的斗争。之后,叶挺、廖承志同志出狱的欢迎会,叶挺入党大会也都在此举行。1946年中共代表团迁南京后,这幢房屋又成为中共四川省委工作人员的驻地。同年11月交还国民政府,被重庆警备司令部军营所占用。解放后为重庆市检察院职工用房。1961年2月18日被重庆市人民政府确定为市级文物保护单位。2000年被公布为直辖市级文物保护单位并交红岩革命纪念馆管理使用。2001年,中共代表团驻地旧址被列为第五批全国重点文物保护单位。

中共代表团驻地旧址具有十分重要的历史文物价值,保护利用好中共代表团驻地旧址是重庆市委三届五次全委会确定抢救维修的120处重要抗战遗址保护项目之一。在2010年重庆市委、市政府审议通过的《重庆抗战遗址遗迹保护利用总体规划》中,确定中共代表团驻地旧址原址保护为重庆抗战遗址遗迹保护及展示利用的重点项目。2011年,重庆有关单位对中共代表团驻地旧址进行了比较完善的修整,目前已经完工。

中美合作所旧址

　　中美合作所，全称中美特种技术合作所，是第二次世界大战期间中国和美国军事情报机构合作建立的战时跨国情报机构，其目的是加强中美之间军事情报合作，共同打击日本。1943年国民党政府和美国政府签订秘密协定，成立中美特种技术合作所，搜集有关对日作战情况，为国民党当局训练特种技术人员。所址原是国民政府军事委员会调查统计局（简称军统局）关押政治犯设立的看守所。抗日战争胜利后，这里完全成为国民党当局关押、刑讯、残杀革命人士和共产党员的集中营。1949年11月27日国民党撤离大陆前，

中美合作所梅园

对关押在此的300多位革命人士进行了残酷的集体大屠杀,制造了震惊中外的"一一·二七"大惨案。1988年,中美合作所旧址被中华人民共和国国务院公布为全国重点文物保护单位。

现存中美合作所旧

中美合作所气象台旧址

址包括数十处文物点,属于抗战遗址范畴的主要有梅园、气象台、总办公楼、政训处和"四一"图书馆等。

中美合作所梅园地处钟家山,是军统局长戴笠为中美特种技术合作所副主任、美国海军少将梅乐斯修建的公馆。这里曾是中美合作所本部。梅乐斯原来住在钟家山快活谷的一座别墅中,戴笠为了博得梅乐斯的欢心,以便更多地从美国得到武器和物资,又专门为他另辟地方,修建别墅,因梅乐斯性喜梅花,"梅乐斯"这个姓的第一个汉字是"梅",戴笠为这个别墅取名为梅园,并在建成后在房子四周遍种梅花。梅园占地300多平方米,内部完全仿照西方布局,设有跳舞厅、面包房、壁炉。梅园始建于1945年春,1945年秋完工。

中美合作所气象台是二战时期为远东军事战场服务的重要情报基地。太平洋战争爆发后,美、英对日、德宣战,世界反法西斯联盟形成。由于美、日双方所处的地理位置,决定了它们之间的战争基本上是在海上和空中进行。为了取得战争的胜利,美国需要获得在亚洲及太平洋地区的气象水文资料,为美国制订在远东用航空母舰作战的长远计划提供准确的原始依据,以利海战。因此,由中国国民政府军事委员会委员长蒋介石和美国总统罗斯福批准建立了国际情报合作机构中美合作所。根据《中美合作所协定》,中美合作所在全国建起了165个气象台、通讯电台,中美合作所气象台成为为远东军事战场服务的重要情报基地,这些气象资料在第二次世界大战中发挥了不可低估的作用。气象台旧址于2007年修复并对外开放,现旧址内有中美合作所展览。

中美合作所杨家山总办公室(军统乡下办事处总办公室)位于杨家山脚下,林木葱茏,风景秀丽。1939年春,为躲避日机轰炸,军统局以军事委员会战场服务团名义,强占歌乐山下五灵观、磁器口一带民房,设立乡下办事处。在杨家山下修建了两幢豪华的西式平房,作为乡下办事处总办公室。办公室前配有一个由"喜"字组成的漂亮大花园,戴笠十分喜欢这个地方,常在此居住,因此又称杨家山戴公馆。中美合作所成立后,设中美合作所总办公室于此,是二战时期中美特务合作的首脑机关。

中美合作所政训处位于沙坪坝杨家山43号,占地面积875平方米,为20世纪30年代土木结构建筑,现受损较为严重,未作修复。中美合作所军统"四一"图书馆,位于总办公楼南,占地面积560平方米,为20世纪30年代砖木结构建筑,受损严重,未作修复。

鉴于上述情形,我们认为,在今后对中美合作所旧址的保护与利用过程中,应该注重以下几点:

第一,抓紧时间,尽快对政训处和"四一"图书馆建筑本体按照"修旧如旧"原则进行修复。

第二,强化对中美合作所历史的展示,整治周边环境,统筹规划,形成更完善的景观片区。

重庆谈判遗址群

重庆谈判是抗战胜利后,国共两党为建设一个新的民主国家而进行的和平谈判,它是中国近代史上极为重要的事件,具有深远的历史意义。正如胡乔木所说:"重庆谈判是抗战胜利后中国发生的头等大事,它承前启后,对未来具有决定意义。"重庆谈判遗址群是以重庆谈判为历史背景的遗址,它主要是指国共双方最高领导人进行谈判的重要场所。具体而言,这里所说的重庆谈判遗址群包括蒋介石官邸、国民政府军事委员会委员长侍从室旧址、吴铁城官邸、宋子文官邸。

这里的蒋介石官邸是指德安里101、103号建筑,它们是蒋介石抗战时期在重庆办公与休息的四处官邸之一。德安里在1891年重庆开埠后,因法国天主教和基督教卫理公会的发展,修建了真原堂等建筑。随着20世纪20年代后期重庆新市区的建设和扩展,德安里兴建了高级公馆、住宅和别墅,逐步形成了德安里和大溪别墅区。国民政府迁渝后,德安里分布了国民政府的中枢机关。

尧庐正面,现中共重庆市委7号楼

德安里101号是蒋介石在当时重庆市中区的日常办公场所，实际也是蒋介石侍从室。德安里101号即尧庐，原为国民党将领许绍宗所建。因许绍宗字尧卿，故其住所又称尧庐。抗战全面爆发后，蒋介石侍从室第一处主任林蔚选定尧庐作为侍从

德安里103号，现中共重庆市委2号楼

室第一、二两处办公地址。张治中、贺耀组、陈布雷等人均曾在此办公。德安里101号实际上有两个部分，由北面正门而进即101号，是国民政府军事委员会委员长蒋介石旧居，由西面侧门而进即102号，是蒋介石侍从室。新中国成立初期，这栋建筑为中共中央西南局所用。1954年西南大区撤销后由重庆市委使用，现市委大院7号楼。

德安里103号是蒋介石夫妇居所，也称宋美龄旧居。该房屋是1936年富商丁次鹤委托华西兴业公司建筑部设计建造，抗战期间被国民政府军事委员会委员长侍从室征用给宋美龄使用。1945年9月至10月，国共和谈时，德安里101、103号楼是毛泽东、周恩来、王若飞、蒋介石、张群、邵力子、张治中等谈判的主要场所。新中国成立初期，这栋建筑为中共中央西南局所用。1954年西南大区撤销后由重庆市委使用，现市委大院2号楼。

国民政府军事委员会委员长侍从室旧址即德安里104号，它为美丰银行董事康心远20世纪30年代所建，抗战时贺耀组、邵力子曾借住，但主要为侍从室使用。1950年2月，邓小平入住于此，主政西南，直至调离。整幢建

德安里104号，现中共重庆市委4号楼

筑2000年拆除后,按原样复建。

吴铁城官邸为抗战时期国民党中央秘书长吴铁城的住所,在重庆谈判期间,毛泽东等人曾在此与吴铁城等国民党人士举行会谈。目前作为民居,产权单位为重庆测绘学院,隶属国家测绘局。

吴铁城官邸左侧面

宋子文官邸又称怡园,原是华西兴业公司总工程师胡光标1936年委托基泰工程司设计,并由华西兴业公司建筑部施工在1937年春季建成的西式洋房别墅。抗战时期,该处为宋子文使用。重庆谈判时,美国特使马歇尔为调停曾旅居于怡园。

1996年时,重庆市政府发布〔1996〕170号文件明确了重庆谈判旧址保护范围与建设控制带。2000年,重庆谈判旧址被确定为第一批重庆市文物保护单位。值得指出的是,原重庆谈判旧址并未包括吴铁城官邸,吴铁城官邸后被确定为渝中区文物点。2013年,重庆谈判遗址群被公布为国家重点文物保护单位。总体而言,重庆谈判遗址群保存较好,无重大损毁。

在空间分布上,重庆谈判遗址群比较集中,大体位于今重庆市渝中区李子坝往曾家岩一带。其中,德安里101、103、104号均坐落在中山四路36号重庆市委大院内,吴铁城官邸坐落在渝中区嘉陵新路64号,怡园坐落在渝中区四新路19号。在内部构成上,德安里101号是半中半西式砖木结构,坐北朝南,一楼一底,面阔22.4米,进深21.9米,通高10米,建筑面积1180

宋子文官邸怡园

平方米。德安里101号是一座仿爱欧尼柯柱头、屋面为庑殿顶和四角尖顶结合的砖混结构两层楼房屋，外墙为灰色小青砖清水墙，原进门外宽阔廊前有六级浅平踏道，圆凸门廊三间式，上下二层，有四根仿希腊爱欧尼柯柱头式圆柱支撑，上层为圆弧形外凸大阳台，转入楼的右侧有便门，门廊宽阔，四级踏道，仍由希腊式圆柱支撑门廊上面的大阳台。德安里103号宋美龄旧居，建筑面积849平方米，砖木混合结构。坐北朝南，一楼一底（底层下有一地下室），面阔25.1米，通高11米，共有房间10间。门枋和整体建筑风格基本上保持了原有文物建筑的真实性，较完整地反映了20世纪30年代末的建筑风格，特别是体现在无大玻璃窗扇，用砖砌平拱做过梁的建筑手法上。整幢建筑完好。20世纪80年代，在大门一侧增设了三柱两开间的内廊阳台，使原房的整体性有所变化。德安里104号建筑面积573平方米，单檐歇山式砖混结构，共三层。二楼外廊为回廊。屋顶仿民族传统的建筑形式，檐角翘起。近似传统复兴风格的建筑形式，内部出现过在重庆湿热气候中并不实用的北欧御寒建筑部件、护窗板和壁炉等物，二楼木作圆屏风及挂落，屏风两侧的多宝格，体现出吸收中西不同风格的"合璧"式建筑手法。吴铁城官邸为砖木石结构两楼一底西式楼房建筑，依山而建，有地下防空室，占地面积237平方米，建筑面积935.64平方米。基础为石作，外墙为砖砌，室内为木质地板，屋顶为机制瓦，建筑外观基本保持原貌，内部开间有一定改变，石作基础局部风化，望板局部脱落，木质楼板变形，有轻微下塌。怡园平面建筑面积375.46平方米，坐北朝南，面阔20.4米，通高约10米。青条石和砖木结构严密组合，楠木地板，连地下室共三层，二楼有一半圆台，三楼有一小阳台，16间房。建筑完好。平面布局中央为过道和楼梯间，居室分别位于两边。

目前，重庆市文物保护单位已经确定重庆谈判旧址保护范围为：东北至国民政府行政院旧址东侧市委大院围墙；南至市委大院围墙连接至市委食堂墙体外缘线；西北至中山四路靠市委一侧人行道外缘线。怡园保护范围：东至主体建筑外移20米为界；西至嘉陵江滨江路为界；南至主体建筑外移10米为界；北至市政路灯管理处为界。建设控制地带：保护范围线外15米。相关保护标志也已经竖立，保护档案也得到较好保存。根据以上所述基本现状，

我们认为还需要进一步开展如下几个方面的工作,以更好地促进对文物本体的保护与利用:

第一,进一步明确和细化保护范围与建设控制带。1996年时,重庆市政府发布文件划定了重庆谈判旧址的保护范围与建设控制带。然而,随着城市建设的大规模展开,该文件中所说的一些标识物已经发生改变,故应作更新并进一步精确处理。另外,该文件并没有规定吴铁城官邸的保护范围和建设控制带,这与保护人员对重庆谈判遗址群前后的认定不同有关。因此,在新的保护范围与建设控制带中尤需对吴铁城官邸作明确说明。

第二,对吴铁城官邸挂牌、立碑和文物说明,按"迁出住户,就地保护"的原则加强管理,并作修复。长期以来,吴铁城官邸仅被定为区以下文物点,保护级别低,未受到应有的重视。在产权和使用权上,该遗址又归属测绘局,日常中供居民使用,如果管理不善就容易对文物本体造成破坏。因此,我们建议提升保护级别,改变管理方式,并在保持原样的基础上进行修复。

第三,考虑对怡园作修复与复原,内部陈设相应展品,并作历史主题展示。怡园是重庆谈判遗址群中的一个重要部分,也是民国时期重要人物的官邸,长期由派出所使用,不能满足该遗址保护的要求,且内部装饰与陈设已发生改变。故需要进一步改变管理方式,明确职责归属。

1945年9月17日,蒋介石和毛泽东在103号官邸门前合影

同盟国驻渝外交机构遗址群

同盟国驻渝外交机构遗址群是指抗战时期各反法西斯国家驻华使领馆在重庆遗留下来的办公场地及存于其中的文献、文物。1937年7月7日,抗日战争全面爆发后,当时的首都南京受到严重威胁。不久,国民政府作出了迁都于重庆的决定。1938年1月,苏联驻华大使奥莱斯基第一个在重庆向国民政府主席林森呈递国书,并设立使馆。之后,美国、英国、法国、波兰、巴西、土耳其、秘鲁、比利时、意大利、澳大利亚、挪威、加拿大、荷兰、丹麦、伊朗、印度、墨西哥、捷克、瑞典等30多个国家在重庆设立了大使馆或公使馆。这些国家在渝设立办公机构后,开展了广泛的交流与合作,构筑了国际反法西斯的远东战线。

现存的同盟国驻渝外交机构遗址群主要包括苏联大使馆旧址(枇杷山104号)、苏联大使潘友新旧居(南山36号)、苏联大使馆武官处旧址、美国大使馆旧址、美国大使馆海军武官处旧址、美军招待所旧址、英国大使馆旧址、中英

苏联大使馆枇杷山旧址

联络处旧址、法国大使馆旧址、法国领事馆旧址、印度专员公署旧址、澳大利亚公使馆旧址、土耳其公使馆旧址、比利时使馆旧址、意大利使馆旧址、西班牙使馆旧址,共16处。

苏联大使馆旧址位于今重庆市渝中区两路口街道枇杷山正街104号。该使馆建筑坐北朝南,仿巴洛克式砖木结构,四楼一底,面阔27.5米,进深21.7米,通高25.9米,有房屋56间,总建筑面积2438平方米,占地488.8平方米。这里原是川军师长曾子唯在重庆委托洪发利营造厂承建的公馆。1938年至1946年间,该处被苏联大使馆租用。1947年始改作市立医院使用。20世纪80年代,曾为重庆市第三人民医院用作集体宿舍和储藏室。1992年由市中区人民政府公布为区级文物保护单位。2000年9月公布为重庆市直辖后第一批市级文物保护单位。2003年,医院筹资200多万,对其进行了原状恢复维修。

苏联大使潘友新旧居位于南岸区南山街道南山植物园山茶园内。灰色砖瓦仿哥特式建筑,砖木结构,使用多利克柱,呈二楼一底,一楼处于地表面,底楼为地下室,一楼7间,二楼5间,建筑面积380平方米。此处始建于民国时期,曾为留法军火商朱星门的私宅。1938年国民政府迁都重庆后,蒋介石侍从将其买下供外宾使用。1941年起苏联大使潘友新在此居住较久。解放后,此处曾辟为南山公园第三招待所。2000年9月公布为重庆市直辖后第一批市级文物保护单位(含于"黄山、南山陪都遗迹")。2007年11月,南山植物园管理处对旧址进行了屋顶检漏维修。

苏联大使潘友新旧居

苏联大使馆武官处旧址位于今渝中区解放碑街道沧白路69号。该建筑坐北朝南,偏东20度。三楼一底(第三层阳台处为解放后增建),砖木结构。面阔13.5米,进深17.4米,通高13米,建筑面积939平方米,占地面积346.5

平方米。该遗址始建于民国时期，为留法学生沈芷仁修建使用，别名沈芷仁公馆。1938年苏联大使馆迁渝，将使馆武官处设此。解放后，辟为重庆市文化局（文物局）办公址。该建筑现为重庆市越剧团、艺术创作中心的办公场所。现状保存一般。2009年7月由重庆市文物委员会公布为重庆市抗战遗址文物保护点，加以挂牌保护。

苏联大使馆武官处旧址左立面

美国大使馆旧址位于重庆市渝中区两路口街道健康路街1号。建筑坐西向东，仿巴洛克式砖木结构，面阔32.5米，进深12.73米，通高10.73米，有房屋28间，建筑面积822.72平方米。该遗址始建于1942年，建成后至1946年5月，为美国大使馆馆址之一。1946年美国大使馆返迁南京后的10月，该址被纳入当时的中正医院（今重庆市急救医疗中心）使用范围，曾辟作医院的行政办公楼和食堂。2000年9月重庆市人民政府公布重庆美国大使馆旧址为重庆市直辖后第一批市级文物保护单位。2007年，旧址连同周边地带开始拆迁，鉴

拆迁前的美国大使馆旧址

美国大使馆海军武官处旧址

于医院用地的实际情况,重庆市文物局于2008年同意业主单位重庆市急救医疗中心自筹资金,对旧址进行就近搬迁保护。目前文物建筑已拆除,构建保留,待异地重建。

美国大使馆海军武官处旧址位于南岸区龙门浩街道建业岗重庆社会主义学院内。该建筑为一栋典型的欧式建筑,砖木结构,一楼一底带地下室,占地200平方米,建筑面积380平方米。1940年至1946年,美国大使馆海军武官处由市中区迁设于此。曾一度被辟作重庆社会主义学院职工住房。2002年7月以建业岗别墅群之名公布为南岸区文物保护单位。

美军招待所旧址位于南岸区南山街道南山公园路11号。该建筑为三面围廊式建筑,每面均有6个柱子,柱子下施有覆盆式柱础,屋顶为小青瓦、歇山式屋面,砖墙,条石基座。整栋建筑修建于由条石垒砌的堡坎上。该处建筑始建于1898年,瑞典人安达森修建。20世纪30年代为国民政府二十一军独立旅袁筱如旅长府宅。抗战时期又将此辟为美军招待所。解放后,用作居民住宅。该址现为私人产权的居住别墅。现状保存完好。2000年9月公布为第一批重庆市文物保护单位(含于"黄山、南山陪都遗迹")。2003年,业主私人出资,按照"修旧如旧"原则进行了修葺。

美军招待所旧址

英国大使馆旧址位于南岸区南山街道黄桷垭文峰段9号,地处南岸区与巴南区交界的一小山坡上,周围为一片森林。建筑始建于1940年,为一栋中西式平房,坐西向

英国大使馆旧址

东,土木结构,砖柱,长25米,宽12米,通高4.8米,共5间,呈"一"字形排列,面积约300平方米。抗战时期,该址曾一度为德国大使馆馆址。1941年7月至1946年,英国大使馆迁设于此。解放后,为重庆陪都制药厂产权。20世纪90年代,先为当地房管所收买,后又转卖为私人产权房。该址现已由业主出租为"陪都山庄"经营使用。2000年9月公布为重庆市直辖后第一批文物保护单位(含于"黄山、南山陪都遗迹")。现状保存较差,多处被私人违规改造。

中英联络处旧址位于渝中区解放碑街道五四路街原公安局内。该建筑坐北朝南,二楼一底,西式砖木结构建筑,面阔24.45米,进深16米,占地面积391.18平方米,建筑面积1173.54平方米。平面建筑布局呈"L"形。该处建筑最早为真元堂,建于1910年,是教堂建筑。抗战期间曾遭日军空袭破坏,后经修复。1939年至1946年,中英联络处设于此。解放后,由市房管部门收为公房。21世纪初在片区改造前,为重庆市公安局离退休人员工作处。该址现状保存较好,2009年初被重庆市人民政府公布为重庆市第一批优秀近现代建筑,同年底被公布为第二批重庆市文物保护单位。

中英联络处旧址

法国领事馆旧址位于渝中区南纪门街道凤凰台街35号。该处坐西向东,为三楼一底砖木结构欧式建筑,共有88个廊拱,面阔32米,进深17.4米,每层楼有550平方米,8间房,建筑

法国领事馆旧址

面积2227.2平方米。该处建筑是1898年间建。抗战时期，原设于领事巷12号的法国总领事馆遭日机炸毁后，领事馆曾迁设于此。解放后，该址为解放军西南军区的一个单位和红旗纸箱厂使用。该址现在为重庆市塑料工业公司的办公场所。现状保存一般。2003年公布为渝中区文物保护单位。

法国大使馆旧址位于南岸区南山街道南山植物园山茶园内。建筑坐北朝南，为一楼一底中西回廊式楼房，砖石结构，平面呈"丁"字形排列，底楼9间，一楼2间，通高10米，占地150平方米。该遗址为民国时期留法医生汪代玺所建。抗战时期用作法国驻华大使馆别墅。解放后，曾一度为南山镇双龙村百果社（生产队）农户居住。后为南山植物园管理处产权并使用。此处现为南山植物园内对游客开放的游览观光点。现状保存完好。2000年9月公布为重庆市直辖后第一批市级文物保护单位（含于"黄山、南山陪都遗迹"）。2007年11月，重庆市南山植物园管理处对法国大使馆进行了屋顶检漏维修。

印度专员公署旧址位于南岸区南山街道南山植物园山茶园内。中西合璧式建筑，主楼为一楼一底，砖木结构，建于条石垒砌的堡坎上。墙为青砖砌成，房屋正面及左侧为围廊，廊柱为圆柱，栏杆柱为花瓶形状。门窗为白色，窗为双层，内层为玻璃窗，外层为百叶窗。附楼为一栋单层平房。该处建筑始建于民国时期，1943年至1946年6月，印度专员公署

法国大使馆旧址

印度专员公署旧址

署址由市区炮台街22号迁设于此。解放后，为南山植物园管理处产权并使用。该址现已被辟为南山植物园的图书馆，现保存现状较好。2000年9月公布为重庆市直辖后第一批文物保护单位(含于"黄山、南山陪都遗迹")。2007年，南山植物园管理处自筹资金对其进行了维护修缮。

澳大利亚公使馆旧址位于渝中区两路口街道鹅岭正街176号鹅岭公园内。该建筑坐北朝南，中西式一楼一底砖木结构建筑，造型曲折，建筑主体基本保存完好。面阔17.36米，进深15.6米，通高约13米，建筑面积539.44平方米，分布面积696.93平方米，建筑占地面积269.72平方米。该处建筑始建于民国时期，1942年至1946年间，澳大利亚公使馆人员入住使用。解放后，重庆市园林事业管理局将鹅岭公园管理处设于此。该遗址现为鹅岭公园管理处办公场所，现存建筑曾按原貌维修过。2003年3月，该遗址被公布为渝中区文物保护单位。2009年底被列为第二批重庆市文物保护单位(含于"鹅岭抗战遗址群")。

澳大利亚公使馆旧址

土耳其公使馆旧址位于渝中区两路口街道鹅岭正街176号鹅岭公园内。该建筑为西式平房，砖木结构。面阔8.7米，进深7.9米，通高7米，建筑面积187平方米，占地面积47.73平方米。该遗址建于民国时期。1939年12月至1946年6月，土耳其公使馆(1944年升格为大使馆)租设于此。解放后，收归鹅岭公园管理处，隶属重庆市园林事业管

土耳其公使馆旧址

理局。该处现为鹅岭公园管理处一职工住宅,建筑本体虽被私人违规随意改造,但整体结构尚好。2009年底被列为第二批重庆市文物保护单位(含于"鹅岭抗战遗址群")。

比利时使馆旧址位于南岸区龙门浩街道枣子湾社区13号,为一楼一底中西式砖木结构建筑,"L"形布局。面阔3间14米,进深2间9米,建筑面积260平方米。人字坡机制板瓦,青砖墙体,木门、木窗、木地板。1938年10月在此设立比利时大使馆,后租用原意大利使馆(枣子湾16号),1943年迁驻新落成的枣子湾23号(建业岗50号),1946年迁往南京,现有6户人家居住于此。该建筑是抗战时期重庆重要的外事机构,对研究重庆抗战史、外交史具有重要意义。

比利时使馆旧址

意大利使馆旧址位于南岸区龙门浩街道下浩社区15、16号,为两楼一底中西式砖木结构建筑,面阔3间14米,进深2间7米,建筑面积307平方米。人字坡屋面,铺小青瓦,砖墙、木门、木窗、木地板、木楼梯。抗战时期为意大利大使馆。1940年9月,国民政府断绝与意大利的外交关系,使馆官员被驱除出境。该址被比利时使馆租用。解放后,由房管所接管,现有6户居民在此居住。该遗址是重庆外事机构旧址的重要组成部分,为抗战史研究提供了重要的实物资料,具有较高的历史价值。

意大利使馆旧址

西班牙使馆旧址位于南山植物园山茶园内,典型的欧式建筑,砖木结构,一楼一底,

西班牙使馆旧址

面阔5间,进深2间,长20.1米,宽7.8米,通高8米;屋顶为机制板瓦,砖墙,灰色外墙,墙面采用水泥爪面工艺;室内结构为上、下两层,下层为三开间,左侧房间的右墙设有壁炉,该墙右面为楼梯。二层为一个房间,屋外有露台。为南山植物园产权并使用。2007年,进行了复原维修。维修后作为南山植物园的展览馆对外开放。该遗址是重庆重要的外事机构旧址,为研究重庆抗战史、民国外交史提供了重要的实物资料,具有很高的历史价值。2009年由重庆市文物局推荐参评第七批文物保护单位。

综合以上所述,我们针对同盟国驻渝外交机构遗址群下一步的保护与利用工作提出如下建议:

第一,厘清管理与保护机制。这主要是指未明确管理机构的应加以明确,未划定保护范围和建设控制带的应加紧划定。如中英联络处旧址管理权属不明,美军招待所旧址与英国大使馆旧址均为私人所有,在保护上能否规范、持续和有效开展,仍有存疑。这就要求要采取适当的方式让住户或使用人迁出,从而将其纳入严格的保护体系。另外,苏联大使馆武官处旧址和土耳其公使馆旧址应尽快划定保护范围与建设控制带。

第二,除树立保护标志外,应附有相应历史文字说明。同盟国驻渝外交机构是因为抗战内迁的特殊情形出现的,它们各自迁渝的时间不同,在渝开展的活动也不大相同,这就需要有相应的文化背景介绍,使之成为普及抗战史实的公共文化空间,这也有助于其历史文物价值得到更好的彰显。

第三,加快对文物本体的修缮和周边环境的整治工作,构建对外交流工作平台。本着"保护为主,抢救第一,合理利用,加强管理"的原则,加强对同盟国驻渝外交机构遗址群建筑历史风貌的日常维护与管理,尽快申请专项资金,修缮文物建筑本体,整治周边环境,分步实施保护、管理、使用计划,以达到遗址保护的真实性、完整性与协调性。其中数处文物点或可结合实际情况,考虑作展陈布置,开放展示利用,打造具有影响力的集群式抗战外交机构遗址,凸显国际特色与风情的旅游文化品牌,促进重庆与海外的交流。

新华日报总馆旧址

新华日报总馆旧址是抗战时期中国共产党在重庆公开出版发行大型政治机关报的总部及印刷厂所在地。新华日报总馆旧址最先位于重庆市渝中区苍坪街69号和西三街2号。为躲避日机轰炸,新华日报总馆后迁至位于重庆市渝中区虎头岩下,直至抗战结束。虎头岩报馆也就成为了今天新华日报总馆旧址所在地。它北望嘉陵江,南靠虎头岩,东临大坪,西接沙坪坝,与红岩村比邻。新华日报总馆占地7930平方米,由5栋建筑组成,1、2号建筑为穿斗结构,3、4、5号楼为砖木结构,1、2、5号为一楼一底,3、4号为平房。1号建筑标高193.28米,面阔1间12.66米,进深1间8.04米;2号建筑标高192.34米,面阔1间14.07米,进深1间7.73米;3号建筑标高191.78米,面阔6间24米,进深1间7.64米;4号建筑标高194.98米,面阔8间27.04米,进深1间5.68米;5号建筑标高198.73米,面阔3间12.99米,进深1间6.04米。总建筑面积1021平方米。1、2号楼之间有一座由两根砖砌柱、中间横梁的

新华日报总馆全景

大门,5号建筑西南山体下有一防空洞。

新华日报总馆旧址建于20世纪30年代,由茅屋改造而成的土木穿斗结构瓦房,作为编辑部、经理部和排字房。在排字房对面的岩壁上掘凿出一个山洞作为印刷机器房,兼作防空之用。

第二次国共合作开始后,为了抗战宣传需要,国民党允许中共机关报在国统区发行。1938年1月11日,《新华日报》在武汉正式出版。《新华日报》在创刊时声明:"本报愿在争取民族生存独立的伟大斗争中,作一个鼓励前进的号角。"由于武汉的沦陷,《新华日报》后迁至重庆。1938年10月25日,武汉最后一期《新华日报》发行,与此同时,重庆《新华日报》也刊印。新华日报总馆在

邓小平给新华日报总馆纪念碑题字

重庆的工作也由此全面展开。新华日报社长潘梓年,总经理熊瑾玎,历任总编辑有华岗(华西园)、吴克坚、章汉夫等。他们为《新华日报》在大后方的成功和持续发行作了突出贡献。随着南方局的成立,《新华日报》进而成为中共中央南方局的喉舌,积极宣传中共全面抗战路线,报道新四军、八路军抗日的战绩,揭露和批判片面抗战和制造分裂的行径。《新华日报》也因此成为抗战时期党在国统区领导抗战、宣传进步主张的一个重要阵地。

抗战胜利后,新华日报总馆迁至上海。全国解放后,该旧址用作重庆铸机厂职工宿舍,居住了40多户职工,属渝中区房管局化龙桥房管所管辖公房。新华日报总馆旧址于1983年12月1日被重庆市人民政府公布为重庆市文物保护单位,在大门附近立有砖砌抹灰饰面保护标志一个,牌面为黑色大理石,规格为86.5厘米×57厘米,字体阴刻。1988年3月5日,新华日报总馆旧址纪念碑奠基,邓小平挥毫为其题写了碑名。2000年,该旧址被列入重庆市文物保护单位。2006年5月,完成住户搬迁,正式移交原红岩革命纪念馆

（现重庆红岩革命历史博物馆）。2006年完成附近山体滑坡治理工程，2008年完成文物修缮工程。

新华日报总馆旧址是重庆抗战文化遗址的重要组成部分，具有较高的历史文物价值和社会教育意义。今后，建议从以下三方面开展保护与利用工作：

第一，继续推进保护规划工作。2010年，重庆市委托北京建工建筑设计研究院进行了对总馆遗址的规划，涉及文物保护范围、阶段、工程、手段、措施以及下一步的展览、旅游开发等多项内容。这项规划已经完成，2011年已实现开放展出。除了对文物本体的规划外，还应协调城市建设部门对周边交通、环境进行精心打造，与红岩村连成一片，形成比较完善的红色旅游区域和城市文化空间。

第二，做好相关文物和文献资料搜集工作，加强学术研究。新华日报总馆旧址包括了当时的报馆建筑、印刷和刊行设备，以及相应的报纸稿件和样刊，应加强这方面的文物资料搜集工作。除此之外，报馆负责人、编辑和往来重要人物的遗物也应列入其文物的搜集范畴。与此同时，还要加强与新华日报总馆有关的学术研究，这可以同遗址保护相辅相成，更好地尊重历史，弘扬革命精神。

第三，进行历史主题陈列与场景复原。新华日报总馆旧址背后的历史故事十分丰富，应该在做好相关研究的基础上，联合新华日报报业集团等有关单位适时推出历史主题陈列与场景复原。特别是场景复原，可以更加直观地展现当时新华日报总馆的工作情况，起到再现历史的作用。

1号建筑一楼室内

中国民主政团同盟暨三民主义同志联合会旧址

中国民主政团同盟暨三民主义同志联合会旧址是民盟和民联的诞生地及其中央总部所在地,也称特园。特园位于重庆市渝中区嘉陵桥东村37—49号,属上清寺抗战文化遗址片区。它北临嘉陵江,南接两路口,东连周公馆和大礼堂,西望鹅岭,处于渝中往江北的交通要道旁。特园占地972.9平方米,主体建筑标高249.48米,建筑面积1471.8平方米,由1号楼与2号楼两栋三层中西合璧别墅组成,每栋700多平方米,两个单元,两个楼梯间。平面布局一致,面阔4间18.56米,进深2间14.94米。砖木结构、蓝灰色外墙、屋面小青瓦木结构、板条天棚、实木楼板楼梯、杂木花格门窗,第二层有露台、罗马柱。

特园最初是民主人士鲜英的住所。辛亥革命后,鲜英从保定军官学校毕业,并在袁世凯身边留任,但不久便离职。1921年,鲜英出任刘湘所率军部行营参谋长。1925年,鲜英任刘湘所率军部第十师师长兼江巴卫戍总司令。不久,鲜英便在重庆

特园全景

嘉陵江南岸半山坡上，修建了一幢三层中西式楼房。楼房的门楣上，镌有两个大字——鲜宅。因鲜英号特生，故鲜宅又名特园。特园始建于1929年，完建于1931年，原有大小房屋36间，占地面积3亩多。因鲜英与熊十力、董必武、周恩来、吴玉章、郭沫若、黄炎培、柳亚子等人交往甚密，特园成为这些人经常活动的地方，也是推进抗日民主运动发展的重要活动地。

中国民主政团同盟是在抗日民族统一战线的指引下，在民主力量高涨时，于1941年在重庆成立的政党。这年3月19日，经过反复酝酿，黄炎培、张澜、梁漱溟、张君劢、章伯钧、左舜生等人在特园召开秘密会议，将之前的统一建国同志会改组为中国民主政团同盟，并通过了梁漱溟等起草的《中国民主政团同盟政纲》《敬告政府与国人》和《中国民主政团同盟简章》，公推黄炎培为主席，张澜等人为中央执行委员。不过，最初的民主政团同盟主要由"三党三派"组成，即第三党、国家社会党、中国青年党、救国会、中华职业教育社、乡村建设派。从组织结构和基本成分来看，它是一个比较松散的政治团体。1944年9月19日，中国民主政团同盟全国代表会议在特园召开，组织名称改为中国民主同盟。1945年10月1日，中国民主同盟临时全国代表大会在特园召开。民盟总部设在特园，并以此为大本营，和其他各民主党派人士一道，共商国是。

三民主义同志联合会是1945年10月28日由国民党民主派人士在特园筹建的一个旨在推动民主运动的秘密政治团体。在酝酿之初，谭平山、陈铭枢、杨杰、甘祠森等人组成十人小组，他们均同意以孙中山"联俄、联共、扶助农工"三大政策和《国民党第一次全国代表大会宣言》为旗帜，团结坚持抗战，同制造分裂、实行独裁的国民党反动派作斗争。第一次全体会议召开后，选举谭平山、陈铭枢、杨杰、柳亚

民盟成立纪念碑

子、朱蕴山、王昆仑、郭春涛七人为常务干事。民联成立后,就很重视争取国民党上层民主人士的工作,积极支持正义,反对倒退。1946年6月"下关惨案"发生后,三民主义同志联合会表示声援,"誓为诸先生之后盾"。1948年初,三民主义同志联合会与国民党民主促进会等组织合并成立中国国民党革命委员会。

除了中国民主政团同盟和三民主义同志联合会经常在特园活动以外,毛泽东1945年8月来渝谈判时也曾三访特园,会晤张澜和鲜英。重庆谈判的许多细节在此形成,《东北停战协定》也在此签订。旧政协会议期间,许多民盟同中共的联系商讨均在特园进行。冯玉祥慨然书赠"民主之家"匾额。国民政府还都后,民盟和中央机关遂赴南京,张澜、鲜英仍留驻特园继续开展民主运动。

三民主义同志联合会成立纪念碑

"民主之家"木匾

全国解放后,特园作为重庆市级机关职工住房。在接下来的几十年中,特园因嘉陵江大桥建设和政治动乱等影响受到较大破坏。2000年,被重庆市人民政府公布为直辖后首批重庆市(省级)文物保护单位。2006年4月完成住户搬迁,移交重庆市市委统战部管辖。2006年5月至2007年6月完成文物维修工程,并移交重庆红岩革命历史博物馆管辖成立特园中国民主党派历史陈列馆。2008年4月完成陈列布展,2008年5月12日对外开放。2009年3月,特园被确立为中央社会主义学院教学基地,正式成为全国党外人士学习培训的重要基地,先后承接了来自中央社会主义学院和北京、杭州等地的十多班次300余人的培训学员,逐步发挥出基地的教育培训和辐射作用。2009年9月,包括国有房产在内全部产权移交重庆红岩革命历史博物馆。2009年2月11日,来渝考察调研的时任中共中央政治局常委、全国政协主席贾庆林,明确要求进一步完善陈列馆的功能,更好地发挥全国各民主党派、工商联和无党派人士爱国教育基地的重要作用。中国民主党派历史陈列馆进入新一轮改造过程。2011年3月,中国民主党派历史陈列馆新馆建设和布展圆满完成。新馆建成后,展馆总建筑面积10341平方米,地下是车库,地上第一层为会见厅、影视厅、展厅,地上第二、三、四层均为展厅。新馆展览面积6453平方米,由序厅、八个民主党派、全国工商联和无党派人士展厅及场景复原展厅共12个单元组成。陈列馆展出1100多件实物、3000多幅图片、1000多份文物史料。其中,尤为重要的有冯玉祥的"民主之家"牌匾,张澜写的《傍晚散步》、《独坐》诗词,鲜英手书的白居易诗《逸老》,梁漱溟手书《追述1946年奔走国内和平八年》、《范朴斋日记》,楚图南用过的镶皮木箱原件,以及张澜、冯玉祥、沈钧儒、罗隆基、鹿钟麟等民主人士为鲜英之女鲜继桢题词的纪念册等。新馆与特园旧址连成一片,成为展示民主力量发展和社会进步的重要基地。

中国民主党派历史陈列馆

中国民主政团同盟暨三民主义同志联合会旧址是重庆抗战文化遗址的重要组成部分,具有重要的历史文物价值和社会现实意义。它是展示在中共倡导的民族统一战线影响下,民主力量不断发展和壮大的重要场所,是纪念民主爱国人士鲜英的重要场所,是统战工作的重要平台、爱国主义的重要教育基地。与此同时,特园既具有典型的巴渝地方风格,又兼有近代色彩,具有较高的建筑艺术价值。在今后的保护与利用工作中,应注重以下两点:

第一,以成功申报为全国重点文物保护单位为契机,丰富陈列内容与形式。特园富含重要的历史意义,具有较高的现实利用价值。新建成的中国民主党派历史陈列馆则为充分展示其历史意义和现实价值提供了良好平台。特园在以往的保护过程中受到重视,其基本面貌和相关资料多得到留存。2013年,特园被列为全国重点文物保护单位。因此,应该以此为契机,不断丰富陈列内容和展览形式,扩大社会影响。

第二,加大相关文物的搜集力度,进一步加强对特园及统一战线、多党合作、政治协商方面的研究。目前,尽管中国民主党派历史陈列馆已经开放,但其文物资料收藏依然有限,应该充分注重对社会流散文物的搜集以及民主人士及其后人的思想动员工作,更好地充实藏品的丰富程度。另外,红岩革命历史博物馆现已组建统一战线历史研究部,已展开相关工作。文物保管部已展开新一轮文物征集及文字资料、图片资料、声像资料的搜集、整理工作。接下来,文物管理机构应联合高校、社科院等单位的相关专家,提高科研水平。

国民政府主席官邸旧址(林园)

　　国民政府主席官邸旧址是抗战时期林森等人的办公地点,位于重庆市沙坪坝区歌乐山山洞街道林园甲1号中国人民解放军重庆通讯学院内,总占地面积1500亩。国民政府主席官邸旧址所属文物主要包括一号楼(中正楼)、二号楼(美龄楼)、三号楼(马歇尔公馆)、四号楼(林森公馆)、小礼堂(美龄舞厅)、林森墓、谈判石桌等。

　　一号楼(中正楼),坐北朝南,占地400平方米,为仿西式砖木结构建筑,一楼一底,顶为机制瓦顶,建筑面积950平方米,上下两层分设走廊,窗、栏均雕花精制。室内宽敞明亮,面阔7间26.6米,进深5间15.69米,高15米,前与左右有阶梯式踏道4级,左右各有2个小厅。除部分被白蚁等害虫侵蚀,木构件出现表皮剥落、彩画模糊,砖结构不同程度的裂缝以及屋面漏水等情况外,现保存完好。

一号楼(中正楼)

　　二号楼(美龄楼),坐北朝南,占地400平方米,为一楼一底木石结构建筑,悬山式屋顶。面阔7间26.6米,进深6间15.68米,高5米,前与左右均有阶梯式踏道4级。楼上南为卧室,北为随从住所;楼下是会客室和服务人员住地。宋美龄不在时,二号楼就作为蒋介石的"国宾招待所"。重庆谈判期间,毛泽东曾在此居住。2006年,重庆通信学院对该文物进行了修缮处理,至今该建筑主体结构完整,维护与保存现状良好。2008年汶川大地震对该建筑造成一定影响,导致局部外墙出现裂缝,墙体抹灰出现脱落、损蚀等现象。现急需进行加固处理。

三号楼(马歇尔公馆),坐南朝北,为一楼一底石木仿西式建筑,建筑面积890平方米,面阔9间37.5米,进深2间10米,楼高15米。楼存转角式檐廊,建筑风格别致,四周山丘林木环绕。1945年12月,美国马歇尔将军作为总统特使来华"调停"中国内战,曾住楼上南端第一间,时间长达5个多月。1985年,重庆通信学院对该文物进行了维修,现保存完好。

四号楼(林森公馆),坐北朝南,占地400平方米,砖木机制瓦顶仿西式建筑,一

二号楼(美龄楼)

三号楼(马歇尔公馆)

四号楼(林森公馆)

楼一底,高15米,宽21.55米,深5.8米,共有大小房间10余间。楼上是林森的卧室和办公室,楼下是林森随员、警卫的工作室。1943年8月林森去世后,此楼一度作为林森纪念堂。1944年蒋介石收回继续使用。该建筑除外墙裂缝、剥落、损蚀等现象外,现保存完好。

小礼堂(美龄舞厅),坐北朝南,占地480平方米,建筑面积200平方米,面阔11间8.56米,进深11间22米,厅内巨柱相擎,青顶红壁,四角红檐,檐下设回廊,廊侧存石梯。除部分受白蚁等害虫侵蚀,木构件出现表皮剥落、彩画模糊,砖结构不同程度的裂缝以及部分柱梁出现裂缝等情况外,本体建筑保存完好。

美龄舞厅

林森墓,墓为圆形,规模宏大,石质土塚,高5.85米,围长29米,墓垣条石垒砌,墓碑上部呈扇面状,内嵌国民党党徽一枚,阴刻楷书碑文为"国民政府主席林森之墓",落款为"中华民国三十三年七月二十一日立"。墓前存一石祭台,铺有宽大石阶35级。整个墓园占地300余平方米。原墓在"文革"中受到破坏,1980年有关部门按原状恢复。现除有自然风化,台阶条石裂缝、损蚀,墓碑字迹脱落等现象外,墓本体保存完好。

林森墓

谈判石桌,地处林园绿荫深处,左右怪石嶙岣相围,石桌直径为2尺5寸,高0.73厘米,石桌四周有石凳4根。现保存良好。

林园最先是张治中为国民政府军事委员会委员长蒋介石所修,1939年6月建成,后蒋介石赠与林森,

林森官邸正面

故又称林园。林森到达重庆后,官邸先设于市区,后迁歌乐山云顶寺旁,最后才定在林园。1943年8月1日林森去世后,国民政府决定在附近修建林森墓,并于当年11月17日举行了安葬典礼。与此同时,蒋介石接任国民政府主席,并入驻林园。他将原林森官邸作为林森纪念堂,在附近兴建三幢楼房和大小礼堂。1945年抗战胜利后,国共和谈开始。在飞赴重庆的当晚,毛泽东等人便下榻林园。毛与蒋在林园的石桌座谈,揭开了重庆谈判的序幕。10月10日,重庆谈判结束,国共双方在林园举行告别宴会。第二天,毛泽东等人从这里离开,返回延安。在国共内战即将拉开之际,12月20日,美国总统杜鲁门派遣马歇尔将军为总统特使,来华"调停"内战,22日马歇尔下榻林园三号楼,并在此办公住宿5个多月。23日,周恩来、董必武、叶剑英等来到林园拜会马歇尔,表明了希求和平的愿望。1946年5月,国民政府正式还都南京,蒋介石离开林园,只留下少数警卫看守。

1949年8月24日,在解放战争的最后阶段,蒋介石飞到重庆,住林园一号楼,并于9月在林园召开军事会议,企图作最后的顽抗,林园因此又成为他的指挥中心。1949年10月14日,蒋介石从台北飞抵重庆,再住一号楼,这是蒋介石最后一次进住林园。1950年初,人民解放军正式接管林园。第二野战军西南军政大学于2月迁入林园。后又曾几次改名,1986年全军第十三次院校会议后,调整为中国人民解放军重庆通信学院至今。20世纪80年代,有关部门对旧址进行了维修。2000年9月7日,重庆市政府公布林园为第一批市级

重点文物保护单位，文物本体保存基本完好。2013年，林园旧址被列为全国重点文物保护单位。

国民政府主席官邸旧址（林园）是重庆抗战文化遗址的重要组成部分，具有较高的历史文物和现实利用价值。它是国民政府在大后方组织抗战的历史见证，也是重庆谈判的重要场所，同时具有较高的建筑艺术和研究价值。在今后的保护与利用中，应注重以下两点：

第一，协调相关部门，以产权变更为前提，适当进行旅游开发。国民政府主席官邸旧址（林园）现为重庆通讯学院作为办公楼、教学等其他用房管理，其间进行了多次维修与改造，以至文物本体基本完好，但因为学院属军事院校，外界不方便涉足，林园的关注度也由此降低。事实上，林园及其附近的诸多遗址都是歌乐山抗战遗址群的组成部分，可以考虑事先进行产权交接或学校搬迁，在保护的基础上集中开发。

第二，做相应的陈设布置与文字说明。国民政府主席官邸旧址（林园）虽然已经被确立为市级文物保护单位，但现在基本无陈列布置，也无相应文字说明，文物本体被隐藏于军事学院内，周边山丛林立，其历史文物价值很难体现。

史迪威旧居

史迪威旧居是抗战时期担任中国战区参谋长的史迪威将军的办公和居住地，故也称作同盟国中国战区统帅部参谋长官邸。史迪威旧居位于重庆市渝中区嘉陵新路63号，它北临嘉陵江，南依鹅岭，东连上清寺，西接红岩村。现有轻轨2号线从附近经过。史迪威旧居为典型的近代建筑，兼有国际式建筑风格和浓郁的山地建筑特色，由近代中国大建筑商陶桂林主掌的陶馥记营造厂设计建造。史迪威旧居是砖混结构，二楼一底，平屋顶。它依山就势而建，从正面即背江大门方向看为一幢单层平房，从面江的一面看则为上下两层。史迪威旧居共有大小不等的房屋10余间，包括史迪威将军的卧室、办公

史迪威旧居大院的大门门房

室、会议厅、餐厅、客厅及其副官、翻译、警卫住房。旧居平层临江一面,设计有1条宽阔的走廊,为观景、纳凉之所。除此之外,旧居还有隐蔽的地下室1层,十分坚固,墙体为钢筋混凝土结构,厚达半米,具有良好的掩蔽、抗震和防炸功能。

史迪威将军是第二次世界大战期间美国著名四星上将。1941年12月7日,日本偷袭珍珠港,太平洋战争爆发。随后,美国开始对日宣战。很快,各同盟国决定建立中国战区,由蒋介石任最高统帅,史迪威被派往中国任参谋长。1942年3月,史迪威来到重庆,被安排在嘉陵江边李子坝的一幢西式别墅里。这幢房子之前本来是给宋子文修的,但正好赶上美国特使拉铁摩尔来华,宋子文就将它让给了美国特使。史迪威来到重庆后,这幢西式别墅也就成了其住所,直至1944年10月史迪威被召回美国。在此居住的还有史迪威将军的副官及随员,战时许多中外军政要人,如东南亚盟军总司令蒙巴顿勋爵及美国陆军后勤部部长索姆威尔将军等,为商谈有关军机要事,也曾到此晤谈甚至留宿于此。因此,史迪威旧居又是第二次世界大战时期中外军事交流的重要场所。

新中国成立之初,史迪威旧居曾为重庆市总工会幼儿园,1958年移交重庆市机械研究所(其后更名为重庆市机电设计研究所、重庆市机电设计研究院),因此得到了完好的保存。为纪念史迪威将军对中美两国人民共同抗击日本法西斯侵略所作出的卓越贡献,继承并发扬中美友谊,促进中美两国人民的了解、交流与合作,1991年,重庆市人民政府作出决定,将旧居收回、维修供人们游览参观,同年旧居陈列馆挂牌,并定位市级保护单位,对外开放。此后,陈列馆馆舍恢复、环境

史迪威旧居正面外景

整治、文物征集、学术研究、对外接待和交流合作等各方面工作都得到了很大发展。1994年,史迪威将军旧居陈列馆被定为涉外旅游参观点。重庆直辖后,史迪威旧居被列为重庆市第一批文物保护单位(2000年),并更名为重庆史迪威博物馆,成为我国唯一以外国军人命名的博物馆。随着中外游人的增加特别是其在中美两国交往交流中作用的凸显,中美有关方面共同出资,于2002年对旧居及其周边环境进行整修,并于2009年新建了达4000余平方米的陈列馆。史迪威旧居陈列馆有大量珍贵文物、照片以及由美国制作的反映二战期间中缅战区情况的录像带等,全面介绍史迪威将军和远东地区抗日战情。展览由"史迪威将军"、"梅里尔突击队"、"驼峰飞行"、"飞虎队"、"延安观察组"、"战时中国与美国"、"今日重庆与美国"七大部分组成。

  史迪威旧居是重庆抗战文化遗址的重要组成部分,具有较高的历史文物和现实利用价值。首先,它是重庆作为抗战时期远东指挥中心这一城市地位的见证。众所周知,第二次世界大战爆发后,在中国战场方面,重庆作为战时首都发挥着极其重要的作用。随着美国被卷入战争,同盟国与轴心国对抗的局面更加明显,其对抗的远东地区指挥中心即设在重庆。史迪威被派往中国,担任中国战区参谋长、中缅印战区美军总司令、东南亚盟军司令部副司令、中国驻印军司令、分配美国援华物资负责人等职务。史迪威旧居印证了重庆在二战时期的远东政治、军事战略重心地位,也是当时中国大国地位的有力物证。其次,史迪威旧居具有较高的建筑艺术价值。史迪威将军旧居由名家设计、名建筑商建造,适应战时需要。它是一座西式青砖平房,有地下室躲避空袭。旧居建筑不事张扬,外观平实,但总体建筑质量高,设计合理,功能性强,保存完好。另外,史迪威旧居是今天重庆乃至中国与海外交流的重要文化平台。史迪威是二战时期美国的著名将军,在远东地区乃至世界上都有较高的知名度,他是中美关系史上的重要人物。史迪威旧居所展现的历史表明了二战时期盟国之间交往的一个侧面,演绎了中美两国人民曾为抗击日本法西斯侵略而并肩战斗,同世界人民一道共同捍卫了世界和平的历史,是中美两国传统友谊的历史记忆和象征。回顾过去,展望明天,史迪威旧居可以而且应当作为一个重要的对外文化交流平台,有助于加强中国与包括美国在内的其他各国之间的友好关系。

综上所述,在今后的抗战遗址保护与利用中,针对史迪威旧居,我们应该注重以下几点:

第一,以成功申报全国重点文物保护单位为契机,丰富陈列展览的内容与形式。史迪威旧居承载着重要的历史信息,有着较高的历史文物价值,也为当今重庆乃至中国的对外交往提供了一个良好的文化平台。史迪威旧居的保护历来受到了较高重视,而且整修后的史迪威博物馆,是一座既保留了20世纪三四十年代历史风貌,又具备现代化展示、教化功能,且拥有丰富历史资料和重要文物的博物馆。今后,应该不断丰富陈列内容与展览形式,继续做好保护工作,特别是要防止雨水渗漏、白蚁病害、木制构建霉变等问题的发生,消除文物安全隐患。这样,既有利于提升史迪威旧居的影响,又有利于做好史迪威旧居本体的工作。

第二,加强相关文物、文献资料的搜集,拓展学术交流范围,推动新的研究成果不断涌现。史迪威旧居是重庆抗战文化遗址的重要组成部分,加强相关文物资料搜集,充分挖掘史迪威旧居的学术资源,能够更好地夯实重庆抗战文化平台,扩大其影响。目前,有关史迪威的纪录片和著作已有不少,但仍然缺乏深度,博物馆以及重庆市社科组织可以考虑引进专门人才充实史迪威研究中心的力量,也可考虑邀请国内知名的民国外交史、战争史专家进行合作。

第三,进一步巩固史迪威旧居这一文化平台,促进中外交流。目前,史迪威旧居已经接待了美、英、法、德、俄与加拿大、意大利等近百个国家的数十万人来参访,这说明各国人民对史迪威将军充满了仰慕之情。因此,在对外交往中,应该充分发挥史迪威旧居的文化平台作用,更好地发展国家官方之间以及民众之间的友好关系。例如,可以通过加强与国

史迪威将军的女儿南希参加活动

内、国外二战纪念地和相关单位组织的联系,加强与二战老兵及亲属的联系,积极开展对外文化交流,从而增强史迪威旧居的文化影响力。

国民参政会旧址

国民参政会旧址是抗战时期国民政府最高咨询参议机关在重庆的办公场所。国民参政会旧址位于重庆市渝中区中华路174号,它北靠临江门,南接较场口,东连解放碑,西望大韩民国临时政府旧址陈列馆。国民参政会旧址是一座别致的西式砖木结构建筑,二楼一底,坐西朝东,面阔18.1米,进深19.3米,通高15.3米,共有房间21间,建筑面积1459.08平方米,建筑占地面积364.77平方米。

1938年,鉴于军事上的危机和团结各阶层抗战的必要,国民党数次考虑设立国民参政会。3月31日,国民党临时全国代表大会决定设立国民参政会,其职权和组织方法由国民党中执会研究制定。4月7日,国民党五届四中全会再次研究国民参政会问题,并通过了《国民参政会组织条例》。同年6月21日,国民党中央执行委员会第八十一次常务会议选举成立了第一届国民参政会议长和委员。7月1日,国民党政府又公布了《国民参政会议事规则》。五天后,第一届第一次国民参政会在汉口开幕。至此,

国民参政会旧址

国民参政会正式成立。

　　随着战争局势的发展,国民政府的主要机构内迁至大后方的重庆。1938年10月28日,国民参政会一届二次会议在重庆中华路的一处房子中召开。这是当时和丰商业股份有限公司经理王成章的房产,始建于20世纪30年代初。国民参政会迁渝后,王将房子租出去,此处便成为国民参政会日常办公场所。抗战结束后,国民参政会随国民政府还都南京,直至1948年3月"行宪国大"召开前夕,国民参政会历时十年,召开会议四届共13次,其中在重庆召开11次。新中国成立后,原国民参政会旧址归重庆市交通局使用。

　　1987年1月23日,四川省重庆市人民政府将国民参政会旧址布为市级文物保护单位。1992年3月19日,重庆市人民政府将国民参政会旧址公布为市级文物保护单位。2000年9月7日重庆市人民政府公布为直辖后第一批市级文物保护单位。2013年,该旧址被国务院公布为全国重点文物保护单位。

　　国民参政会旧址是重庆抗战文化资源的重要组成部分,具有重要的历史文物价值和学术研究意义。首先,国民参政会旧址是对近代中国民主进程的反映。民主是中国近代化的一个标志性事物,也是当时先进的中国人共同追求的目标。从辛亥革命爆发后,中华民国建立时起,民主运动就是这一时期的历史推进的重要力量。1938年春,国民参政会在汉口的召开实际上是这一民主进程的延续。毛泽东等人在第一届第一次国民参政会召开时就声明:"在目前抗战剧烈的环境中,国民参政会之召开,显然表示着我国政治生活向着民主制度的一个进步,显然表示着我国各党派、各民族、各阶层、各地域的团结统一的一个进展。"迁渝后的国民参政会,同样发挥着战时民主的作用,成为各阶层表达自己意见的平台。在重庆召开的11次会议中,国民参政会共收到提案

1940年国民参政会召开情形

约2000份,总体上体现了"集思广益,团结全国"之初衷。例如,1944年9月,三届三次国民参政会上,中共提出的联合政府主张就引起了社会的广泛关注。只是,由于国民党最终坚持一党专制,国民参政会的发展也走向衰落。

另外,国民参政会旧址是抗战时期以第二次国共合作为基础的抗日救亡运动在重庆不断发展的重要物证。第二次国共合作开始后,抗日民族统一战线成为广泛共识。国民参政会是以抗日民族统一战线的形成为前提的,其目的就是要团结社会各阶层的力量,共同御敌。应该说,国民参政会作为党派合作的政治性组织,在动员国力,加强抗日宣传,增强民族意识,动员全民抗战,反对妥协投降方面;在动员物力、推动战时经济建设方面;在提高部队战斗力方面都发挥了重要作用,是抗日救亡运动高涨和民族觉醒的产物。从这个意义上讲,国民参政会旧址承载着当时重庆各阶层、党派合作抗日的历史。

鉴于上述情形,我们认为,今后的保护与利用工作中,应注重以下两个方面的问题:

第一,改善管理机制,增强对历史文物保护的认识。国民参政会旧址一直为市交通委员会使用,由于管理不善,曾经被租用给私人,作为洗脚城。2009年,有政协委员提案要求整改,这足以警示管理机制和文物保护意识的重要性。今后,仍要进一步加强这方面的工作。

第二,对旧址进行专门规划、修整和陈列设计。国民参政会旧址使用年久,经手使用单位较多,与原结构和样态相比,有不少损坏。相关部门应按照"修旧如旧"的原则着手对旧址进行规划和修整。与此同时,还应做好陈列设计工作。旧址不是一个单纯的文物空壳,还应反映其所承载的历史与文化信息,以示今人。

保卫中国同盟总部旧址暨重庆宋庆龄旧居

保卫中国同盟总部旧址暨重庆宋庆龄旧居是抗战时期宋庆龄在重庆居住并重建和恢复保卫中国同盟工作的地方。保卫中国同盟总部旧址暨重庆宋庆龄旧居位于重庆市渝中区两路口新村5号(原中山三路新村3号)。在渝中区中山三路主干道一侧,距渝中区中心解放碑地区约2公里,居民密集,人流量异常大。左边有重庆希尔顿大酒店,右边有天友酒店,背面为重庆市体育馆,周边有居民住宅楼。保卫中国同盟总部旧址暨重庆宋庆龄旧居占地面积为1200平方米,建筑面积为760平方米,是一座二楼一底的西式砖木结构建筑。底楼为舞厅。一楼是保盟办公室、警察室、客厅、饭厅。二楼是宋庆龄卧室、办公室、会议室、盥洗室。后部天桥通一所小房屋,为工友住房。建筑后面则是通向房外的防空洞,为钢筋混凝土的拱形装饰。

保卫中国同盟正式成立于1938年6月14日,由宋庆龄在香港组织创办。成立之初,保盟就规定其目标有二:"一、在现阶段抗日战争中,鼓励全世界所有爱好和平民主的人士进一步努力以医药、救济物

重庆宋庆龄旧居大门

保盟办公室　　　　　　　　　　　陈列室

资供应中国。二、集中精力，密切配合，以加强此种努力所获得的效果。"保盟的成员包括各阶层、民主人士和国际友人，是一个极为广泛的统战组织。宋子文、孙科、冯玉祥、何香凝、廖承志、廖梦醒、路易·艾黎、希尔达·沙尔文、诺曼·法郎士、爱泼斯坦、史沫特莱、斯诺、王安娜等均负责了保盟的相关工作。

1941年太平洋战争爆发后，日本进攻香港，香港沦陷。保盟的各委员陆续离开香港，工作也无法正常开展。此时，宋庆龄来到陪都所在地重庆，准备恢复保盟的工作。经过周恩来、邓颖超、廖梦醒等人的帮助，保盟最终于1942年8月得到重建，宋庆龄继续担任主席，总部办公地点定在当时宋庆龄在重庆两路口新村3号的一幢小楼中。这座小楼的户主是留德工程师杨能深，国民政府迁渝后被外交部租用。宋庆龄抵渝时因寄居于宋霭龄家，实有不便，经协助搬至杨能深住处。重组后的保盟，其主要任务"依然是向国内外取得援助，以资金、医药和物资，重点支援边区和敌后抗日根据地"。在宋庆龄的努力下，保盟全面开展了抗日救亡运动，并取得了积极成效。1945年12月，保盟更名为中国福利基金会，不久即迁往上海。

由于保盟总部已经迁走，原办公所在地两路口新村5号归还于杨能深遗孀江涵女士。解放后由军委会接收，江涵住一部分，其他由重庆水文站使用，后为水文站职工和居民住房。1990年8月，重庆市文化局组织文物专家对重庆宋庆龄旧居作专项鉴定。1992年重庆市人民政府将保卫中国同盟总部旧址（重庆宋庆龄旧居）定为重庆市文物保护单位，并对旧址进行了维修。1993年1月建立了重庆宋庆龄旧居陈列馆，由重庆市博物馆代管，同年4月对外开放。2000年公布为第一批重庆市文物保护单位,现为重庆中国三峡博物馆管理。保卫中国同盟总部旧址暨重庆宋庆龄旧居是重庆市重要的抗战文物遗址、市级文物保护单位、重庆市爱国主义教育基地、全国统一战线传统教育基地、全国AA级旅游景区(点)、旅游涉外参观点。2013年,该遗址被公布为全国重点文物保护单位。

  保卫中国同盟总部旧址暨重庆宋庆龄旧居是重庆抗战遗址遗迹的重要组成部分,具有较高的历史与文物保存价值。首先,该遗址是宋庆龄在大后方开展救亡工作的见证。位于两路口的保卫中国同盟总部旧址是宋庆龄在大后方开展工作的基地,在艰难的环境中,宋庆龄凭借着自身的号召力和感染力,利用各种有利条件,运用巧妙的工作方法,团结了很大一批国内外反侵略人士,在重庆开展了约四年的抗日救亡工作。目前,遗址陈列室辟有小间专门陈列宋庆龄的一些文稿和照片,较好地呈现了宋庆龄为中国抗日战争事业和世界反法西斯战争所建树的丰功伟绩,为争取中华民族的独立、解放所作出的卓越贡献。另外,该遗址能够反映抗日民族统一战线下,中共与社会各阶层广泛的联系。保卫中国同盟本身在组织上覆盖了多个阶层,拥有众多不同的国籍、党派、团体以及文化背景的反侵略志士。保卫中国同盟与中共有着密切的联系,并在物资上给予多方面的援助。廖承志回忆这段历史时就指出:"固然,八路军、新四军主要是依靠群众支持,依靠艰苦朴素作风,依靠缴获敌人的武器弹药和医药用品来解决困难的,但保卫中国同盟在侧面,在某些角落,是完成了它的任务,并起了一定的作用。"由此可见,保卫中国同盟实际上是统一战线的一部分,支持了中共的抗战政策与活动。

  综上所述,针对保卫中国同盟旧址暨重庆宋庆龄旧居,在今后的保护与利

重庆宋庆龄旧居正面

用过程中应注重以下几个方面：

第一，加强文物建筑的保护力度，防止雨水渗漏、白蚁病害、木制构建霉变等问题，不断地修复被损坏了的旧址建筑；进一步做好现有消防、防雷设备的管理，消除火险隐患。

第二，整治周边环境。遗址所在区域为渝中区两路口，该地段交通复杂，人流量大，旧址周边环境不够协调，不利于旧址文化内涵的展示。

第三，进一步充实有关该遗址的文献资料，开展对外交流，深入相关研究。宋庆龄是近代中国的杰出女性，其家族在海内外都享有极高的声誉，不少地方都建有宋庆龄的陈列室或研究机构。因此，重庆宋庆龄旧居应该加强相关文物和史料搜集，拓展研究领域，更好地促进与外界同仁的交流。

大韩民国临时政府旧址

现存大韩民国临时政府旧址是抗战时期韩国流亡政府在重庆的办公地点之一。现存大韩民国临时政府旧址有两处：一是位于重庆市渝中区七星岗新民街莲花池38号，这里西临古城门通远门，距离偏东南方向的较场口约400米；二是位于和平路一巷，也称作吴师爷巷。

抗日战争时期，大韩民国临时政府设在杨柳街、石板街的办公处所相继毁于日机轰炸后，韩国临时政府于1941年将办公处所搬到了吴师爷巷1号，直到1944年底觅到莲花池新址，此地改为韩国临时政府职员宿舍。位于七星岗新民街莲花池的大韩民国政府旧址由5栋独立小楼围合成一个四合院组成。一号楼开间17.36米，进深7.5米，高9.7米，建筑面积284.01平方米，一楼一底共两层。建筑本体完整，建筑结构稳定，仅部分木制门窗受风雨侵蚀局部损坏，外墙体靠近勒脚部分的抹灰层受雨水作用有脱落现象。所有建筑构件均无缺失情况，无添建、搭建。该建筑现在用作大韩民国临时政府光复军抗战历史陈列室。二号楼开间20.93米，进深9.82米，

位于新民街莲花池的大韩民国临时政府旧址

高10.24米,建筑面积303.69平方米,二楼一底共三层。建筑本体完整,建筑结构基本稳定,受汶川特大地震影响,相邻建筑结合处墙体出现竖向变形裂缝;靠近山体部分墙体有受潮现象,造成部分墙体强度下降;部分木制门窗受风雨侵蚀局部损坏;外墙体靠近勒脚部分的抹灰层受雨水作用有脱落现象;附近高楼高空抛物,造成屋面小青瓦部分破损。所有建筑构件均无缺失情况,无添建、搭建。该建筑现在用作大韩民国临时政府光复军抗战历史复原陈列。三号楼开间13.87米,进深10.11米,高14.25米,建筑面积334.78平方米,二楼一底一阁楼共四层。该栋建筑由于受白蚁蛀蚀严重,在二层靠近山体的地板下,发现一处大型白蚁巢,部分楼地面楼桴严重受损,承载力严重下降。目前,已经完成抢险维修方案,准备实施抢险维修。部分木制门窗受风雨侵蚀和白蚁蛀蚀局部损坏;外墙体靠近勒脚部分的抹灰层受雨水影响有脱落现象。所有建筑构件均无缺失情况,无添建、搭建。该建筑现在用作大韩民国临时政府光复军抗战历史复原陈列。四号楼开间11.39米,进深4.26米,高8.75米,建筑面积96.88平方米,一楼一底共两层。建筑本体完整,建筑结构稳定,仅部分木制门窗受风雨侵蚀和白蚁蛀蚀局部损坏;外墙体靠近勒脚部分的抹灰层受雨水作用有脱落现象;屋面封檐板有局部破损。所有建筑构件均无缺失情况,无添建、搭建。该建筑现在用作大韩民国临时政府光复军抗战历史复原陈列。五号楼开间16.53米,进深11.4米,高16.13米,建筑面积390.69平方米,三楼一底共四层。该栋建筑由于受白蚁蛀蚀严重,部分楼地面楼桴严重受损,承载力严重下降。二层外墙的山体长年有污水流出,靠近山体部分墙体受潮严重,室内抹灰已经大面积剥落。目前,已经查明污水来源,完成维修治理方案,准备实施维修。部分木制门窗受风雨侵蚀和白蚁蛀蚀局部损坏;外墙体靠近勒脚部分的抹灰层受雨水作用有脱落现象。所有建筑构

复原陈列

件均无缺失情况,无添建、搭建。其中一层为储藏室,二层用做大韩民国临时政府光复军抗战历史复原陈列,三、四层现在用作大韩民国临时政府旧址陈列馆办公室。

纪念碑

为了反对日本侵略,争取民族独立,韩国的一些政治团体和政权代表于1919年4月在上海组成了大韩民国临时政府,后又被迫辗转于杭州、嘉兴、镇江、南京、长沙、广州、柳州等城市。1939年3月,大韩民国临时政府由柳州迁往綦江区,开始了其在重庆展开活动的生涯。1940年9月,大韩民国临时政府正式迁入重庆市区办公。在重庆的办公场所先后经过了石板街、杨柳街、吴师爷巷等地点变更,最后迁驻今莲花池38号。1945年8月日本战败投降,二战结束,韩国也迎来了自己祖国的光复,在重庆的韩国临时政府完成了自己的使命,于1945年8月开始分批陆续归国。

韩国临时政府回国以后,重庆莲花池38号后陆续作为旅馆、学校、居民住宅等。1992年中韩两国建交以后,经韩国独立纪念馆和重庆市政府协商,韩方出资236万美元,对居住于旧址陈列馆内的居民进行拆迁安置,并于1995年8月11日对大韩民国临时政府旧址陈列馆复原并对外开放。2000年又耗资180多万元再次进行大修,并于当年9月17日光复军成立六十周年之时举行重新开馆仪式。当年,重庆市人民政府将该遗址列入市级文物保护单位。

大韩民国临时政府旧址是重庆抗战文化遗址的重要组成部分,具有较高的历史文物和现实利用价值。首先,它是中韩两国共同抗日的见证,也是重庆作为国际反法西斯远东指挥中心的见证。抗日战争全面爆发后,随着国民政府迁渝,中国的抗战重心转移至重庆,重庆也成为抗战资源最为集中的地方。大韩民国临时政府为了反对日本侵略,争取民族独立,将其办公地点一路西迁,最后选择重庆作为其保存希望之地。大韩民国临时政府以重庆为依托,组织了光复军和其他救亡团体,在中国和朝鲜半岛从事复兴运动,有力地配合了远东地区反法西斯战事的推进。另外,它是重庆对外交流的窗口单位之一,是中韩人民友谊的历史见证和韩国进行国家爱国主义教育的重要场所之一,为促进中韩友谊及交流起到了积极的作用。大韩民国临时政府西迁至重庆后,得到了中国政府的诸多援助。"在这些援助活动中,蒋介石比较注意尊重韩国独立流亡人士的民族感情,及时调整政策,保持友好关系;在国际舞台上,蒋介石首倡保证朝鲜半岛战后独立,反对国际托管和南北分割,不谋求在该地区的民族私利。这些,都与当时主宰世界的大国强权构成了鲜明对比。"应该说,在重庆工作和生活的这六年时光,是临时政府在中国开展独立运动最重要、最活跃的六年,也是韩国独立运动史上引以为自豪和辉煌的时期。而今,每年都有韩国民众到此参观、纪念。

综上所述,我们认为,在今后大韩民国临时政府旧址的保护与利用工作中,尤应注重以下几点:

第一,申报国家重点文物保护单位。大韩民国临时政府旧址不仅是重庆重要的抗战遗迹,也是目前中国重要的抗战遗迹。它在展现抗战史实,发挥对外交往方面都有着积极作用。大韩民国临时政府旧址的前期保护工作进展也比较顺利,其文物本体保存基本完好,应积极开展申报国家重点文物保护单位的工作。

第二,进一步做好维修,加强对文物建筑的保护力度。虽然大韩民国临时政府旧址的保护已经取得了一定成果,但仍然存在雨水渗漏、白蚁病害、木制构件霉变等问题,且馆内的相关辅助设施并不齐全,也不利于日益增多的国内外参观与纪念需要。

第三,完善文物陈列,做好资料搜集与研究工作。目前,大韩民国临时政府陈列馆的文物还不够丰富,图片、文献资料也应进一步补充,特别是需要联合重庆相关社科单位加强韩国独立运动史的研究。与上海、柳州等地现存较为完好的大韩民国临时政府旧址相比,重庆应该在这方面走在前列。

沙磁文化教育遗址群

沙磁文化教育遗址群是抗战时期沙磁文化区内大中学校和其他教育机构、设施的旧址留存。沙磁文化教育遗址群位于重庆市沙坪坝区境内,集中在今三峡广场至磁器口一片区域,它北临嘉陵江,南接沙坪公园,西望歌乐山,东看红岩村。沙磁文化教育遗址群主要包括重庆大学文字斋旧址、重庆大学理学院旧址、重庆大学工学院旧址、中央大学礼堂("七七"抗战大礼堂)旧址、重庆大学寅初亭、南开中学津南村、南开中学图书馆、南开中学水塔、南开中学运动场、四川省立教育学院等。

重庆大学文字斋位于重庆大学A区,1934年竣工。文字斋的所在地叫兰馨园,由一片种植的馨香兰草得名。重庆大学文字斋,建筑为中国式风格,坐北朝南,呈"工"字形平面,中轴对称,砖木结构,建筑面积1146平方米。文字斋曾是重庆大学的助教宿舍,现为重庆大学新闻与传媒学院办公室。2006年5月,沙坪坝区人民政府公布其为区级文物保护单位,并予以挂牌保护。2009年重庆市人民政府公布其为市级文物保护单位。

重庆大学理学院位于重庆大学A区,建

重庆大学文字斋

重庆大学理学院

于1930年至1933年。1938年2月6日，重庆沙坪坝文化区自治委员会成立大会在此举行。自此之后，重庆大学理学院就成为沙磁区乃至重庆重大政治活动的重要场所，郭沫若、黄炎培、邹韬奋、于右任等著名人士都曾来到理学院演讲。重庆大学理学院坐北朝南，为二楼一底的砖石结构，中国式建筑风格，呈"工"字形平面，中轴对称，总体为双层带阁楼。面阔15间58米，进深9间27.5米，高约20米，有垂带式踏道8级。理学院建筑总面积为3322平方米。目前该楼仍然保持了青砖灰瓦红柱回廊建筑格局，结构保存完整。现为重庆大学艺术学院教学办公楼。2006年5月，沙坪坝区人民政府公布其为区级文物保护单位，并予以挂牌保护。2009年重庆市人民政府公布其为市级文物保护单位。

重庆大学工学院位于重庆大学A区，建于1935年，工学院是当年重大学生人数最多的一个学院，对重庆大学的发展有着举足轻重的影响，如今的机械、电气、建筑、土木、动力等专业的前身都与工学院紧密联系。重庆大学工学院坐南朝北，为仿西方古典建筑风格，墙体全用条石砌成，三楼一底，木石结构建筑，共100余间房。面阔20米，进深25米，通高30米。工学院建筑面积为3729平方米。抗日战争期间，重庆大学工学院曾在日寇战机的狂轰滥炸中三次遭

重庆大学工学院

到破坏,房屋多处被毁坏,后修复。现房屋基本结构保存完整,门前石梯风化严重,目前为重庆大学教学楼和资产后勤管理处。2006年5月,沙坪坝区人民政府公布其为区级文物保护单位,并予以挂牌保护。2009年重庆市人民政府公布其为市级文物保护单位。

中央大学礼堂位于重庆大学A区,于1930年竣工。中央大学西迁重庆后,由重庆大学与中央大学共用。中央大学礼堂属西方古典建筑风格,正面用爱奥尼柱式与山花构图,大穹隆顶,顶高34米。

中央大学礼堂旧址

堂内三层,原有面积4320平方米,1965年再建两翼,面积共4620平方米。可容纳2700余人。也叫中央大学"七七"抗战大礼堂。1994年4月,台湾的中大校友余纪中先生曾捐资107万美元修葺大礼堂。数十年来,海内外校友均视礼堂为母校象征。目前该房屋表面已有多处自然损坏,但主体结构较完好。2006年5月,沙坪坝区人民政府公布其为区级文物保护单位,并予以挂牌保护。

重庆大学寅初亭位于重庆大学A区。1941年3月,重庆大学师生为当时在重庆大学任教的著名经济学家和教育家马寅初先生祝寿,并出于弘扬马寅初先生不怕被捕、勇于抗战的精神,决定募捐修建寅初亭。该亭最初为草亭,有冯玉祥题"寅初亭"匾额,黄炎培题的诗匾悬挂亭中。两年

寅初亭

后,草亭破损,重庆大学师生又进行了重修,并于1943年7月23日举行了落成典礼。解放后,寅初亭仍然是重庆大学师生举行纪念活动的地点,但几经风雨后基本损毁。1981年重庆大学再次重建寅初亭,即现在所见的寅初亭。重庆大学寅初亭,重檐六角攒尖顶式瓦顶,亭宇飞檐翘角,亭额雕花,每边长3.5米。下承六根朱色柱,柱高4.5米,占地面积100平方米,建筑面积100平方米。1992年3月重庆市人民政府公布其为重庆市文物保护单位,并予以挂牌保护。2009年重庆大学寅初亭被重庆市人民政府公布为市级文物保护单位。现保存情况良好。

南开中学津南村为1935年建成的教工宿舍,以"天津南开"意命名。抗战时期,张伯苓、柳亚子等一大批社会名流曾居住于此,蒋介石、周恩来、毛泽东等先后来此拜会友人。解放后,津南村经过多次修葺,仍保存完好,目前作为学校退委会活动场所及青年教师宿舍。南开中学津南村有17栋建筑,均为北方四合院形式,占地面积4281.28平方米,总建筑面积为3781平方米。2006年5月重庆市沙坪坝区人民政府公布其为区级文物保护单位,并予以挂牌保护。2009年南开中学津南村被重庆市人民政府公布为市级文物保护单位。现保存情况良好。

南开中学津南村

南开中学图书馆位于重庆沙坪坝南开中学校内,建于1935年,为当时重庆名绅康宝忠、康宝恕兄弟二人捐资修建,定名为忠恕图书馆。1958年更名为红旗图书馆。后经过加固整修,作学校行政办公楼使用。南开中学图书馆,原为砖木结构,小青瓦双坡屋顶,后改为砖混结构,平屋顶。建筑坐南朝北,主体两层,矩形平面,面阔49.1米,进深20米,横三段中轴对称布局,正门开在北侧正中,有阶梯5级。该图书馆占地面积928平方米。2009年南开中学图书馆被重庆市人民政府公布为市级文物保护单位。房屋主要结构保存情况良好。

南开中学图书馆

南开中学水塔位于重庆沙坪坝南开中学校内，建于1936年，为著名教育家张伯苓到重庆创办南开中学早期建筑之一。南开中学建校之初，为解决全校师生的用水问题，在清溪河边设提水房，在学校东南角修建水塔。后来学校铺设自来水管网设施，水塔则闲置至今。南开中学水塔，为青砖砌成，横截面正六边形，底部直径约6米，塔高约20米，塔身下为高约0.8米的石砌台基，塔身由下至上略为内收，呈下粗上细状，水塔最上部为高约2米的圆柱形水箱。门开在南侧，为拱形门，塔身中部隔一面开有一拱窗，共3个，塔身上部每面设一拱窗，共6个。2009年南开中学水塔被重庆市人民政府公布为市级文物保护单位。现除外部已有多处自然风化外，保存情况良好。

南开中学运动场位于重庆沙坪坝南开中学校内，建于1936年，为南开中学重要的早期建筑。南开中学运动场，为建校初规划修建的标准400米跑道运动场地，总占地面积为20940平方米。运动场下沉十数米，周边修建有主席台、升旗台和看台，四周各有一株黄桷古树。运动场下修建有排水沟，排水效果极好，能满足学生体育课及召

南开中学水塔

南开中学运动场

开运动会之需要。整个运动场可容纳2000名至3000名学生集会。南开中学运动场经多次修缮,现保存情况良好。2009年被重庆市人民政府公布为市级文物保护单位。

四川省立教育学院旧址位于现在第28中学内,所存遗留已不多,主体为民国斜山式建筑,大开间,一楼一底,总面积约1200平方米。四川省立教育学院旧址,曾是四川省立教育学院的主教学楼之一。四川省立教育学院前身是四川乡村建设学院,成立于1933年7月。1936年8月,高显鉴力主将乡村建设学院改组为省立教育学院,并逐渐发展成为抗战时期重庆的重要高校。解放后,四川省立教育学院迁到重庆北碚,分成了西南农业大学和西南师范大学两部分,原校址则改建为重庆第28中学教学楼。2005年重庆红岩联线文化发展管理中心与沙坪坝区将该遗址打造成抗战教育博物馆,并对外开放。目前房屋主体建筑保存情况良好,为沙坪坝区所属文物点。

四川省立教育学院旧址

以上是对沙磁文化教育遗址群所属各遗址点的介绍。事实上,沙磁文化教育遗址群的渊源应追溯至抗战前夕沙磁文化区概念的提出。沙磁文化区最初源于重庆大学校长胡庶华1936

年提出的《理想中的重庆市文化区》。他在该著述中希望沙坪坝区成为重庆乃至西南的文化重地。抗战全面爆发后,一些学校和厂矿内迁至重庆沙坪坝。1938年2月,重庆市沙坪坝文化区自治委员会成立大会在重庆大学举行。会议讨论修正了重庆大学提出的《重庆沙坪坝文化自治区委员会组织大纲》;选举产生了委员会主任干事胡庶华1人,副主任干事四川省立教育学院院长高显鉴和私立南渝中学校长张伯苓2人;还讨论了代表提案以及增设电话、修筑小龙坎至磁器口公路和辖区治安、防空等问题。沙磁文化区成立后,逐渐实施了文化教育、卫生改造、乡村建设、抗日救亡等各方面的计划。1938年12月,《沙磁文化区各界宣言》发表;1940年12月,《沙磁文化》创刊;1944年,文化区总人口数超过17万,为战前的4.19倍,这一系列的事件都标志着沙磁文化区发展走向成熟。

沙磁文化教育遗址群是重庆抗战文化资源的重要组成部分,是构筑重庆城市文化平台的重要载体,具有较高的历史文物和现实应用价值。

第一,沙磁文化教育遗址群是重庆近代城市发展的一个缩影。传统的重庆城市以渝中半岛为中心,受地形影响极大。胡庶华先生提出《理想中的重庆市文化区》后,沙坪坝受到人们重视。随着沙坪坝文化自治区委员会的成立,以及抗战全面爆发后一些学校与工厂内迁至沙坪坝,沙坪坝在重庆城市发展中的地位逐渐突出,重庆城市空间也得到进一步拓展。这对抗战时期重庆成为中国的文化中心有着重要影响。不仅如此,沙磁文化区的形成与发展对以后重庆城市功能区分产生了较大影响,也是今天重庆城市各区空间拓展和功能定位的重要参考因素。

第二,沙磁文化教育遗址群承载着抗战时期重庆文化界的救亡历史。抗战时期,重庆成为大后方乃至全国抵御日本法西斯的重心,集中在重庆的文化界人士也是抗日救亡运动的主要力量之一。包括郭沫若、老舍、茅盾、马寅初、胡庶华、张伯苓、柳亚子、黄炎培、邹韬奋、于右任等人在内的著名文化人都在这里活动,积极支持抗战;同时,也有一批如周恩来、冯玉祥的政治名人在此与广大师生交流,宣传抗日民族统一战线。应该说,在日机的疯狂轰炸之下,沙磁文化区高举爱国、民主、科学、进步旗帜,带头掀起了教育救国、文化救国的热潮,蜚声中外。

第三,沙磁文化教育遗址群涵盖着大量近代建筑,具有较高的艺术价值。据第三次全国文物普查阶段性成果显示,沙坪坝区现有的已登记上册的近现代史迹有115处,而沙磁文化教育遗址群总体保存较好,特别是重庆大学和南开中学内的抗战遗址,除了有重要的历史价值外,还具有相当高的艺术价值。如南开中学津南村是抗战期间重庆仅有的北方四合院建筑群,所有房屋布局横竖规整如棋盘,其间小道种以草木绿化,所有房屋均为砖木房。重庆大学近代建筑群为西方古典主义风格建筑,建筑古朴大方,比例适中,为重庆同时期建筑中所少见,为研究重庆近代建筑的发展演变,及西方建筑风格对本地建筑的影响提供了难得的实物资料。

综上所述,在今后沙磁文化教育遗址群的保护与利用过程中,应该注重以下几点:

第一,加紧挂牌、划界的保护工作。目前沙磁文化教育遗址群还有一些没有定级和挂牌,更有不少遗址的保护范围和建设控制带还未划定,这需要文物保护单位加紧实施。

第二,对遗址进行必要的图文介绍说明,闲置的遗址应有相应的陈列设施。当前,沙磁文化教育遗址群中有些相应的图文介绍,这不利于普及人们对遗址的认识,也不利于增强人们的文物保护意识。在一些闲置的建筑中,应辟出陈列室,供人们参观。

第三,及时对有损坏的遗址作修整。沙磁文化教育遗址群年度均较久,不少文物有明显的损坏,应投入一定经费,按照"整旧如旧"的原则及时抢修。如中央大学礼堂、南开中学水塔等都是需要抓紧修整的文物遗址。

第四,进一步加强沙磁文化的研究,弘扬沙磁文化。2011年3月30日,沙区举行第四个"沙磁文化日"纪念活动暨《抗战时期重庆沙磁文化区档案史料选编(教育文化)》首发式。这是关于弘扬沙磁文化和进行相关研究的最新进展,今后仍应坚持,并可联合各方人士举办更加多元化的活动,促进沙磁文化更好更快的发展。

国民政府军事委员会政治部旧址

国民政府军事委员会政治部旧址是抗战时期国民政府军事委员会政治部在重庆沙坪坝的办公场所，它原为一寺庙建筑，后因抗战被租用。国民政府军事委员会政治部旧址位于重庆市沙坪坝区土主镇三圣宫村三圣宫，它东靠中梁山，西接大学城，位于今重庆西永微电园附近，距离东南方向的郭沫若旧居约1500米、西面的冯玉祥旧居约2500米。国民政府军事委员会政治部旧址东西中轴线上依次为山门、前殿、戏楼和黄金堂，南北两侧为厢房。占地面积5533.36平方米，建筑面积1578平方米。

国民政府军事委员会是当时全国最高的军事领导机构，其成立可以追溯到1925年的广州国民政府。抗日战争全面爆发后，国民政府军事委员会成为抗战最高统帅部，改组设作战部、政略部、国防工业部、国防经济部、国防宣传部、管理部以及秘书厅、后方勤务部、卫生勤务部、军法执行总监部、国家总动员设计委员会等机构。1938年1月，国民政府军事委员会再次进行改组，成立了政治部等新的机构。政治部

国民政府军事委员会政治部旧址全景

国民政府军事委员会旧址内一景

初以陈诚为部长,周恩来、黄琪翔任副部长,后由张治中继任部长,副部长则多次更易。国民政府军事委员会政治部为主管战时军中政治工作与文化宣传的最高机构,其主要职责为主管军队政治训练、民众组织训练、宣传及政治情报等工作。随着战争局势的变化,国民政府军事委员会几经周折终于1938年12月迁抵重庆。迁渝的政治部最初有两处办公场所:一处是在渝中区两路口,另一处在沙坪坝区三圣宫。为了躲避日机轰炸,政治部在1939年3月全部迁至三圣宫。抗战胜利后,军事委员会各部随政府其他机构还都南京。

国民政府军事委员会政治部旧址所在的三圣宫,原为清代宗教寺庙建筑,是体现儒、释、道三教合一的重要古建文物,距今已有200多年历史。该旧址因张治中长期在此居住和办公,也被称作张治中旧居。解放后,三圣宫被辟为小学用地,使用到20世纪90年代,学校为满足办学需求,原三圣宫部分建筑格局被改变不少。后来根据教育发展的需要,学校迁出,三圣宫由土主镇收回管理,并由三圣村使用,辟为农舍和养殖场。2003年5月,国民政府军事委员会政治部旧址暨张治中旧居被确定为区级文物保护单位,沙坪坝区文广新局有偿收回该旧址产权。同年,国民政府军事委员会政治部旧址暨张治中旧居纳入了重庆西部大学园区总体规划。2003年6月,沙平坝政府第12次常务会(沙府办发〔2003〕147号)决定对国民政府军事委员会政治部旧址暨张治中旧居进行保护性修复。2003年6月,沙坪坝区计委立项(沙计委社〔2003〕15号)同意建设张治中旧居国共合作纪念馆。2004年,沙坪坝区文广新局对旧居周边进行了综合治理,迁出旧居内居住人员,整修旧居外道路,加大对旧居的自然环境、历史环境和人文环境综合性保护力度,并竖立保护标志、划定保护范围、设立建控地带。2005年、2006年,沙坪坝区文广新局多次派资料小组赴北京、南京等地,拜访了张治中将军的女儿,收集了大量张治中将军的资料,获赠了其生前使用过的一些物品,为张治中旧居的修复布展打下了坚实的基础。2006年,完成了张治中旧居保护规划方案,并通过市级专家评审。施工设计方案由重庆大学建筑规划设计院制作完成,并通过市级专家评审。2007年4月,旧居修复工程正式启动,11月底主体工程竣工。2008年1月15日,陈列馆正式对外免费开放。2009年12月15日,国民政府军事委员会政治部旧址暨张治中旧居被列为重庆市文物保护单位。

国民政府军事委员会政治部旧址是重庆抗战文化资源的重要组成部分,承载着重要的历史信息,具有较高的文物价值、学术研究价值和现实应用价值。首先,它是对抗战时期重庆作为陪都历史的一种反映,蕴藏着丰富的历史信息,有着重要的文物价值。其次,国民政府军事委员会政治部旧址是进行学术研究的重要实物资料。一方面,它是一段刻骨铭心历史的反映,史学界可以围绕该遗址及其所涉及的档案、文献和影像资料开展深入研究,这对丰富抗战史特别是国共合作史研究无疑具有积极意义;另一方面,它是一处有明显时代特征的建筑,体现了清代重庆地区依山就势修建寺院的典型格局,其艺术研究的价值也十分突出。除此之外,三圣宫本身的历史,以及它对于本地宗教的影响,都值得我们去进一步探讨。最后,国民政府军事委员会政治部旧址在促进当前国共合作与台海交流上有其积极作用。毫无疑问,国民政府军事委员会政治部也是国共合作的产物,实际上也是以民族统一战线为基础而形成的。周恩来、郭沫若等人均在政治部工作过,对抗日宣传发挥了重要作用。因此,该遗址实际上是国共合作背景下以重庆为中

国民政府军事委员会政治部旧址内展览

心的大后方团结抗战的又一物证。保护和利用好这一遗址,是对当时抗战史的尊重,有利于促进两岸交流。

鉴于以上情形,我们认为,在今后有关国民政府军事委员会政治部旧址的保护与利用工作中,应该注重以下几点:

第一,加紧申报国家重点文物保护单位的工作。国民政府军事委员会政治部旧址暨张治中旧居承载着重要的历史文物信息,有着较高的价值,应该通过申报国家重点文物保护单位的工作来提升其保护级别,进一步夯实文物保护的基础。

第二,及时挂牌、立碑,并完善规划和开发利用。国民政府军事委员会政治部旧址暨张治中旧居已经被定为市级文物保护单位,保护标志应及时竖立。另外,遗址虽然已经完成了规划和修复,但仍然存在旅游开发上的瓶颈,特别是服务指示牌、周边配套设施的建设。相关部门可以考虑将国民政府军事委员会政治部旧址与郭沫若旧居、冯玉祥旧居等串联起来,形成片区旅游开发,促进重庆微电园与大学城的发展。

第三,加强学术研究,进一步利用遗址平台,加强两岸交流。国民政府军事委员会政治部旧址是中华民国时期重要国家机关的留存,是抗战时期迁渝军事机构的留存,具有双重意义。因此,下一步可以联合重庆与其他地区社科界的相关专家加强这方面的学术研究,并利用该遗址平台促进重庆乃至中国大陆的对台交流。

中共中央南方局外事组旧址

中共中央南方局外事组旧址是抗战时期中国共产党设立在战时首都重庆的重要外事机构的遗址。中共中央南方局外事组旧址暨沈钧儒、王炳南旧居位于重庆市渝中区大溪沟街道马鞍山28号,它东距解放碑约2公里,紧靠人民大礼堂,坐南朝北,砖木结构,一楼一底,面阔约14米,进深13米,占地面积约400平方米,建筑面积360平方米。现为居民住房,文物本体建筑保存较好,有乱搭乱建的情况,需进一步整理保护。

中共中央南方局成立于1939年1月,是中国共产党借八路军重庆办事处开展日常活动的秘密组织。出于扩大对外宣传和加强对外联络的需要,南方局在1939年4月设立了外事组。外事组直接受周恩来领导,由董必武任书记,叶剑英任副书记,组长王炳南,副组长陈家康,后增补龚澎为副组长。根据当时需要,南方局外事组将其工作主要任务定为:宣传、交友、了解国际形势,重点是美英对华政策,各国各界在华人士的政治态度和动向,影响这些国家的对话政策,打破国民党的外交垄断,打开对外联络的窗口,扩大国际抗日统一战线,壮

马鞍山28号

大进步势力，争取中间势力，孤立顽固势力，促进抗战的胜利，进而使中共的影响扩大到国际社会。毫无疑问，中共中央南方局外事组是中国共产党在重庆进行对外交流，开展国际统一战线工作的窗口。

中共中央南方局外事组旧址是王炳南夫妇与沈钧儒等人合租的居所和办公场所，故这里也称作沈钧儒旧居、王炳南旧居。它之前是川军部将何金鳌公馆良庄的一部分（良庄现包括马鞍山18、28、29号三幢楼），沈钧儒和王炳南夫妇合租这楼的二、三层，沈钧儒和子女居住于二楼西南角，王炳南夫妇和他们的儿子王黎明住其对面房，茅盾夫妇以及沙千里、张申府等曾在三楼亭子间长期寄居。在重庆期间，王炳南夫妇以特殊的身份，利用良庄这一重要据点，开展了卓有成效的外事活动，为推动南方局外事和国际统战工作作出了不可替代的贡献。事实上，良庄不仅是中共中央南方局外事组旧址和沈钧儒旧居，也是南方局及其他民主党派人士、进步人士聚会、座谈、共商国是的重要场所。

1946年外事组随中共中央南方局迁南京，同年沈钧儒也返回上海。重庆解放后，良庄为居民住所至今，由张家花园房管所、人民村房管所管理。1992年3月，重庆市人民政府将现良庄（马鞍山18号）作为沈钧儒旧居定为市文物保护单位。2000年此处又被公布为重庆市第一批重点文物保护单位。近几年，随着南方局历史研究的深入和有关史料的进一步挖掘，文史界认为将良庄（马鞍山28号）确定为中共中央南方局外事组旧址暨沈钧儒、王炳南旧居更符合历史真实。该处为新发现，2009年待批的重庆市文物保护单位。

中共中央南方局外事组旧址暨沈钧儒、王炳南旧居是重庆抗战文化资源的重要组成部分，承载着重要的历史信息，其价值主要表现在以下两个方面：

马鞍山18号

第一,它是中共中央南方局在艰苦的环境下广泛开展外事和国际统一战线工作的历史见证。1939年1月,南方局在重庆成立后,其工作环境十分艰难。特别是在日机的狂轰滥炸、国民党的反共压制下,南方

1940年沈钧儒与叶剑英摄于良庄寓所

局外事组的工作在内容上需要更加多元化,在形式上则需要更加灵活。总体来看,当时南方局外事组"不仅对各国(美苏)官方和官方机构做工作,也对各国民间组织做工作;不仅向外国记者进行宣传,也与作家宗教人士来往;不仅利用合法形式也利用'非法'渠道进行外事工作;不仅在重庆也同时领导了香港等地的外事工作,周恩来还直接领导了华侨工作和情报工作"。通过外事组的齐心协力,中共在抗战时期的国际统战工作取得了较大成效。例如,在皖南事变爆发后,南方局外事组积极行动,通过同外国使节和代表直接交谈,会见外国作家和记者以及向美国新闻处和其他新闻机关的进步分子与国际友人散发书面材料,宣传了我党的政治主张,争取了国际同情,有力地牵制了国民党反动派的反共阴谋。应该说,外事组作为南方局的一个重要部门,有效地承担了党的对外宣传工作,特别是在团结国际友人、争取国际同情和援助上作出了巨大贡献,而这些工作的决策主要是从外事组旧址中发出的,该遗址是其历史的见证。

第二,它是中国共产党在抗战时期与民主人士同舟共济、并肩作战的象

1958年沈钧儒重返良庄留念

征。抗日战争全面爆发后,中共倡导的民族统一战线不断得到巩固。在重庆,中共广泛团结社会民主力量,掀起了由各阶层参与的抗日救亡运动。中共中央南方局外事组虽然主要负责对外事务,但由于共同合租的居住关系,以沈钧儒为主的一大批民主人士常常光顾大溪沟马鞍山巷,使得这里成为中共与他们接触和交流的重要阵地之一。那些民主人士也因此受到了较大影响,他们积极行动起来,自觉地维护抗日民族统一战线。沈钧儒就曾针对国民党的反动行径愤怒地指出,"任何破坏抗战、破坏团结的卑劣行为,都是违背人民的意愿的",并疾呼"要团结抗日,反对分裂"。民主人士的观点和爱国行动充分表明了中共所倡导的抗日民族统一战线是符合当时历史潮流的。正如有的学者所指出的那样,"民主党派为抗日民族统一战线的建立、巩固与发展,曾作出过巨大的贡献,对其重要的历史作用和历史地位应当给以充分的肯定"。肯定民主党派在团结救亡中的历史,实际上就是肯定中共与他们同舟共济的历史,这对在当今新形势下进一步巩固和发展爱国统一战线也具有启示意义。

综上所述,在今后的工作中,我们就中共中央南方局外事组旧址暨沈钧儒、王炳南旧居的保护与利用提出如下建议:

第一,根据新的史料对马鞍山28号和29号旧址予以认定,并划定保护范围和建设控制带,及时挂牌保护。由于新近的一些史料出现,文史专家确认马鞍山28号为中共中央南方局外事组旧址暨沈钧儒、王炳南旧居,由此又可以认定18号和29号住宅虽为良庄的一部分,但当时为其他人所居住。相关文物保护单位应该根据新的发现尽快更

马鞍山28号内院

新文物保护材料,对遗址予以新的确认,并对其划定保护范围和建设控制带,确定为市级保护单位的,应立碑公示。

第二,收回产权,厘清管理机制。现旧址为渝中区房地产管理局下属人民村房管所、张家花园房管所管理,为居民住宅,安全保卫由所处街道和居民自行负责,这不利于对遗址的长期、持续、有效保护和管理。文物保护部门应通过相关渠道,联合城建、规划等部门,与区房产管理单位相互协调,尽量做到收回产权、迁出住户,肃清管理上的障碍。

第三,加强对中共中央南方局外事组的文物和文献资料搜集,促进相关科研工作的开展。无论是作为南方局外事组,还是作为沈钧儒、王炳南旧居,该文物都有其独特的价值,蕴藏着一段特殊的历史。然而,由于种种原因,今天该遗址仍然有居民居住,加之保护力度不够,致使与遗址相关的文物和文献资料都还比较匮乏。下一步,应该抓紧着手搜集这方面的资料,并深入开展有关南方局外事组的科研工作,这对充实人们对南方局的认识也具有重要意义。

张自忠墓

张自忠墓是为纪念在1940年枣宜会战中殉国的张自忠将军所修。张自忠墓又称张自忠烈士陵园,坐落于重庆市北碚区西南隅梅花山麓,距北碚市区约2公里。陵园依山而建,坐南朝北,现占地面积25亩,由三部分组成:陵园南端高处为墓茔区。墓呈圆形,高2.64米,直径6.4米,顶部片石砌封,周以条石镶边,边高1.31米,正面为"凸"字形石碑坊紧护,坊两端高1.31米,中高1.8米。墓左、右、后三面有1.5米至2.5米宽的茔道,可供绕墓凭吊。墓前正中立有冯玉祥将军亲笔隶书"张上将自忠之墓"墓碑,碑高连座基2.53米,宽1.6米。墓左侧前方有将军胞弟张自明率侄男廉珍、侄女廉云前来祭奠时立的墓表,表高连座基2.89米,宽1.1米。墓之前连茔道有面积为168平方米的墓坝,可容300人祭奠。墓前石壁处有一条石矮墙横列,两端出入口各有石柱和石梯互为对称。石壁正中刻有直径约1米的冯玉祥将军题的"梅花山"三个红色隶字,笔势遒劲,引人

张自忠墓入口

注目。壁下半月形花池，遍植杜鹃、栀子、香樟、塔柏、海棠、腊梅、冬青等，四时绿荫，清雅静谧。有围墙高1.6米，周长约180米，中接"梅花图案"铁门，与墙外榕、槐、樟、柏构成一拥翠挺秀的墓茔区。

墓茔铁门前为绿化区。有一长方形斜坡，地处爽垲，视野辽阔。坡周植麦冬为边。成方形花圃，内植铁线草，把地装饰得像张疏密匀整、碧绿蓬松的绒毯。中用黄杨嵌植成长宽各3米的仿宋体"尽忠报国"四个大字，字体端正，笔势挺劲，百米之外，亦清晰可见。两旁为丛林绿化地，松柏常青。正中有石梯34级，梯宽8米，长约16米，自南而北，纵贯其坡，上接墓茔区铁门，下连纪念区林带，为陵园中轴线，与上下景物相映衬，显得挺直刚劲，气象雄浑。梯下林带前为瞻仰区。地势坦阔，中为纪念大坝，以青砂板石铺砌，平整光洁，面积570多平方米，可供1000人进行纪念活动。坝东侧有将军纪念馆，馆为平房，砖混结构，粉白砖墙，屋檐四周覆以蓝色琉璃瓦，配以园林式门窗，浑体素色，古朴典雅，建筑面积208平方米。馆门正中悬有民革中央主席屈武手书"张自忠将军纪念馆"匾额。馆内前厅正中靠壁，安置着古铜色的张自忠烈士半身塑像。右壁悬有我党和国家领导人手书挽词：毛泽东题"尽忠报国"，周恩来题"为国捐躯"，朱德、彭德怀题"伟哉、精神不死"；左壁悬有国民党和国民政府领导人手书挽词：蒋介石题"英烈千秋"、李宗仁题"英风不泯"、冯玉祥题"荩忱不死"、林森题"天地正气"，等等。馆内展出张自忠烈士生平事迹和历次纪念会盛况等图片、报章以及文献等186种214件。坝西侧有烈士陵园接待厅，中式古典砖木结构，四周回廊宽敞，室内几净窗明，朴实大方，面积153平方米。室内四壁挂有当代著名画家苏葆桢"海上雄鹰"、郭克"腊梅咏雪"、卢光照"梅鸟图"、秦岭云"墨竹图"等国画作品和著名书法家徐无闻、徐文彬、魏宇平、秦效侃等人题写的书法作品。坝南侧正中立黑色大理石碑一方,其上镌刻有"全国重点烈士纪念建筑物保护单位——张自忠烈士陵园"、"国务院1986年10月15日批准,民政部1986年10月28日颁布,四川省人民政府1987年7月立"等鎏金大字。大坝北侧正中出口处两端刻有"中华雄狮"一对,左右蹲而相视,体态圆浑,威武有神。出雄狮口有长43米、宽8米的青砂板石引道直连碚(北碚)青(青木关)公路,引道的北端有石柱一对矗立两侧为陵园大门,左柱上嵌有"张自忠烈士陵园"标志牌,两柱间用钢管装置有梅花图形铁门,门与引道两侧塔柏交相映衬,门外左右各有海棠、塔柏成"八"字形展示门前,将张自忠烈士陵园墓茔、馆厅、花池、林带融为一体,色泽素雅,草木葱茏,松柏苍翠,景色宜人,令人有庄严肃穆之感。

张自忠是在枣宜会战中牺牲的国民党军队高级将领,也是抗战中为抵御侵略而牺牲的民族英雄。为了迎击日军的疯狂进攻,国民政府继武汉会战之后,于1940年5月至6月展开了枣宜会战。枣宜会战是武汉会战后规模较大的一次战役,历时48天,共造成国民党军伤亡25833人,日军伤亡13000人。负责枣宜会战的国民党军为第五战区军队,由李宗仁统率。张自忠为右集团军总司令,"辖二十九集团军、三十三集团军五十五军,除各以一部固守襄河西岸阵地与巩固大洪山南侧各隘口外,应以主力适宜控制于长寿店以北地区,依机动击破进犯之敌"。1940年5月16日,张自忠在襄阳南瓜店指挥作战受伤坚持不退,壮烈牺牲。张自忠的遗体受到日军尊重,被草葬于襄阳陈家集。后同部赶到,张自忠遗体得以运回。5月28日,张自忠灵柩运抵重庆储奇门码头,蒋介石、冯玉祥等国民党高级官员亲自迎接,并致哀。随后,张自忠遗体

张自忠烈士陵园纪念馆

被安葬在北碚。国民政府于7月7日正式追授张自忠陆军上将军衔,并发布"褒恤令"。同年8月15日,延安举行隆重追悼大会,纪念张自忠。11月16日,国民政府在北碚举行了下葬仪式。蒋介石亲题"英烈千秋",立碑于墓道。1942年,冯玉祥为张自忠书写隶体碑文"张上将自忠之墓",又借史可法梅花岭之意,将安葬之地改名梅花山。此后,国民政府各种悼念以及各级官员的题词都时有延续。

新中国成立后,张自忠将军的墓茔和墓园也得到了较好的保护,共进行了5次较大维修。第一次是1954年初。重庆市人民政府按中央人民政府内务部给其胞弟张自明的复信要求,由市政府民政局拨款150万元维修费给北碚区人民政府,区府委托民政科对墓茔裂缝、茔堡和祭奠地坝以及上墓园的道路等进行了修复,于1954年元月底完工。第二次是1959年。其胞弟张自明给北碚区民政科汇现金8000元,作为修缮张自忠将军墓地经费。这次维修,主要是对张将军权厝地面之灵柩,下葬入土。同时墓园道路作了修整,于园内遍植花木,精心绿化。第三次是1962年。主要就墓园的管理和绿化进行了维护,固定专人看管墓园,培植大量花木,并增设石圆桌、石鼓凳和石条凳。第四次是1980年。民政部拨款5000元,要求维修张自忠将军墓。主要是将墓茔顶三合灰换成片石砌封,周围条石和墓茔牌坊照原样修复,清除墓茔周围泥土,平整为水泥地坝,在墓背壁修一条环山水沟,使山洪、泥土排泄通畅,将"梅花山"三个大字嵌入壁中,其两侧各建石梯11级,梯与石壁之间各竖石柱两根,使茔貌更加庄重严整。第五次是1981年。主要是在墓前石壁下修一长方形和半圆形花池,新修墓园围墙、大门柱和大铁门,并对墓园进一步绿化。

1982年,张自忠被国务院追认为革命烈士。之后,北碚区人民政府分别以张自忠殉国45周年和50周年为契机,对张自忠墓进行了扩建,并建立了张自忠纪念馆。1983年12月1日,重庆市人民政府公布张自忠墓为重庆市重点文物保护单位。1985年,四川省人民政府决定将张自忠墓列入省重点文物保护单位。1986年10月15日,国务院批准张自忠墓为张自忠烈士陵园,经民政部颁布,张自忠烈士陵园为首批32个全国重点烈士纪念建筑物保护单位之一。1995年1月,国家民政部授予爱国主义教育基地。1997年11月,中共重庆市委、重庆市人民政府授予重庆市爱国主义教育基地;1998年11月,再次授予重庆市青少年教育基地。2000年9月,张自忠墓被确定为重庆市第一批重点文物保护单位。

张自忠墓是纪念抗战阵亡将军张自忠的最主要形式,也是重庆抗战文化遗产的重要组成部分。张自忠墓具有较高的历史文物价值和现实教育意义。首先,张自忠墓的建立与保护是对张自忠英勇抗战精神的充分肯定,有利于我们更好地认识和学习抗日战争那段反侵略的血泪史。张自忠在其遗书中就表明:"为国家民族死之决心,海不清(枯),石不烂,决不半点改变。"这充分体现了张自忠视死如归的精神和英勇顽强的气概。其次,张自忠墓的建立与保护有利于更好地弘扬爱国主义。张自忠作为一名军人,素有鲜明的爱国主义立场。就在他战死之前,仍告诫属下:"吾力战而死,自问对国家对民族对领袖,可告无愧。汝等当努力杀敌,毋负吾志。"张自忠是为民族存亡而牺牲的,他是民族的英雄,其精神应举国同仰。再次,张自忠墓的建立与保护可以更好地促进两岸交流。周恩来曾指出:"张上将是一方面的统帅,他的殉国,影响之大,绝非他人可比。"冯玉祥也称赞说:"抗战以来,以兵团长兼集团军总司令,亲率部伍,冲杀敌人,受伤不退,力战身殉者,此为第一人。"张自忠是国共两党共同承认的抗日名将,是革命烈士,是民族英雄。因此,可以通过保护与修缮张自忠墓,弘扬张自忠的民族精神,来加强两岸各种联系。

鉴于以上情形,我们针对今后张自忠墓的保护与利用工作,提出如下建议:

第一,抓紧申报国家重点文物保护单位的工作。张自忠墓经过几十年的维护,文物本体已经得到了很好

张自忠烈士纪念馆内陈列

的保存；与此同时，烈士陵园的建设，扩大了张自忠墓的影响。张自忠烈士陵园也早已被列为国家重点烈士纪念陵园保护单位。今后，相关部门应当以此为契机，开展申报国家重点文物保护单位的工作。

第二，在5月16日张自忠殉国之日，广泛开展全市的爱国主义教育，组织纪念张自忠的活动，形成浓厚的爱国主义氛围。

第三，加强交流，进一步深化对张自忠的学术研究。目前，各地档案馆、纪念馆对有关张自忠的文献和实物均有不少收藏，但他们有关张自忠的学术研究都还不够丰富，这就需要加强交流、整合资源，特别是加强与台湾方面的沟通，促进这方面研究的持续、深入开展。

万州西山公园抗战纪念遗址群

万州西山公园抗战纪念遗址群包括库里申科墓、抗战阵亡将士纪念碑、万州大轰炸白骨塔三处文物留存。万州西山公园抗战纪念遗址群位于重庆市万州区王牌路13号,它东临长江,西倚太白岩。库里申科烈士墓总面积1600平方米。墓园由照壁、花台、墓碑和墓室组成,欧式建筑风格。墓室呈长方形,高1.55米,长3.5米,宽2.7米。墓碑为长方形,高7.3米,宽4米,厚1.8米。正面阴刻:"在抗日战争中为中国人民而英勇牺牲的苏联空军志愿队大队长格里戈利·阿基莫维奇·库里申科之墓;1908—1939年。"背面为俄文碑文,意同正面。照壁高3.2米,宽4米,正面阴刻:"中俄两国人民鲜血凝成的友谊万岁!"背面:"伟大的国际主义战士永垂不朽!"该墓园周围樟树成林,环形花台围绕四周,环境清幽。抗战阵亡将士纪念碑为四方柱体,分布面积为49平方米,占地面积9平方米,碑下为四方形碑基两层;碑通高10.3米,碑高8米、宽2.2米,基座高1.8米、宽3米,花坛高0.5米、宽7米,碑四周中间成凹面,正中楷体竖写铭文"抗

库里申科烈士陵园大门

战阵亡将士纪念碑",碑顶塑有白花以示奠念。万县大轰炸白骨塔占地面积60平方米,建筑面积45平方米。白骨塔由塔基、塔身组成,重檐式六角形石塔,现残存石塔基座及一、二层塔身。

库里申科墓是抗战时期牺牲在中国的苏联志愿队轰炸机大队长格力戈利·阿基莫维奇·库里申科之墓。抗战时期,苏联曾派出空军志愿队2000余人来华参加对日反侵略战争,其中200多人献出了生命。1939年6月,库里申科率领"达莎"远程轰炸机大队来到中国,进驻四川省双流县太平寺机场。8月,开始执行对敌轰炸任务。10月14日,库里申科和副大队长马卡罗夫率领机群出击武汉的侵华日军,激斗中,库里申科左侧发动机被击中。库里申科用单发动机冲出重围,在返回途中失去控制,坠落到万县江心。库里申科不幸溺水身亡。后来,库里申科的遗体被打捞出来,安葬于万县太白岩下白岩书院旁。1958年7月,纪念中国抗日战争全面爆发21周年时,万县市人民委员会在西山公园内建了库里申科烈士墓。

库里申科为中国人民的独立自由献出了生命,中国人民深深怀念他,并给他以很高评价。2009年9月14日,库里申

库里申科烈士头像

科被国家评为为新中国成立作出突出贡献的100名英雄模范之一,其中外籍英模仅7名。库里申科烈士墓于1987年8月被四川人民政府公布为四川省烈士纪念建筑物重点保护单位。1999年,万州区人民政府将库里申科墓园公布为万州区文物保护单位。 2000年9月,库里申科墓园被重庆市人民政府公布为重庆市第一批文物保护单位。2006年,库里申科墓园被万州区人民政府公布为万州区文物保护单位,也是万州区爱国主义教育基地之一。2009年,库里申科墓园被重庆市人民政府公布为市级文物保护单位。

库里申科墓园遗址除了库里申科墓本身外,还包括抗战阵亡将士纪念

碑、万州大轰炸白骨塔两处文物。抗战阵亡将士纪念碑始建于1946年,为纪念万州军民出川抗战而逝的将士而立。2006年万州区人民政府公布其为万州区文物保护单位,也是万州区爱国主义教育基地之一。大轰炸白骨塔是1941年万县人民纪念在1940年7月28日在日本轰炸中惨死的民众而立。2009年重庆市人民政府公布其为市级文物保护单位,是万州区爱国主义教育基地之一。

万州抗战阵亡将士纪念碑正面

万州西山公园抗战纪念遗址群是重庆抗战文化资源的重要组成部分,它具有较高的历史文物价值和现实利用价值。

第一,万州西山公园抗战纪念遗址蕴藏着丰富而重要的历史信息,有较大的教育意义。库里申科墓园遗址是纪念苏联空军烈士库里申科的地方,也是纪念万州抗日将士的地方,同时还是纪念在日军大轰炸中惨死的万州军民的地方。无论是哪一种纪念,都具有很强的现实教育意义。当前,库里申科墓、抗战阵亡将士纪念碑、大轰炸白骨塔都是万州爱国主义教育基地,它们都是反侵略战争的见证。

第二,库里申科墓园遗址还印证了二战时期苏联援华的事实,是今天中国与乌克兰交流的一个重要平台。库里申科是乌克兰人,在二战时期为苏联空军援

万州白骨塔保护标志

华的一员,他在1939年10月以队长身份从成都驾机飞往武汉与日本空军对抗,返回途中因飞机受损而降落在江面,致使溺水身亡。库里申科是二战时期苏联援华的一个代表,他的事迹体现了当时反法西斯阵营的联合,是正义国家相互合作的结果。保护和利用库里申科墓园,可以使之成为今天中国与乌克兰两国交往的文化平台。

综上所述,我们认为,在今后万州西山公园抗战纪念遗址群的保护与利用过程中,应注重以下几点:

第一,加强文物保护力度,对遗址进行修复。西山公园内所包含的三处抗战纪念遗址都是十分珍贵的文物,具有较高的价值。然而,由于历史的原因和自然风雨的冲刷,其文物本体均存在不少损坏。大轰炸白骨塔虽为市级文物保护单位,但只剩下残垣。相关部门应按"修旧如旧"的原则,进行抢救性修复。

第二,加大搜集相关文物和文献资料的力度,推进档案资料的整理。目前,除了库里申科墓园有一些档案资料存于四川文博机构外,其他均无较详细的资料留存,这对于遗址保护和研究是不利的。为了今后遗址保护与研究的科学性与可靠性,加紧文物、文献和档案资料的搜集与整理势在必行。

第三,对大轰炸白骨塔进行保护范围和建设控制带的划定,并予以立碑保护,以此明示保护行为。目前,白骨塔仅有文物点保护标识。

中苏文化协会旧址

中苏文化协会旧址是抗战时期迁渝的中苏文化协会办公与活动机关场地遗存。中苏文化协会旧址位于重庆市渝中区七星岗街道中山一路162号，它东连较场口，西接枇杷山，北望嘉陵江，南临长江，距离原国民政府立法院旧址约300米。中苏文化协会旧址是一座中西式砖木结构建筑，分主楼和副楼两部分，两幢相连。主楼坐西向东，一楼一底，西式回廊建筑，面阔16.6米，进深15.1米，副阶进深3.1米，通高约12米，基座高0.6米，有石梯4级，每级宽4.7米。石梯前有石狮一对，与石栏相衔接，石狮均高1.2米，石栏高0.45米。另一幢副楼坐北面南，二楼一底，西式檐廊三层楼房建筑，面阔18.8米，进深6.3米，副阶进深1.4米，通高14.3米。两栋建筑均为小青瓦屋面，外墙为砖砌抹灰，木质地板，底层为石板铺地，基础为石作。

中苏文化协会是历史上中苏文化交流的重要团体，于1935年10月25日在南京成立，推孙科为会长。中苏文化协会的成立是以20世纪30年代初中苏邦交逐渐恢复正常为基础的，其目的"首先在求得相互间之真知，并毁灭过去之自私与隔膜，以文化与经济之互助行为，消解过去之政治愁怨，确立两大民族今后之真正友谊基础"。在成立大会上，蔡元培、于右任、陈立夫、苏联驻华大使鲍格莫洛夫、中国驻苏大使颜惠庆、苏联科学院院长卡尔品斯基被选为名誉会长，张西曼、徐悲鸿、傅秉常、何汉文等15人被选为理事。此后，中苏文化协会不断发展，到1938年12月时已有会员808人。

1937年12月，中苏文化协会迁驻重庆。民主人士鲜英将其私产无偿借出，供中苏文化协会使用。1938年12月25日，中苏文化协会在重庆召开第二次会员大会，选举孙科为会长，陈立夫、邵力子为副会长，梁寒操、傅秉常、张西曼、张冲、徐悲鸿、徐恩曾、吴尚鹰、段诗国、郭瓦略夫、邓文仪、吴玉章、田汉、王昆仑、胡愈之等35人为理事，又有陈铭德、胡风等19人为候补理事。1940年5月，邵力子出任驻苏大使，孙科指定王昆仑代行会务。王昆仑随后对中苏文化协会进行了改组。邓颖超、史良、郭沫若、阳翰笙、侯外庐、翦伯赞等人都被邀请进入协会工作。这时的中苏文化协会"不仅仅限于一般性的中苏文化交流，往往涉及政治、经济、军事和妇女儿童等各个方面，并与当时国际国内的政治局势相联系。工作和活动的方式，则具有广泛的群众性"。值得注意的是，这次改组是在南方局的引导下完成的，他们动员了很多社会进步人士参加，"除洪舫一人属于国民党右派外，其余所有机构负责人都掌握在进步人士手里，政治态度鲜明，工作干得有声有色"。

中苏文化协会共在重庆坚持工作了八年，举行了众多的文化交流与纪念集会活动。另据曾任中苏文化协会编译委员会编译的孙绳武回忆，院子左边是一幢两层洋楼，房基较高，上下各有约十间。楼上的房子分给《中苏文化杂志》编辑部、会议室、秘书处、编译委员会等部门使用。楼下隔成三大间，两间作为展室，另一大间作图书馆。楼上楼下都有走廊。院子中间一带空着，但靠右边最后有两间房是儿童之家，属于协会妇女儿童工作委员会管理，经常有孩子来看书或参加游戏。1946年5月，中苏文化协会随国民政府迁回南京。解放后，该旧址被部队征用，现隶属于重庆警备区管理使用。1983年12月1日，重庆市人民政府将中苏文化协会旧址公布为市级文物保护单位。2000年9月，重庆市人民政府将中苏文化协会旧址公布

中苏文化协会旧址鸟瞰

为重庆市直辖后第一批市级文物保护单位。尽管如此,由于种种原因,中苏文化协会旧址管理不善,乱搭乱建现象严重,加之年久失修,残破较为严重。

中苏文化协会旧址是重庆抗战文化资源的重要组成部分,具有较高的历史文物价值和现实应用价值。

第一,它是抗战时期中苏两国民间文化交流的见证,反映了两国深厚的友谊,是今天中国与俄罗斯等国家开展对外交流的一个重要文化平台。中苏文化协会在成立之初就以"研究及宣扬中苏文化并促进两国国民之友谊"为宗旨,迁渝后仍然开展了广泛的中苏文化交流活动,其中有不少苏联驻华大使馆人员参与,形成了共同抵御法西斯侵略的文化战线。中苏文化协会作为公开的民间机构,既是中苏开展民间文化交流的重要渠道,也是文化及社会各界合法交往的重要场所,很好起到了增进和推动中苏两国人民了解和友谊的桥梁作用。这说明,中国与苏联的人民在二战时期已经结下了深厚的友谊,它也为今天我们进一步开展对俄罗斯等国家的交往奠定了一个重要基础。

第二,它是中共统一战线的重要活动舞台。中苏文化协会最初的发起人和组织者是一批知识青年和进步人士,迁入重庆后不久便在中共中央南方局的影响下进行了改组。由于郭沫若、屈武、阳翰笙等重要人物和秘密党员进入领导层,中苏文化协会实际成为中共加强与苏联以及国际反法西斯同盟国的联系,争取国际社会对中国抗战和中共支持的重要团体。当时,周恩来、董必武等南方局领导人经常在此活动,广泛开展统战工作。重庆谈判期间,毛泽东曾应邀参加在此举办的《中苏友好同盟条约》签订庆祝大会,他所发表的演讲曾深深地影响了不少人对中国政治前途的认识。除此之外,中苏文化协会还是九三学社的发源地,见证了九三学社的诞生。毫无疑问,九三学社的成立也是中共统一战线发展和社会进步的结果。

第三,它还具有一定的建筑艺术价值。中苏文化协会旧址建于20世纪30年代,为重庆地区较为有特点的折中主义建筑;与此同时,该旧址还具有近代化的明显痕迹,是中西砖木结构回廊式一楼一底建筑。可惜的是,中苏文化旧址保存并不好,损坏严重,其建筑艺术价值无法得到完整展现。

鉴于以上情形,我们认为,在今后的保护与利用工作中,尤其应注重以下

几点:

第一,加紧开展抢救性维修保护工程。中苏文化协会旧址蕴含着重要的历史文物信息,但由于种种原因,其文物本体已经遭到很大破坏,建筑构架已经不牢固,被列入危房;不仅如此,周边的建筑与生活环境,与协会旧址明显不协调,不符合遗址保护的要求。政府应将旧址保护与城市改造结合起来,在保护文物的同时,将周边环境进行彻底的规划与整治。

中苏文化协会旧址建筑正面

第二,协商解决保护、管理与使用所有权的问题。因为历史的原因,中苏文化协会旧址产权属于重庆警备司令部,但如今已因为破损而闲置,有关部门应该积极协商,最好将其资产所有权与使用权都一并收回至文物保护部门,这样就有利于对旧址作进一步开发利用。

第三,申报国家文物重点保护单位。中苏文化协会是抗战时期的重要团体,见证了中苏友谊的发展,同时也是南方局领导下的进步人士活动的场所、文化统战的重要阵地,具有较高的历史价值和现实文化传播意义。因此,中苏文化协会应该被列入国家文物重点保护单位。

第四,搜集相关文物和文献资料,做好陈列展览工作。中苏文化协会旧址也是张西曼在重庆的住所,是当时民主进步人士的重要活动场所,也是中共统战工作的重要舞台。这些都决定了其文物与文献资料的丰富性,但一直以来,这方面的工作都没有得到很好的开展。因此,在做好前三个方面工作的基础上,有必要搜集相关文物和文献资料,为下一步的陈列展览工作作准备。

国民政府军事委员会遗址群

国民政府军事委员会遗址群是抗战时期迁渝的国民政府军事委员会一些办公场地的留存,其遗址点较多,但不少已经消失。这里所说的国民政府军事委员会遗址群包括军事委员会礼堂旧址、军事委员会外事局旧址和军事委员会军事参议院旧址三处。其中,军事委员会礼堂和外事局旧址东北接较场口,东、南临长江,西望南纪门;军事参议院旧址西距东高路约50米,东距渝黔高速公路约2500米。国民政府军事委员会礼堂建筑只有一层,坐北朝南,通长17.82米,进深33.26米,正面有一通道,进深约为2.85米,两侧靠里第8根柱子处有2个楼梯通向屋中央上方的看台,屋内正中两边各8个小间,正中为一大型讲台,通长14.63米。整体建筑面积为592.69平方米,建筑占地面积634.39平方米。国民政府军事委员会外事局旧址建筑结构保存基本完整,坐东南向西北,建筑面积1991.14平方米,建筑占地面积806.41平方米,分布面积840.78平方米。该处建筑中西合璧,三层砖木结构。整个建筑群被风火墙牢牢围住,内设壁炉、砖柱台灯、地下室、哨台,雕花扇门至今保存完好,是当时重庆高档建筑之一。国民政府军事委员会

国民政府军事委员会礼堂旧址

参议院旧址坐西向东，房内共三个天井，中者进深4米，面阔10米，两边的天井一样大，进深4米，面阔2.5米。该旧址本为陈氏祠堂，内面房顶有浮雕，墙上有水墨画，顶部刻有"陈氏新村"字样。

国民政府军事委员会外事局旧址

国民政府军事委员会成立于1925年7月6日，由汪精卫、胡汉民、伍朝枢、廖仲恺、朱培德、谭延闿、许崇智、蒋介石组成，负责管理党和政府的最高军事指挥权。此后，国民政府军事委员会经历了多次变更。抗日战争全面爆发后，国民政府国防最高会议和党政联席会议决定以军事委员会为抗战最高统帅部，并授予军事委员会对党政军实行统一指挥权。根据战事指挥的需要，国民政府军事委员会先后迁往武汉、长沙、衡阳、桂林，最终于1938年12月迁至重庆，这使得重庆在成为全国抗战政治、经济、文化中心的同时，也成为抗战军事指挥中心。由于军事委员会机构庞大，且出于战时隐蔽的考虑，其在重庆的办公地点也较为分散，现将礼堂旧址、外事局旧址和参议院旧址的历史渊源与保存现状分述如下：

军事委员会礼堂旧址原为康熙八年（1669年）设置的重庆镇署所在地。1935年初，国民政府派贺国光率领军事委员会委员长行营参谋团到重庆，在原重庆镇署设立委员长行营。抗战全面爆发后，国民政府军事委员会几经周折迁至重庆，原重庆镇署便成为军事委员会驻地，军事委员会办公厅、军政部等诸多机构在此办公。重庆解放后，该址为新华日报社和西南军政委员会文教部。1954年6月西南大区撤销，《新华日报》停刊，中共重庆市委机关报《重庆日报》迁此；西南文教局撤销，改为凯旋路中学（今重庆53中学）。由于历史的原因，原国民政府军事委员会的诸多办公场地已经消失，现仅存礼堂一处，位于今重庆日报社内。2000年，国民政府军事委员会礼堂旧址被列入第一批重庆市文物保护单位。礼堂主体结构尚好,局部存在虫蛀及墙体裂开现象。虫蛀、腐蚀以及人为活动导致文物本体有损坏。

外事局旧址原为南充籍印刷书商杜仲明的房产,1938年国民政府军事委员会、经济部资源委员会、钢铁厂迁建委员会从杜仲明手中租用此房产作办公场地。1941年11月国民政府军事委员会外事局成立后成为外事局办公用地直到国民政府还都南京。1946年10月8日,杜仲明将房产卖与威远煤矿业公司。解放后该房产交由重庆钢铁公司。2000年,国民政府军事委员会外事局旧址被列入第一批重庆市文物保护单位。现为民居,有人为损坏痕迹。

参议院旧址原为綦江区东溪镇永乐村陈氏祠堂,始建于光绪二十三年(1897年)。1938年,国民政府军事委员会参议院迁驻此办公,直至还都南京。2000年,国民政府参议院旧址被列入第一批重庆市文物保护单位。现为居民住宅,有风化、腐蚀以及人为损坏痕迹。

国民政府军事委员会遗址群是重庆抗战文化资源的重要组成部分,具有较高的历史文物价值,保护和利用好该遗址群是对历史的尊重,有助于两岸的交流与合作。这主要表现在以下两个方面:

第一,它们是展现重庆作为当时全国军事指挥中心历史地位的重要文物载体。抗战全面爆发后,国民党及其政府相关机构陆续内迁。1937年11月20日,国民政府发表移驻重庆宣言,标志着重庆作为战时政治中心的开始。到1938年1月11日,国民政府的主要机关均由南京迁到重庆。为了指挥前线抗战,国民政府军事委员会仍留武汉。随着战事的变化,工厂、学校以及各社会团体大批迁往重庆。国民政府军事委员会也经长沙、衡阳、桂林辗转,最终于1938年12月迁驻重庆。直到1946年5月,国民政府军事委员会作为全

国民政府军事委员会军事参议院旧址

国最高军事机关在重庆共存在了近八年,指挥了长沙会战、常德会战、枣宜会战、豫湘桂战役等重大战役,同时还对大后方作了各种军事部署。毫无疑问,国民政府军事委员会遗址群是当时重庆作为全国军事指挥中心历史地位的反映。

第二,它们见证了国共双方为庆祝抗战胜利进行和谈的历程与最终成果。1945年9月4日,赴重庆谈判的毛泽东出席了蒋介石在军事委员会礼堂举行的庆祝抗战胜利茶会。9月18日,毛泽东、周恩来等中共领导人同样在这里与国民党领导人聚会,纪念"九一八"。10月8日,重庆和谈40天之际,国民政府军事委员会政治部主任张治中举行盛大宴会,邀请了参政员、文化界、新闻界等各方人士500余人参加。毛泽东在会上表示:"我们互谅互信,共同一致,克服困难,一定可以建设好新中国!"由此可见,国民政府军事委员会旧址虽然不是国共和谈的地点,但却是双方庆祝和纪念抗战胜利的重要活动场所,在和谈最后签署前夕,国民政府为毛泽东举行的欢送宴会也在此举行。从这个意义上讲,国民政府军事委员会遗址群也承载着国共合作、交流的重要历史信息。

鉴于以上情形,我们认为,在今后对国民政府军事委员会遗址群的保护与利用过程中,应该注重以下几点:

第一,收回遗址的使用权,加强管理。国民政府军事委员会礼堂旧址现保护管理机构为渝中区文物保护管理所,使用单位为重庆日报社。国民政府军事委员会外事局旧址现保护管理机构为重庆市渝中区文物保护管理所,使用者为当地居民。国民政府军事委员会参议院旧址现保护管理机构为重庆市綦江区文物保护管理所,使用者为当地居民。这三处文物遗址在管理和使用上比较混乱,这给保护带来了不少体制性障碍,更不方便作维修和陈列。政府应该协调相关单位,收回遗址的使用权,以利管理。

第二,抓紧开展抢救性修复工作。当前,军事委员会礼堂旧址、外事局旧址和参议院旧址均存在虫蛀、腐蚀和人为损毁的痕迹,保护情况不容乐观。文物保护单位应该及时争取资金,按照"修旧照旧"的原则作抢救性修复。

第三,结合城市改造,对军事委员会礼堂旧址、外事局旧址、参议院旧址作比较全面的规划,作好陈列展览。参议院旧址远离重庆主城区,可结合周边民居特点进行适当的规划与开发。礼堂旧址、外事局旧址均位于渝中区,且两者相距不远,都在解放碑和较场口附近,有关部门应该结合周边城市建设计划,作开发性规划。与此同时,文物保护单位还应积极开展陈列资料搜集和文本设计工作。

世界佛学苑汉藏教理院旧址

世界佛学苑汉藏教理院是活跃在抗战时期并以重庆为中心展开宗教文化传播的一所重要教育机构。世界佛学苑汉藏教理院旧址位于重庆市北碚区缙云寺,距北碚城数公里,西临嘉陵江。旧址坐西北偏西向东南,占地面积2000平方米。现存天子殿"双柏精舍"、大雄殿(正殿)、天王殿(山门殿)、闻慧殿、碑亭、世界佛学苑汉藏教理院碑、大雄殿前左右碑记、正殿后石碑和太虚台。(1)天子殿"双柏精舍"(因为门前有两株柏树而得名):坐南向北,为四合院布局,中有天井,悬山式屋顶砖木结构房屋。天子殿是其主要授课地点和编译馆,主体建筑占地为100平方米。正房为两层,面积603平方米。(2)大雄殿(正殿):为穿斗式木结构建筑、歇山式屋顶、小青瓦屋面,顶飞脊上有龙、人物等造像,面阔5间26米,进深11米,通高12米,抬梁式梁架,五架梁,通檐下施斗拱。为清康熙二十二年(1683年)破空大师所建,殿中有约2米佛造像为清代佛教艺术塑像。正殿左侧前

缙云寺全景

角有一"金"钟,为清道光二年(1822年)所铸,为铁钟,高1.6米,底部口径1.5米,腰部直径0.9米,钟上有合阳举人关式成撰文,对铸造原因、过程及铸钟捐献者等作了记载。(3)天王殿(山门殿):面阔3间21米,进深8米,通高9米,为穿斗式木结构,抬梁式梁架,歇山顶。殿中有佛像6尊,正中前为弥勒、后为韦陀,左右为四大天王,系2008年维修所塑,殿前有二石狮,高1.5米,是1981年从石华寺运来安放于此。(4)闻慧殿(后殿):面阔5间25米,进深16米,木结构、悬山顶、抬梁式梁架,是汉藏教理院的教学馆和图书馆,缙云寺藏经楼。(5)碑亭:位于正殿右侧,建于1938年,因亭内有《世界佛学苑汉藏教理院记》碑而得名。1989年被大风所毁,1990年按原样修复,现为钢筋混凝土结构,四角攒尖顶,高7米,长5米,宽5米;中为碑记,为青石材质;占地30平方米,通高5米,碑高为2.24米,宽0.92米,厚0.25米。碑文为太虚院长亲笔撰写,碑额由林森题书"华藏总持"。(6)正殿前左右碑记:左侧为"敕赐崇教寺碑记"、右侧为"重修崇教寺碑记"。两碑记造型一致。材质为黄沙石,碑上字迹严重风化,已无可考,碑高3.75米,宽1.3米,厚0.7米,在其前两柱上有浮雕龙纹,与碑上方龙纹相呼应,大气、庄重,下有云纹基座,上有石檐翘角。碑记外有亭式结构,高5.4米,宽2.4米,厚1.8米,为蓝色琉璃瓦圆殿顶。(7)正殿后石碑:该石碑上有"大清光绪十六年庚寅岁碑记"字,碑文基本清晰。(8)太虚台:位于狮子峰顶,1938年,全院师生为纪念太虚大师50寿辰而建。为方形石台,四方各有圆拱门,内嵌太虚台碑,台正面嵌有"太虚台"三字,台顶为平台,四周有石栏,游人可登台观景。

1930年,太虚大师提出设世界佛学苑的创议。当时的四川善后督办刘湘有派僧游学康藏之举,太虚大师称:"与其派往游学,不如就川省设学院,聘请汉、藏讲师,招汉、藏青年研习之。"随后,潘仲三、潘昌猷、何北衡、王旭东、王晓西等人联合向刘湘提出申办世界佛学苑汉藏教理院。最后,该院选址缙云寺并于1932年8月21日开学,当日与会的有筹备主任何北衡、巴县县长冯均逸等,学僧达数百人。世界佛学苑汉藏教理院以"研究汉藏佛理融洽中华民族发扬汉藏佛教增进世界文化"为宗旨,在弘扬佛法、沟通汉藏文教、促进民族团结上起到了积极作用。

汉藏教理院开学时，成立了图书馆，到1942年，共藏有汉、藏文大藏经及各种丛书、文库等2573册，大小乘论及论释单行本665本，三论、天台、唯识、贤者、净、律、禅、密等各宗论著及语录179册，其余语文类、史地类、艺术类、杂著类共325册，总计3984册。抗战期间，该院师生积极支持抗战，参加抗日爱国活动。1939年底，太虚法师组织佛教访问团赴缅、印、锡、泰诸国访问，访问团与东南亚各国宗教、文化界就佛教和文化等问题进行了交流，加强了国际反日阵线。抗战时期，很多知名人士如林森、张群、戴季陶、孙科、孔祥熙、于右任、冯玉祥、田汉、林语堂、老舍、郭沫若、马寅初、梁漱溟等也到院参观、演说。此外，世界佛学苑汉藏教理院还对学生进行救护、防护训练，组织的汉藏教理院防护训练队分为救护和防守两班。1940年夏天，曾设暑期僧侣训练班，组成僧侣救护队分赴各地进行救护工作。近20个春秋的汉藏教理院，共招生七届，是四川开办的第一所高等佛学教育学府。

世界佛学苑汉藏教理院除院董会和院内各机构外，还附设有北碚金剑山大雄中学、江北塔坪寺民众小学、院内工人夜校、院属医院、合作社等。1950年6月，由于经费问题无法解决，汉藏教理院请求西南军政委员会文教部接管，至此停办，师生员工由政府先后安置，校舍归还缙云寺，现为缙云寺佛教管理委员会管理。1989年，缙云寺被列入区文物保护单位。2000年，公布为第一批重庆市文物保护单位。缙云寺属于缙云山风景区，是著名的国家级自然风景保护区。2007年，缙云寺佛教管理委员会自筹资金对缙云寺进行维修，主体建筑保存较好。2013年，该遗址被国务院公布为全国重点文物保护单位。

世界佛学苑汉藏教理院旧址是重庆佛教文化遗产的重要内容，也是重庆抗战文化资源的重要组成部分，具有较高的历史文

缙云寺大雄宝殿

物价值。

第一,它是近代中国佛教发展和传播的一个载体。1932年至1950年,从世界佛学苑汉藏教理院在缙云寺创办到停办,经历约20个春秋,共招生七届,为中国佛学界培养了数百名专业人才,为研究汉藏佛教教理,沟通汉藏文化和联络汉藏人民的感情,消除汉藏隔阂,巩固祖国的边疆,促进汉藏文化交流,增进世界文化交流,作出了重大贡献。其间,世界佛学苑汉藏教理院翻译出版了汉、藏丛书,在藏传佛教的佛学研究、藏区历史、文化研究、藏语、汉藏文化交流研究,比较宗教研究等领域,起到了极大的推动作用;同时还开辟了佛教文物陈列室,兴办了小学、中学和工人夜校,修筑路,垦荒等,成绩显著。因此,无论从佛教文化研究,还是从佛理推广与实践上来看,世界佛学苑汉藏教理院都是近代中国佛教事业发展的一个缩影。

第二,它记载了抗战时期宗教界积极参与救亡运动的重要历史信息。抗日战争全面爆发后,在统一战线的旗帜下,全国各阶层、团体积极行动起来,投入到了民族救亡运动中。宗教界也不例外,抗战期间,太虚法师率领师生积极支持抗战,参加抗日爱国活动,与国内外文化宗教界交往合作,加强了国际反日阵线,并得到各国赠送的各种佛教法器珍品约1000余件,成为国际佛教界抗日统一战线的文物证明。由于汉藏教理院特殊的重要地位,当时中国的军政要人和文化名人来此演讲、参观,成为宗教界与社会人士抗战交流的文化重地。

第三,它所在的缙云寺有深厚的历史渊源,具有极高的文物价值。世界佛学苑汉藏教理院旧址

世界佛学苑汉藏教理院碑

位于重庆市北碚区缙云寺,建于南朝刘宋景平年间(423年),至今有1570多年的历史,曾受到历代帝王封赐,被称为龙象圣地。唐为相思寺,宋为崇胜寺,明天顺六年(1462年)敕赐崇教寺,万历三十年(1602年)神宗皇帝下令改为缙云寺,在寺前建立了石牌坊。寺内及周边有多处文物古迹,其中有世界佛学苑汉藏教理院碑、洛阳桥、衡亭、石照壁、石牌坊、林森碑亭等,是重庆市重要的近现代史迹,与古代历史建筑、遗址相融合的文物园林景观。这些具有极高价值的文物遗存,展现了深厚的人文气息与佛教传承。

鉴于以上情形,我们认为,在今后世界佛学苑汉藏教理院旧址的保护与利用中,应注重以下两点:

第一,结合景区规划做好旧址的设计与维修工作。世界佛学苑汉藏教理院旧址属于缙云寺的一部分,也是缙云山风景区的一部分。相关部门应该在规划与开发缙云山风景区的同时,按照"修旧如旧"的原则,对世界佛学苑汉藏教理院旧址进行必要的设计与维修。

第二,深入开展与遗址有关的研究,在研究中更好地保护遗址。目前,有关汉藏教理院的研究已经展开,包括其成立的背景、汉藏教理院与太虚大师的关系、汉藏教理院在促进文化交流中的作用等几个领域。事实上,汉藏教理院的历史信息十分丰富,建议下一步对其与地方权势派系的关系、其在抗战时期的主要活动作重点研究。这样,就能够更好地发掘遗址本身的价值,为进一步做好保护和利用工作奠定理论基础。

重庆抗战金融遗址群

重庆抗战金融遗址群是抗战时期集中在重庆主要金融机构的旧址留存，它们多分布在今新华路到打铜街一带，包括中央银行旧址、中国银行旧址、交通银行旧址、美丰银行旧址、川康平民商业银行旧址、聚兴诚银行旧址。重庆抗战金融遗址群由上述六处银行大楼留存组成，它们集中在重庆市渝中区新华路到道门口不到2公里的地带，这里东接朝天门，西望枇杷山，南、北临江，是重庆市最早形成的商业中心，也是今天重庆最为繁华的地带之一。

中央银行旧址位于重庆市渝中区打铜街道门口9号，钢筋砼结构5层大楼，建筑面积约2500平方米，地下两层作为金库。中央银行旧址为1938年所建，由基泰工程公司设计。中央银行为1924年孙中山亲自倡导，但最初资金短缺，局势不稳，只能作罢。直至1927年，国民政府才开始在上海设立中央银行办事处。1928年，国民政

中央银行旧址

府注资2000万元,中央银行正式运营。1934年,国民政府增加资本总额1亿元,并规定中央银行"享有经理国库、发行兑换券、铸发国币、经募国内外公债等特权"。1935年3月1日,中央银行在重庆设立分行。抗日战争全面爆发后,中央银行首迁南京,继迁武汉,最终于1938年8月迁至重庆。内迁至重庆的中央银行在国民政府的统筹下成为战时金融管制与运营的重要机构。1939年9月8日,国民政府颁布了《战时健全中央金融机构办法》,正式成立了由中央银行、中国银行、交通银行和中国农民银行构成的四联总处。四联总处是战时国家最高金融决策机构,其"目的之一在于弥补战前中央银行制度之缺憾,并通过其金融决策与权力运用,加强中央银行职能"。通过此次调整,中央银行在当时整个金融体系中的地位得到了明显加强。为了进一步确立中央银行战时金融管制的作用,国民政府在1942年将中央银行定为唯一货币发行银行,并让其统一外汇管理,集中转存银行准备金。毫无疑问,现存的中央银行旧址是当时中央银行在重庆运作与变迁的历史见证。1946年4月1日,中央银行迁回上海,重庆分行于当日复业。重庆解放时,该行由中国人民银行重庆分行接管。现为重庆市商委招待所使用。

中国银行旧址位于重庆市渝中区新华路41号,钢筋混凝土结构,高5层,占地面积约4930平方米,建筑面积约18000平方米。中国银行旧址建于1936年。中国银行是在孙中山的直接批复下于1912年2月5日由大清银行改组在上海成立的。1915年1月18日,中国银行重庆分行开业,由王丕煦任总经理。抗日战争全面爆发后,中国银行将总管理处由上海迁至南京。与此同时,迫于形势需要,中国银行又在香港设立总驻港处,董

中国银行旧址

事长宋子文、总经理宋汉章等要人也移驻香港办公,因此,总驻港处实际上成为当时中行的实际指挥中心。1940年7月,中国银行总部由香港内迁至重庆,并根据先前公布的金融法律,被置于四联总处的直接管理下。1944年2月5日,中国银行在重庆召开了第21届股东总会,通过了增加官股2000万元议案,使得官股占总资本比例达到67%。这次会议还对中国银行作了人事改组,最终加强了国家对中国银行的控制。1945年10月,中国银行迁回上海。解放后,中国银行由人民政府接管,西南大区时代,中国人民银行成立西南区行,行址设在原中国银行行址,1954年重庆改为省辖市,该行撤销。该大楼曾被改造为朝天宫酒楼,建筑外观保存完整,部分墙砖脱落,木质窗户破损,内部结构有所改动,现在底层有个别个体商户租用,其余闲置。

交通银行旧址位于重庆市渝中区打铜街14号,为仿巴洛克式砖木结构建筑。坐北朝南,面阔22.1米,进深24.5米,共5层高,局部6层,57间房屋,建筑面积2925平方米,建筑占地面积625平方米。交通银行旧址是四川商业银行行址,该建筑由加拿大建筑师倍克在1934年至1935年间设计,由汉口迁渝的洪发利营造厂在1935年底建成。交通银行成立于1907年,是我国最早的官商合办新式银行之一。交通银行总管理处设立于北京,1911年迁天津,1928年迁上海。交通银行重庆分行设于1915年12月,1922年时因为连续亏损被撤销。1938年,受日本侵略的影响,交通银行总处迁重庆,但重心仍在香港。太平洋战争爆发后,交通银行总处遂由港移渝。这一时期的交通银行以大后方为依托,在四联总处的管制下,在西南、西北各省广泛建立了分支机构。截至1942年,共有112处。1944年2月,抗战已进入最后关头,

交通银行旧址大门

交通银行着手复员。1945年8月,上海总办事处成立,办理接收汪伪交通银行总行及本埠五支行仓库及部署行屋等一切复员事宜。之后,位于重庆的交通银行原址由交通银行重庆分行使用。20世纪50年代中期,交通银行停业后,该大楼曾经用作市冶金工业局办公,现由建设银行重庆市分行打铜街支行作为办公营业使用。

四川美丰银行旧址位于重庆市渝中区新华路74号,该建筑为7层钢筋砼框架结构大楼,坐北朝南,建筑面积3352.5平方米,建筑占地面积407.5平方米,保护范围面积3120平方米。四川美丰银行旧址建成于1935年,是近代重庆较早出现的具有现代主义风格的建筑。四川美丰银行是近代四川及中国西部第一家与外国合资的民营商业银行,它成立于1922年4月,解散于1950年4月,历时整整28年。康心如是四川美丰银行的主要创建者之一,他在1921年时联合世交重庆盐商邓芝如和上海美丰银行总经理美国人雷文正筹划成立四川美丰银行,最初资本认定美股占52%,华股占

美丰银行旧址正立面

48%。"万县惨案"后,美资撤离四川,康心如在地方实力派刘湘的支持下,全面接掌四川美丰银行。这是四川美丰银行由中外合资转为国人商办的开始。1934年,康心如决定为四川美丰银行建造标志性建筑,作为办公大楼。抗战全面爆发后,四川美丰银行进入了一个稳定的繁荣时期。虽然时有撤销与变更,但到1941年统计时,四川美丰银行的分支行处仍有上海、汉口、万县、成都、雅安、昆明、贵阳等25家。四川美丰银行以信用立本,开展各种业务活动,并进行实业投资,对以重庆为中心的大后方经济发展作出了积极贡

献。据康心如回忆,截至1950年停业时为止,四川美丰银行投资兴办的实业共五大类66个企业。抗战期间,四川美丰银行办公大楼曾为内迁重庆的中央银行、中国农民银行的办公地点。美丰大楼施工质量过硬,抗日战争初期经受了日机空袭的考验,1949年朝天门地区发生的"九二"特大火灾,被该楼有效阻挡,遏止了火势蔓延。1950年4月美丰银行宣告停业,1954年后,美丰银行大楼作为中国人民银行重庆市分行办公和营业用直至今天。2003年,重庆市渝中区人民政府将其公布为渝中区文物保护单位。2009年12月,重庆市人民政府将其公布为市级文物保护单位。

川康平民商业银行旧址位于重庆市渝中区打铜街16号,坐北朝南,为仿巴洛克式砖木结构建筑,共4层,进深26.7米,面阔16.57米,占地面积525.43平方米,建筑面积2101.72平方米。川康平民商业银行旧址建于1934年,是重庆近代西式建筑的代表之一。川康平民商业银行成立于1937年,由川康殖业银行、重庆平民银行、四川商业银行三行合并而成,刘航琛任董事长。川康银行在地方金融中占据重要位置,其业务"尤注重汇兑之经营,以沟通各地金融"。抗战时期,川康银行设立的分支机构有成都、昆明、上海、西安等30余处。此外,川康银行还注重发展实业,当时由川康银行注资的金融机构有12家,企业则多达40家,另外还有数家报社和旅行社。1947年该行总管理处由重庆迁往上海,1949年11月,因对外负债过重,宣布停业。1949年12月,该行被重庆市军管会接管,进行清理。该建筑现为重庆市邮政局打铜街支局使用,主体保存完整,破坏较轻,内部因使用需要数次装修,但改变不大。2009年该建筑被重庆市人民政府公布为近现代优秀建筑。

聚兴诚银行旧址位于重庆市渝中区望龙门街道解放东路112号,该建筑

川康平民商业银行旧址

坐西向东，偏北30度，共为六层，地上为中西结合四层砖木结构办公大楼，地下两层为库房及金库。建筑面积5069平方米，建筑占地面积1264平方米，基础为石材质，石砌台阶及阶梯，地面为瓜米石，拱形木质大门、拱形窗等，做工细美，造形大方，整体建筑气势磅礴。聚兴诚银行旧址建成于1917年，由杨希仲委托日本留学归来的工程师余子杰仿照日本三井银行样式设计。聚兴诚银行由光绪年间重庆商人杨文光所组建的聚兴仁商铺演变而来，并于1914年由其子杨希仲开始筹设，1915年获得批复。因此，聚兴诚银行是近代四川最早成立的一家民营商业银行。聚兴诚银行的业务大致可以分为汇兑、存款、放款、信托、外汇、外贸、投资、公债、金银、外资等。抗战前，聚兴诚银行收益最大的业务在汇兑和存款上，之后，投资与金银开始突出。1939年，聚兴诚银行开始改组实行总行制和董事会制，并不断进行资本扩充，它很快成为最具经济实力和社会影响的川帮银行之一。抗战时期，国民政府外交部借用聚兴诚银行大楼一部分设办公之所，故也有人认为此处为国民政府外交部的另一处旧址。1984年9月，该楼改为重庆市农贸中心。2003年，重庆市渝中区人民政府将聚兴诚银行旧址公布为区级文物保护单位。

聚兴诚银行旧址

重庆抗战金融遗址群是重庆抗战文化资源的重要组成部分，具有较高的历史文物价值和艺术研究价值。

第一，它承载着丰富的历史信息，是重庆近代金融业发展的见证，也是重庆抗战时期作为全国金融中心的见证。重庆抗战金融遗址群所包含的六处银行旧址代表着重庆银行发展的不同方面，共同构成了近代重庆金融业的主体。四川美丰银行、川康平民商业银行、聚兴诚银行是重庆地方金融业发展的典型，它们从清末光绪年间到新中国成立前，经历了不同的政治、经济环

川康平民商业银行旧址建筑上石柱

境；中央银行、中国银行和交通银行则由于抗战从外地西迁而至，同时也是国民政府直接控制的金融机构，代表了官僚资本。与此同时，在四联总处的指导、监督下，抗战期间重庆金融得到迅猛发展。无论是重庆本土银行，还是外迁而至的银行，在抗战时期都进行了各自的改组，其命运与国家局势紧紧相连，在一定程度上支持了战时经济和国防事业的发展。

第二，它是近代重庆优秀建筑的代表，具有较高的艺术研究价值。重庆抗战金融遗址群都建于民国时期，多体现了明显的近代要素。如交通银行大楼由加拿大建筑师倍克设计，它外立面由四根艾奥尼克柱组成，内外装饰华丽，具有巴洛克风格的新古典主义建筑形式。另外，川康平民商业银行大楼带有西方古典建筑风格。四川美丰银行大楼则为著名建筑学家杨廷宝先生在重庆承办设计的第一个工程。杨廷宝是我国著名的建筑学家和建筑教育学家，是中国近现代建筑设计开拓者之一，为我国建筑设计事业作出了杰出贡献。受西方现代建筑运动的影响，四川美丰银行大楼由外至内，从外部造型到功能布局，现代主义建筑的各个构成要素随处可见。聚兴诚银行大楼的建筑平面是现代建筑的平面布局方式，立面上则汇聚了中国传统民居和西方古典建筑的共同特征，这种带民族形式的实用主义建筑风格，鲜明地反映出这一时代建筑的主要风格。这座已有近90年历史的近代建筑与周围建筑风格迥异、别具一格。总体而言，重庆抗战金融遗址群在重庆近代建筑史上占有重要地位，体现了较高的艺术价值。

综上所述，我们认为，在今后重庆抗战金融遗址群的保护与利用过程中，应该注重以下几点：

第一，加紧对旧址的维修和周边环境的整治。中央银行等六处旧址均为民国时期留下来的建筑,存在一些风化和人为损坏,应该按照原貌进行修复处理;另外,重庆抗战金融遗址群位于重庆市最为繁华的闹市区,也是重庆的老城区,那里建筑密集、人流量大,需要改造的地方多。可喜的是,目前重庆市渝中区政府正在规划将中央银行旧址、中国银行旧址、交通银行旧址、川康平民商业银行旧址、美丰银行旧址、大川银行旧址、威华银行旧址等,打造陪都金融历史一条街。不过,工程进展比较缓慢,建议城市规划、建设、环保、文化等部门联合进行,提高效率,加速金融街的改造,重现昔日的辉煌盛景。

第二,完善旧址的保护范围和建设控制带划定,未竖立保护标识的应竖立。目前,六处抗战金融旧址中还有中央银行、中国银行、四川美丰银行、川康平民商业银行等四处有待明确保护范围和建设控制带,还有中央银行、中国银行旧址文物保护标识牌待立。

第三,加强相关文物、文献资料搜集和学术研究。当前,除四川美丰银行建立了自己的资料陈列室外,其他银行旧址并无陈列室,仅存一遗址躯壳。有关部门应该组织力量加强文物和文献资料搜集,在对旧址进行维修和周边改造的基础上,增添陈列室;不能设置陈列室的,也应该在建筑物内附设图案和文字说明。另外,学术界有关重庆抗战金融遗址群的研究分两种:一是从史学视角展开的历史文物研究,二是从建筑学视角展开的近代建筑艺术研究。无论哪一种研究目前都还很薄弱,缺乏比较经典的作品问世。有关学者可以通过发掘新资料、运用新理论,深入研究抗战时期重庆金融业的发展和近代重庆金融建筑的特点。

国民政府行政院旧址

国民政府行政院旧址是抗战时期迁渝的国民政府最高行政机关的遗存。国民政府行政院旧址位于重庆市渝中区中山四路36号重庆市委机关大院内,它紧临嘉陵江,周边有鹅岭外交机构遗址群、两路口宋庆龄旧居以及曾家岩周公馆、怡园等。旧址现为中共重庆市委八号楼,该楼建筑面积1621平方米,坐北朝南,仿巴洛克式,砖木结构,二楼一底,面阔23.3米,进深24.7米,楼高19.4米,共有房屋19间。

国民政府行政院成立于1928年10月,按孙中山所设计的五院制组成,下辖分掌各相关行政事务的部、委、署。1932年颁布的《国民政府行政院组织法》规定,行政院下辖10部,分别是内政部、外交部、军政部、海军部、财政部、实业部、教育部、交通部、铁道部、司法行政部。此后,行政院下属各部根据需要略有调整,但基本格局未变。

1937年7月7日,抗日战争全面爆发后,国民政府着手全方位的内迁计划。当年11月19日,国民政府在南京召开了国防最高会议,蒋介石作《国民政府迁渝与抗战前途》讲演。"希望

抗战时期迁渝的国民政府行政院

政府和党部同人迁渝以后,秉承主席教导,对于一切职务,不但要照常努力,而且要积极整顿,格外振作,在艰苦之中,力求革新和精进。"第二天,由时任国民政府主席林森、行政院院长蒋介石、立法院院长孙科、司法院院长居正、考试院院长戴季陶、监察院院长于右任联合签署的《国民政府移驻重庆办公宣言令》发布,标志着国民政府全面西迁重庆的正式开始。

今重庆市委八号楼——原国民政府行政院

迁渝的国民政府行政院主体坐落在上清寺党政机关集中的片区,各部、委、署则分散在其他地方。国民政府行政院主体办公建筑为19世纪末由德国人修建,初为法国天主教教堂,后作为教会学校——明诚中学的办公室兼医务室。1938年1月,蒋介石辞去行政院院长职务,孔祥熙继任。后来,蒋介石再次履职行政院院长,抗战胜利前夕转由宋子文代替,直至1946年国民政府还都南京。抗战时期,西迁重庆的国民政府行政院为战时国家财政、实业、外交、教育、交通等事业发展之中枢指挥机关。为了协调好行政院内部以及行政院与其他机构之间的关系,当时的国民政府行政院进行了多次机构改革,在很大程度上彰显了战时行政体系的特点和现代行政机制的取向。

1946年5月5日,国民政府离渝返回南京,行政院也随之迁返南京。解放后,该楼作为中共中央西南局办公大楼,1954年大区撤销后,交由中共重庆市委使用,至今完好。2000年9月,行政院旧址被重庆市人民政府公布为重庆市文物保护单位。2013年,该旧址被国务院公布为全国重点文物保护单位。

国民政府行政院旧址是重庆抗战文化资源的重要组成部分,具有较高的历史文物价值与现实应用价值。

第一,它是国民政府迁渝后主持战时行政事务的历史载体。1937年11月,国民政府发布迁驻重庆通告,行政院也由此在重庆办公。抗战期间,行政院作为国民政府五院制的重要机构,为统筹国家政治、经济、文化、外交事业的建设开展了诸多工作,为支持抗战的持续进行作出了一定贡献。与此同时,迁渝后的国民政府行政院在实践现代行政体系改革上作出了不少探索,例如蒋介石就曾对当时推行的分层负责制度作了评价,说那样"对于事务的处理,不必再重重叠叠去批核,必定比现在快当有效得多了"。事实上,迁渝后的国民政府行政院不仅拟定、颁布和执行了各种战时行政决策,也不时改革与调整着自身机构,这些历史都值得作进一步探讨。

第二,保护和利用好国民政府行政院旧址是对历史的尊重,有助于我们今天更好地开展两岸交流。国民政府行政院是按照孙中山设定的五院制建立起来的国家最高行政机关,尽管因为种种原因,直至抗战时期,行政院还未能实现民主和法制化,但它仍然是三民主义影响下国家政治体系发展的一部分,有其历史进步性。保护和利用好国民政府行政院旧址就是尊重这一历史发展过程,并能够将其作为新时期两岸交流的一个文化平台,有助于两岸进一步互相了解。

第三,它同国民政府其他中央机构一样,是重庆作为战时首都的重要物证。"九一八"事变后,国民政府即着手迁都事宜,洛阳、西安等城市都曾列入这一计划。抗日战争全面爆发后,国民政府全面迁都重庆,并在1940年正式确立重庆为陪都。国民政府行政院旧址同其他一些重要的中央机构留存一样,是当时重庆作为战时首都的物证,也是重庆城市地位显著提高的见证。

鉴于以上情形,我们认为,在今后国民政府行政院旧址的保护与利用过程中,应注重以下两点:

第一,结合上清寺抗战遗址片区规划,加强维护与管理。上清寺片区是重庆抗战文化遗址比较集中的地区,它们主要与南方局、重庆谈判、国民政府等相关。当前,重庆市政府正在对这一片区进行集中规划,可以以此为契机加强对行政院旧址的日常维护与管理,进而有助于打造渝中区上清寺片区抗战文化走廊。

第二,进一步开展相关文物、文献资料的搜集工作,深入进行以抗战时期国民政府行政院为主题的研究。国民政府行政院在新中国成立后一直为党和国家的重要机关所在地,虽然其外部结构并未改变,但内部陈设已经发生变化,与之相关的文物也多有移动与更换,加之文献资料多存放于档案馆,该旧址实际上仅以建筑实体保存,今后可以考虑辟设陈列室,附相关图文、照片说明。另外,当前以抗战时期国民政府行政院为主题的研究还很薄弱,尤其是对其行政改革以及在现代化政治制度上努力的研究还相当欠缺,这需要有关学者就此作持续的探索与拓展。

重庆冯玉祥旧居

　　重庆冯玉祥旧居是抗战时期冯玉祥及其家人在重庆沙坪坝区陈家桥镇的一处住所。重庆冯玉祥旧居位于重庆市沙坪坝区陈家桥镇白鹤村七社，西临大学城，东望歌乐山。它由上下两院组成，总占地面积2937.5平方米，建筑面积1670.5平方米。上院为冯玉祥将军后勤士兵居住地。坐南向北，三合院布局，现存正厅和左厢房，砖木结构穿斗式梁架，单檐悬山式屋顶，小青瓦屋面。正厅面阔3间14.5米，进深2间6.58米，通高5.5米。左厢房面阔3间13米，进深1间4.2米。占地面积575平方米，建筑面积233平方米。下院为冯玉祥及家人、副官、警卫居住地。坐东向西，是由院前一坝、二水井、院内三个天井

冯玉祥旧居大门

组成的三套四合院建筑群,砖木结构穿斗式梁架,单檐悬山式屋顶,小青瓦屋面,有大小房间共36间。面阔12间38.8米,进深1间6.3米,通高4.8米,前后正房、厢房均成对称比例。厢房面阔3间13.2米,进深1间4.95米。正大门内天井长12.35米,宽11.45米。左右两天井相似,长13.5米,宽2.4米。占地面积2362.5平方米,建筑面积1437.5平方米。现按照原貌复原,共分16展室,分别为中堂、冯玉祥书房、冯玉祥卧室、冯玉祥女儿冯理达卧室、冯玉祥儿子冯洪志卧室、副官室2间、原随员室、原房主张海南房间、原佃户室6间、马房。除主要建筑外,旧居中还陈列了不少搜集来的文物,另在其院落中存有原遗留下的水池、石缸、花坛等附属物。

1938年,著名军事家、爱国将领冯玉祥将军随国民政府迁来重庆,居住于歌乐山金刚坡。1939年,冯玉祥以比市价高出一倍的钱,买了当时巴县虎溪乡白鹤村张海南小屋基土地面积四十石(石,在方言中亦指土地面积单位,有一亩为一石、十亩为一石两种说法),并在当地救济百姓。1945年抗日战争胜利之前,冯玉祥及其家人都在此居住和生活。

解放后至20世纪90年代,冯玉祥旧居为炮兵学校驻地。部队移防后,作为重庆虎溪电机厂卫生所和职工宿舍使用。职工迁出后,周边村民居住于此,被村民用作喂猪、养鸡鸭之地。在此期间,旧居布局和建筑构件受到一定程度的破坏。2000年,重庆市人民政府(渝府发〔2000〕83号)公布为直辖后第一批市级重

冯玉祥旧居侧面

冯玉祥旧居内景

点文物保护单位。2001年,冯玉祥将军的儿子冯洪志先生来渝瞻仰旧居,致信当时重庆市市长包叙定,表达了修复旧居并建成爱国主义教育展览馆的愿望。按照包叙定、王鸿举、刘志忠、程贻举等多位市领导先后作出的批示,2002年底,沙坪坝区文广新局收回了冯玉祥旧居产权。

2003年,沙坪坝区文广局委托重庆大学建筑设计研究院制作《冯玉祥旧居保护规划》,并于2003年4月25日通过了市级专家评审。2003年5月第8次常务会(沙府办发〔2003〕101号)将重庆冯玉祥旧居纳入重庆西部大学园区总体规划。2003年5月,沙坪坝区计划委员会立项(沙计委社〔2003〕15号)同意修复冯玉祥旧居和建设冯玉祥爱国主义教育基地。2003年5月29日,冯玉祥旧居修复工程正式开工。沙坪坝区文广局对旧居周边进行了综合治理,整修旧居外道路,加大对旧居的自然环境、历史环境和人文环境综合性保护力度,并竖立保护标志、划定保护范围、设立建控地带。2003年8月31日,冯玉祥旧居(下院)修复工程主体竣工。同年12月6日,旧居正式对外免费陈列开放。2006年,冯玉祥旧居正式归入重庆红岩联线文化发展管理中心管理。

冯玉祥旧居是重庆抗战文化遗址的重要组成部分,具有较高的历史文物和现实利用价值。

第一,它蕴藏着冯玉祥先生在重庆积极组织抗日的历史,是爱国主义教育的载体。冯玉祥是近代著名的军事家、爱国将领,抗战时期他的主要居住和活动场所都在此。他首创"抗日献金运动",亲自在重庆及周边各地募捐,所得捐款折合黄金二万三千余两,全部用于支持抗日前线。他广泛结交民主人士、积极巩固抗日民族统一战线。将军为抗日战争的胜利,为世界反法西斯战争的胜利作出了应有的贡献,具有深远的影响。毫无疑问,该

冯玉祥旧居内精美石缸

遗址及其中所藏的各种文献资料见证了冯玉祥团结抗战、反对独裁分裂的历史,这在今天都有极大的教育与警示意义。

第二,它具有较高的建筑艺术价值,体现了浓厚的地方民俗色彩。冯玉祥旧居属于典型晚清民居院落

冯玉祥旧居建筑样式

古建筑,距今实际有100余年历史。旧居的建筑布局、建筑形式等体现出了巴渝民居的典型格局,封闭式的院落,合院式布局,讲究对称。旧居布局合理、室内建筑雕刻精美、环境整洁美观,具有较高的审美价值。旧居建筑群构筑位置突出,周围植被环抱,自然环境优美,同时地处重庆大学城附近,是文人聚集地,具有突出的景观价值。旧居建筑典雅精致,构件雕刻精美,众多石碑木刻等附属文物,具有较高的审美价值,体现了当地民间石雕和木刻工艺水平。

鉴于以上情形,我们认为,在今后冯玉祥旧居的保护与利用中,应注重以下几点:

第一,积极开展申报国家重点文物保护单位工作。冯玉祥旧居在重庆抗战文化遗址中占有比较重要的地位,且前期保护工作也取得了良好效果,应以此为基础,进一步提升保护级别。

第二,完善旧居规划与陈设。2003年,重庆大学建筑设计研究院受文物保护单位委托编制了《重庆冯玉

冯玉祥旧居陈列布展

祥旧居的规划》。然而,这一规划距今已有八年,周边环境改变很大,各种教育文化机构开始出现,应结合周边新的情况再次规划,特别还应安装指示牌、配套游览设施、设立接待中心。在陈设上,进一步搜集相关文物与资料,添加展示较完整的冯玉祥先生事迹的影视,丰富展览内容。

第三,加大对"冯玉祥与抗战时期的重庆"这一题材的研究。目前学界对抗战时期冯玉祥的研究还不够,特别是对他深居当时还比较偏远的沙坪坝陈家桥镇,又心系祖国、积极组织抗战、维护抗日民族统一战线等一系列举动的研究还不深入。今后,应该联合市内外社科界的学者,广泛开展这方面的研究。

山洞抗战遗址群

山洞抗战遗址群亦称山洞名人旧居,是指抗战时期国民政府主要官员林森、何应钦等在沙坪坝区歌乐山老鹰岩处的公馆及公馆中所附属的文物。山洞抗战遗址群位于重庆市沙坪坝区山洞街道,它包括林森公馆、何应钦公馆、张群公馆、潘文华公馆、杨森公馆、陈诚、顾祝同、罗广文公馆、范绍增公馆、贺耀组公馆、周季悔公馆、周均时公馆、何九渊公馆和吉星文公馆等。

山洞抗战遗址群的产生和发展,是与中国抗日战争历史进程紧密相连的。1937年抗战全面爆发之后,国民政府于当年11月20日发布《国民政府移驻重庆宣言》,重庆正式成为战时首都。国民政府机构、工商业以及学校大量迁至重庆,政府高官及社会名流云集。1938年2月起,日军开始对重庆进行集中的战略轰炸,山洞地区即是当时为躲避空袭的主要迁建区之一。林森、何应钦、张群等国民党要人纷纷在此建造公馆,这里一度成为冠盖云集之地。抗战结束后,虽然国民政府还都南京,但这里仍作为政府高官的别墅区。《陪都十年建设计划》中,山洞地区亦被定为高等住宅区。直至1949年国民党溃逃台湾后,山洞地区才逐渐萧条。

林森公馆位于沙坪坝区山洞西山新村15、16号,房屋坐北朝南,砖木结构,悬山式屋

林森公馆

顶,中西式平房,呈"工"字形,穿斗式木屋架,青灰瓦,左右厢房直抵悬崖外,房屋面阔18.75米,进深16.59米,建筑面积为224.85平方米。林森公馆建于20世纪30年代,抗战时期为林森的一处住所。2006年5月沙坪坝区人民政府公布其为区级文物保护单位,2009年12月被列入市级文物保护单位,现为民居。

何应钦公馆位于沙坪坝区山洞游龙山20号,坐北向南,土木结构,平房,穿斗梁柱结构,建筑面积476平方米,硬山式屋顶、木桷子、褐灰陶瓦、内挑落柱四合院,前后8柱,左右6柱,瓜形柱础,粉灰木板壁,粉灰望板,格眼玻璃窗,方格式薄板门,原为木地板,现为水泥地板。内天井长8.1米,宽6.6米。素面台基0.35米,阶梯踏道3级。抗战时期何应钦曾寓居于此,抗战结束后该处为国民党陆军大学教育长徐培根公馆,此后所属权归中国人民解放军某部队所有,改为部队医院。2006年5月沙坪坝区人民政府将其定为区级文物保护单位,2009年12月被列入市级文物保护单位,现闲置。

何应钦公馆

张群公馆位于沙坪坝区山洞平正村34号。该建筑坐北向南,土木结构,平房,中间有一通道,一正一厢房。悬山式屋顶,木结构屋架,木桷子,青灰瓦,木板粉灰望板,粉刷土墙,格眼玻璃窗,木板门,木板楼。建筑面积310平方米,素面台基0.35米,面阔4间20米,进深2间13.5米。该房本是张群之弟

张群公馆

张骧(原重庆电报局局长)公馆,因张群常寓居于此,人们称为张群公馆。曾为部队所有,后为学校用房,现权属新桥房管所。2006年5月沙坪坝区人民政府将其定为区级文物保护单位,2009年12月被列入市级文物保护单位,现为民居。

潘文华公馆位于沙坪坝区山洞平正村75号。此栋房屋是其胞弟潘昌猷1929年建好后赠与他居住。该建筑坐北向南,平房,土木结构,悬山式屋顶,穿斗屋架。建筑面积425平方米,正房面阔10间43.3米,进深2间8.4米;厢房面阔3间12.94米,进深2间9.8米。解放后该公馆被作为乡公所使用,后为民宅,自1953年起作为沙区第五人民医院所在地,现正房权属新桥房管所,厢房权属沙坪坝区第五人民医院。2006年5月沙坪坝区人民政府将其定为区级文物保护单位,2009年12月被列入市级文物保护单位。

潘文华公馆

杨森公馆位于沙坪坝区山洞平正村53号。公馆坐北向南,一楼一底,悬山式屋顶,砖木结构,穿斗屋架,木桷子,青灰瓦。条形粉灰望板,格眼玻璃窗,格式板门,圆形花格扶梯,原为木地板,现为水泥地板。建筑面积630平方米,面阔5间19米,进深3间13.82米。左侧有几十米深的防空洞。该处又称谷芳山庄,原为刘湘别墅,抗战时期为杨森夫人刘谷芳居所。解放后公馆收归国有,后属新

杨森公馆

桥房管所管辖,1995年出售给私人,除整栋房屋的主框架未改变外,已装修成现代客房及娱乐场所。2006年沙坪坝区人民政府将其定为区级文物保护单位,2009年12月被列入市级文物保护单位。

陈诚、顾祝同、罗广文公馆位于沙坪坝区山洞平正村103号。该公馆坐北向南,土木结构,平房,三栋相搭成一个错形整体。硬山式屋顶,穿斗木结构屋架,木椽子,青灰瓦,条形木块,粉灰望板,格眼玻璃窗,原为木地板,现为水泥地面和泥地面。建筑面积353平方米,面阔5间22.95米,进深2间7.4米。左厢房面阔3间14.1米,进深2间6.1米。抗战时期,此建筑曾是陈诚、顾祝同、罗广文共同居住处。该公馆现权属中国人民解放军重庆通信学院。2006年5月沙坪坝区人民政府将其定为区级文物保护单位,2009年12月被列入市级文物保护单位。

陈诚、顾祝同、罗广文公馆

范绍增公馆

范绍增公馆位于沙坪坝区山洞平正村31、32号,该公馆坐东向西,砖木结构,一楼一底,悬山式屋顶,青灰瓦,格眼玻璃窗,薄木板门,木地板、楼板。建筑面积为318平方米,面阔3间15米,进深3间10.6米。范绍增曾任国民党第二十军七师师长,第八十八军军长,第十集团军副总司令。范绍增在抗战时期曾居住于此。解放后该公馆曾为部队、学校用房,现为新桥房管所代管。2006年5月沙坪坝区人民政府将其定为区级文物保护单位，2009年12月被列入市级文物保护单位。

贺耀组公馆位于沙坪坝区山洞西山新村1—3号。该建筑坐南向北，砖木结构，一楼一底。硬山式屋顶，穿斗屋架，木椽子，青灰瓦，木粉灰望板，格眼玻璃窗，格式木板门，左右为0.6米高的硬山风火墙。中西合璧式挑檐廊道，木栏杆扶栏，前檐廊过道3柱。原为木楼板、木地板，现为水泥地面，其中西山新村1号改为水泥楼板。建筑面积481.8平方米，面阔5间18.3米，进深2间11.35米。贺耀组曾历任国民党政府参军长、徐州行营主任、国民政府参谋次长、国民党军事委员会办公厅上将主任、重庆市市长等职。该公馆现权属新桥房管所，为居民居住。2006年5月沙坪坝区人民政府公布其为区级文物保护单位，2009年12月被列入市级文物保护单位。

贺耀组公馆

周季悔公馆位于沙坪坝区山洞平正村13、14号。该公馆坐北向南，平房，土木结构，悬山式屋顶，木椽子，木地板，挑檐落柱，前落柱5根，后落柱1根，建筑面积220平方米，面阔3间，进深2间，中间有一通道，房屋基本框架保持完好，但墙体部分脱落，房屋瓦片部分有损坏。周季悔为晚清官吏周善培的侄儿，曾任刘湘的秘书、中和银行副经理、川康平民商业银行协理，是抗战时期重庆著名的实业家。该公馆解放后曾为部队所有，后为学校使用，现由房管所代管，为居民居住。2006年5月沙坪坝区人民政府公布其为区级文物保护单位，2009年

周季悔公馆

周均时、梁颖文公馆

12月被列入市级文物保护单位。

周均时、梁颖文公馆位于沙坪坝区山洞西山新村22—25号。该公馆坐西向东,砖木结构,平房。悬山式屋顶,穿斗木结构屋架,木桷子,青灰瓦,木粉灰望板,左右壁炉2个。木结构百叶窗,格眼玻璃窗,另加铜筋条防护。建筑面积231平方米,面阔5间18.45米,进深2间8.13米。室内有防空洞口,可直通山下,该洞口在左端第二间内。周均时,先后任同济大学第十二任校长、重庆大学教授兼工学院院长等职。重庆解放前夕,周均时英勇殉难于重庆歌乐山麓集中营。梁颖文,国民政府军委会秘书长,曾任重庆大学校长。该公馆解放后收归国有。2006年5月沙坪坝区人民政府公布其为区级文物保护单位,2009年12月被列入市级文物保护单位。

何九渊公馆位于沙坪坝区山洞平正村25号。公馆坐西向东,土木结构,一楼一底,悬山式屋顶,穿斗木结构屋架,木桷子,青灰瓦,木粉灰望板,木楼板,木地板。建筑面积250平方米。该公馆旁有一防空洞和一栋后勤人员的办公、住宅楼。后勤人员的办公、住宅楼垮后遮住了防空洞。何九渊(国民政府全国粮食管理局副局长何北衡胞兄),重庆川盐银行代董事长,1939年12月30日在川盐银行大楼前遇刺身亡,死后葬于山洞公馆旁。新桥房管所已将公馆卖给个人,公馆维修后房屋框架结构未

何九渊公馆

变,原土木房改成了砖木结构,房屋内局部有改变。2006年5月沙坪坝区人民政府公布其为区级文物保护单位,2009年12月被列入市级文物保护单位。

吉星文公馆位于山洞西山新村8—10号,坐西南向东北,土木结构,一楼一底。悬山式屋顶,穿斗木结构屋架,木椽子,青灰瓦,木粉灰望板,格眼玻璃窗,原为木地板、木楼板。1984年房管所维修后,改为砖木结构,水泥地面,但原木板的通风、防潮孔依然存在,其主要结构没有大的变化。建筑面积214.4平方米,面阔4间12.6米,进深2间9.32米。吉星文,卢沟桥事变打响抗战第一枪者,后历任国民党军队师长、军长,其位于山洞的旧居是其在陆军大学学习时的居所。该公馆现权属新桥房管所。2006年5月沙坪坝区人民政府公布其为区级文物保护单位,2009年12月被列入市级文物保护单位。

吉星文公馆

山洞名人旧居遗址群是重庆抗战遗址遗迹的重要组成部分,具有较高的历史文物和现实利用价值。

第一,它是抗战时期国民党退守重庆后工作状况的又一处物证。重庆山洞街道,仅一小部分为稍平坦之地,条件较为简陋,但该处的遗址群记录了抗战时期一批历史名人集聚于此的史实,是当时社会高层人士,尤其是国民党党政军要员战时工作和生活状态的物证,也是中国人民坚持抗战、共赴国难的历史见证。

第二,它反映了重庆民居建筑的近代演变。位于山洞街道的名人抗战遗址,多建于20世纪30年代,少量为之前地方实力派所修别墅,它们多为土木结构或砖木结构的仿西式小洋楼或传统风格的四合院。这些建筑将中西方流行元素相互结合,体现了当时一种中西文化交汇的建筑形式。该遗址群是研究重庆民国时期建筑的一批极好的标本。

第三，它是促进两岸交流与推动台海两岸发展的重要平台。山洞名人旧居遗址群曾经是国民党要员居住和工作的地方，他们在这里商谈党务与国是，酝酿和制定了不少抗战时期国民政府的大政方针。山洞名人旧居遗址群、黄山抗战遗址群和上清寺片区国民政府旧址都是抗战时期国民党中枢机构和要员办公、居住所在地。因此，保护和利用好该遗址群，有助于进一步推动两岸和平发展。

鉴于以上情形，我们认为，在今后山洞抗战遗址群的保护与利用过程中，亟须解决以下几个问题：

第一，厘清管理机制，划清管理责任。由于历史与现实的原因，山洞名人旧居遗址群中有不少公馆产权归属仍存在问题。例如林森公馆和陈诚、顾祝同、罗广文公馆均由中国人民解放军重庆通信学院使用并管理，隶属于总参通信部。何应钦公馆由某部队使用并管理。张群公馆、杨森公馆、范绍增公馆、贺耀组公馆、何九渊公馆、周季悔公馆、周均时公馆与吉星文公馆均由沙坪坝区文物保护管理所管理。潘文华公馆正房由沙坪坝区文物保护管理所管理，隶属于沙坪坝区文广新局；厢房由沙坪坝区第五人民医院管理。可以看出，在产权归属与管理机制上，山洞抗战遗址群就比较杂乱，这无疑给保护和利用带来了诸多不便。无论是在使用上还是在管理上，文物保护单位无法直接介入。因此，有关部门应该重视该遗址的文物价值，明确权利归属与保护责任。

第二，加大对遗址群的维修。山洞地区的名人旧居在解放后多用作民房，由居民居住，且多数房屋为土木结构，日常生活的各种活动对文物本体伤害颇大，周边杂草丛生。加之重庆地区天气潮湿，夏季时常有暴雨，许多建筑外表已经被雨水冲刷得十分残破，有不少遗址已经无法达到市级文物保护的基本要求。对这些遗址，应尽快收回产权，加紧修缮。

第三，立碑保护。目前山洞名人旧居遗址群均只立有区级文物保护单位的石碑，而它们在2009年底已被列入重庆市文物保护单位。因此，设立市级保护单位的石碑是必要的。在立碑的同时，也应该对其进行相应的介绍与说明。

国民政府军事委员会政治部第三厅暨文化工作委员会旧址

　　国民政府军事委员会政治部第三厅暨文化工作委员会旧址是抗战时期国民政府所属机构在重庆的一处办公地点,也是当时郭沫若的居所和工作场所。国民政府军事委员会政治部第三厅暨文化工作委员会天官府旧址位于渝中区七星岗,南靠南纪门,北接通远门,东望较场口。另有西永镇赖家桥旧址位于沙坪坝区歌乐山西侧,与陈家桥镇相邻。

　　天官府旧址是一幢二楼一底的砖木结构建筑。该处坐北朝南,通高约16米,阔14.2米,进深11.3米,占地面积约220平方米,建筑面积595.23平方米,保护范围面积1320平方米。楼前有一块空地,外有砖石结构朝门,旧貌犹存。该址与周围林立的高楼形成鲜明的对比,现为众多租赁户组成的大杂院。楼梯的过道上层层叠叠修建了许多后来附加的厨房、厕所、储物间等,二楼和三楼的楼梯和地板已有不同程度的朽烂。

　　西永镇赖家桥旧址坐南向北,包括前院、后院和郭沫若旧居。后院为一单体建筑,与前院建筑平行,间距约8米,平

天官府旧址门口

面呈"凸"字形。中间为一楼一底,两侧各三间为平房,建筑面积450平方米。曾作为研究所,现为管理人员办公及住宿用房。郭沫若旧居为三开间单体建筑,结构形式均为木结构穿斗式梁架,小青瓦屋面,斜山式屋顶。总占地面积10190平方米,建筑面积1566平方米。前院由门厅、正厅和厢房合围,构成四合院,三厢房对称,形成两天井,门厅外两侧分别为左、右侧厅,与厢房连接,平面大致呈"凹"字形。木结构穿斗式梁架,小青瓦屋面,斜山式屋顶。正厅面阔9间26.4米,进深1间3.6米,三厢房面阔3间11.4米,进深1间3.6米,通高均为4.8米。门厅开两大门,石质门框,左门两侧分别有工作室、勤务室;正厅从左至右分别为郭沫若子女卧室、工作人员住宿、会议室、饭厅和伙房;左厢房为三厅办公室、郭沫若办公室,中厢房为阳翰笙办公室和工作室,右厢房为冯乃超办公室和工作室,左右侧房原分别为第七处、世界语排字间、第六处、艺术宣传处、第五处。修复后,均按原貌布展陈列。

郭沫若旧居位于前院左前方约20米处,为一单体建筑。坐东北面西南,面阔3间,建筑面积40平方米,风格与前院一致,从左至右分别为郭沫若书房、客厅和卧室。另外,此处自清代建成后,遗留了水池、石缸、花坛等附属建筑,现成为国民政府军事委员会政治部第三厅暨文化工作委员会旧址的景区点缀及附属文物。

国民政府军事委员会政治部第三厅成立于1938年4月1日,它是主管抗战宣传的一个部门,由郭沫若任厅长,下设办公室、第五处、第六处、第七处。办公室主任为共产党员阳翰笙;第五处负责动员工作,处长为救国会成员胡愈之;第六处掌管艺术宣传,处长是共产党员田汉;第七处进行对敌宣传,处长是哲学家范寿康。第三厅成立后,将在各地活动的

郭沫若旧居

10余个抗敌救亡演剧队和3个电影放映队、1个漫画宣传队、1个孩子剧团统置于其领导之下。应该说,第三厅是抗战时期国民政府的主要宣传机构,也是抗日民族统一战线的重要组成部分。第三厅最初成立于武汉,武汉沦陷前,迁至战时首都重庆。1940年,国民政府撤销第三厅,改设文化工作委员会,下设国际问题研究组、文艺研究组、敌情研究组。文化工作委员会基本继承了原第三厅的工作性质和任务,也吸纳了广泛的社会知识分子。

位于天官府的国民政府军事委员会政治部第三厅旧址正面

位于天官府的旧址原是重庆市第一任市长潘文华的内弟建造的私宅,后让给国民政府军事委员会政治部第三厅作为办公地。1940年7月13日曾遭日机炸毁,后修复。这里曾是抗战时期各民主党派人士交换意见的地方,他们常常出入郭宅,发表意见,探讨问题。周恩来、董必武等皆是此地的常客。1983年12月1日,重庆市人民政府将郭沫若旧居和国民政府军事委员会政治部第三厅旧址[重庆市渝中区天官府8号(原7号)]公布为市级文物保护单位。重庆直辖后于2000年由重庆市人民政府公布其为第一批市级文物保护单位,予以挂牌保护。该旧址因年久失修,已日渐破陋。现为民居,房屋总体结构变化不大,但楼梯等处已增加了不少居民自己搭建的小阁楼,外墙及内墙均有不同程度的损伤,保护情况较差。

位于沙坪坝区西永镇的旧址是为了避免敌机轰炸,设立于乡间的一处办公地点。从1939年到1945年,郭沫若领导文化界人士在此进行了大量的抗战宣传工作,这里是当时文艺知识分子的主要活动场所之一。在这里,郭沫若完成了《屈原》、《虎符》、《高渐离》、《棠棣之花》、《孔雀胆》、《南冠草》等历史剧的创作,被毛泽东主席高度赞赏并列为延安整风学习文件的《甲申三百年祭》、

位于沙坪坝区赖家桥的国民政府军事委员会政治部第三厅旧址内景

《青铜时代》和《十批判书》等，也是在这里问世的。重庆解放后，该旧址曾由巴县西永镇香蕉园农场管理和使用。1987年，重庆市公布其为市级文物保护单位。2000年9月，重庆市政府公布其为直辖后第一批市级文物保护单位。2003年，沙坪坝区文化广电新闻出版局有偿收回产权，相继编制保护规划、实施修复工程。2005年9月7日，沙坪坝全家院子郭沫若旧居陈列馆正式对外开放。2006年，重庆市委、市政府将其命名为重庆市第三批市级爱国主义教育基地，予以挂牌保护，现保护情况良好。

国民政府军事委员会政治部第三厅暨文化工作委员会旧址是重庆抗战文化遗址的重要组成部分，具有较高的历史文物价值、社会艺术价值和学术研究价值。

第一，它是抗战时期社会各界同仇敌忾、团结抗战的见证。第三厅或文工会迁渝后，团结大后方文化界进步人士，结成广泛的抗日民族统一战线，领导孩子剧团，团结在华日本人民反战同盟等团体，开展文学、戏剧、音乐、美术等各种活动，宣传抗战，反对投降，与国民党顽固派进行了有理、有利、有节的斗争，对大后方的抗战救亡运动和民主

位于沙坪坝赖家桥的国民政府军事委员会政治部第三厅旧址部分陈设

运动具有积极的推动作用。

第二，它记载了中共在大后方积极领导抗战的历史。第三厅或文工会既是国民政府的机构，更是一个吸收了广泛社会成员的群体。中国共产党利用自身优势在其中发挥了不少作用。在周恩来、董必武、郭沫若等同志的具体领导下，第三厅或文工会内外集结了一大批爱国、民主、进步的同志，他们为中华民族可歌可泣的抗日战争增添了浓墨重彩的一笔，也为重庆历史留下了丰厚的精神财富。

第三，它体现了地方建筑色彩。位于西永镇的旧址建筑布局、建筑形式等体现出了巴渝民居的典型格局，封闭式的院落，呈四合院布局，讲究对称，整体构图完整，具有较高的审美价值和突出的景观价值。

鉴于以上情形，我们认为，在今后对国民政府军事委员会政治部第三厅暨文化工作委员会旧址的保护与利用过程中，应该注重以下几点：

第一，对天官府旧址收回产权，加强管理。天官府旧址产权所属长期模糊不清，致使一些管理措施不能真正到位，造成了许多机制性障碍。加之，住户变更频繁，普通居民缺乏文物保护意识，房屋年久失修，漏雨，建筑垃圾、生活垃圾乱堆，人为乱搭乱建，致使该旧址破坏严重。又遇重庆雨季较长，天气多阴湿，加之建筑木质结构本身的特点，房屋的老化加速。这些都是天官府旧址保护较差的原因。因此，有必要在报请重庆市渝中区政府批准后，由渝中区政府出资，将位于渝中区天官府旧址内的共21家住户迁出。紧接着，由市文物局提供资金支持，将旧居重新维修并复原；与此同时，市文物局和渝中区文管所协同有关单位，征集照片、实物等，布置陈列。另外，在收回产权，进行必要的维修后，还应改善周边环境，在路边竖立必要的指示牌。

第二，充实陈列内容，整治环境，结合周边规划，打造文化景观点。位于沙坪坝区香蕉园村的旧址经全面修缮后，已于2005年正式对外陈列开放，2010年纳入国家AAA级旅游景区。下一步，应做好文物本体的保养维修，加强陈列馆软硬件及配套设施建设，增添旧居周边道路指示牌、旧居内中英文导览标志、三维动画演示、郭沫若事迹影视播放以及接待中心等设施；加快旅游配套产业（郭沫若相关书籍、书签、明信片、地图等）和周边餐饮业发展；进一步充实旧居内的文字、图片、实物等史料,征集相关文物藏品,增添历史文化底蕴。同时,也可以考虑将临近歌乐山、陈家桥等地方的名人旧居连接成带,搭建更大的文化观光走廊和旅游片区。

第三,进一步做好文物资料搜集工作,加强相关问题的研究。国民政府军事委员会政治部第三厅暨文化工作委员会是抗战时期国民党重要的管理职能机构,但其他党派不少人物也参与其中,这是抗日民族统一战线的体现。目前,有关国民政府军事委员会政治部第三厅暨文化工作委员会的文物、档案文献等第一手资料搜集和整理还不够丰富,相应的研究还有待深入。事实上,国民政府军事委员会政治部第三厅暨文化工作委员会旧址的复原陈列与历史主题陈列都需要相当多的文物和史料来充实,而国家相关机构和社会上保存的这方面资料并不在少数,因此,今后应该组织力量进行更多的挖掘和探索,力争取得质量更高的成果。

解放碑

解放碑,即人民解放纪念碑,之前为"精神堡垒"和抗战胜利纪功碑。"精神堡垒"落成于1941年12月30日,它位于当时重庆的都邮街广场,高7丈7尺(约25.67米),含纪念七七卢沟桥抗战全面爆发之意。内共5层,底座为八角形,主体呈四面立柱状。其四角柱头外钉木板条加固,通身以黑灰色为底,借以防止日本飞机的空袭和轰炸。柱体面向民族路一方,题有"精神堡垒"四字,其余三面分别书写"国家至上,民族至上"、"意志集中,力量集中"、"军事第一,胜利第一"。顶柱为五角形。最上一层面临民族路一方为中部,饰有新生活运动蓝底红边的会徽图案,为盾形标记,其中心安有指南针,其余四方分别写有"礼"、"义"、"廉"、"耻"四字。"精神堡垒"建成后,成为重庆各界举行集会和宣传的场所,也成为民族抗战的象征。不过,"精神堡垒"的材质并不坚固,很快坍塌。国民政府遂在原址竖一旗杆,代替"精神堡垒",激励民

精神堡垒

精神堡垒倒塌后在原地竖立旗杆

众抗战。

抗战胜利后,为了纪念这场旷日持久的反侵略战争,表明重庆在抗战中的重要地位,国民政府在"精神堡垒"原址修建抗战胜利纪功碑。抗战纪功碑是战后《陪都十年建设计划》的重要内容,于 1946 年 10 月 31 日由当时重庆市市长张笃伦主持奠基动工。纪功碑由碑台、碑座、碑身、瞭望台等部分构成,全部建筑用钢材 25 吨、水泥 900 余桶。碑台为 10 米半径圆形青石台,高 1.6 米;碑座以 8 根青石砌结护柱组成碑柱;碑身高度为 24 米,各层分设钢筋混凝土花窗,正门用特选楠木精制,内外壁采用白水泥饰面,正面刻有"抗战胜利纪功碑"字样;瞭望台直径为 4.5 米,较碑身稍宽,可容纳 20 人登临远眺。除此之外,纪功碑上还配有警钟、灯光照明以及风向定位等设备。张群、吴鼎昌、张笃伦等分别撰题碑文、碑名,碑上还附有 1940 年国民政府《明定重庆为陪都令》。抗战胜利纪功碑于 1947 年 10 月 10 日最终竣工。

1950 年 9 月 20 日,西南军政委员会第六次集体办公会议召开,决定原抗战胜利纪功碑更名为人民解放纪念碑。10 月 1 日,刘伯承题写碑名。碑体结构保留,原碑文及浮雕等均被抹去。此后,解放碑在不同时期有局部修饰与改建,但基本面貌并无变动。

抗战胜利纪功碑

随着重庆城市的发展,解放碑附近逐渐成为商业中心。1997年,重庆市直辖后,渝中区人民政府在解放碑碑台花圃内仰卧一碑,上刻有《解放碑中心购物广场碑记》。

解放碑目前的基本结构与原"精神堡垒"和抗战胜利纪功碑结构大体相同,它由碑台、碑座、碑身和瞭望台四部分组成,为八面柱体盔顶钢筋混凝土结构,碑正面向北偏东,碑通高27.5米,碑内连地下共八层,设有旋梯达于碑顶,碑顶向街口的四面装有自鸣钟,碑台周围为花圃,总占地面积62平方米,保护范围面积642平方米。三层碑座安上了枫叶红的大理石;三层梯形带状式的花圃环绕碑座,以各种盆花为主伴以常绿植物;碑座上四个乳白色蘑菇式的花台和四个乳白色立体装饰华灯,将整个碑装扮得更加明快、亮丽。在解放碑向北第一层花圃内,仰卧一138.5厘米×93.5厘米刻有《解放碑中心购物广场碑记》的石碑,为重庆市渝中区人民政府于1997年12月27日(该日为中心购物广场竣工正式开放之日)所立,碑为黑色大理石,楷书,阴刻,共408字。解放碑整体肃穆、庄严,感观素朴,时代特色鲜明。

人民解放纪念碑地处重庆市渝中区中央商务区,东临民族路,南接邹容路,西接民权路。这里是重庆市的商贸中心、金融中心,以解放碑为中心的解放碑中心广场被称为重庆的"都市客厅",是重庆的城市窗口。周围商场、书店、影剧院、酒吧、酒店、饭店等鳞次栉比,一应俱全,附近300米处有市内最大的小吃街,游客可在此体会巴渝风物人情,品尝地方名特小吃,还可购买纪念品和其他物品。解放碑商业街是中国西部最大的步行街,因此有"中国西部第一街"之称。同时,解放碑周围广场,也成为了都市文化的舞台和群众性活动场所,每

巍峨矗立的解放碑

到周末这里都有文化活动与展演,重大节日则有大型演出和庆祝、游行活动。20世纪80年代以前解放碑曾是重庆市内最高的建筑物之一,如今的解放碑已然淹没于高楼林立中,显得比较矮小,但其作为标志纪念建筑的地位不减,名声愈著。在它周围发展起来的商业和娱乐中心地带作为重庆的城市经济心脏,知名度与地位在重庆乃至整个中国西南范围内当居首位。1991年4月16日,四川省人民政府公布解放碑为省级文物保护单位。2000年9月7日,重庆市人民政府公布解放碑为直辖后第一批市级文物保护单位。重庆中国三峡博物馆建立后,在馆内专门塑造了抗战胜利纪功碑的模型,以供民众参观。2013年,抗战胜利纪功碑暨人民解放纪念碑被公布为全国重点文物保护单位。

人民解放纪念碑经历了抗战时期、解放战争时期以及新中国建设等不同的历史阶段,与重庆的城市发展、社会变革紧密相连,也与重庆市民的生活息息相关,具有十分重要的历史文物价值与现实利用价值。

第一,解放碑原为抗战胜利纪功碑,从历史渊源上来看,它是全国唯一的一座纪念民族抗日战争胜利的主题碑,是中华民族近百年来抵御外族入侵取得第一次全面胜利的历史见证。尽管原"抗战胜利纪功碑"字样已被替代,但碑体仍基本作了保留,且模型陈列于三峡博物馆,其重大意义不容忽略。这对于铭记中华民族抗战历史,凸显重庆在抗战时的地位,都具有积极作用。

第二,解放碑是中国人民在中国共产党领导下,经过长期奋斗,流血牺牲,终于翻身解放的胜利象征,具有划时代意义。人民解放纪念碑是刘邓大军解放大西南后,在重庆主政时所修造,它是旧民主主义向新民主主义过渡的产物,是无产阶级革命在重庆取得胜利的见证,也是缅怀为新中国诞生而牺牲的革命志士的一种方式。

第三,解放碑是重庆城市发展的缩影,同时也蕴藏着重庆城市发展的巨大能量与希望,从这个意义上讲,解放碑是今天重庆人的精神家园。解放碑抗战时期是激励和动员民众的"精神堡垒",新中国成立后,一直都是重庆市建设与发展的中心。特别是在直辖之后,重庆将解放碑附近改造成了中国第一条商业步行街,并使之逐步发展为重庆乃至西部的金融中心。现在,解放碑已成为重庆市的地标性建筑,是重庆的城市象征。

解放碑的保护与利用一直受到重庆市渝中区人民政府的高度重视,也得到重庆市政府的积极支持,其历史传承与现实开发的意义都得到了较好发挥。不过,解放碑的保护与利用仍然存在一些疏忽的地方,以下几点值得注意:

第一,碑体常年暴露在外,容易受环境破坏,应组织定期维护。

第二,碑体处于商业街中心,为城市繁华地带,也是旅游观光地带,民众过多接触会造成人为损害,应仿北京人民英雄纪念碑,建立隔离带。

第三,补充碑记。现有碑记与标牌较为简单,对纪念碑的多重历史身份讲述不明,且处处透露出了强烈的商业气息,应增加碑文与标牌的历史厚重感,进一步发挥其社会教育功能。

瀼渡电厂

瀼渡电厂是抗战时期国民政府资源委员会在万县开发的重要水电工程。瀼渡电厂位于万州区瀼渡镇西面5公里,海拔高度191米,地理坐标位置为东经30°37′28.6″、北纬108°17′2.6″。瀼渡河为长江小支流,在万县县城上游约30公里入长江。瀼渡河发源于万县西北的分水岭,经三正埠后有杨井沟、中溪河及募丹河汇入,再经甘宁坝至瀼渡场。瀼渡河地层为砂岩页石交错而成,流域面积240平方公里,河长约50公里,河床陡峻,有高洞、龙洞、仙女洞、鲸鱼口等瀑布,均可用来发电。鲸鱼口瀑布距河口5公里,高约15米;仙女洞瀑布距河口5.5公里,高约40米,瀑布上游约400米处有险滩数处,落差10米;龙洞瀑布距河口21公里,高20米;高洞瀑布落差较小。

瀼渡电厂作为万州较早的水电工程,由厂房、引水渠道和拦河坝及引水竖井四个部分组成。厂房为石结构西式建筑,长24米,宽9.5米,通高9米,建筑面积250平方米,厂房外建有石质大门,门上留有防雨淋风吹放置灯泡照明的石质灯位,并立有方形石质电杆,电杆高约3.5米。引

瀼渡电厂大门旧址

水渠道1500米,其中有180米高架渠一段,底宽2.2米,顶宽3.4米;20米凿岩引水竖井一条;拦水坝坝长130米,坝高5.5米。电站内有1939年美国造360千瓦发电机组一台,发电机组目前仍可发电。瀼渡电厂为三峡地区最早的水力发电工程之一。

万县是川东的重要市镇和港口,濒临长江,不仅商业兴盛,还拥有比较丰富的水电资源。随着城市的发展,万县电力需求开始增加。加之抗日战争爆发后,很多工厂沿长江上溯内迁至万县,使万县供电变得十分紧张。1938年,资源委员会与四川省建设厅商讨决定合办万县水电厂,经营万县及邻近一带电气事业和市区自来水事宜,并暂兼管原有之市区电话。1939年3月,资源委员会派龙溪河水力发电工程处处长黄育贤和万县水电厂厂长兼总工程师童舒培等人率队勘测万县水能资源,瀼渡河与磨刀溪两处均在勘测之列,但磨刀溪梯级电站工程量大,且须建跨江输电线,最后的勘测报告决定开发瀼渡河。

1940年春,资委会决定派员进一步勘测瀼渡河,并拟定详细计划。同年5月,万县成立瀼渡河水力发电工程处,负责办理开发事宜。不久,留美回国

瀼渡电厂厂房外景图

瀼渡电厂厂房内机器设备

的张光斗被聘为瀼渡河水力发电工程处主任。张光斗在抗战胜利之初对瀼渡河的水力资源作了介绍："瀼渡河流域平均雨量约1100公里,最枯流量约0.2秒立方公尺,洪水流量估计为900秒立方公尺。沿河龙洞、仙女洞、鲸鱼口诸瀑布,均宜于水力发电……全部瀼渡河水力计2700千瓦。"1940年,仙女洞大坝开始建设,1944年落成。鲸鱼口水电站拦河坝及厂房则于1941年开工,1944年完成。直至解放时,瀼渡河水电开发已完成仙女洞水电站2台机组520千瓦和鲸鱼口水电站1台机组136千瓦建设,其开发程度约为总容量的1/5。新中国成立后,瀼渡河得到再次开发,直至20世纪80年代才算基本完成,总装机容量为3030千瓦。

瀼渡电厂作为重庆市近现代优秀建筑中的工业建筑及附属物,自建成以来就被认真保护、使用。解放以后,电厂作为国家管理的水电设施,继续使用,隶属万县水电局。2005年5月,万州区文广新局、万州区建委组织有关人员进行调查,上报重庆市文化局、规划局,作为万州区优秀近现代建筑。2006年4月,瀼渡电厂被万州区人民政府公布为第二批万州区文物保护单位。2009年12月15日,瀼渡河电厂被重庆市人民政府确定为第二批重庆市文物保护单位。目前,瀼渡电厂部分机器仍可使用,使用单位为重庆三峡水利电力集团。

总的来看,瀼渡电厂是长江上游支流上较小规模的水利工程,但在历史上对区域电力供应和社会经济发展作出了积极贡献,也是万县近现代水电事业发展的一个缩影。作为万州、重庆乃至三峡地区较早修建的电站,瀼渡电厂对展现地方水电工业文化,研究我国水电工业发展变迁具有重要的价值。

第一,瀼渡电厂为我国水电泰斗张光斗回国初期的作品,并在后来改建,持续运营,对当时社会经济发展起到了积极的促进作用。

第二,瀼渡电厂发电厂房是重庆首批优秀近代建筑,具有很强的时代特色。石木排架结构,矩形平面,四面坡屋顶,风格朴实,比例协调优美。

第三,引水渠的180米高架渠道上有四川军阀杨森题刻"飞虹"二字,具有重要的历史文物价值。

第四,瀼渡电厂为三峡地区最早开发的水利大坝工程,从地区水电筑坝工程史上讲,瀼渡电厂还具有一定的技术参考价值。

鉴于瀼渡电厂在近现代重庆水电史上的特殊意义,并从其建造起始年代上考虑,将瀼渡电厂列入抗战遗址整体规划加以保护和利用是正确、明智之举。对于今后的保护与利用,应注重以下几点:

第一,划定保护范围,明确保护责任。现初步拟定遗址保护的占地面积4000平方米,建筑面积1228平方米。保护范围包括厂房、拦河坝、引水渠、排水渠、竖井。保护责任单位为万州区文管所。

第二,进行基础设施及环境整治。瀼渡电厂文物本体保存较好,无须做大的修复。然而,由于地理位置较为偏僻,根据原址保护的原则,政府应落实资金对电厂基础设施及周边环境作整治,并进行适度开发。

第三,抓紧正在进行的全国重点文物申报。瀼渡电厂的历史与价值符合申报全国重点文物的条件,相关申报工作现已展开,如果申报成功,将更加有利于该遗址保护与利用工作的开展。

重庆大轰炸遗址群

抗日战争全面爆发后不久,国民政府迁至重庆。于是,重庆成为战时首都,是大后方抗战的重心。日军为了削弱中国人民的斗志,摧毁中国乃至远东抗战的指挥中心,对重庆进行了长期的、密集的和惨绝人寰的空袭。日军的空袭给重庆以及生活在这里的民众带来了极大的危害,造成了数万人的伤亡和难以估量的财产损失。以1940年5月开始的101计划为例,在3个月时间里,"日机袭渝2664架次,投弹10024枚,重约1405吨,炸死4119人,炸伤5411人,毁坏房屋建筑6952幢"。类似的空袭从1938年持续到1943年,长达五年多。据相关资料统计,这段时间内,日机共空袭重庆218次,出动飞机9513架次,投弹21593枚,炸死市民11889人,杀伤14100人,炸毁房屋17608栋。为了减少伤亡和损失,当时的国民政府和重庆市政府采取了各种措施来抵御空袭,这包括建设防空洞、建立防空警报机制等。此处提及的大轰炸遗址群即来源于当时的防空建设,现存的并列入保护范围的有"六五"大隧道惨案遗址、黑石子大轰炸被难同胞墓地、重庆市消防

重庆大轰炸惨案遗址

人员殉职纪念碑、抗战民用防空洞遗址群、北碚警报台旧址等五大类(处)。重庆大轰炸遗址群是重庆抗战遗址遗迹的重要组成部分,由于防空的特殊需要以及轰炸所产生的实际情形,大轰炸遗址群空间并不集中,上述五个点均分散在今主城区各处。

"六五"大隧道惨案遗址位于重庆市渝中区较场口磁器街,分地上、地下两大部分。地下大隧道遗址,始建于1938年,由朝天门至通远门,临江门至南纪门,横贯老城区的南北东西,高度为2米,宽2.5米,全长4公里,分7段,13处出口,总容量4万余人。地面大隧道遗址陈列室,始建于2000年,坐东向西,主体建筑由条石砌成;建筑面积59.29平方米,呈正方形厅室,内有反映惨案情景的部分老照片;室外四周均有反映惨案情景的浮雕。2000年3月,在磁器街洞口,重庆市人防办公室出资40多万修复,重塑石雕,内部装饰、布展,并对广大群众开放。"六五"大隧道惨案是1941年6月5日重庆突然遭到日军空袭时,在较场口隧道处发生的大量伤亡事件,它与"黄河花园口决堤"、"长沙大火"一起并列为抗战时期的三大惨案。为了纪念这次惨案,并加大防空力度,此后的重庆市政府均不同程度地对这一隧道进行了保护与开发利用。目前,隧道内主体建筑基本保持原貌,但不对外开放。1992年3月19日,重庆市人民政府将磁器街洞口公布为市级文物保护单位。1996年,重庆市发布[1996]170号文件明确了大隧道惨案遗址保护范围。据此磁器街与石灰市两处保护面积分别为875平方米和394平方米,并规定建设控制地带以保护范围外15米为界。2000年9月7日,重庆市人民政府将磁器街洞口公布为直辖后第一批市级文物保护单位。

黑石子大轰炸被难同胞墓位于重庆市寸滩黑石子镇匡家湾、李子林和大石坝等3个村。墓地分三个区域,成"品"字形分布,坐北朝南,背靠大石坝,面朝长江,总占地面积约100亩。黑石子是一个集中安葬大轰炸中死者的地点。黑石子所辖之大石坝是该地区最高处,称为老棺山,原属"八省积谷"会地,即重庆外商专属墓区。抗战爆发后,"八省积谷"会地扩大至山下两侧的匡家湾、李子林和白沙沱,称为新棺山。新棺山东北处,作为内迁伤兵医院墓地。大轰炸初期,伤兵医院墓地左下侧地方(现果园)作为部分无人认领的死

黑石子"八省积谷"墓地一角（老棺山）

难同胞的安息之地。自"五三"、"五四"大轰炸开始，被难同胞数量日增，该地已无法容纳，又辟新棺山西北处墓地，专门掩埋在轰炸中被难的同胞。"六五"惨案的无辜被难同胞绝大多数长眠于此。据有关学者统计，抗战时期，在黑石子大石坝墓地，共安葬同胞遗体两万具以上，其中大轰炸死难同胞在一万人以上。目前，该址大部分已被开发为耕地、农田、果园或宅基地，仅剩少量墓地，无任何纪念设施。

重庆市消防人员殉职纪念碑位于渝中区人民公园内。该碑为石砌，坐西北朝东南，建筑占地面积12.76平方米，保护范围面积1036平方米。碑座高0.64米，宽3.4米，厚2.46米；碑身高6.7米，宽1.89米，厚1.22米。重庆市消防人员殉职纪念碑碑额为数颗五星环绕的"消"字，碑体碑座四周均有文字。碑体正面背面皆镌刻有楷书"重庆市消防人员殉职纪念碑"，碑体右面镌刻有楷书"重庆市各界建碑委员会立"，碑体左面镌刻有楷书"中华民国三十六年八月十九日立"。碑座正面刻着"建重庆市消防人员殉职纪念碑记"14个盈尺楷体大字，其左竖排刻着碑记若干文字。碑座右侧面"抗战殉职人员姓名列左"的标题后，刻着81个人的名字。该碑始建于1947年，为纪念在重庆大轰炸中英勇殉职的消防人员，当时由重庆市参议会、商会、总工会、银行公会、妇女会、教育会等发起建造。纪念碑常年对外开放，供各界民众凭吊。1947年8月19日，重庆市举行首

重庆市消防人员殉职纪念碑（碑记）

届消防节,纪念碑在中央公园(今人民公园)内落成,市政府官员、检阅消防队及义勇警察共约4000人到会。之后,当时的重庆市政府将8月19日定为重庆市消防节,每年举行纪念活动。重庆市消防人员殉职纪念碑造型庄重,风格凝练。现保存基本完好,有少量地方存在人为破损痕迹。1992年由重庆市渝中区人民政府确定为区级文物保护单位。2009年12月,重庆市人民政府发布渝府发〔2009〕118号文件,将该碑正式列为重庆市重点文物保护对象。

重庆市消防人员殉职纪念碑(正面)

抗战民用防空洞遗址群(鹅岭抗战防空洞)位于渝中区李子坝至化龙桥片区,据不完全统计,该区域内共有35座防空洞,均坐南朝北,背靠鹅岭山脉,面临嘉陵江。这些民用防空工事,均开凿于山脚岩石中,建筑规格很不统一。最大的防空洞,洞口宽近2米,高近3米,都用条石砌成;最小的防空洞,洞口则宽高均不足1.5米。洞深情况不明。抗战民用防空洞遗址群是为了应对日军的狂轰滥炸,国民政府和当时的重庆市政府倡导、组织市民挖建的。据相关学者的研究,当时重庆防空设施容量在1937年时约0.72万人,到1945年时达到45万人。目前,全市遗留下来的民用防空洞的管理、使用权均归重庆市人防办。随着重庆城市现代化进程的加快,抗战民用防空洞在市区内已不

抗战民用防空洞遗址

多见了。现在仅存鹅岭山脉两侧沿江公路内侧相对集中的遗址群。2009年12月,该遗址被确定为重庆市文物保护单位。

北碚警报台旧址位于北碚城区朝阳街道黑龙江巷,坐东向西,三层碉楼式建筑,砖木结构,呈正方形;长6.1米、宽6.1米、高7米;占地面积40.2平方米,建筑面积120.6平方米。北碚警报台是为应对抗战时期日军大轰炸重庆市建立的重要防空预警设施之一。类似的预警设施分布在当时重庆的纯阳洞、龙门浩、大溪沟、双溪沟、北碚等处,共有数十座,北碚警报台是现今保存较为完整的一座。根据不同的情况,其防空预警分为预行警报、空袭警报、紧急警报和解除警报等,每一种警报都用不同长短的笛声、不同颜色的灯笼球区分。抗战胜利后,移交给大明纺织厂,作为上班报时使用。解放后,尤其是在国防紧张的几个特殊时期,仍发挥着积极作用。1998年至2005年间,每到6月5日,该塔都会为纪念重庆大轰炸而长鸣,以示勿忘历史。目前,该塔建筑主体结构保存完好,内部设施已经毁坏,塔旁和塔顶各有搭建物一处。2009年12月,该遗址被确定为重庆市文物保护单位。

重庆大轰炸遗址群是中国人民抗日战争和世界反法西斯战争中一系列历史事件的重要见证,是重庆在抗日战争时期重要历史地位、重要历史贡献的价值体现和历史文化的重要载体。它不仅记录了日本军国主义的残暴罪行,也见证了重庆市民团结一致、不屈不挠的抗争精神。保护这批幸存的遗址群,有着深刻的历史和现实意义。

第一,有助于弘扬以爱国主义为核心的伟大民族精神,为全面建设小康社会、实现中华民族的伟大复兴而努力奋斗。

第二,有助于更加全面和实事

北碚抗战时期警报台(正面)

求是地评价重庆在抗日战争中的地位和作用。重庆是抗战时期中国大后方的政治、经济、军事和文化中心,是中国的战时首都,是世界反法西斯战争远东指挥中心,是以国共合作为基础的抗日民族统一战线的重要活动舞台。正是由于如此重要的战略地位,重庆才遭受了日本军国主义长时期的战略轰炸。重庆在抗战期间尤其是重庆大轰炸期间为抗战所作出的重大贡献和遭受的巨大损失,是应当永远记录在历史的丰碑上的。

大隧道惨案现场

第三,有助于加强对台、对外的交流与合作,促进祖国统一和对外开放的进一步发展。重庆人民反轰炸斗争的胜利,是与苏联、美国等世界反法西斯国家的支持分不开的,也是与中国共产党、中国国民党以及重庆各界群众的团结协作分不开的,不同国家、不同党派、不同地域汇集在重庆的人在反轰炸斗争中结下了深厚的友谊,对重庆人民的反轰炸斗争也留下了深刻的印象。由此可见,加强对重庆大轰炸历史的研究,发掘重庆大轰炸的历史资源,无疑有助于加强对台、对外的交流与合作,促进祖国统一和对外开放的进一步发展。

第四,有助于揭露日本军国主义的残暴罪行,戳穿日本右翼势力歪曲历史、美化侵略的谎言。众所周知,由于种种原因,重庆大轰炸的罪行被排除在诉讼之外,因而东京审判没有对日机轰炸重庆平民罪行的起诉,从而使日本在重庆犯下的残暴的非人道罪行没有得到任何的清算。日本军国主义给重庆人民造成了惨痛的牺牲和巨大损失,这是日本军国主义发动侵华战争对中华民族犯下的滔天罪行和不容抵赖的铁证。加强对重庆大轰炸的研究,把日本所犯下的罪行的有力证据完好地保存下来,有助于揭露日本法西斯的侵略暴行，让世界人民看清日本右翼势力歪曲历史、美化侵略的反动本质，防止历史悲剧重演。

重庆大轰炸遗址群所包括的五个点分散在主城的不同区域，做好对它们的保护与开发利用，就要进行综合而系统的规划，进而促进城市文化功能的发挥。到目前为止，这五处抗战大轰炸遗址点的保护并不完善，除"六五"大隧道惨案遗址和重庆市消防人员殉职纪念碑有较好的保护设施，并对周边作了适当的景观规划外，其他遗址虽列入市文物点，但实际上均未得到很好的利用，更无法充分体现其文化价值。为了更好地对大轰炸遗址进行保护，我们提出如下建议：

第一，建立重庆大轰炸遇难同胞纪念馆。纪念馆选址可以有三种方案：①黑石子。黑石子是抗战时期集中掩埋轰炸遇难同胞的地方，但因历史原因，并未得到有效的开发与利用。而南京大屠杀因受到各界的重视，早已建立了专门的纪念馆。随着两江新区的成立，以及寸滩保税港的建设，黑石子附近经济得到发展，就地建设纪念馆符合当地开发的需要。②较场口十八梯。较场口十八梯位于城市繁华中心地带，有大隧道惨案遗址为依托，便于文化资源的集中利用。③在新建的抗战博物馆中专辟一处为大轰炸作陈列。此种方式在三峡博物馆中已有运用，故可考虑更大规模的专题陈列。

第二，对重庆抗战大轰炸遗址群作划界勘定，建设控制带。目前，"六五"大隧道惨案和消防人员殉职纪念碑遗址已经划定保护范围。然而，由于遗址群较为分散，其他至今没有明确的保护界限，周边建筑物极为混乱，环境也十分复杂，不利于遗址保护与开发利用。如黑石子大轰炸墓地保护范围应至少有3万平方米，但一些居民和工厂设施分布在周边，且在市政建设规划上也滞后，难以形成确切的遗址保护范围。而抗战民用防空洞和北碚警报台则分属鹅岭公园管理处和北碚人防办使用，亦未划定确切保护范围，不能达到保护文物的目的。

第三，对黑石子大轰炸掩埋处、抗战民用防空洞以及北碚警报台三处作挂牌、立碑保护，结合其历史背景作陈列展览，并依托当地情形作适当开发，切实改变这三处遗址保护有名无实的局面。

重庆黄山抗战遗址群

　　黄山抗战遗址群是西南地区乃至全国对外开放的抗战遗址中保护最完好、规模最大的一处抗战遗址群,同时也是抗战遗址中最具国际意义的二战遗址。抗战期间,黄山是当时国民政府军事、政治、外交中枢的场所,是远东战区指挥中心,是中国人民抗日战争和世界反法西斯战争一些重大历史事件的重要见证,是重庆在抗日战争时期重要历史地位、重要历史贡献的价值体现和历史文化的重要载体,也是当时中国时政要务的决策地之一。黄山抗战遗址群是重庆集中保护的15个抗战遗址片区之一,它位于南岸区南山公园路30号,占地面积280亩,海拔540米至580.1米,坐落在重庆市主城区南山风景名胜区内的黄山景区。遗址群主要由以下几处文物构成:云岫楼、松厅、孔园、草亭、莲青楼、云峰楼、松籁阁、黄山小学、周至柔旧居、侍从室、侍卫室、望江亭、防空洞、炮台山、发电房。

　　蒋介石官邸云岫楼坐东北朝西南,建筑轴线偏西53.99度,其海拔高程为572.4米,占地面积约167平方米,建筑面积为364.5平方米。云岫楼屹立在黄山主峰,周围绿树环抱,松柏苍翠。云岫楼为砖木结

云岫楼

构形式,建筑主体为二层两坡顶砖墙承重结构,其建筑面积为296平方米;局部为三层两坡顶砖柱承重结构,板条夹壁墙维护,平面近似为方形,其建筑面积为68.5平方米;三层的瞭望室为黄山的制高点,四周均为透明玻璃窗,建筑别具风格。建筑基础为毛石砌筑。建筑主要入口大门设在建筑的西南面,门为双扇木板门,建筑二层宽大的走廊饰为木栏杆,外立面的木窗较实用经济,装饰甚少,体现出中西合璧的建筑特点。现建筑砖墙表面为黑色涂料墙面,白灰勾缝。

松厅为宋美龄住所,位于云岫楼后面山下的幽谷里,为中式平房结构,走廊特别宽敞,极富特色。因松林拥抱,浓荫蔽日,故而得名。松厅坐西北朝东南,建筑轴线西偏北25度,其海拔高程为552米,该建筑占地面积约317平方米,建筑面积为347平方米。松厅坐落在一山脊上,周围绿树环抱,可谓厅后松林千顷,厅前丹桂摇曳,香气袭人。建筑门额上悬挂蒋介石手书"松厅"横匾,黑底白字,楷书阴刻。松厅为砖木结构,建筑局部二层,底层为侍卫室,屋面为仰合小青瓦,坡屋顶。

孔园由主楼与附属建筑组成,其海拔高程为544.95米,占地面积约690平方米,建筑面积为713平方米,其中主楼建筑面积528平方米、附属建筑185平方米。孔园及其附属建筑坐落在一个地势较为平整的山坳中,周围绿树环抱。孔园主楼为二层

松厅

孔园

砖木结构建筑,木制地板,基础留有木地板通气孔。一层建筑前檐设走廊,进门为大厅(现被隔断为三间),大厅向后是通往二层的楼梯间,大厅和楼梯间两侧可通往两旁的房间,两侧房间的中间是卫生间,卫生间既可与南北两房间相通,也可通过带窗门通向外院;二层房屋结构与一层相同,建筑前檐为阳台,楼梯间二层经一座天桥通往后山。该建筑为"人"字形木梁架,圆木檩条、木椽子,上铺机制板瓦。孔园附属建筑为坐东朝西的平房,位于孔园主楼西侧5.6米处,建筑面积为185平方米,为面阔六间的穿斗式砖木结构,仰合瓦屋面,木制地板,基础留有木地板通气孔。

草亭位于黄山西部一斜坡上,背山面壑,绿树掩映,环境幽雅。草亭由一层主房和配房成90度角对接组成,建筑主房南北轴线呈北偏东18度,海拔高程为552.8米,总占地面积为504平方米,建筑面积为1770平方米。主房为木结构建筑,墙体为夹壁墙形式。主房背东北、面西南方向,为三开间,加正前、两侧回廊(屋后没有回廊),坐在一个长16.3米、宽9.54米、高0.7米的台座上,建筑总高7.75米。屋顶为仿歇山形式,屋架为"人"字形梁架,结构规整,屋面原为进口茅草覆盖,檐柱直径为0.15米,柱顶间挂倒挂楣子、转角处檐柱间有坐凳,目前的倒挂楣子和坐凳已经被改变。西北间与明间、东南间分隔开,有两个门相通,西北墙角有一门与配房相连。明间和东南间之间有一花罩相通,明间西北墙角有一门通往屋后。地面为木地板结构形式,台明四侧设有通风口。配房在主房西北侧呈90度角与主房相连,同样为三间,相互有门通连。配房在高度上比主房矮,没有回廊,房屋长9.06米、宽4.8米、总高6.52米。

莲青楼及其附属建筑——美国军事援华代表团驻地建于山坳平地,莲青楼因门前山壑内有莲池而得名,坐北朝南,

草亭

建筑轴线北偏西26度，其地面海拔高度为520米，由一栋二、三层组合楼房和一栋附属建筑组成。总占地面积约1042平方米，其中莲青楼占地279平方米，东西楼长23.89米，宽11.68米，建筑面积为617平方

莲青楼

米；附属建筑占地为71.1平方米，东西长10.75米，宽6.7米，建筑面积为96平方米；两栋建筑的总建筑面积为713平方米。该建筑的中间主体为三层、两侧为二层，建筑现呈两坡机制板瓦顶，平面呈矩形，房间布局规矩。中间的三层主体面阔三间，前檐设走廊，后檐设双向单跑楼梯，室内一层层高为3.45米，二层层高为4.05米(天花藻井高4.65米)，三层层高2.86米，台明高0.3米，屋顶高为2.56米，建筑通高为14.36米。一、二层为会客大厅，三层为卧室。两侧上下两层，面阔为单开间，进深三开间，中间设有卫生间和储藏室。两侧的辅建筑一、二层均为卧室，一层层高为3.45米，二层层高为3.1米，台明高0.3米，屋顶高为4.2米，建筑通高为10.98米。

莲青楼附属建筑位于莲青楼东侧，该建筑为两坡顶穿斗结构，建在山坡上，东、西、南三面由山体包围，东侧为两间单层，西部有陡崖，所以连接东侧的一间为二层吊脚楼，整个建筑平面呈矩形，面阔三开间，进深落地五柱四间，前檐设走廊，室内单层层高为3.05米，台明高0.18米，屋顶高为2.65米，建筑通高为5.7米。

云峰楼——何应钦别墅位于黄山主峰东南侧的山坡

莲青楼附属建筑

上,地势较高可鸟瞰黄山浅谷全景,可眺望汪山。建筑周围绿树掩映,环境幽静。该楼坐西南朝东北,与松籁阁相对。其海拔高程为560.16米,占地面积约285平方米,建筑面积为363.8平方米。云峰楼建筑采用两层坡顶砖木混合结构形式,平面呈矩形,东北立面外侧接二层平台上设披檐。主体建筑的承重形式以毛石基础,上筑砖墙体,架"人"字屋架,屋面采取地方传统小青瓦屋面,即"人"字屋架上承圆檩,檩子上铺设板椽,上盖小青瓦。门廊以砖柱承重,二层阳台用砖砌栏杆围护。主要入口设在建筑的西北侧,门为双扇木板门。

云峰楼

松籁阁——宋庆龄别墅海拔高程为566米,占地面积约269平方米,建筑面积为296平方米。整个建筑坐落在一斜坡顶上,与平顶上的云峰楼遥相呼应,周围绿树环抱。宋庆龄曾于1945年夏天来此居住。松籁阁以石为基,筑土为墙,"人"字木梁、圆木檩条、木椽子、木博板,上铺小青瓦。一楼一底,为土木结构建筑。后接半攒尖式亭阁,攒顶分八脊,四脊与主体屋面相连,四脊起翼。底层原为水磨石地面,由东侧亭阁入,进门为大厅,两侧为房间,为侍卫人员和服务人员所住房屋,原无通往二层的楼梯。二楼由楼外石阶上山顶入室,房屋结构与一层基本相同,是蒋介石为宋庆龄准备

松籁阁

的住宿、休憩及会客区，木制地板，三开通门直入亭台，可观东方日出、西方落日，览黄山浅谷胜景。

黄山小学及其附属建筑——抗战将领遗孤学校旧址由一栋两坡顶单层主体建筑与两栋附属建筑组成，其海拔高程为542.6米，占地面积约385平方米，建筑面积为420平方米，其中主体建筑面积282平方米、附属建筑面积135平方米。黄山小学旧址的主体建筑及其附属建筑建于山顶平地，坐东朝西。黄山小学主体建筑为土木结构形式，基础为规整石砌筑。墙身为厚0.4米的土坯（干打垒）垒筑，两坡顶仰合瓦屋面。南北长18.9米，东西宽14.8米，墙身高3.4米，屋顶高4.1米，建筑通高为7.5米。主要入口大门设在建筑的南北两山面，宽大的走廊正对入口大门。房门设置在走廊的东西两侧，各有三个房间，每侧的房间与房间相互贯通。

黄山小学北侧附属建筑南北长9.3米，东西宽4.7米，建筑面积为45平方米。该建筑平面轴线与主体建筑不是同一角度，形成102度夹角，室内分两个房间。东侧附属建筑由于地形限制，为吊脚楼式建筑。东西长7.08米，南北宽4.6米，建筑面积为93平方米。该建筑与主体建筑贯通，屋顶与主体建筑衔接。吊脚高为2.05米，建筑通高为7.25米。为砖木结构形式，墙身为板壁墙，室内为木地板，北侧有独立室外的小洗浴室。

黄山小学

周至柔旧居原为刘湘时期空军司令部司令蒋逵住址。为一栋两坡单层建筑，其海拔高程为540.16米，占地面积约196平方米，建筑面积为268.2平方米。建筑建于山顶平地，坐东朝西，建筑轴线北偏西7度。旧址现完整保存有"陈母蒋夫人懿行碑"及"赵熙行书七言诗石刻"两块碑刻。建筑平面呈矩形，为三开间，前檐有回廊、室内带阁楼，两坡顶仰合瓦屋面并且明间有老虎窗,为土木结构,基础为规整石砌筑,墙身为厚0.4米的土坯垒筑,南北长16.15米,东西宽12.2米。

侍从室是蒋介石的贴身办事机构,共设有3个处:第一处掌军事,也是侍从室事务最繁、职权最大的一个处;第二处掌管政治和蒋介石的秘书工作,主任是陈布雷,一直没换过;第三处在1941年才成立,主任陈果夫,专管党务。侍从室增设第三处,也是蒋介石独揽党政军大权于一身的具体体现。蒋介石是国民党总裁,凡是关于送由总裁签阅批示的党务文件,均由侍从室第三处签注后转呈处理。侍从室由两幢房屋组成,分别称为侍从室-1和侍从室-2,其海拔高程为545米,总占地面积441平方米,建筑面积为267平方米。其中侍从室-1建筑面积192平方米,侍从室-2建筑面积75平方米。

周至柔旧居

侍从室-1

侍从室-2

侍卫室是蒋介石警卫人员的驻地。为一栋两坡顶单层建筑,其海拔高程为531.96米,占地面积约216平方米,建筑面积为178平方米。建筑位于黄山

腹地，坐东朝西，建筑朝向偏西北方向。建筑平面呈矩形，为六开间。前檐有回廊，两坡顶仰合瓦屋面，为砖木结构。山墙全部为青砖砌筑，基础和台明为规整石砌筑，墙身为青砖砌筑，清水墙面，南北长22.25米，东西宽8米。

侍卫室

望江亭位于黄山小学北侧独立的山头顶端，海拔高程为580米，四周为沟壑，东侧有一条小山路。现存基座为八边形，素面青石砌筑，阶条石宽为0.26米，厚为0.18米，每边宽3.07米。基座中间为高约0.3米的杂土，有短柱裸露。柱的断面呈不规则八边形，短柱的使用材料为石子和白灰、糯米浆。

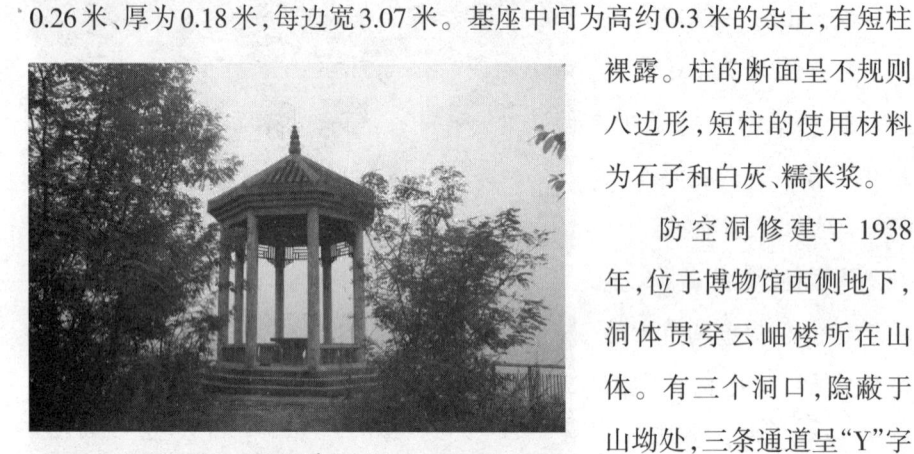

望江亭

防空洞修建于1938年，位于博物馆西侧地下，洞体贯穿云岫楼所在山体。有三个洞口，隐蔽于山坳处，三条通道呈"Y"字形分布。总长202米，宽1.6米至2.1米，高2.5米。内设岗亭、应急作战指挥室、食品贮藏室、双发电机房等，并配有通风设施。抗战时期为蒋介石、宋美龄及其军政要员躲避日军空袭的隐蔽所和地下指挥

防空洞内景

掩体。

发电房是黄山抗战遗址群中较为重要的建筑之一，原为黄山所需电力的供应中心，是见证中国近代历史的重要遗迹，作为珍贵的近代历史见证遗迹，具有一定的佐证价值和历史意义。发电房的海拔高程为538米，总占地面积约132平方米，建筑面积为56平方米。发电房为三个并联式石结构拱券形式，为三个相对独立石洞。

炮台山原为抗战时期高炮防空阵地，现仅能看清壕沟。

重庆抗战遗址群所在地重庆黄山原为重庆富商黄云阶所属。1913年，黄云阶在黄山购地修建宅邸，黄山之名由此而来。黄云阶对黄山进行了多年的营建，修筑了别墅、道路、石径，并进行了大规模的庭院绿化，除保留了原有的森林植被外，还从外地移栽了许多珍贵的树种，如铁树、丹桂等。这里已成为了树木参天蔽日、环境高雅清幽的避暑胜地。抗日战争爆发后，国民政府迁都重庆，蒋介石侍从室从富商黄云阶手中购得黄山。1938年12月8日，蒋介石率军事统帅部飞抵重庆，当日即进驻黄山官邸办公。蒋介石入住黄山后，在原有建筑的基础上新建了防空洞和部分用房，遗址基本保留了原有的自然环境和状况。与此同时，国民政府的一些高级官员也开始在黄山建造别墅，作为办公与居住使用。1939年8月，蒋介石在黄山接见印度国大党主席尼赫鲁。1943年2月6日至7日，中、美、英三国在黄山云岫楼举行最高级别军事会议，就三国进一步加强军事合作及收复缅甸北部联合作战问题进行会谈。1943年10月18日至20日，黄山官邸再次举行中、美、英最高级别军事会议。会上蒙巴顿将军首先报告了魁北克会议精神，之后三方代表就收复缅北联合作战问题进行商讨并达成协议。

1945年抗战胜利后，国民政府还都南京，黄山移交中国福利院。1952年4月，西南军政委员会直属机关干部疗养院由南温泉迁至黄山。1953年3月，西南直属机关干部疗养院更名为西南军政委员会卫生局黄山干部疗养院。1955年1月，黄山干部疗养院由西南军政委员会交重庆市卫生局接管。1991年6月25日，云岫楼、草亭两处文物遗址交由市文化局修复后成立重庆黄山陪都抗战遗迹陈列馆，由重庆市博物馆（重庆中国三峡博物馆前身）负责管理和对外开放。

1996年，重庆市人民政府以〔1996〕170号文件规定了黄山陪都遗址保护范围和保护办法。2000年，重庆市人民政府评定黄山、南山陪都遗址为第一批市级文物保护单位。2003年2月21日，重庆黄山干部疗养院及重庆黄山陪都遗迹陈列馆下放到南岸区政府。2005年10月19日，重庆抗战遗址遗迹博物馆举行开馆仪式，从此对外开放。2012年11月，重庆抗战遗址遗迹博物馆对部分遗址进行了改陈，并重新开放。2013年，该遗址群被国务院公布为全国重点文物保护单位。

1938年国民政府迁渝后，黄山实际上成了国民政府的重要指挥中心之一。毫无疑问，黄山抗战遗址群是国民政府在大后方组织抗战的历史见证，在重庆全部抗战遗址中占有十分重要的地位，有着较高的历史价值和现实保护意义。

第一，黄山抗战遗址群具有较高的文物价值。黄山现存的15处遗址都与数十年前重要人物和事迹密切相关，是重要的不可移动文物。除此之外，位于黄山的抗战遗址博物馆中还收藏有"松厅"匾额等为代表的二级馆藏文物，赵熙行书七言诗石刻等为代表的三级馆藏文物和大理石桌面雕花梳妆台等为代表的一般文物，共计66件组200多件。

"松厅"牌匾

第二，黄山抗战遗址群具有重要的历史价值。黄山官邸作为蒋介石、宋美龄经常待客、宴请、聚会、议事的重要场所，成为当时中国时政要务、党政军方针决策中枢之地和蒋、宋进行国际外交活动的政治舞台。曾经访问过黄山的一些驻华外交官就指出:"在决定着亚洲和平与战争的中国,支配四亿五千万人民命运的最高统治者,就住在这里的山中……人们并不知道这一片静静的山岳地带,已经成为指挥抗战的重要根据地。"由此可见,黄山因为国民党各主要高官和机要人员的驻足与休寝,在抗战过程中,扮演着中枢要地的角色。这里所遗留的建筑和文物,自然也有其特殊的地位。

第三,黄山抗战遗址群所存遗址大多为20世纪30年代至40年代建造的官邸式别墅,具有典型中西合璧的折中主义风格和浓郁的山地特色,是我国西南地区近现代建筑发展变革的例证之一,对于研究20世纪重庆近现代建筑的发展历史具有重要的参考价值。例如莲青楼及附属建筑是重庆建筑文化走向对外开放的象征;它具有公寓建筑特色,居住和聚会建筑功能齐全,建筑融合了东西方近现代的建筑风格;同时,又是较为珍贵的近代历史见证遗址和建筑艺术品。又如松籁阁建造年代恰逢西方现代建筑的发展时期,其体现出来的中国地方建筑形式与西方现代建筑功能相结合的特点,恰是现代建筑传入我国的一种实例证明。

第四,保护和利用好黄山抗战遗址群有助于进一步加强两岸交流,促进统一战线发展。重庆黄山抗战遗址群作为抗日民族统一战线的重要舞台,是世界反法西斯战争远东战区决策地之一,为中国人民抗日战争和世界反法西斯战争作出过巨大的贡献。它是国共合作、共纾国难的见证。黄山不单是民国军政要人往来之地,也是中国共产党重要领导人经常前往商谈抗战及施政事宜之地。周恩来、叶剑英等人都曾驻足此地,海峡两岸的党政要人也频繁参观留念。保护和利用好该遗址群对促进两岸交流有积极作用,对促进文化统战建设有巨大推进作用。黄山在新的历史时期仍承载着促进民族统一与复兴的使命。

鉴于以上情形,我们认为,在今后对重庆黄山抗战遗址群的保护与利用过程中,应注重以下几点:

第一,继续对相关遗址进行修缮和改陈,做到按原貌保护。政府应该进一步加大资金投入,对有损坏和破烂的遗址在不改变原有样式的基础上进行修复,对保存较差的如炮台山遗址则可作就地复原处理。对修缮后的遗址,应统筹陈列展览设计,充分利用现代展示技术和手段,突出南山抗战遗址曾经是中国反法西斯军事斗争重要指挥中心的地位。

第二,积极开展相关文献和实物资料的搜集工作。黄山抗战遗址群是国民政府当时指挥抗战的中枢,是重要历史的见证,背后沉淀了丰富的历史事件。但是,目前黄山抗战遗址博物馆所藏文物和文献资料极少,与其曾经发挥的巨大历史作用不相匹配。因此,下一步应该更广泛地对与之相关的文献和实物资料展开搜集,以充实抗战遗址博物馆的馆藏。

第三,适当提升行政管理级别,做好旅游开发项目。黄山抗战遗址群面积较大,地位也很重要,应该提升管理级别。在此基础上,政府可以根据当地地形与周边环境,在不影响遗址保护的前提下,适度进行旅游项目开发与景观设计,这有利于城市公共空间的打造与文化品位的提升,也有助于文化遗址本身价值的更大发挥。

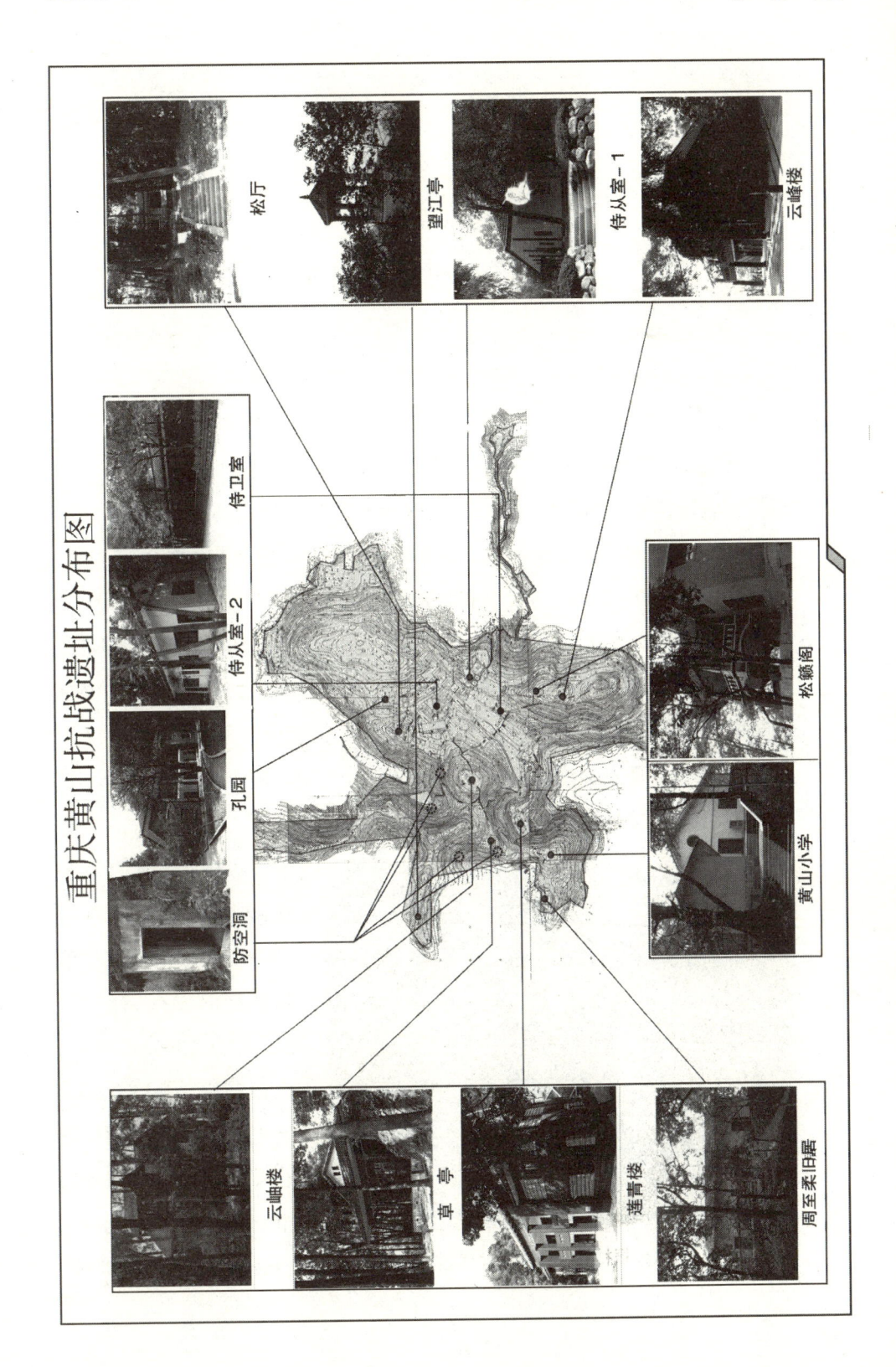

重庆黄山抗战遗址分布图

松厅 / 望江亭 / 侍从室-1 / 云峰楼

侍卫室 / 侍从室-2 / 孔园 / 防空洞

松籁阁 / 黄山小学

云岫楼 / 草亭 / 莲青楼 / 周至柔旧居

大公报社重庆旧址

重庆大公报社旧址位于重庆市渝中区李子坝正街102号（原李子坝建设新村），该建筑坐南朝北，一楼一底，砖木结构，中西结合，共两栋，面阔35.06米，进深11.17米。建筑面积571.86平方米，建筑占地面积396.17平方米。1938年至1952年间，此处为大公报报社总馆。

《大公报》1902年创办于天津，是世界上现存历史最悠久的中文报纸之一，在国际上享有巨大声望，创办人英敛之。1926年6月，天津盐业银行总经理吴鼎昌出资5万元，邀胡政之、张季鸾组成新记股份公司接办该报。吴自任社长，胡任经理兼副总编辑、张任总编辑兼副经理。同年9月1日，吴鼎昌、胡政之、张季鸾接办续刊直到1949年解放。

1936年4月，《大公报》创办上海版，把经营重心南迁。报纸在津沪两地同时发行，行销全国。沪版《大公报》的销数最高曾达145000份。抗战爆发后，津沪两版随着天津、上海等大城市的相继失陷而被迫停刊，《大公报》于颠沛流离中，

大公报社重庆旧址正立面

先后创办过汉口、重庆、香港、桂林版。1937年8月4日，该报津版刊登了"因环境关系暂行停刊"的启事。计自创刊以至津版暂时停刊，共发刊12261号。1937年12月14日，沪版停刊。张季鸾率曹谷冰、王芸生等相继创办了汉口版

大公报社重庆旧址左侧面

和重庆版。1937年9月18日，汉口《大公报》发刊，是接着津版而办的。汉口撤退时，汉口版于1938年10月17日停刊。胡政之率金诚夫、徐铸成等先后创办《大公报》香港版和桂林版。香港版于1938年8月13日发刊，桂林版于1941年3月15日发刊。

　　1938年8月大公报报社辗转来到重庆，12月1日发行渝版，王芸生任重庆版总编辑。初到重庆，该报即发表了一系列呼吁抗战的文章，之后又连续发表了数篇宣传"吃苦抗战"的文章。日报发行量最多时达91500余份，晚报发行量最多时达32000余份，创造了当时重庆报业的发行纪录，营业始终盈余，政治上也颇有影响，甚为中上层人士和知识分子所喜爱。在重庆期间，《大公报》经历了世界战争史上历时最长、惨绝人寰的重庆大轰炸，报馆虽三次被炸，但仍坚持在防空洞里出报，为反法西斯战争锐声呐喊，为激发重庆人民抗日斗志发挥了举足轻重的作用。

　　日军轰炸严重时期各家报社因大轰炸而停刊，1939年5月5日，重庆各报出联合版，《大公报》休刊101天。8月13日，重庆版《大公报》在李子坝建设新村新址复刊。1940年，日军倾其航空力量，对重庆进行连续半年的狂轰滥炸，李子坝经理部办公楼被炸毁，印刷厂第二车间被破坏，但在半山腰防空洞里的印刷机却始终没有停转，《大公报》也没有一天间断。1941年的夏天，大公报报社再次遭到轰炸，经理部大楼中弹，编辑部大楼经猛烈震动，屋顶裂开，员工们在暴雨中露宿两夜，改在防空洞里继续出报。如此恶劣环境之下《大

公报》的销量仍稳步上升,是当时重庆所有报纸销量的总和。1941年春,美国密苏里新闻学院赠送《大公报》一枚新闻学奖章。这是中国报纸第一次获得最佳报纸称号。1941年9月,张季鸾逝世后,《大公报》决定组织董监事联合办事处,以胡政之(主持该报桂林版)、李子宽(留沪支持通讯事宜)、王芸生(事实上之主笔,该报社评多出其手)、曹谷冰(渝版经理)、金诚夫(香港版经理)等五人为委员会,并以胡政之为主任委员(仍兼总经理职务)。1941年12月13日,香港版《大公报》停刊。1943年2月2日,重庆版发表《看重庆,念中原!》社评,对比河南灾民惨状,斥责重庆富豪奢靡生活。此文激怒当局,被勒令停刊3天。1944年9月12日,桂林版停刊。抗战后期,《大公报》只剩下重庆版一家,直到抗战胜利。

　　作为抗战时期重庆重要的媒体机构,《大公报》无论是对社会舆情的报道,还是对民族大义的弘扬,都扮演了极为特殊的角色。应该肯定,《大公报》重庆版为抗战宣传作出了积极贡献,该旧址是这一史实的物质建筑载体。抗战期间,各种力量和势力的角逐影响着民族凝聚力,但《大公报》重庆版始终以挽救民族命运为己任,号召大后方广大民众齐心协力抵御侵略。因此,抗战时期《大公报》重庆版是以坚持抗战、弘扬民族正义为主线的。曾为《大公报》记者的周雨回忆说,自卢沟桥事变后,"一向主张和平的《大公报》,从此一变而为百折不挠的主战派。我们为着这一点,不惜牺牲营业,抛弃财产,擎起一支秃笔,天南地北,颠沛流离地巡回办报,和日阀撕拼"。张季鸾也曾撰文强调中国抗战必胜,因为中国的目的是"绝对正义的",这种正义是"绝对争取国家民族的独立、自由与平等"。

　　另外,大公报社旧址结合重庆山地特点依山而建,是典型的中西式砖木结构,是重庆近现代代表性的重要建筑。该旧址青砖、青瓦,顶棚采取传统的"人"字斜坡式,周边有立柱支撑,采取典型的中西合璧的折中主义风格,体现了近代转型时期重庆建筑的特点。

　　总体而言,重庆大公报社旧址是重庆抗战遗址遗迹的重要组成部分,具有较高的历史文化价值和现实利用价值。鉴于此,我们建议,今后对重庆大公报社旧址的保护与利用,应注重以下两点:

第一，联合相关机构，对旧址作修复、陈列。目前，重庆大公报社旧址的保护管理机构是重庆新闻出版局，但重庆新闻出版局并不是专门的文物保护机关。因此，重庆市委宣传部、重庆文化广播电视局应该协调相关职能部门，统一规划，分工实施，就原址的修复、陈列工作进行详细商讨。

第二，加大对《大公报》，特别是重庆版《大公报》的研究。《大公报》在中国报业史上的地位不言自明，而重庆版《大公报》在抗战时期媒体中的地位又极为特殊，其中的办报宗旨、经营方式、言论导向、行文风格等都值得我们作深入探讨。在今后的研究中，应首先注重对重庆版《大公报》总经理、主编等关键人物相关文论的搜集和整理，同时还要关注重庆版《大公报》与其他各主要媒体和社会力量的关系。

白沙抗战遗址群

白沙抗战遗址群位于重庆市江津区白沙镇,主要包括夏仲实公馆、张爷庙、卞小吾故居、"七七"纪念堂、鹤年堂、高洞电站、黑石山抗战石刻、国民政府审计部旧址、国民党党史编撰委员会旧址、国民政府第二陆军医院旧址等抗战遗址。

夏仲实公馆位于白沙镇中兴路152号,海拔高程228米,坐南朝北,依山势建于临江的二级台地上,与临街街道落差4米,占地面积4018平方米,建筑面积2814平方米。其为土木石结构的复四合院式布局,硬山式屋顶,圆穹式风火墙。由上下厅、天井及两侧厢房西小院组成,上厅面阔4间27.4米,进深7.62米,通高6米。整幢建筑巧妙地融川东民居与西式建筑优点于一身,整体显得庄严、肃穆。该建筑始建于1929年,民国期间,是爱国将领夏仲实将军的私人官邸和练兵场地。解放初期,夏仲实将该公馆捐献给国家,曾长期作为白沙镇党委和镇政府的办公地点,现为企业家私人购买、使用。夏公馆一直没有进行过专业维修和保护工作,建筑结构基本稳定,主体保存较好,但墙体出现倾斜,梁架部分有腐朽和虫

夏仲实公馆俯视

蛀现象,总体状况一般。

张爷庙位于白沙镇聚福街12号的小官山脚下,海拔高程232米。该建筑为土木结构,硬山式屋顶,由门厅、两侧厢房和正殿组成。正殿面阔3间11.8米,进深14.1米,通高6.8米。张爷庙始建于清朝康熙初年,距今已有300多年的历史,原是当地民众供奉三国时期蜀中名将张飞的神庙。1922年至1926年,聚奎书院曾在此办学。1931年至1950年,白沙镇区立女子初级中学校在此办学。抗战时期,张爷庙接收了大量爱国师生并曾安置国民党伤兵在此治疗,有"战时医院"之称。张爷庙现为当地居民租住使用,从未进行过专业的保护与维修,其墙体倾斜,木构件大部分腐朽,屋面漏雨严重,保存状况较差。

张爷庙风火墙

卞小吾故居位于白沙镇石坝街62号,海拔高程271米。该建筑始建于清朝末期,坐东朝西,南临石坝街小学,东西北三面均为居民区。为土木石结构的四合院式宅院,由门厅、正厅及两侧的厢房组成。正厅面阔3间18米,进深6米,通高6米,其窗饰雕刻精美,天井中央还遗留有一个刻有诗词和吉祥语的石缸。卞小吾是重庆辛亥革命先驱、《重庆日报》创始人。抗战时期,该建筑曾作为国民政府军政部学兵的营地。解放后,卞小吾故居被收归国有,现为当地居民租住使用。总体上看,该故居保存基本完整,结构稳定,但因年久失修,部分墙体出现残缺、破损现象,部分木柱出现虫蛀、开裂等现象。

卞小吾故居雕花窗棂

"七七"纪念堂位于白沙镇黑石山村,

海拔高程267米。该建筑坐北朝南，为土木结构，布局呈方形，长27.6米，宽22.6米，通高6米。该建筑是1938年春，聚奎中学为增办高中部，由邓鹤年、邓鹤丹以及诸子言等江津富绅募款修建。抗战时期，许多内迁的文化名人曾到此讲学，传播先进的思想文化，宣扬救亡图存的爱国精神。邓氏家族1925年创办的私立新本女子中学此时也迁至此地办学。解放后，"七七"纪念堂曾用作聚奎中学的教师宿舍和医务室，现处于闲置中。由于年久失修且无人使用，纪念堂墙体倾斜，木制构件大部分腐朽，屋顶漏雨现象严重，保存状况较差。

"七七"纪念堂正面

鹤年堂位于白沙镇黑石山聚奎中学校内，海拔高程319米，该建筑坐东朝西，为土木砖石结构，平面呈长方形，屋顶为重檐歇山顶。面阔5间19.96米，进深9间36.83米，堂高12.98米，建筑面积1417平方米。鹤年堂室内结构西为门厅（两侧设有小门）；东为休息厅；中间七间为礼堂，分上下两层，下层为大厅，上层为参会者听讲之用。大厅西端有一仿罗马歌剧院式的舞台。鹤年堂始建于1928年，作为聚奎中学的大礼堂使用，有"川东第一大礼堂"之称。抗战期间，内迁的文化名人如陈独秀、于右任、梁漱溟、蒋复璁、蔡元培等以及各界知名人士都曾在此登台讲学或演讲，宣传抗战。1940年，陈独秀曾在此寓居讲学三个月，冯玉祥

鹤年堂远景

发动献金救国,也曾来过这里。解放后,鹤年堂一直作为聚奎中学的教师宿舍使用。2006年,聚奎中学筹资迁走了里面居住的教师,并对其进行了整体维修,包括屋面木基层及大木构件归位、白蚁治理等,使其基本恢复了原貌,主要作为讲演或演出之用。

修复后的鹤年堂礼堂

高洞电站位于白沙镇高洞村驴子溪高洞瀑布下面左侧,海拔高程221米,坐南朝北。驴子溪水流流向为自南向北,前面500米即是黑石山,东面是拦河大坝,南面和西面都是耕地,北面是悬崖。电站机房坐落在悬崖边沿,呈圆洞形,落差20米,圆洞直径4米。该电站为坝后式,从机房到机井的顶部呈螺旋式逐渐上升,共7层,130多梯步。机房底部呈壶胆形,长32.7米,宽5.9米,顶部呈梯子形。电站设计装机容量为发电组2台,共计120千瓦。高洞电站是1944年由夏仲实等人倡议集资入股筹建,是我国早期自行设计施工、制造机电设备的水力发电厂之一,著名革命家吴玉章的独子、水电专家吴震寰时任电站工程师。1946年建成后一直使用至今,发电功能良好,设备也不断完善,如装机容量改为200千瓦,机井由木质结构改为砖泥结构并安置了铁制保护栏杆,井口也做了相应改善等。

高洞电站远眺

黑石山抗战石刻位于白沙镇黑石山聚奎中学校内,主要由陈独秀、冯玉祥、郭沫若、于右任等名人题刻组成。

陈独秀题刻在聚奎中学校内的鹰嘴亭下,海拔高程275米,坐北朝南,东临"七七"纪念堂,西临鹰嘴亭,南北两侧为道路。题刻为篆体阴刻"癸亥集字补刻 大德必寿独秀",呈长方形,长3.65米,宽1.43米,字迹优美,线条流畅,笔锋有力。题刻在"文革"期间被毁,1985年重镌。目前字体上不同程度地出现了苔藓,特别是题刻四周尤为严重,石壁有部分脱落。

陈独秀题刻

冯玉祥题刻在聚奎中学校内的九曲池,坐北朝南,海拔高程300米。题刻内容为1944年冯玉祥悼念江津著名爱国诗人吴芳吉所作的诗,系后人补刻,为行楷阴刻"黑石山,冯玉祥,白沙镇,黑石山。吴芳吉,有坟院。吴先生,是铁汉。认真理,能苦干。在清华,不回还。中外人人把头点,被围八个月,那是在西安。有米送人,自己饿死亦安然。志士仁人心,既是英雄又好汉。我走到坟前,诚恳来祭奠。好朋友,未相见,彼此永远记心间。谁想到,今天经过黑石山,男女学校二大片,永远桃李无边缘。甲子正月广元侯正荣书"。受该地区气候潮湿的影响,题刻上多见苔藓,对字体有一定程度的腐蚀。

冯玉祥题刻

郭沫若题刻在聚奎中学校内函谷石上,坐北朝南,海拔高程264米,东临聚奎书院,南接九曲池,西靠一夫当关石,北连校园操场。内容为1942年郭沫若所作的怀念吴芳吉的五言律诗,系1984年补刻,为阴刻行书五律"廿年前眼泪,今日尚新鲜。明月楼何在?婉容词有笺。怆然醴手泽,凄切动心弦。赖有侯芭在,玄文次第传"。题刻共分五行,宽0.4米,高1.45米,保存较好，仅表面有少量的苔藓。

于右任题刻在鹤年堂前面，坐东朝西，海拔高程320米，为三面体塔形石碑，碑文内容为于右任抗战时期在白沙所书，题刻三面分别为"奋乎百世"、"顶天立地"和"继往开来"，基本上保持了原貌。"文革"动乱中，该碑与题刻俱被毁坏，后于1981年重新镌刻。

国民政府审计部旧址位于白沙镇石坝街，包括37号、39号和41号。该旧址坐南朝北，海拔高程233米，为土木结构，面阔4间23.4米，进深17.4米，通高9.6米。1939年3月国民政府审计部因重庆大轰炸由市中心迁至此地，借用这几处民居作为临时办公地点直至抗战胜利。解放后，该旧址房主进入江津一棉纺厂工作，故将此房屋捐赠给棉纺厂作为职工宿舍使用，现为江津区新运纺织厂职工家属楼，仅存门厅。

国民政府审计部旧址门厅

国民党党史编撰委员会旧址位于白沙镇中心路246号，海拔高程199.4米。该旧址为两楼一底的仿日砖木穿斗结构建筑，始建于民国初年，建筑面积约1100多平方米。1938年1月国民党党史编撰委员会迁往重庆，最初在江北磐溪培园（即石氏家祠）办公，因重庆大轰炸于1939年4月迁往白沙镇现址。在白沙期间，国民党党史编撰委员会还进行了创办党史史料丛刊、举办建党五十年革命史迹展览等一系列活动。1946年5月，国民党党史编撰委员会随国民党中央执行委员会各单位迁回南京，旧址还作当地民居使用至今。该建筑目前保存完好，基本没有改动痕迹。

国民党党史编撰委员会旧址侧面全景

国民政府第二陆军医院旧址位于白沙镇公园路社区朱家洋楼，海拔高程198米。该建筑为中西结合式四合院布局，大门前有半圆形平台（俗称月亮坝），大门上两角有石雕的狮子，门顶上有八卦的图案。整个建筑分后厅、前厅和左右厢房。1939年，国民政府陆军第十六后方医院迁至白沙镇，1943年改称第二陆军医院，其院本部设在朱家洋楼，此外还在学堂咀、心子山和万家山三地分别设有医疗病区。当时该院还用来安置难民和流亡的学生。解放后，曾作为江津县法院的办公场所使用，现为当地居民住房，大部分保存完好。

国民政府第二陆军医院旧址主体建筑正面全景

白沙抗战遗址群是抗战期间白沙作为文化重镇的重要历史体现，也是国民政府迁都重庆后所形成的诸多抗战遗址的重要组成部分。白沙镇位于长江南岸，交通便利，自北宋雍熙四年（987年）建镇以来，历元明清等数世，一直凭借经济兴镇。经济的繁荣必然也带来了文化教育的发展，创办于清同治九年（1870年）的聚奎书院（今聚奎中学的前身）至今已有140多年的历史。而抗战内迁至此的学校等文化机构以及在此居住的众多文化名人则又带给白沙浓厚的文化气息。国民政府内迁重庆之后，因1939年日军"五三"、"五四"大轰炸，市区内的安全受到极大威胁，大批政府机关和文化机构纷纷又迁至重庆市郊。其中，迁往白沙的机构也相当多，尤以学校最为引人瞩目。据统计，至1942年，白沙镇的中小学生以及大学生等常年在校学生人数已超过万人，成为抗战期间名副其实的"学生之城"。而正是各级学校和文化机关、团体的大量会聚，引来了众多教授、学者、文学家、艺术家和社会名流，造就了白沙镇在抗战期间人文荟萃的繁盛局面，如陈独秀、于右任、梁漱溟、蒋复璁、蔡元培、冯玉祥等人均曾在此讲学或居住过，为白沙留下了丰富的有形或无形文化遗产。白沙坝也因此与重庆沙坪坝、北碚夏坝、成都华西坝一起合称为抗战时期四川著名的"文化四坝"。此外,白沙这些抗战遗址如夏仲实公馆、鹤年堂、卞小吾故居等不仅有着建筑艺术上的科学参考价值,有的还使用至今并发挥着重要功用,如高洞电站等。因此,白沙抗战遗址群具有重要的历史价值、艺术价值和科学价值,特别是其文化艺术价值。作为全国历史文化名镇的白沙因为有了这些抗战遗址而显得更富文化底蕴,保护好这些抗战遗址对其文化旅游事业有着很大的推动作用。

鉴于以上情形,我们认为,在今后对白沙抗战遗址群的保护与利用过程中,应注重以下几点:

第一,尽快制定保护方案和维修方案,对遗址进行修复。白沙抗战遗址群中的大部分都没有得到较好的保存,其损坏程度已经比较严重。今后应该根据"修旧如旧"的原则,抓紧时间对主体建筑进行整体维修;在周边环境加强绿化面积,预防自然灾害;清除本体表面的微生物,加强防风化处理。

第二,竖立标识牌和说明牌。白沙抗战遗址群所属各遗址点均为市级文物保护单位,但大多没有醒目的标识碑和说明牌,遗址的基本价值和文化意义无法得到彰显。

第三,修缮高洞电站,适时作相应展陈。高洞电站是近代中国较早建成的电站,在抗战时期发挥了重要作用。目前,高洞电站梯步上有大面积渗水,应进一步完善洞内排水系统,加强防雷、防火等保护措施及相应的设备,预防事故发生;同时,要禁止附近居民乱砍滥伐、随意开辟农田,要及时改善周边环境,防止水土流失。在此基础上,可以考虑以电站本身为展陈空间,以其墙体为展线,对电站发展和演变历程作简要展示。

第四,将张爷庙内现居住居民搬迁,对主体建筑进行维修,坚持"修旧如旧"原则,整治周边环境,改善基础设施,防止这一珍贵的历史文化遗产消失殆尽。

第五,就近筹建一处白沙抗战遗址纪念馆,作为各遗址点的总馆。在总馆中,对各遗址点作较为详细的介绍,对白沙抗战遗址群在抗战中的地位作比较完整的展示,这样既可以充分发挥该遗址群的人文和爱国主义教育作用,也可恢复其中部分遗址点原有的功能,形成一处有影响的文化场所。

陈诚公馆旧址

陈诚公馆旧址位于重庆市渝中区胜利路187号,该建筑坐西朝东,三楼一底的中西式砖木结构,建筑面积524.8平方米,占地面积131.2平方米。陈诚公馆始建于20世纪初,是歇山式与攒尖式混合房顶的流行式样的变种,这种变体式样在当时也很流行,即攒尖式通常有的圆柱或平圆柱体的拱形墙面,主楼右侧顶上层成为阳台,而不是直冲入房顶完全成为攒尖式。因此这种建筑为矩形体和半圆柱体结合,楼上半圆形大阳台,单檐歇山式房顶。该建筑青砖蓝瓦,既有中式楼宇的古朴,又有西洋公馆的气派,建筑风格简洁,是重庆地区较具代表性的近现代建筑。2009年,重庆市人民政府公布其为第一批重庆市优秀近现代建筑之一。

陈诚公馆迁建前旧貌

陈诚公馆是抗战期间陈诚及其家人在重庆的公馆，兼有居住和办公性质。陈诚虽常年在外领兵对日作战，但亦时有回渝小住，参加重要军事会议，商讨抗日事宜。抗战期间，该栋建筑作为陈诚将军的官邸使用；解放初期归中国人民解放军西南军区使用，1962年移交给西南科技情报所（该单位后来更名为中国科学技术情报研究所重庆分所，现名为科技部西南信息中心）作为职工宿舍。2007年，重庆协信控股（集团）有限公司购得陈诚公馆周围土地的使用权，陈诚公馆也一并归协信集团所有。

迁建中的陈诚公馆

尽管陈诚公馆自解放后便长期属国家所有，但因为使用者时有变更，各自又根据实际使用需要，对建筑进行了改造。现有房屋的正面大门已经改装减小，屋顶加建一层，同时改平屋顶为坡屋顶，其余地方基本保持了原有风貌。但由于作为单位宿舍使用时间较长，内部不可避免的有所损坏，缺乏修缮。2007年9月，根据《关于开展第三次全国文物普查工作的通知》精神，重庆市政府将重庆抗战遗址遗迹的调查、登录作为重庆市第三次全国文物普查专项试点工作。在调查工作中，渝中区工作小组发现了陈诚公馆并确定其为不可移动文物点，进行拍照、绘图、记录等工作。2009年，重庆协信控股（集团）有限公司将其迁建至距原址约100米处，同时加建地下室，周围建筑及原有花园亦一并拆除，自然与人文景观均遭到较大破坏。同年，第三次全国文物普查期间又对陈诚官邸进行了复查并补充相关资料，同年12月25日，陈诚官邸被重庆市人民政府公布为重庆市第二批重点文物保护单位。

陈诚早年毕业于保定军官学校，抗日战争时期历任第一、第六、第九战区司令长官，军委会政治部长，三青团书记长，远征军司令长官，湖北省主席等要职，是坚定的主战派，在淞沪会战、武汉会战、长沙会战、鄂西大捷等重大抗

陈诚公馆迁建后

日战役中均发挥了重要作用,为中国抗日战争的最后胜利作出了一定的贡献。重庆作为抗战时期中华民国的陪都,有着众多当时的名人官邸,而陈诚官邸无疑是其中重要组成部分,不但建筑本身具有一定的艺术价值,更因为当时主人的显赫地位及其在抗战中的贡献而具有丰富的历史文化内涵。因此,陈诚公馆旧址是一处宝贵的抗战文化遗产,也是研究重庆抗战陪都文化的重要组成部分,对促进两岸交流有着积极作用。

鉴于以上情形,我们认为,在今后对陈诚官邸的保护过程中,应注重以下几点:

第一,在保护规划的原则上始终坚持国家规定的"保护为主、抢救第一、合理利用、加强管理"十六字文物工作方针,制定科学合理的陈诚官邸保护规划方案。

第二,考虑到陈诚公馆的现状,下一阶段应继续加强与重庆协信控股(集团)有限公司的沟通、协调与合作,做好产权置换等工作。

第三,争取国家和地方的经费支持,根据保护规划方案,进行周边环境整治、文物本体保护(外观和内部修缮)等工作,力求在最大程度上恢复陈诚官邸原有风貌。同时征集相关文物,将其开辟成陈诚陈列馆或相关专题陈列场所,供普通民众参观学习。

重庆抗战兵器工业遗址群

抗战时期,为支持抗战,国民政府将大量工厂迁往大后方,尤其是兵器工业。其中有13家兵工企业先后内迁重庆,占大后方兵工企业的63%,它们为支持抗战,取得最后的胜利作出了重要贡献。这里所说的抗战兵器工业遗址群主要包括兵工署第五十工厂抗战生产洞、兵工署第十工厂抗战生产洞、兵工署第二十四工厂生产车间、兵工署第二十五厂抗战生产洞、兵工署第一工厂抗战生产洞、钢铁厂迁建委员会抗战生产车间、航空委员会第二飞机制造厂海孔洞生产车间,它们分别位于重庆市江北区、沙坪坝区、九龙坡区、大渡口区、綦江区(万盛)等五个区内。

兵工署第五十工厂抗战生产洞:兵工署第五十工厂旧址位于江北区,地处长江铜锣峡口,距市中心20公里。兵工署第五十工厂山洞车间占地面积大约5000平方米,22个洞口,洞内隧道互通,地面上约两尺高的排水渠纵横交错,井然有序,洞壁为抗爆、防炸的钢筋水泥墙体。兵工署第五十工厂于1933年在广东清远县潖江建厂,1935年12月1日定名为广东

兵工署第五十工厂抗战生产洞

第二兵器制造厂,1936年改名为广东第二兵工厂。1937年为了躲避日军的轰炸,在厂长江钧的带领下,跨越数千里,辎重2000吨,内迁至重庆市江北区郭家沱,1938年5月1日更名为军政部兵工署第五十工厂。由于自1938年2月18日起至1943年8月23日,日本对中国陪都重庆进行了长达五年半的战略轰炸,为避日机,五十工厂的许多机器都藏入山洞里,生产车间设在人工开凿的隧道中。山洞车间1939年开始修建,历时四年,1943年完工。山洞车间主要生产炮的核心部件、迫击炮、战防炮、野炮。现在该处遗址由于山体滑坡,原有22个洞口中的3个洞口被掩埋,但内部保存完整,其余19个洞中,1个洞内仍在生产,11个闲置,另有7个由天趣温泉中心使用。

兵工署第十工厂抗战生产洞:兵工署第十工厂山洞车间位于重庆市江北区大石坝忠恕沱。兵工署第十工厂前身是1936年在湖南株洲成立的炮兵技术研究处。该厂名为炮兵技术研究处,主要是避免对外公开,其实该处筹备之初就是按照国内兵器制造规模最大之现代化工厂建设的。1938年6月1日,该厂奉令迁往重庆,厂址在嘉陵江畔的江北县石马河乡空水沱,共征地1600亩,建造有码头、山洞、库房、厂房及职工宿舍。该厂以制造20毫米及37毫米步兵炮弹为主。1939年,炮技处迁来重庆不久,即开始修建山洞厂房,1941年6月,为避免空袭,将弹头及工具机器陆续迁入山洞安装,即在洞内工作。现在,兵工署第十工厂抗战生产洞都已废弃;山洞均有多个出口;2号洞有东西两个出口,洞口高3.1米,宽3米,西支洞长32.3米,东支洞长31.6米,主洞长70.5米;3号洞洞口宽3.6米,高3.2米,洞长221米。在大石坝重庆前卫仪表厂厂区内,有抗战时期兵工署第十工厂防空洞1个,保存完好,洞口上方有兵工署第十工厂水泥厂徽一枚。

兵工署第二十四工厂生产车间:兵工署第二十四工厂坐落在重庆市沙坪

兵工署第十工厂抗战生产洞

坝区歌乐山下、嘉陵江畔。兵工署第二十四工厂筹建于1919年，1935年动工兴建，是西南地区最早建设的钢铁企业，1937年1月1日军政部兵工署接办，1937年1月8日投产，炼出了西南地区第一批电炉钢。1939年1月定名为军政部兵工署第二十四工厂。1940年和1941年两年之内，钢厂先后八次遭到日机轰炸，为减少空袭造成的损失，保护重要设备，1941年，在600毫米中型轧机厂房上增加钢筋混凝土保险楼，1942年4月，又将甫澄炉迁至保险楼生产，另一方面开凿山洞厂房。1940年2月，开始在磁器口文昌宫山脚开凿岩洞，成立第二发电所，1940年夏，在钢厂以西的歌乐山山腰江家湾开凿山洞，1944年完成。该旧址现有抗战时期的一炼钢车间及防空洞，厂房钢筋混凝土结构，西北—东南走向，其两侧为20世纪六七十年代增建的厂房，厂房西北—东南长44.5米，东北—西南宽15米。整个建筑由六根钢筋水泥柱支撑，柱身下粗上细呈梯形，水泥柱上为钢制柱头，其上为整体浇筑的混凝土屋顶。该厂房为抗战时期修建，建筑构件为抵御日机轰炸，皆采用混凝土整体浇筑而成。在厂房西南方10米处有一处挖掘于抗战时期的防空洞遗址，该防空洞宽18.6米，长19.2米，高约10米，为三眼拱券顶式洞并列而成，该防空洞曾长期被作为职工浴室使用。

兵工署第二十五厂抗战生产洞：兵工署第二十五工厂旧址位于重庆沙坪坝双碑嘉陵江畔。这里有一段长约400米、高50米的山脊，分布着10多个山洞，另外在山脚也有40余个山洞，是当年二十五工厂建的山洞厂房，用于防空和躲避子弹。山洞分布密集，坐东朝西，开凿于天然掩体中，洞口大门处都设有稽查守护，两边放机器，中间是过道。隧洞由主洞及南北各两个共四个耳洞组成，通长31.7米，主洞宽4.5米，高6米；耳洞长7.1米，宽2米，高2.3

兵工署第二十四工厂生产车间

兵工署第二十五厂抗战生产洞

米。兵工署第二十五厂原是湖南株洲炮兵技术研究处之枪弹厂，1938年4月，该厂厂长龚积成奉令将该厂机器设备迁渝安装，于4月12日在重庆成立筹备处，开始筹备。勘定张家溪一带为厂址，先后征地1600多亩，重要设备移设山洞内，以策安全。1939年8月，将熔铜、轧铜两部分山洞厂房先行修筑。在毗连厂址的挂榜山地段，征地1200余亩，兴建山洞厂房及工人宿舍。1942年5月，完成山洞厂房8座，安装机器，开始兴工。1941年7月，将第一工厂在二层岩山洞各项工程接收，继续建筑。1942年5月，先后完成山洞32个，挂榜山山洞共计完成40个，于1942年10月一律完成，开工制造。1941年，因夏秋季空袭频繁，产量虽比上年有所增加，但影响甚大，于是将效率优良、形式新颖的机器迁入山洞厂房，到1942年10月，山洞厂房完成后，产量可达月造各种枪弹500万以上。兵工署二十五兵工厂旧址保存较为完好，难能可贵的是其完整保存了抗战时期生产子弹的一整套机器设备，具有极高的历史与文物价值，对研究中国近代兵器制造业的发展具有重要的参考价值。

兵工署第一工厂抗战生产洞：兵工署第一工厂旧址位于九龙坡区谢家湾，其厂房开凿于鹤皋村鹤皋岩岩壁上，地势高低起伏较大，紧邻长江沿岸，周边植被茂盛。兵工署第一工厂前身为创自清朝光绪年间的汉阳兵工厂；

1938年6月,该厂奉令迁往湖南辰溪;1939年底,日机袭击辰溪,第一工厂奉命内迁重庆。该厂在重庆鹅公岩勘定地址,沿江开凿山洞,建筑厂房,机件材料2/3拆卸起运,其余仍留辰溪,拟渝厂完成后,再行全部运输。当时厂区占地25万平方米。1940年10月,因运输关系,兵工署决定将该厂与第十一工厂调整作业,"将未迁渝之枪弹厂及机关枪厂、动力厂拨交十一厂,十一厂已迁渝之制枪厂及炮弹厂拨交第一厂,至第一厂迁渝之枪弹厂一部分机料则拨交第二十五工厂"。迁建调整工作完成后,该厂厂址仍在重庆鹅公岩,出品渐趋单一,专业化程度有所提高,先后开工制造的有中正式步枪及各式炮弹、手榴弹等品,后又将手榴弹停制,改造枪榴弹及迫击炮弹。抗战时期,为防止日机轰炸,该厂将一些重要设备都搬进洞内生产,第一所的步枪生产全部在洞内进行。解放后,兵工署第一工厂改为建设厂,现为建设集团。现存的兵工署第一工厂抗战生产洞,从傅家沟至龙凤溪沿长江北岸一带,均有分布,其数量超过100个,大多数洞体保存较好,只是多废弃,只有部分岩洞还在作为车间使用。这些洞里,3号洞保存最完整,有些洞是独立的洞体,有的洞里有支洞相通。洞的大小各异,如33号洞洞高8.6米,深38米,宽7.5米;55号洞高约3.8米,进深33米,宽4米。

钢铁厂迁建委员会抗战生产车间:钢铁厂迁建委员会旧址地处大渡口区原重钢集团公司厂区内,位于长江北岸,三面环山,地形呈月牙状,面积为2.46平方公里。厂区建于长江沿岸一带三级阶地上,呈宽广的斜坡地带,第三级阶地崩滑物直接覆盖于基石之上。其边缘坡度约40度至45度,

兵工署第一工厂抗战生产洞

基岩基座的表面坡度为4度，向江面倾斜。东距长江直线距离约1.2公里。

重庆钢铁集团前身是1890年9月湖广总督张之洞创办的汉阳钢铁厂。1938年3月1日奉蒋介石手令，国民政府军政部兵工署和经济资源委员会合办钢铁厂迁建委员会，负责将汉阳及武汉附近的钢铁厂机器设备迁川建厂，"为后方钢铁事业树一基础"。钢铁厂迁建委员会的迁建对象主要有汉阳钢铁厂、大冶铁厂、六河沟铁厂、上海炼钢厂。对于汉阳钢铁厂而言，钢铁厂迁建委员会的主要任务是拆卸汉阳钢铁厂的炼铁炉、炼钢炉、轧钢设备、动力机器与六河沟铁厂炼铁炉，以便迁渝建厂。1938年3月26日，钢铁厂迁建委员会派员到重庆选定重庆大渡口为新址，征地3331亩，开始建设。1938年7月，钢铁厂迁建委员会临时办公处晴川院建成，大渡口区和綦江铁矿、南桐煤矿同时着手建设施工。1940年3月，第一制造所发电机开始发电，第二制造所20吨炼铁炉投产。抗战期间，钢铁厂迁建委员会生产车间多次遭到日机轰炸，如1940年9月14日，日机18架轰炸钢迁会，投弹约100枚，炸死炸伤员工100余人，炸毁房屋100余间。这一时期，为躲避日军轰炸，钢铁厂迁建委员会在大渡口厂区修建防空洞18座，用于安放重要设备。钢铁厂迁建委员会旧址现存抗战时期的锻造车间厂房一栋，该厂房为砖混结构，长80.81米，宽12.36米，目前由三峰工业公司锻造厂作为生产车间使用。另有大型轧钢厂房一栋，该厂房为砖混结构，长134米，宽18米，厂房一侧的墙壁、部分屋顶为历史遗留。它早前由重庆钢铁集团型钢厂作为生产车间使用，重庆钢铁集团整体搬迁后，该厂房被保留下来，被作为筹建中的重庆工业博物馆所属文物来展示。

航空委员会第二飞机制造厂海孔洞生产车间：航空委员会第二飞机制造厂旧址

钢铁厂迁建委员会抗战生产车间

位于重庆市綦江区(万盛)丛林镇一个钟乳石形成的溶洞内,当地称作海孔洞。洞内高18米至35米,宽18米,纵深210米,洞壳厚40米至70米。洞口最高处书刻有"豁然开朗"四个大字;洞内有许多姿态万千的钟乳石,还有清澈溪水流出。

航空委员会第二飞机制造厂海孔洞生产车间旧址

海孔洞的东、西、北面为洞顶,南面为洞口,洞前为耕地,主要种植水稻和蔬菜。第二飞机制造厂的前身是中国和意大利在南昌合建的中意飞机制造厂。抗战开始后,该厂因日机轰炸停止生产,并于1939年从南昌迁来重庆市綦江区(万盛)丛林镇,改名航空委员会第二飞机制造厂,简称第二飞机制造厂,又名海孔飞机厂。飞机厂征地约3341亩,并以海孔为中心,将半径15公里范围内的树林低价收购,划为特别警戒区。1944年10月,第二飞机制造厂设计制造出中国第一架自主研制生产的中型运输机"中运一号",其后又研制出"中运二"双发中小型运输机,"中运三"全金属中小型运输机。1939年至1948年,第二飞机制造厂除设计制造了若干架"中运一、二、三型"运输机外,还设计制造了20多架"忠28甲式"教练机、50架"狄克生"初级滑翔机、3架仿伊驱逐机。1947年底,第二飞机厂迁回南昌,海孔洞遭废弃。1965年国家三线建设期间,抗战时期第二飞机制造厂修建的厂房等建筑由晋林机械厂使用,主要生产大炮。晋林机械厂对第二飞机制造厂的厂房进行了部分改建,并新建了一些厂房。2003年晋林厂整体迁至四川彭州,海孔洞里的车间第三楼全部砸毁,一楼和二楼依然完好,隐约可见当年"多快好省、力争上游"的生产标语。第二飞机制造厂在中国航空史、航空工业史,以及抗战史上都有重要意义。现在,当地农民在海孔洞内兴办了蘑菇厂,主要从事蘑菇种植。

总的来讲,重庆作为战时首都,拥有类型最丰富的抗战工业建筑遗产。

抗战时期的重庆,被誉为战时的"中国工业之家",是中国最为重要、最为集中、大后方门类最齐全的综合性工业区。兵工生产是支持持久抗战的重要产业,八年抗战中的兵工生产是在川、滇、黔、湘、陕等广大地区进行的,但随着抗战的深入发展,最终形成了以重庆为中心的生产基地。战时兵器工业的内迁、生产是中国现代史、抗日战争史上光辉的一页,是中国近代经济史、中国近代工业史,特别是中国军事工业史上重要的篇章。

首先,内迁兵工企业保存了近代以来中国工业的精华。抗日战争中的工业搬迁,是中华民族发展史上规模宏大、历时最长、极其悲壮的民族工业大迁徙。据估计,先后辗转迁到大后方的达1000万人,其中约700万人入川,仅重庆及其附近沿江一带就约百万。在工业内迁中,以兵工业规模最大,也迁得较为彻底。在全国内迁15万吨工矿设备器材中,兵工业设备比重最大并处于优先装运的地位。只要还来得及拆迁,都迅速而隐秘地进行了抢拆、抢运、抢建、抢复工。抗战内迁的各兵工厂都是中国近代工业的精华,这些工矿企业内迁后陆续开工,对坚持抗战发挥了至关重要的作用。

其次,重庆兵工为抗战胜利作出了重要贡献。抗战时期,重庆兵工厂数量始终占到国统区的2/3,不仅在数量上在整个大后方兵工网络中起着中心和举足轻重的作用,而且在生产规模、生产能力与生产技术上,都是其他地区兵工厂难以匹敌的。抗战时期,抗日战场上必需的主要常规武器诸如重机枪、迫击炮、投掷筒、手榴弹,以及轻机枪、迫击炮弹、步枪及枪弹等,基本都能满足战争需求。由于主要的常规武器和大宗的军械损耗均能从国内得到及时、迅速地补充且源源不断,国民政府才能在长达八年、艰苦异常的抗日战争中坚持下来并取得最后的胜利,而这其中2/3以上的武器装备来自重庆各个兵工厂。

再次,兵器工业遗址是坚持抗战的重要见证。抗战时期,重庆是日本轰炸的重点城市,在野蛮轰炸的过程中,各兵工厂成为轰炸重庆的重点目标。日机轰炸,并未动摇广大兵工员工的抗日决心和信心,他们在敌机轰炸下坚持生产,一面冒着生命危险,随时轰炸,随时救济,随时修理,随时复工,一面为避免无谓的牺牲并保护机器设备,储存重要物资,各厂削丘填谷、开山凿洞,因地制宜建立山洞厂房。在重庆抗战工业遗产中,抗战生产洞是一个非常突出的特点,它们是特殊历史时期的产物。当日本飞机对重庆不分白天黑夜、不管军用民用进行"疲劳轰炸"时,重庆成了火海废墟。但是在重庆附近的岩洞里,仍旧是灯火通明,机器轰响,兵工工人挥汗如雨,不分昼夜进行生产,武器弹药每天由长江上的小船、山路上的马帮,还有壮丁们的背篓,源源不断运往抗日前线。这些生产洞对保存工业基础具有十分重大的意义,也是中国人民不屈的抗日精神的见证。

最后,重庆兵工工人为新中国的兵器工业发展作出了贡献。抗日战争爆发,中国爱国的兵工工程技术专家和员工,与全国人民一道,同仇敌忾,共赴国难。他们爱厂如家,不顾个人安危,勇敢而艰辛地参加抢运抢建,不分昼夜地进行研制和生产工作,支援了前线中国军队。我国著名的兵工专家大多曾留学国外,战时荟萃重庆。如毕业于日本帝国大学的二十一厂厂长李承干曾在法国高等兵工学校深造,解放前任沈阳兵工厂中将厂长的陈修和(解放后任中央技术管理局副局长)是美国哈佛大学科学博士,二十八厂厂长周志宏(科学院学部委员)是留德火炮专家,还有第十厂厂长庄权、第二十九厂厂长王怀琛、留日的二十六厂厂长方兆镐、留德的兵工署司长胡蔚、德国兵器学博士张述祖、二十一厂总工程师高庆春等兵工界的名人,以及弹道、精密、光学、应用化学、特种车辆等科研机构的兵工科技人员等,都在战时兵工生产和研制中作出了自己的贡献,他们中的绝大多数解放后即献身于新中国的建设事业。

鉴于重庆抗战兵器工业遗址群的现状及其重要价值,我们认为,在今后的保护与利用过程中,应该注重以下几点:

第一,改善管理机制,协调相关部门,切实开展文物遗址保护工作。目前,抗战兵器工业遗址群分别由重庆望江工业有限公司、重庆前卫仪表厂、重庆东华特殊钢厂有限责任公司、中国嘉陵集团、重庆建设工业集团有限责任公司、重庆钢铁公司使用、管理,这就要求在文物遗址保护和利用过程中,要有较强执行力的机关牵头,协调相关企业与文物保护单位,共同开展工作。

第二,明确和细化保护范围与建设控制带。重庆抗战兵器工业遗址群是在第三次全国文物普查过程中新发现的工业遗址,由于重庆市在此前未开展过专门的工业遗址普查工作,对工业遗址的认识不足,未开展对工业遗址的保护工作,此次普查的工业遗址,均没有保护范围和建设控制地带,而该遗址群大多处于即将开发或者周边正在开发的状态,划定保护范围和建设控制地带已成当务之急。

第三,加紧实施挂牌保护。重庆抗战兵器工业遗址群现在均闲置或废弃,个别遗址面临被拆除险境,必须加紧实施挂牌保护,否则极易被开发企业在无意识的情况下拆除。

第四,在条件许可的遗址,进行展示陈列。重庆市正在建设重庆工业博物馆,选址在抗战兵器工业遗址群之一的钢铁厂迁建委员会旧址,这将会对重庆工业遗产的保护和利用起到良好的示范作用。另外,九龙坡区也已经对兵工署第一工厂抗战生产洞旧址进行规划,加以保护利用。

总之,重庆抗战兵器工业遗址群的保护与利用,是整个抗战遗址规划的一部分,同时也是城市文化空间拓展的重要步骤,更是促进两岸交流的必然要求,应当站在全局的高度积极开展这项工作。目前,重庆市政府已经决定在重钢公司大渡口本部选址建立工业博物馆,同时,可考虑利用现存的地下工厂洞穴等抗战遗址,精心规划,作为地下通道或休闲空间;结合旅游产业开发,把地处风景区内的抗战兵器工业遗址打造成为重庆抗战文化的重要旅游景点。

国立复旦大学重庆旧址

国立复旦大学重庆旧址是抗战时期复旦大学西迁到重庆时的原址,它位于现北碚区东阳镇夏坝先锋村,北碚至西山坪公路边,左邻仪器厂,右接东阳街区,面临嘉陵江,坐东朝西,地势平坦。国立复旦大学重庆旧址现主要分为两部分:一是登辉堂,二是孙寒冰墓园。

登辉堂为复旦迁来后校门内建的第一座小礼堂,以复旦大学老校长李登辉之名命名为"登辉堂"。该建筑建于1938年,为一楼一底,黄墙青瓦,砖木结构,中为楼房,两侧为平房,建筑面积605平方米,楼房高12米,面阔11米,两侧平房高6米,面阔各11.5米,进深5.2米。屋顶外墙正上方挂有"登辉堂"之牌匾。室内除砖墙外,以木质料为主。朴实大方的建筑特色,给人以端庄沉稳的感受。目前楼房保存较完好。1987年在登辉堂前新建"抗战时期复旦大学校址"纪念碑,周谷城题书碑名,碑高2.5

国立复旦大学重庆旧址登辉堂全景

米、宽1.2米、厚0.5米,基座高0.6米、宽1.5米,背面碑文为原复旦大学校长、著名物理学家谢希德手书。2005年,重庆市政府、复旦大学、北碚区人民政府共同出资对旧址进行了修复,开始将登辉堂建成了复旦大学北碚旧址纪念馆。旧址纪念馆于2010年4月3日正式开放。国立复旦大学北碚旧址纪念馆内的展览分13个专题,共有近200幅照片,陈列了复旦大学在渝八年的办学历史,重点展示了创校先贤、知名校友和牺牲在重庆的校友事迹。孙寒冰墓园位于登辉堂右后侧200米处。墓园面积349.17平方米,横宽20米,纵长14米,有花砖围墙。墓居正中,高1.8米,宽1.65米,长2.6米,水泥涂面。前嵌大理石墓碑,上刻"孙寒冰教授之墓",款"周谷城题"。墓之左、右侧各立一碑,左侧为孙寒冰教授墓志,右侧为复旦大学师生罹难碑记。

　　复旦大学由马相伯创建于1905年,原名复旦公学。1917年,复旦开始办理大学生本科业务,改名为复旦大学。"八一三"淞沪抗战失利后,日寇攻占上海,战火纷飞,复旦学生开学到校极少。不久,南京教育部指示复旦、大同、大夏、光华四所大学组织临时联合大学内迁。大同、光华因经费无着落而退出。复旦、大夏组织临时联大,分两部分别迁往江西、贵州。11月12日,上海沦陷。江西一部联大决定内迁贵阳与二部合并,师生长途跋涉,于12月底抵重庆。

　　当时重庆有复旦校友100余人,组织了复旦同学会,并创办有复旦中学。联大第一部到达重庆时,受到复旦校友和各界人士的热烈欢迎。正巧复旦中学已经放假,联大第一部遂借该校菜园坝校址上课,第一学期到1938年2月中结束。同月,在重庆校友的帮助下,吴南轩赴嘉陵江一带寻

国立复旦大学迁到北碚后当时的校门

找校址,确定在重庆北边150余里北碚对岸的夏坝(原名下坝,由陈望道建议改今名)。夏坝背靠琼玉山,面临嘉陵江,位于黄桷镇与东阳镇之间,有平坦土地1000余亩,与北碚夹江相望,风景秀丽,为建校佳地。2月下旬,师生分批到达夏坝,复旦正式在重庆复课,师生精神振奋,教学认真,生活俭朴,颇有一番新兴气象,同时,复旦与大夏之"临时联合"正式宣告解体。

学校经常与北碚区政府(当时是管理局)合作,推行社会服务,例如举办民众学校;响应募寒衣活动;培训小学老师;组织宣传队、歌咏队、话剧队,深入农村,从事抗战救亡宣传活动等。他们组织歌咏队、演出队到学校附近及市中区演出,自编自演的话剧《逃难到北碚》以及抗日爱国剧目《在松花江上》、《放下你的鞭子》等都受到广大群众的欢迎。

重庆复旦大学根据抗战形势需要,自1938年秋陆续增设史地系、数理系、统计系、农垦专修科、国艺系、农场、茶叶组、农艺系等,并在1940年秋建立了农学院。至此,该校共有文、理、商、农等学院,中文、外语、新闻、教育、化学、生物、土木、政治、经济、社会、银行、会议等22个系和中国生理、心理所,使复旦大学成为一所多学科的综合性学府,受到社会各界的重视。后又得四川省政府、赈济委员会和各地工商资本家的捐款,在夏坝逐渐建筑简单校舍,陆续建成的有相伯图书馆,登辉堂,大礼堂,博学、笃志、切问、近思等教室,男女宿舍,农场等。

1941年11月25日,国民政府行政院第五届一次会议通过决议,复旦大学由私立改为国立,由吴南轩任校长。复旦改为国立以后,经费较前充裕,学校为了培养高质量人才,千方百计聘请著名学者来校任教和兼课,如陈望道、周谷城、张志让、顾颉刚、吕振羽、曹禺、洪深、胡风、童第周等教授。同时,学校还经常请社会名流来校作学术报告。使学生不仅学到文化科学基础理论,而且还能学到社会知识,增强抗击侵略及反法西斯意识。如郭沫若就来校讲过《敌我青年之对比》,使大家认清正义战争和侵略战争的本质;请邵力子介绍《苏联卫国战争》;马寅初作经济问题讲演;黄炎培讲《世界形势及中国前途》;老舍讲《关于创作问题》等。这些名人的报告,使学生收益极大。抗战八年,复旦大学共培养了学生2651人,成业的达95%以上,为大后方输送了大批人才,不断充实陪都重庆的建筑界、金融界、新闻界、教育界、农业科学界。

抗战胜利后,1946年8月,复旦大学部分师生回到上海,留渝校友在原址创办私立相辉文法学院,后并入西南农学院,杂交水稻之父袁隆平院士曾在此度过了四年本科时光。解放后,该旧址属北碚区蚕种场管理和使用。1998年5月,为了更好地保护和管理,北碚区文化广播电视事业局与登辉堂产权所属单位市农业局、北碚蚕种场多次协商,并斥资6.5万元购买了旧址永久使用权,随即对凋零破损的旧校舍进行了修葺维护。2004年,该旧址的管理机构与上海复旦大学、重庆复旦校友会一起,共同搜集、整理、编辑旧址文物资料,开办了抗战时期复旦大学校史纪念馆。现复旦大学旧址登辉堂保存完好。

孙寒冰(1903—1940),江苏南汇县人。1922年毕业于复旦大学商科,又先后在华盛顿州立大学、哈佛大学研究院就读。1938年12月中旬,孙寒冰教授由港至渝,历任复旦大学教授、教务长、法学院院长。孙寒冰创办过黎明书局,个人主要代表作有《社会科学大纲》,他最杰出的贡献在于创刊《文摘》。1937年1月,《文摘》月刊在上海首发,该刊为我国文摘式刊物之首创。这份杂志摘录、翻译国内外报刊的进步文章,揭露日本帝国主义侵华阴谋,促进全国人民团结抗日。在国共合作和谈期间,又在《文摘》最早翻译发表美国记者斯诺写的《西行漫记》中的《毛泽东自传》,名噪一时,轰动内外,引起读者极大的兴趣。不少青年由于阅读《文摘》而走上了进步的、革命的道路。1940年5月27日,日机轰炸黄桷镇的复旦大学,王家花园教师宿舍被炸毁,6位复旦师生遇难,寒冰教授也不幸

孙寒冰墓

罹难身亡，年仅38岁，全校师生同声哀悼。由于校舍被炸毁，学校也宣告本学期暂告一段落。校长李登辉等铭刻了《复旦大学师生罹难碑记》。1987年12月11日，北碚区人民政府将孙寒冰教授墓从夏坝后山，迁至登辉堂右后侧200米处，新建墓园，由周谷城题书碑文，铭刻了《孙寒冰教授墓志》和《迁墓记》。其中，墓志原件已在20世纪90年代被重庆市博物馆（现重庆中国三峡博物馆）收藏，现位于墓园内的墓志为复制品。

国立复旦大学重庆旧址是以战时高校内迁为背景而诞生的，它是重庆抗战遗址遗迹的重要组成部分，记载了当时高校在重庆的办学历程。因此，国立复旦大学旧址体现了较高的历史文物价值和现实利用价值。

首先，在抗日战争时期，重庆是内迁高校最集中的地区，复旦大学也是抗战时期中国高校内迁的典型代表；不仅如此，当时在渝的60余所高校（含分校）中，国立复旦大学重庆旧址是今天保存最完好的建筑之一。

其次，复旦大学是抗战大后方爱国民主运动的坚强堡垒，复旦大学旧址的保护可以更好地诠释抗日战争时期中国共产党的抗日民族统一战线政策。1938年复旦大学由上海迁来北碚后，紧密团结在中国共产党周围，高举抗战、团结、进步大旗，积极开展各项救亡运动，被中共中央南方局青年组认为是学校工作的典型和模范。当时校内建立的学生组织有学生导报社、民主青年社，团结教育广大青年，支持抗战，与国民党当局政府开展斗争。校园内民主学术风气浓厚，被誉为西南地区著名的文化教育"四坝"（沙坪坝、北碚夏坝、江津白沙坝、成都华西坝）之一。复旦大学作为当时大后方坚强的民主堡垒而声名远播，充分体现了抗战时期莘莘学子满腔热血、报效祖国之精神。另外，复旦大学旧址记录和见证了抗战时期复旦大学作为文化集体具有的巨大文化凝聚力，也充分展现了一批文化精英的爱国民主追求。当时一大批举国敬仰的著名教授会聚在此，他们的学术著作，起着权威性的影响，创作了大量稀有的名篇佳作，孕育了一大批爱国志士和国家栋梁之材，其爱国主义精神对当今文化教育建设有着极大的促进和推动作用，充分体现了历史赋予北碚的特定文化内涵，从而具有十分重要历史教育价值。

鉴于此，就国立复旦大学重庆旧址而言，今后的保护与利用工作应注重以下几点：

第一，制定比较详细的片区文化景观规划方案，以国立复旦大学旧址复原为中心内容，打造环境优美、人文浓厚、自然协调的城市公共空间。

第二，进一步开展与复旦大学的相关合作。之前，北碚区文化广播电视事业局和北碚区文物管理所与上海复旦大学、重庆复旦校友会一起，共同搜集、整理、编辑了旧址文物资料，开办了抗战时期复旦大学校史纪念馆。因此，目前重庆相关机构已经与复旦大学建立了良好的沟通机制。今后，应该以此为基础，双方进一步拓展交流、合作领域。

第三，加大对复旦大学迁驻重庆时期相关历史的研究。目前，抗战时期复旦大学校史陈列馆搜集整理了复旦大学创始人——马相伯，复旦之母——李登辉，著名教授张志让、陈望道、周谷城、洪深、孙寒冰、章靳以、曹禺等大批名人的珍贵的照片介绍以及实物等，并建立了文物档案卷宗光盘。复旦大学北碚旧址纪念馆也收藏了一批资料和展品。同时，复旦大学重庆校友会还倡议成立"复旦北碚爱国荣校基金"，该基金将用于支持搜集、整理和研究抗战时期复旦大学在北碚的史料，以及对旧址的后期维护和修缮。然而，截至当前，有关复旦大学迁驻重庆时期的历史还梳理得不够，有关这一时期的历史问题也研究得不深入。今后，我们的研究应该以多视角切入，采用多学科的研究方法，尽可能地丰富研究成果。

国立中央图书馆暨国立罗斯福图书馆筹备处旧址

国立中央图书馆暨国立罗斯福图书馆筹备处旧址现位于重庆渝中区两路口长江一路1号,建成于1941年。该建筑坐落在这青山环侍、江水萦绕的两路口,具有重庆建筑独特的神韵,是重庆近现代代表性的重要建筑。该址位于渝中半岛西面。北面紧邻长江一路,南面坡下为菜园坝火车站,东面接图书馆新大楼,西面为宿舍楼。建筑坐西北向东南,为西式"丁"字形砖木结构建筑,三楼一底共有40间房间,面阔46米,进深27.9米,通高14.9米,台基

罗斯福图书馆旧址

高0.5米。总建筑面积2405平方米，建筑占地面积724.96平方米。目前该建筑整体保存状况较好，柱础有脱落、开裂现象。

1937年11月12日上海失陷，南京危在旦夕。11月18日，国立中央图书馆筹备处奉教育部命西迁。为防止重要典籍毁于战火给国家民族造成重大损失，将重要图书130箱随船运出。后辗转至长沙、岳阳、宜昌，于1938年2月12日运抵重庆。到达重庆后，先借川东师范大礼堂楼屋为办事处，后又另租上清寺聚兴村民房为出版品国际交换处办事处。当时重庆被定为陪都，尚无稍具规模之公共图书馆。因此，勘定在重庆市市区两浮支路新市街第一苗圃建立中央图书馆分馆基地。1940年8月1日，正式成立国立中央图书馆。10月，国民政府任命蒋复璁为国立中央图书馆馆长。1941年1月新馆舍工程全部竣工，为两楼一底五层书库，可藏书40万册。1945年8月，抗战胜利，日本投降，中央图书馆将原散设于江津白沙镇的各部门集中至重庆，于1946年初分批返回南京，留在重庆的馆舍改设办事处，并继续开放阅览。

1945年4月12日，美国总统罗斯福在乔治亚州温泉突然逝世，为纪念这位始创联合国、组成反击法西斯联合战线、援助中国人民抗日战争的美国人，中国国民党第六次全国代表大会专门通过一项决议，建议国民政府在抗战结束后，创办一项文化事业作为纪念。1946年国民政府正式开始筹设罗斯福图书馆，择址重庆原国立中央图书馆，中央图书馆遂移赠全部馆舍、设备及复本图书12083册与罗斯福图书馆。

罗斯福图书馆筹委会于1946年10月初西迁重庆，以原中央图书馆馆址为办公地址，开始实施各项筹设工作。整个筹建工作全部由委员会秘书，曾留学美国，返国后曾任多个图书馆馆长的著名图书馆专家严文郁主持的秘书班子具体进行。在馆舍方面，罗斯福图书馆主要接收原国立中央图书馆在重庆的建筑。中央图书馆旧址年久未修，内外墙壁以及设备均残缺不全，故筹委会自1947年2月起，即以整个图书馆2亿元开办费的40%对馆址重新设计，改造修补及布置环境。至4月底基本竣工，全馆计有书库大楼一栋，其中两层作为办公用房，其余四层为书库，全部书刊都入库上架排列，还另外接收两栋建筑作为职工宿舍楼。

1947年5月1日,罗斯福图书馆正式开放了阅览室,这也标志着罗斯福图书馆的筹备工作已经完成。通过国立罗斯福图书馆筹备委员会众职员的努力,至1948年4月底,共藏有中文图书155200册(包括小册子在内)、西文图书9098册、中文期刊297种、西文期刊130种、中文日报65种、西文日报5种。其典藏量在当时全国仅有的五个国立图书馆中名列前茅。可惜当时处于内战时,受战争的影响,罗斯福图书馆一直没有来得及正式挂牌成立。1949年11月30日重庆解放,国立罗斯福图书馆筹委会被西南军政委员会接管,1950年4月改名为国立西南人民图书馆。1955年5月,西南图书馆、重庆市人民图书馆(原重庆市立通俗图书馆)、北碚图书馆三馆合并,组成新的重庆市图书馆。同年6月1日正式开馆。1987年定名为重庆图书馆。1994年,重庆图书馆要求恢复罗斯福图书馆原名,2000年挂出了"罗斯福图书馆"的牌子。后重庆市图书馆另建新馆,原位于两路口的馆舍均移交给重庆市少儿图书馆。现在罗斯福图书馆旧址的使用管理单位为重庆市少儿图书馆。

应该肯定,从1928年5月15日决议筹设至1940年8月1日正式在重庆成立的国立中央图书馆,是近代中国图书馆事业发展的一个缩影。在抗战中不避艰险落成的国立中央图书馆重庆馆舍,见证了战时我国文化事业发展的重要历史。该馆从1941年2月1日起,日夜开放阅览,每月阅览人数逾万。体现了人民群众自立自强,战胜一切困难的革命乐观主义精神。

之后成立的国立罗斯福图书馆,是中国历史上第一个也是唯一一个以外国总统名字命名的图书馆,是解放前我国仅有的五个国立图书馆之一。经过众多筹备委员的辛勤工作和社会各界的大力支持,该馆在图书的征集、整理、借阅等诸多图书馆正常功能的发挥方面,都有其独到之处且取得了较大成绩。特别是该馆于筹设之始即确定的罗斯福图书馆应广事收集"此次大战之史料与联合国机构创设之文献……以资研讨永免世界战祸,增进人类幸福之方案"的宗旨,更得到了世界各国爱好和平的人民及组织的积极响应与广泛支持。因此,罗斯福图书馆自筹设伊始,即被联合国指定为联合国资料寄存馆之一,成为迄今为止我国保存联合国资料最早的图书馆。除此之外,该馆当时重点搜集的各类抗战版图书、报纸和期刊,使重庆图书馆成了我国抗战大后方图书、报刊资料保存最多和最完整的重要基地,从而为重庆乃至整个中华民族的文化事业留下了一笔丰厚、宝贵的财富。

国立中央图书馆暨国立罗斯福图书馆筹备处旧址的保护与利用比较完善,但仍存不足,今后应注重以下两点:

第一,结合区域规划,整治周边环境。国立中央图书馆暨国立罗斯福图书馆筹备处旧址虽可远眺长江,但地处山坡之上,交通仍不够通达,其文化空间的辐射影响力也十分有限;加之,周边不远处有菜园坝火车站、汽车站,故周边环境比较复杂,应该精心规划。

第二,进一步加强与台湾"国家"图书馆和美国罗斯福图书馆交流,交流范畴可以包括馆藏资料查阅、课题合作、管理培训等多方面。

国民政府立法院、司法院及蒙藏委员会旧址

国民政府立法院、司法院及蒙藏委员会旧址位于重庆市渝中区的主干道中山一路上。该遗址坐北朝南，中西式砖木结构，共九层。该建筑面积5030.28平方米，建筑占地面积558.92平方米，楼宽35.6米，进深15.7米，楼高28.8米。1935年，自贡人李义铭兄弟集资在观音岩荒地修建私立义林医院，李义铭自任院长。中国抗日战争全面爆发后不久，国民政府迁都重庆，国民政府立法院、司法院、蒙藏委员会、内政部等机构及重庆市卫戍警备司令部先后征用义林医院办公。抗战胜利后，国民政府立法院、司法院及蒙藏委员会、内政部等机构随国民政府返回南京，私立义林医院仍为重庆市卫戍警备司令部征用，至1947年归还。重庆解放后，李义铭将私立义林医院捐赠给人民政府。1950年8月，重庆市卫生局将之改组为重庆市第二人民医院，1961年2月又改组合并为重庆市外科医院（1999年更名为中山医院）。1992年，由重庆市中区（今渝中区）人民政府公布为区级文物保护单位。1999年，中山医院对该旧址大

位于渝中区的国民政府立法院、司法院及蒙藏委员会旧址

修。维修后内部结构已完全改变,仅外观保持原貌。建筑主体常年受到自然环境影响,酸雨侵蚀,乱贴的小广告对外墙造成较大影响。2013年,该址被列为全国重点文物保护单位。

另有国民政府蒙藏委员会西永旧址,位于重庆市沙坪坝区西永镇西永村,为一座三合院布局的院落,坐东向西,总占地面积1534平方米。抗战期间,由于日军对重庆实施轰炸,国民政府蒙藏委员会在迁建区的沙坪坝西永镇觅址办公。目前,该旧址主体及框架结构尚存。1989年,重庆市原巴县人民政府立蒙藏委员会旧址保护标志。2006年5月,沙坪坝区人民政府公布其为区级重点文物保护单位,并予以挂牌保护。

国民政府立法院、司法院及蒙藏委员会旧址是抗战时期国民政府迁渝机构的遗存,具有重要的历史文物价值。

第一,国民政府立法院、司法院旧址是大后方抗战历史的见证,它是国民政府迁渝后开展法制工作的载体遗存。立法院在渝期间确立并完善了四个法案体系:一是国防体系,制定了《国家总动员法》、《防空法》、《要塞堡垒地带法》等;二是政治体系,制定了《行政院组织法》、《经济部组织法》、《卫生署组织法》等;三是经济体系,制定了《公库法》、《决算法》、《审计法》等;四是司法体系,制定了《最高法院设置分庭暂行条例》、《管收条例》等,修改了《法院组织法》。战时司法院下设机关有司法行政部(1943年改隶行政院)、最高法院、行政法院、公务员惩戒委员会。在渝期间,其司法制度为三审制,即地方法院初级审判,高等法院二级审判,最高法院为三级审判。毫无疑问,迁渝后的立法院和司法院为推动全国人民抗战、建设抗战大后方的正常社会秩序起到重要作用。

国民政府蒙藏委员会沙坪坝西永旧址

第二,该遗址具有

较高的建筑艺术价值。国民政府立法院、司法院及蒙藏委员会旧址为中西式砖木结构,典型的中西合璧的折中主义风格,是重庆近代建筑从开埠时期的殖民风格向现代中

国民政府立法院、司法院及蒙藏委员会旧址撑拱及檐口

国建筑过渡的典型代表作之一,对研究20世纪重庆近代建筑的发展历史具有重要的参考价值。

第三,国民政府蒙藏委员会旧址是战时国民政府对蒙、对藏关系的见证。国民政府蒙藏委员会是国民政府中央主管蒙藏事务的最高机关,1937年11月29日,国民政府蒙藏委员会委员长吴忠信携侨务委员会委员长陈树人由汉口迁往重庆,该会开始在渝办公。因此,该遗址实际上在某种程度上承载着与国民政府抗战时期少数民族政策相关的重要历史信息。

鉴于以上情形,我们认为,在今后对国民政府立法院、司法院及蒙藏委员会旧址的保护与利用过程中,应该注重以下几点:

第一,理顺机制,强化保护措施。目前,位于渝中区的国民政府立法院、司法院及蒙藏委员会旧址由重庆中山医院管理和使用,隶属重庆市卫生局,保护管理机构为渝中区文物保护管理所,隶属渝中区文化广播电视新闻出版局。双方应该理顺机制,进一步强化沟通渠道,尽可能落实好文物保护政策。另外,位于沙坪坝区的蒙藏委员会旧址

沙坪坝区国民政府蒙藏委员会旧址

属于沙坪坝区文物管理所管理,尽管该旧址内居住居民已全部迁出,但由于该旧址位置较为偏僻,周边环境也较差,沙坪坝区文物管理所在对该遗址的保护与利用上还未迈出实质性步伐。

第二,对文物本体进行修复,对周边环境进行整治。目前,位于渝中区的国民政府立法院、司法院及蒙藏委员会旧址虽然内部进行过修整,但基本结构已经改变,仅保留了遗址外观。除此之外,由于被用作医院,遗址外部环境也比较复杂,不利于文物遗址的保护与开发利用。位于沙坪坝区的蒙藏委员会旧址则仍为民居,因年久失修,已有多处损坏。因此,有关部门应立即着手对遗址进行修复,并整治周边环境,使之形成一处较能体现其文化价值的公共空间。

第三,加强相关的学术研究。国民政府立法院、司法院及蒙藏委员会旧址是重庆抗战文化遗址的重要组成部分。与此同时,它们又与近代中国法制史和民族关系史关系密切,这恰恰也是当前学界研究较弱的地方。因此,今后应该建立相关机制,充实各种条件,促进这方面研究的开展。

国民政府经济部旧址

国民政府经济部旧址位于重庆市渝中区新华路45—47号。渝中区是重庆市的母城和中心城区,重庆国民政府经济部旧址所在区域,是抗战时期重庆金融业最集中的地区,这里集中了当时各类金融机构数百家,中央银行、中国银行、交通银行、美丰银行、中国农民银行、聚兴诚银行、川康平民商业银行、中央信托局等著名金融机构都集中于此,被誉为"重庆的华尔街"。如今,这里依旧是重庆著名的金融中心。重庆国民政府经济部旧址楼高九层,坐东朝西,建筑面积10200平方米,建筑占地面积1400.3平方米,保护范围面积3350平方米,为现代主义建筑的设计手法,全钢筋混凝土结构,砖砌隔墙,是民国时期的典型建筑。

重庆国民政府经济部旧址原是重庆本地川盐银行的行址。1935年,川盐银行在曹家巷购买土地160方丈,修建川盐银行总行大楼,由川盐股东刘杰工程师设计,川盐银行董事长吴受彤亲赴上海,委托基泰工程公司

现已是重庆饭店的国民政府经济部旧址

承建。外部墙壁和内部营业厅都用青岛花岗石和上海瓷砖装饰，工精料实，辉煌富丽，成为民国时期重庆第一流的新式大厦。川盐大楼1936年12月竣工，全部工程连同附属设备共耗资60余万元。大楼快要完工时，川盐银行董事长吴受彤与刘杰登上美丰银行大楼查看，为了比美丰银行大楼高，决定在川盐大楼房顶加建一层宝顶建筑，用以超过美丰。大厦落成时，吴受彤刻石立碑："丰台起于垒土，高楼始于初基，萃群才之力，成夏屋渠渠，祝行业之永固，同此石而久历。"

国民政府经济部的前身是成立于1931年1月的国民政府实业部，是管理全国工矿业、农牧、渔业及商业等的最高行政机构，隶属于行政院。1938年1月，国民政府实业部改组扩大为经济部，部长翁文灏，主管全国经济行政事务，隶属行政院。1938年7月31日，国民政府经济部内迁重庆，借川盐银行行址作为办公地点。1940年后，抗战进入艰苦阶段，经济行政任务日趋繁巨，经济部对内部机构进行了调整，调整后的经济部系统包括企业司、管制局、商业司、电业司、矿业司、工业司、技工训练处、商标局、全国度量衡局、农本局、日用必需品管理处、采金局、矿冶研究所、中央工业试验所、中央地质调查所、工矿调整处、资源委员会。

抗战时期，众多机构内迁重庆，房屋不敷使用，川盐银行这样的大楼，成为许多机构争相租用的对象。抗战期间，除国民政府经济部外，执行著名的"驼峰航线"任务的中国航空公司也在此租住办公。抗战胜利后，经济部随国民政府迁回南京，于是有更多机构租用川盐大楼办公，其中有重庆市卫生署、重庆市建筑师公会、重庆市保险商业同业公会、四川水泥公司、美商美亚总经理海龙保险公司渝代理处等。解放后，该大楼收归国有，1959年

国民政府经济部旧址

该建筑改为重庆饭店，1987年重庆饭店合资改建，一度成为重庆家喻户晓的高档涉外饭店。

国民政府经济部旧址在由重庆饭店使用期间，内部经过多次装修，原室内构造和装修细部随着建筑功能的改变而发生改变，但是建筑外部造型保持原貌。该建筑于1992年被重庆市渝中区人民政府列为文物保护单位。2009年12月，重庆市人民政府将其公布为市级文物保护单位。

重庆国民政府经济部旧址建筑主体常年受到自然环境的影响，风雨侵蚀对外墙造成一定影响，外墙局部有剥落现象。另外，该建筑紧邻解放碑商业步行街与朝天门交易市场，人流量巨大，右侧与背面均与服装批发市场一墙之隔，其本体目前为酒店使用，所以面临的主要风险为火灾隐患。

国民政府经济部旧址是抗战时期国民政府迁渝重要机构遗存，具有较高的历史文物价值和现实利用价值。

首先，经济部是国民政府的重要职能部门，其旧址作为遗迹，是对战时国民政府经济活动的一种记载。国民政府经济部的前身是实业部。为便于战时经济管理，1937年12月31日，国防最高委员会将实业部改为经济部，将建设委员会，全国经济委员会，军事委员会所属第三、第四两部，资源调整、工矿调整、农产调整三委员会全部或局部并入该部，中枢经济机构由分散趋于统一。1938年后，经济部一面组织内迁武汉的厂矿继续内迁，一面斟酌各地经济条件及后方实际需要统筹工业区位，指定迁建方向，洽拨交通工具，代购建厂地亩，补助迁移费用，筹贷建筑基金，于多方督导协助之下，完成艰苦繁巨之迁建工作。1939年到1940年间，迁建工作基本完成，经济部的工作重心，转为尽快恢复生产。抗战八年，经济部除了主要负责全国工矿事业之建设与促进，增强大后方坚持抗战的坚实基础外，同时展开对敌经济作战，为中华民族抗战最终胜利作出了较大贡献。

其次，除国民政府经济部外，中国航空公司于1938年1月5日由汉口迁来重庆，其办公地点也在川盐银行大楼内，售票处在箐学街。为打通与海外的空中通道，1941年12月，中国航空公司进行了飞越驼峰的勘测，当所有的路线包括滇缅公路都被切断以后，中印航线，也称"驼峰航线"，是唯一的国际航线。毫无疑问,抗战期间,中国航空公司在"驼峰航线"上运输物资、支援抗战的事迹是值得记载的。

另外,国民政府经济部旧址在建造艺术上采用现代主义建筑的设计手法,全钢筋混凝土结构,砖砌隔墙。由于建筑基地是斜面,所以在平面布局上注重了高差的利用,分为营业厅、办公室、起居等九个部分,围成小庭院。大楼内外的装修工精料实、富丽堂皇。该建筑是重庆地区著名的现代主义建筑之一。

鉴于以上情形,我们认为,在今后对国民政府经济部旧址的保护与利用中,应该注重以下几点:

第一,加强文物保护的宣传和管理工作。2002年至2003年,渝中区文化广播电视局与渝中区规划局联合划定了国民政府经济部旧址的保护范围及建设控制地带。但是目前,在该建筑左侧和后面,紧紧地被一栋现代化高楼围住,并共用一部分墙体,没有按照保护要求建设,在今后的维修中,文物部门应加强与业主沟通,宣传文物保护知识,督促业主单位及管理使用单位(重庆饭店有限公司)加强对国民政府经济部旧址的日常性管理与维护,避免对遗址造成进一步的破坏。

第二,进一步深化对国民政府经济部相关问题的研究。目前,有关民国经济史的研究已经十分丰富,对国民政府经济机构的研究也逐步展开,但专门对国民政府经济部及其内设司署和相关人物的研究,还有待深入。在这一研究中,尤应注重抛开意识形态的分歧,实事求是地评价该机构和人物在当时的历史地位和作用。

第三,相关文物保护部门可以考虑与现国民政府经济部旧址使用者重庆饭店协商,在该建筑内部作适当陈设,以反映战时国民政府经济部和中国航空公司活动为主题,从而增强其文化厚重感。

军政部第二(日军)俘虏收容所旧址

军政部第二(日军)俘虏收容所是抗日战争时期国民政府军队羁押大多数日军战俘的场所,位于重庆市巴南区刘家湾和鹿角两处,均建于1939年。

位于刘家湾的军政部第二(日军)俘虏收容所旧址,占地面积5980平方米,建筑面积3900平方米,建于清末,

位于刘家湾的军政部第二(日军)俘虏收容所旧址一角

坐西朝东,穿斗结构,以土墙为主,部分砖混结构楼房并存,小青瓦屋面,素面台基。原房屋为有8个天井的深宅大院,因自然因素、年久失修、人为改建和拆除,原房仅部分存在,但留存房屋大致完整、主体结构比较齐整。现住有44户117人。

位于巴南区鹿角的军政部第二(日军)俘虏收容所旧址,距刘家湾旧址约十公里,占地面积2312.22平方米,建筑面积1812.2平方米,坐东北向西南,穿斗结构,小青瓦屋面,一楼为土墙,二楼以篾条墙为主。建筑原有3处共7间,因自然因素、年久失修、人为改建和拆除,原房仅部分存在,但留存房屋主体结构比较完整,与改建和新建砖混结构楼房并存。

军政部第二（日军）俘虏收容所，由邹任之少将任所长、沈启予上校任副所长。军政部第二（日军）俘虏收容所成立后，由政治部第三厅对日军俘虏开展感化教育工作。1939年11月25日，日本共产党员鹿地亘根据周恩来、郭沫若的指示，从桂林临时日军俘虏收容所中选取觉悟者，组建了在华日本人民反战同盟会西南支部。1940年7月20日，从军政部第二（日军）俘虏收容所选觉悟分子组建在华日本人民反战革命同盟总部，并开办和平村训练班。政治部第三厅派出管理员在各地日军俘虏收容所内推行中共中央"优待俘虏"政策和抗日统一战线的活动。

位于巴南区鹿角的军政部第二（日军）俘虏收容所旧址

日军收容所没有铁丝网，被俘日军享受着中国上等兵的生活待遇。在管理员的带领下，可以外出买菜、游泳、写生，可以自制工艺品出售，可以办墙报、刊物、举行演出等活动。对在南京大屠杀犯下滔天罪行的日本军队，中国人民没有简单地将仇恨施加到被俘日军身上，而是以儒家教义"仁"、"爱"之道的"礼、义、廉、耻"和佛教文化中的包容、宽恕，去感悟、教化冥顽的日军战俘们。1940年由政治部（第三厅）监制、中国电影制片厂拍摄的纪实影片《东亚之光》在重庆制作完成，影片拍摄了很多该收容所众多日军学习、生活的镜头，片中主要角色全由被感化、觉悟的日军俘虏扮演，电影公映后在国际上引起了巨大反响。1942年，日本战俘管理机关从重庆市中区黄家垭口迁到巴南区刘家湾办公。随着战事的逐步扩大，关押的日军战俘日渐增多，刘家湾周家大院已经容纳不下了，就把新俘获的战俘送到离刘家湾约十公里远的鹿角场三圣宫和梁家边院子关押。1944年8月，贵州镇远军政部第二（日军）俘虏收容所的战俘396人迁入梁家边院子。土桥场的杨家林是军政部第二（日军）俘虏收容所重庆分所，关押着几十个日军战俘，其中有日本军官、士兵和飞行员。国际红十字会、中外记者以及宋美龄曾先后访问过该收容所，郭沫若曾莅临战俘营作训话演讲。

抗日战争胜利后不久，所有日军战俘会聚土桥场头，坐着大卡车沿着川黔公路朝贵阳方向走了。其中有20多名病死的战俘，其坟墓前均立有一块木牌，写着死者姓名和住址，并拍照。返回日本的日军战俘以及他们的后代，大部分都成为坚持日中友好的骨干力量，他们及其后代曾多次到鹿角战俘营回访。军政部第二（日军）俘虏收容所旧址，成为了中国与他们及其后人连接的纽带。1965年，日本的群众组织——日本迎送骨灰协议会成员3人在重庆外事机构人员陪同下乘专车到鹿角乡，挖掘病死日俘遗骸，并带回了日本。

可以肯定，该旧址作为体现战时人道主义精神的载体，对弘扬中国文化、彰显中华民族热爱和平的精神、推动中日友好关系，都具有不可替代的作用。

军政部第二（日军）俘虏收容所旧址目前由巴南区南泉开发区管委会负责使用、管理、维修以及合理开发利用等工作。2009年12月15日，该旧址成为重庆市人民政府第二批重庆市文物保护单位之一，并设立保护标志。其保护档案有重庆市抗战遗址调查登记表1份、第三次全国文物普查文物登记表1套、重庆市申报第七批全国重点文物保护单位材料1套等，还有历史文献资料，如《鹿角战俘营琐记》、《日本战俘在中国》、《鹿角战俘营口述史》、《自由村主管人》等，还有反映该旧址历史的视频资料，如《东亚之光》等。这些文献、照片、图纸、保护规划及保护工程方案等纸质和电子光盘形式的调查及保护档案、影像资料，均存放于重庆市巴南区文物管理所。

鉴于以上情形，我们认为，在今后对军政部第二（日军）俘虏收容所旧址的保护与利用过程中，应该注重以下几点：

第一，文物本体修复。军政部第二（日军）俘虏收容所现存两处旧址均已破旧不堪，虽然主体结构仍然保持原样，但墙体已经十分残破，严重影响了遗址的继续存在。因此，文物保护单位应该对这两处旧址进行适当修复。

第二，改善遗址周边环境。军政部第二（日军）俘虏收容所周边地形复杂，交通不便，当地政府应该适时改善周边环境，便于保护与开发利用工作的开展。

第三，开展相关研究，尽可能做复原展览。目前，无论是政治史，还是军事史，对战俘的研究都很少涉及。事实上，据相关记载和口述言传，日军战俘当时在收容所得到了应有的待遇，其生活也较为丰富。因此，可以考虑将军事史、日常生活史结合起来，对日军战俘作研究。这对更好地揭露史实，促进今天中日交往是有积极意义的。

重庆国民政府外交部旧址

现存重庆国民政府外交部旧址有两处，一处位于渝中半岛偏东南部的望龙门街道辖区内人民公园南面，曾经是巴县议会所在地；另一处位于渝中区解放东路112号，原为聚兴诚银行所属建筑，有关该遗址的介绍见重庆金融遗址群。故这里所要介绍的国民政府外交部旧址仅指人民公园南面的遗存。

国民政府外交部旧址背立面

重庆国民政府外交部旧址东面为征收局巷，南面是原渝中区图书馆及巴县衙门旧址，西面接正美圆住宅小区，北面为人民公园山坡堡坎。国民政府外交部旧址是一幢中西式砖木结构建筑。坐西北向东南，一楼一底，楼上有回廊。通高约13.5米，面阔19.4米，进深20.5米，建筑面积1104平方米，建筑占地面积552平方米，保护范围面积910平方米。

该建筑始建于清末民初，最早为巴县衙门之巴县议会房地的左楼（其右侧还有一栋相似的楼房，同为巴县议会旧址；民国时期一度为国民党左派四

抗战时期的重庆国民政府外交部办公楼旧址

川省党部）。1929年，中共党员、黄埔军校学生梁伯隆（化名为梁靖超）利用二十一军军长刘湘有办学培养军政干部的要求，建议在重庆开办一所高级中学。此提议得到刘湘的赞许，由军部拨给经费，并把原巴县议会旧址左楼拨充校舍。1929年4月7日，重庆高中正式开学，刘湘自任董事长，梁伯隆为校长兼二十一军军部编译委员。梁伯隆受中共川东特委的直接领导，在该校建立了党团支部，形成一个坚强的核心。120多名学生中，党团员发展到30多人。中共四川省委对重高很重视，刘披云、项鼎、程子健也经常到校指导工作。学校政治空气十分活跃，对社会影响日益扩大。同时和部队联系，开展兵运。这些引起刘湘的深度不安，在重高刚办一期后，即以经费无着为借口，下令停办。

1937年11月20日，国民政府发表移驻重庆宣言后，外交部也随之迁渝。1938年至1946年5月期间，因战时各种原因，国民政府外交部曾先后在渝觅设办公房址数处，除公园路外（今人民公园3号），还曾在两浮支路等地设部长室、次长室及其他相关司、室。如今保存尚好的此楼就是当年公园路上的一处常设的外交部办公地址，它成为见证国民政府抗战外交八年风云的重要舞台之一。

国民政府外交部是一个主权国家负责国家对外事务的专门机关,主要职能是办理国际交涉,管理关于在外华侨、居留外侨、中外商业等一切事务,同时还管理驻外使领馆。国民政府外交部设有部长与政务、常务次长各1人,部内下设亚东司、亚西司、欧洲司、美洲司、条约司、情报司、礼宾司、总务司、人事处、会计处、机要室、统计室十二个部门,并辖有专员公署、驻各地特派员办事处等,另外还设有顾问及各种委员会负责各种专门事宜。其中,前七个司是外交部的核心业务部门。亚东司掌管并处理国民政府与日本、泰国方面的有关政治、通商、财政、军事的外交,中国侨民以及这些国家在中国侨民保护及取缔等事项。亚西司掌管并处理国民政府与苏联、土耳其、伊朗、阿富汗、伊拉克及其他亚西各国之间有关上述事项。欧洲司掌管并处理国民政府与欧洲、大洋洲和非洲各国之间有关上述外交事项。美洲司掌管并处理国民政府与美洲各国之间有关前列的外交事项。条约司掌管并处理关于国际联合会及其他国际组织、国际会议、国际条约的研究撰拟,解释法律以及对外协定合同等事项。情报司掌管并处理关于搜集国内外情报、宣传外交政策、撰拟中外新闻稿件、编辑发行刊物等事项。礼宾司掌管并处理有关中外使节的征询同意、接待外宾、受理签证、核发护照等事项。

迁渝之前,外交部长为国民党元老张群。迁前不久,由王宠惠接替。1941年4月,改由郭泰祺担任。8个月后,郭泰祺下马,由宋子文任外交部长。当时宋子文作为国民政府的代表长驻美国,起罗斯福和蒋介石之间的传话作用,未能到职掌事。外交部长的职权由蒋介石亲自监理。1942年10月,宋子文回国就职。几个月后,宋子文再次赴美,以后又赴苏,经常不在国内,外交部长由次长吴国桢代行署理。1945年6月,宋子文升任行政院长,外交部长由王世杰接任。1946年4月25日,外交部在重庆停止办公,5月迁返南京。

解放后,该楼由市房管部门收为公房。后由渝中区文物管理所辟作办公场所使用,并对建筑给予了妥善的日常保护。1987年、1992年,先后由四川省重庆市人民政府以重庆高中旧址公布为市级文物保护单位。此处作为近现代重要史迹及代表性建筑,1996年相关单位对该址进行过一次落架大修,经重庆市文物局验收合格。2000年9月7日,鉴于重庆直辖后行政区划的变更和行政级别的调整,经市政府第69次常务会议审议通过,此处被公布为重庆直辖后第一批市级文物保护单位。2009年鉴于全国第三次文物普查的复查结论,更名为重庆国民政府外交部旧址。2013年,该旧址被列为全国重点文物保护单位。现仍为渝中区文物管理所使用,现状保存较好,梁柱稳定,屋面及地基完整,建筑木结构间有虫蛀现象,部分窗户玻璃有破损。由于重庆天气潮湿、虫蛀等破坏因素,以及文管所在其内日常办公的人为损耗,故而对建筑本体造成一定潜在的破坏风险。

国民政府外交部旧址是抗战时期国民政府迁渝重要机构遗存,具有重要的历史文物价值和现实利用价值。首先,它承载着抗战时期国民政府的外交史。抗战时期是中国国际地位得到巨大提升的重要历史时期,也是重庆国际地位跃升的重要历史时期。在抗战时期,国民政府外交部在我国外事交往史上书写了十分重要也颇具特色的篇章。现存于渝中区解放东路征收局巷人民公园3号的重庆国民政府外交部旧址正是这段重要历史的文物载体,正是中国抗战外交活动的历史见证,反映了抗战时期重庆作为战时首都国际地位的提升,是重庆在抗战时期历史地位、历史贡献的一大价值体现,具有重要的历史文化价值。另外,国民政府外交部旧址具有建筑学意义上的艺术价值。重庆国民政府外交部旧址作为重庆的一处近现代重要史迹及代表性建筑,其中西合璧的建筑形态对研究20世纪重庆近代建筑的发展历史具有一定参考价值。

由于该旧址为渝中区文管所办公场地,尚未对外进行开放展示。但国民政府外交部重庆旧址已列入2010年重庆市委、市政府审议并通过了的《重庆抗战历史文化遗址保护利用总体规划》。鉴于重庆国民政府外交部在中国抗战外交史上的特殊意义,将其机构旧址列入抗战遗址整体规划加以保护和利用是正确、明智之举。

第一,强化建筑保护和周边环境整治工作。相关部门当根据《重庆抗战历史文化遗址保护利用总体规划》之精要,深化设计对国民政府外交部重庆旧址的保护性利用方案,着力向上争取专项经费,对该文物点进一步做好建筑本体的历史风貌保护工作和周边环境整治工作。

  第二,加快加强保护性展示利用工作。适时布置复原陈列,并以此为馆址,筹办以"重庆战时首都抗战外交史"为主题的专题陈列,使之成为市民共享的一处公共文化设施,充分发挥其内在价值,为后人留下一份生动而长久的国情和历史教材。

广阳坝飞机场遗址

广阳坝飞机场遗址位于重庆南岸区峡口镇上坝村。现存机场遗址共28处,其中碉堡8个,油库6个,士兵营房8栋,美军招待所2个,防空洞2个,发电房1个,通往岛上的钢筋混凝土桥梁1座。以上文物均分布在6平方公里的岛上,保存基本完好。

油库:广阳坝飞机场油库位于南岸区峡口镇胜利村油库湾,是抗战时期机场用于储存飞机燃油的地方。共6座油库,每座形式相同,建筑下部由七层条石砌成,条石上筑圈梁,顶为钢筋水泥浇筑,穹隆顶;呈长方形布局,长36.3米,宽8.65米,通高3.95米。由于防空、防火需要,建筑建好后,回填泥土于顶部,用于种植庄稼,外观看似在山体上开凿的洞穴。该建筑原为机场的油库,目前空置。6座油库,总建筑面积近20万平方米。

油库入口

碉堡-1

碉堡:广阳坝飞机场碉堡分布在原机场跑道周围,共有8处。碉堡-1位于南岸区峡口镇胜利村青杠坪社油车溪沟邓光明家旁。碉堡整体由钢筋混凝土浇筑而成,高3.9米,建筑面积12.36平方米,顶部为平顶,前方射击孔部分呈弧形墙,墙面开有两个漏斗形的射击孔,墙体厚70厘米,后面开门,门高1.8米,宽0.8米。抗战时期为机场的防卫工事,现保存完好,为村民堆放杂物使用。

碉堡-2位于南岸区峡口镇胜利村龙尾嘴江边橘林。碉堡整体由钢筋混凝土浇筑而成,高2.4米(掩埋了一部分),建筑面积12.36平方米,顶部为平顶,前方射击孔部分呈弧形墙,墙面开有一个漏斗形的射击孔,后墙左端开门,门高1.8米,宽0.8米,门外有一甬道,甬道两侧为砖砌。抗战时期为机场的防卫工事,现保存完好,空置。

碉堡-2

碉堡-3位于南岸区峡口镇胜利村沱湾社牟才兰家。碉堡整体由钢筋混凝土浇筑而成,高3.2米,建筑面积12.36平方米,顶部为平顶,前方射击孔部分呈弧形墙,墙面开有一个漏斗形的射击孔,后部平面结构呈长方形,后墙左端开门,现保存完好。

碉堡-3

碉堡-4位于南岸区峡口镇胜利村沱湾社黄桷树树林之中,前后为鱼塘,右侧为一片红薯地。碉堡整体由钢筋混凝土浇筑而成,高2米,建筑面积12.36平方米,顶部为平顶(左侧磨损较严重),前方射击孔部分呈弧形墙,墙面开有一个漏斗形的射击孔,后部平面结构呈长方形,后墙外部被泥土、杂草掩埋了一半,门已完全被掩盖。当地居民作为生活用建筑,门与住宅相通,射击孔被堵。

碉堡-4

碉堡-5位于南岸区峡口镇胜利村高位水池所在山丘的顶部,是飞机场制高点,面对飞机场(现为农田),右侧为一座移动通讯发射塔。碉堡下部墙体为青砖砌筑,上部和顶部为钢筋水泥浇筑。顶部为人字坡,前半部为弧形,后半部为长方形。左侧墙面后端开门,门外有一条曲折的战壕,战壕为砖砌,高1.8米,宽0.9米,长11米,整体几乎被泥土和草丛掩埋,射击孔外观也被泥土淹没。

碉堡-5

碉堡-6位于南岸区峡口镇胜利村高位水池所在山丘的顶部,面对长江,与广阳镇隔江相望,前面为山崖,背靠一片红薯地。碉堡下部墙体为青砖砌筑,上部和顶部为钢筋鹅卵石水泥浇筑。顶部为人字坡,前半部为弧形,弧形墙有6个射击孔,后半部为长方形。门开在后墙右端,门外有一条曲折的战壕。碉堡由于年久已掩埋于泥土和草丛之中,仅距地表1.2米,只有顶部完全可见。

碉堡-6

碉堡-7位于南岸区峡口镇胜利村雨台山山顶,碉堡前为山崖,后三面为农地。碉堡下部墙体为青砖砌筑,墙上放圈梁,顶部为钢筋水泥浇筑。顶部为人字坡,前半部为弧形,弧形墙面现存11个射击孔,后半部为长方形。左右两侧墙上开门,门外各有一条壕沟,右侧由壕沟与一炮台相连。炮台现只残存基座,圆形,壕沟已填满泥土。

碉堡-7

碉堡-8位于广阳坝雨台山最高点处,为全岛制高点,钢筋混凝土结构,坐东向西,碉堡下部墙体为青砖砌筑,墙上放圈梁,顶部为钢筋鹅卵石水泥浇筑。顶部为人字坡,前半部为弧形,弧形墙面现存11个射击孔,后半部为长方形,左右两侧墙上开门。

碉堡-8

营房:营房-1位于南岸区峡口镇胜利村广阳坝农场上营房,由营房、厨房、食堂、厕所四栋建筑组成。营房原为国民党士兵居住营房,建筑面积为688平方米,四面坡屋顶,小青瓦覆盖;条石基座,柱子由青砖砌成,形成回廊,房屋墙体由青砖砌成;正面墙体中间开一拱形门。厨房、食堂两间房屋形式相同,建筑面积各为58.5平方米,四面坡顶,小青瓦覆盖,土墙,条石基座。

营房-1

营房-2位于南岸区峡口镇胜利村广阳坝农场下营房。该建筑为四合院布局,砖木结构建筑,房屋为人字坡顶,小青瓦覆盖,木结构房梁,墙体为青砖砌成和土墙混合,条石基座,面街墙面左端开有一门,房屋通高4.8米,建筑面积451平方米。该建筑抗战时期为国民党士兵营房的老师宿舍,现为村民住宅。

营房-2

营房-3位于南岸区峡口镇胜利村广阳坝农场下营房职工宿舍后。该处由三栋房屋呈"品"字形分布,中间空地为球场,占地面积约5552平方米,右侧房屋平面呈正方形,通高6米,建筑面积为216平方米,人字坡顶,小青瓦覆盖;墙体为青砖砌成;基座为条石。左侧及前方两栋房屋形式相同,通高6米,建筑面积各1280平方米,正前方一栋为横排,左侧一栋为纵排,四面坡屋顶,小青瓦覆盖;青砖砌柱形成回廊;墙体为青砖砌成;基座为条石;正面墙体中间及左、右两端共开三个拱形门。

营房-3

库房:广阳坝飞机场库房位于南岸区峡口镇胜利村青杠坪社水井坝。该建筑为砖木结构,通高6.74米;屋顶为人字坡,小青瓦覆盖,穿斗式梁架;青砖砌墙;木地板由砖石垫起,距地面约50厘米;屋内呈四开间;正面墙体中部和右端各开一门,木门外侧门板包铁皮加固;两门之间墙体上原开有窗户,现被封堵。该建筑原为飞机场的库房,现为胜利村村民的住宅。

库房

美军招待所:位于南岸区峡口镇上坝村石马杠牟家院与石马杠社交界处路边,为形式相同的四合院平房两座。第一座四合院院门东南方开,院落由三栋房屋呈"品"字形组成,房屋背墙为院子的围墙。院内进门左侧有一株高大的银杏树,屋顶为人字坡,小青瓦覆盖,墙体由青砖砌成,通高3.3米,占地面积313平方米,建筑面积182平方米。第二座四合院位于第一座院落后面一片芭蕉林内,院门朝东北开,其余结构形制与第一个院落相同。

美军招待所

广阳坝钢筋水泥平桥(洋灰桥):南北走向,桥面宽5.5米,桥长258米,其中引桥长60米,位于广阳岛与峡口镇长江支流的江面上。桥面、桥墩、桥柱为钢筋鹅卵石水泥浇筑,桥身南北两端为条石铺砌的引桥。20世纪20年代,四川军阀刘湘在岛上修建了西南第一座飞机场。抗战时期曾经是国民政府战备军用飞机场。先后来过苏联志愿援华空军和美国飞行员。现枯水季节时该桥仍在使用。该遗址是广阳坝抗战遗址的重要组成部分,为抗战史研究提供了重要的实物资料,具有较高的历史价值。

广阳坝飞机场是四川也是重庆第一个飞机场。据《重庆市志》记载,1929年9月,时任国民革命军第二十一军军长兼四川省主席刘湘,为扩大自己势力,亲自主持在广阳坝修建飞机场,于当年底建成占地200亩的土质简易机场。1931年春,第二十一军航空司令部正式成立于重庆广阳坝机场。刘湘任司令,蒋逵任副司令。是年秋,在此设立航空学校,刘湘任校长。抗战时期,国民政府西迁重庆,重庆作为战时的首都,广阳坝机场是大后方重要的军用机场。据地方志记载,当时驻守广阳坝的军队有中国空军第四大队,第十八、十九中队,军校第一军训班和第十旅炮兵营。1938年2月18日,日本飞机第一次空袭重庆,在广阳坝机场投弹12枚,炸伤4人、毁房2栋。是年,国民政府对广阳坝机场进行扩建,征用民工10800名。其中,江北1200名,荣昌600名,巴县、涪陵、长寿、邻水、江津、璧山、铜梁、合川、永川各1000名,使广阳坝飞机场成为战时首都最大的军用机场之一。

广阳坝机场遗址

新中国成立后,广阳坝飞机场被重庆白市驿机场所取代,机场跑道亦被改为耕地,由南岸区峡口镇上坝村使用。广阳坝飞机场国民党官兵营房,为原国民党军官及士兵居住的营房,解放初属兰州军区,后移交给成都军区,1958年属广阳坝园艺场,2000年移交南岸区广阳坝管委会,现为胜利村村民和广阳坝农场职工使用。另有广阳坝飞机场美军招待所,抗战时期为苏联志愿援华空军和美国飞行员居住场所,解放初先后为通讯团团部及干训班,

1958年属广阳坝农场，后移交广阳坝管委会，现为村民住宅。

广阳坝飞机场除了用于军用外，还是珊瑚坝机场的备用机场，具有极高的历史与现实价值，具体表现在以下几个方面：

首先，历史价值。广阳坝机场是重庆历史上的第一个飞机场，也是首个军用机场，机场建成后一直作为军事用途。抗战时期广阳坝机场是重庆抵抗日机大轰炸的重要军事基地。当时，机场主要驻扎中国空军第四大队，又叫"志航大队"，是以空军英雄高志航命名的。抗战期间，中方战机，包括苏联援华志愿空军队的飞机，不少就是从广阳坝机场起飞作战。广阳坝机场为抗日战争胜利作出了巨大贡献。除了用于军用外，广阳坝机场还是珊瑚坝机场的备用机场。当珊瑚坝机场因汛期来临而停用时，民航班机就转而从广阳坝机场起飞降落。

其次，文物价值。广阳坝机场抗战遗址群现存遗址共28处，包括碉堡、油库、营房、招待所、防空洞、发电房、桥梁，数量较多，保存基本完好，是目前重庆抗战文物中保存较为完整的、不可替代的军事设施遗址。它对中国的抗日战争作出过重要贡献，为研究中国抗战史提供了重要的实物资料。

再次，教育价值。重庆是一座抗战中崛起的"英雄之城"，广阳坝机场抗战遗址是重要历史见证，是重庆重要的历史文化资源和爱国主义教育资源。广阳坝机场抗战遗址群位于广阳坝，是重庆即将开发的新区，将广阳坝机场抗战遗址群保护好、利用好是重庆城市文脉传承的需要，也是广阳坝发展的需要。

广阳坝飞机场遗址是重庆市第三次文物普查的重要发现之一。鉴于整个遗址结构完整，保存较好，是重庆市为数不多的较完整的抗战军事设施。因此，下一阶段的工作重点是：

第一，进一步加强文物的保护工作，使现存遗址不被破坏。广阳坝是长江上游江心的第一大岛屿，交通不便，上述文物大多散落其上，并无过多保护。尽管经过70多年，各遗址的主体结构并未发生变化，但受日照、风雨等自然因素影响，其外表和墙体已经受到比较大的侵蚀。因此，相关单位应该尽快对这些遗址进行修缮，并形成持续可行的保护举措。

第二，完善相关陈设，申请将广阳坝抗战机场遗址申报为全国重点文物保护单位。在修缮遗址本体的基础上，可以考虑完善相关陈设，主要以场景复原为主。

第三，进一步加强广阳坝抗战机场史料征集工作，为今后的学术研究和交流奠定基础。

第四，结合政府区域规划，切实改善广阳坝周边以及岛屿上的交通状况。

民生公司旧址暨卢作孚旧居

民生公司旧址位于重庆市合川区合阳城街道办事处瑞映巷,它坐东朝西,为中西合璧的砖木结构建筑,占地面积81平方米,建筑面积185平方米。

民生公司旧址大门

民生公司旧址原是合川总神庙旧地,因民生公司业务扩大,原办公所在地药王庙又破又小,难以容纳,故购买总神庙旧地兴建新办公场所。1928年底迁入,总称事务所,内分航业、电灯二部。1931年,事务所又迁至重庆千厮门行街培厚里(今重庆渝中区沧白路一带),原址称电灯部,兼营合渝航业等业务。电灯部设电机组、锅炉房、电费缴纳房等,均为砖混小青瓦建筑。同年,又购得公司附近夏姓土地,兴建自来水厂,1932年建成后,开始向全城供应自

民生公司旧址大门上的"民""生"字样

来水,电灯部亦随之改称电灯自来水厂。20世纪50年代初,民生公司改为公私合营,后又全归国有,电灯自来水厂归合川自来水厂(现合川自来水公司前身)使用至今。由于常年

卢作孚旧居背侧面

生产活动再加上年久失修,破坏严重,民生公司旧址现仅残存大门、电费缴纳房、蒸汽房及发电房墙壁等建筑。其中,大门具有明显的西式风格,形态保存基本完好,门两侧墙壁上隐约可见"民"、"生"二字,但结构松动,有坍塌危险;电费缴纳房有部分改动;蒸汽房尚存;发电房仅存一面墙壁。

卢作孚旧居位于重庆市合川区合阳城街道办事处文华街61号,是1925年至1931年间,卢作孚在合川初创民生公司阶段的住宅。卢作孚旧居坐南朝北,占地面积198平方米,建筑面积582平方米,由卢作孚旧居及其南面的宋晓夫旧居构成,原处在一独立的小院内,因院内原有芭蕉树,故旧称芭蕉院,现芭蕉树与院墙均已不复存在。卢作孚旧居为悬山式木结构穿斗建筑,一楼一底,面阔3间,进深2间,西侧有一厢房。宋晓夫旧居为一楼一底的砖木结构建筑,悬山顶,面阔2间,进深1间。民生公司迁至重庆后,卢作孚及其家人亦随之搬到重庆居住。解放后,卢作孚旧居收归国有,成为公房,租给居民使用至今。由于常年作为民居用房以及风吹日晒,再加上年久失修,卢作孚旧居屋面漏雨、立柱倾斜、穿枋松动、柱础风化,保存状况较差。宋晓夫旧居结构则相对稳定,保存状况一般。

卢作孚和民生实业股份有限公司在中国近代历史上具有重要地位,在抗日战争中也作出了突出贡献。因此,卢作孚旧居和民生公司旧址有着丰富的历史内涵和重要的纪念意义,从而具有重要的历史价值和社会价值。

首先,合川是著名爱国实业家卢作孚的家乡,卢作孚旧居是卢作孚在合川初创民生实业股份有限公司时期(1925—1931)的住宅,是其家乡唯一现存

的旧居建筑。卢作孚（1893—1952）是中国近现代历史上的著名人物，是近代著名的爱国实业家、教育家和社会活动家，民生公司的创始人，中国航运业先驱。以创办经营民生实业股份有限公司和主持重庆北碚乡村建设著称于世，被毛泽东称为近代中国四个不能忘记的实业家之一（其余三个分别是张謇、张之洞和范旭东）。抗日战争时期，他不仅率领民生实业股份有限公司服务抗战，而且先后担任国民政府大本营第二部副部长、国民政府交通部常务次长、全国粮食管理局局长等职，为抗日战争的最后胜利作出了巨大贡献，曾被国民政府授予胜利勋章、二等卿云勋章和三等采玉勋章等。1950年，卢作孚拒绝去台湾，毅然从香港返回内地。

其次，民生公司旧址是卢作孚创办的，也是旧中国最大的航运企业——民生实业股份有限公司唯一现存的一处文物遗址。1925年卢作孚在合川筹资创办民生实业股份有限公司，由一艘航行于嘉陵江的70吨小客轮"民生"号开始，惨淡经营，由川江而长江，由长江而海洋，到1949年，发展成为拥有江、海船舶148艘，员工9000余人的旧中国最大航运企业。特别是在抗日战争时期，民生实业股份有限公司承担了著名的宜昌大撤退，被誉为"中国实业界的敦刻尔克"。为保证战时运输，公司有16艘船舶被炸沉炸毁，69艘船舶被炸伤，117名员工牺牲，76名员工伤残，为抗日战争作出了重大贡献和牺牲。

民生公司旧址内残存墙壁

2009年，为加强重庆文物保护工作，重庆市文物局已委托重庆市规划设计院、重庆中国三峡博物馆、重庆文化遗产保护中心编制《重庆抗战遗址遗迹保护总体规划》，民生公司旧址暨卢作孚旧居已列入该总体规划。在这里建议根据《中华人民共和国文物保护法》等有关法律、法规和《重庆市实施〈中华人民共和国文物保护法〉办法》的要求，对民生公司旧址暨卢作孚旧居下一阶段的保护、管理和使用作如下安排：

第一，在保护规划的原则上始终坚持国家规定的"保护为主、抢救第一、合理利用、加强管理"十六字文物工作方针，制定科学合理的民生公司旧址暨卢作孚旧居保护规划方案。

第二，充分考虑实际情况，因地制宜，加强与合川区自来水公司及合川区国土资源及房屋管理局的沟通、协调与合作，做好民生公司旧址暨卢作孚旧居的产权置换工作，特别是卢作孚旧居，要妥善安排好其现有住户。

第三，争取国家和地方的经费支持，并联合重庆民生实业（集团）有限公司（1984年，卢作孚之子卢国纪在重庆重建民生公司）和合川区自来水公司等筹集资金，根据保护规划方案，对民生公司旧址和卢作孚旧居进行周边环境整治、文物本体保护（外观和内部修缮）等工作，争取在最大程度上恢复其原有风貌，同时征集近现代工业设施设备（如电灯、自来水等设备）和20世纪二三十年代日常生活用品等，将民生公司旧址开辟为民生公司与合川近代工业展览馆，卢作孚旧居开辟为卢作孚纪念馆，供普通民众参观学习。

南泉抗战遗址群

南泉抗战遗址群包括林森别墅(听泉楼)、孔祥熙官邸(孔园)、校长官邸(小泉总统官邸)、"二陈"官邸(竹林别墅)和中央政校(彭氏民居)等五处遗址,分别位于巴南区南泉镇之虎啸村、小泉和白鹤林等地。

林森别墅(听泉楼)是抗战期间兴建的两大主席官邸之一,建于1937年。林森别墅(听泉楼)位于重庆市巴南区南泉森林公园内,坐落在虎啸口,坐西朝东,右靠建文峰,与孔祥熙官邸(孔园)隔壑相邻。别墅建筑主体为中西合璧的单檐歇山式屋顶,素面小青瓦,砖木结构,一楼一底。主体建筑有大小厅室15间,占地面积509平方米,建筑面积994平方米;地基用条石砌成,主要厅室均有壁炉,门窗呈寿字格,青瓦青砖。底楼正面外墙系砖砌四菱花格,楼上环廊有木制栏栅。主楼正面门前有石台,台梯分两侧左右而下。主楼下面用大砂石筑成地下室,全楼建于石室之上。石室由八层青砂条石砌就,内分隔8间,有方拱形石门相通;墙内曲折回环,自然形成一座石墙地堡。地下室外壁也采用这种低矮拱券作为窗户的石墙,与外界隔绝而又通连,既采光又通空气。石室

林森别墅旧址

亦为此宅一大特色。别墅右侧上方小山岗上曾建有凉亭、供水池；四周建有低矮围墙。目前，该建筑主体结构保存完整，但室内保存现状较差，屋面多处漏雨，木基层糟朽严重，天棚多处垮塌，屋脊屋面严重垮塌，多处门窗和木楼地面被白蚁蛀蚀，亟待重点维修。地下室仅剩主体结构，内部设施和室内外门窗全部损坏；凉亭已倒塌，仅剩地基；别墅围墙，绝大部分已经损坏，仅剩通向花溪河口的小径出口处一小段。

　　林森早年追随中山先生参加革命，是中山先生的忠实追随者，他历任临时参议院议长、非常国会副议长、国民党中央执行委员，1932年起担任国民政府主席。抗战初期，国民政府为保存国脉，坚持抗战，采取"以空间换取时间"主动收缩战略，毅然决定迁都重庆。1937年11月26日，林森率国民政府直属机构先期抵达重庆。蒋介石特令孔祥熙在南泉为林森修建别墅，林森非常钟爱，亲自勘察，建成后，取名听泉楼。在听泉楼建成之前，林森曾暂住李子坝刘湘公馆，后因躲避日机轰炸，迁居歌乐山云顶寺。听泉楼是林森在渝期间的主要寓所之一，产权完全归属林森，在其国民政府主席任上一直使用该别墅。解放后，林森别墅由其侄女交归政府，最初由重庆市园林局接管，后归中共九龙坡区委党校管理使用，1989年党校委托南泉镇管理使用。1991年，九龙坡区政府决定成立南泉森林公园，党校将产权移交区政府，区政府委托区林业局维护、管理和使用。重庆区划调整，巴南建区后，林森别墅（听泉楼）成为巴南区文物保护单位。2001年丹阳外国语学校租用别墅作校舍，该校倒闭后，别墅旧宅废弃空置至今。

　　孔祥熙官邸（孔园）始建于1939年，主体建筑为一楼一底，中西结合式的砖木结构，大小厅室多达22间，

孔祥熙官邸旧址

左侧建有3间地下室,占地面积1190平方米,建筑总面积1032平方米;附属建筑还有内务楼、警卫楼、食堂、八角亭、防空洞、岗亭、孔二小姐住宅(建筑已经毁坏,仅有基础遗址)。其中内务楼,建筑面积222平方米,一楼一底木结构建筑;警卫楼,建筑面积120平方米,一楼一底穿斗夹壁式建筑;食堂,建筑面积320平方米,平房;八角亭,建筑面积12平方米;岗亭,建筑面积1.4平方米;孔二小姐林间别墅遗址(建筑已毁,仅剩遗址),建筑面积238平方米,一楼一底。防空洞长150米,内有大小厅室6间,3个出口,为当时躲避日机轰炸而修建,后改为舞厅。目前,孔祥熙官邸(孔园)主体结构保存较为完好,但主楼屋面多处漏雨,木基层糟朽严重,天棚多处垮塌,部分添建和搭建的建筑物严重垮塌,多处门窗和木楼地面被白蚁蛀蚀。外墙面已经改变为红色,该建筑原外墙为青砖墙面勾白缝。内务楼屋面漏雨,木基层多处断裂塌陷,天棚大面积塌落,底层后檐板条墙糟朽垮塌。警卫楼曾被丹阳外国语学校租用作食堂。孔二小姐(孔令俊)"林间别墅"已经毁坏,仅有遗址墙基和部分彩色磨石地坪,食堂和岗楼均已不存在,食堂已经改建为混合结构平屋顶建筑。

孔祥熙历任国民政府实业部长、工商部长、行政院副院长、中央银行总裁等职,抗战期间常住于此。中华人民共和国成立后,建筑辟为干部疗养院,后改为中共九龙坡区委党校校址,1985年经九龙坡区政府批准,孔祥熙官邸房产使用权交由南泉乡政府代管,南泉乡政府交乡旅游服务公司经营管理。1985年维修后向游客开放,由台湾著名书法家张恢题款"孔园"。1991年5月九龙坡区人民政府以九府发〔1991〕62号

孔祥熙官邸二楼卧室

通知,转发重庆市林业局和林业部批准成立南泉森林公园,原区委党校校舍委托九龙坡区农业局管理、维修和使用,孔祥熙官邸由南泉旅游服务公司暂时独立经营管理,以逐步过渡到由南泉森林公园统一经营管理。1994年1月,南泉镇人民政府将代管的孔园等国有资产建筑1275平方米,折价65万元,同重庆红旗水泥厂联办重庆南泉旅游服务公司,拟投资在文物景区新建餐厅、娱乐厅、会议厅、中高档住宿楼等建筑。1994年南泉镇政府以南府发〔1994〕36号文批复,同意修建400平方米餐厅。2000年12月,重庆南泉孔园旅游有限公司将文物景区内白楼餐厅租赁给重庆丹阳外国语实验学校,租赁期至2010年12月30日。

校长官邸(小泉总统官邸)旧址主体建筑坐南向北,左邻花溪河畔,右接原中央政治学校校园,占地面积298平方米,建筑面积272平方米,大小厅室12间,通高7.4米,砖混木结构(原为木结构板条墙),单檐歇山式顶,小青瓦屋面,中西合璧式建筑。该址附近原建有第三侍从室用房、厨房、防空洞设施及水池。

校长官邸(小泉总统官邸)旧址原为民国初年地主阮春泉在此修建的旅馆、浴室和住房,简称阮庄。1938年秋,中央政治学校从湖南芷江西迁入渝,收用小泉阮庄,建筑新校舍。1939年1月新校区建成,校本部全部迁入。作为该校校长的蒋介石,时常到校检阅及参加活动,为方便其休息和居住,时任(代)教育长的陈果夫代为建筑官邸,并于1940年修建完成。1946年,中央政治学校迁回南京,校区为南林学院和南林中学使用至1949年。重庆解放后,该址曾先后为解放军二野军大三分校、西南军区干部疗养院、中联部马列主义学院四川分院、重庆市内部招待所等。十年

校长官邸旧址

校长官邸内部一角

动乱期间，曾改为成都军区324医院。1978年，归还重庆市政府，为小泉招待所。1982年，更名重庆市小泉宾馆。1985年，重庆市人民政府拨款20多万元，修复校长官邸，并对外开放。1990年，将校长官邸改建松涛厅。1992年，该址被公布为重庆市九龙坡区文物保护单位，区划调整后，为重庆市巴南区文物保护单位。2008年，重庆市保利小泉集团出资进行过大修，并修建陈列室。2009年12月，该址确定为重庆市文物保护单位。目前，主体建筑保存完好。

"二陈"官邸（竹林别墅）坐南向北、砖混木结构（原为木结构板条墙），单檐歇山式和攒尖式混合屋顶，小青瓦屋面，一楼一底。占地面积380平方米，建筑面积250平方米，通高11.7米，大小厅室14间。

作为该校（代）教育长的陈果夫，常住该校，为方便其休息和居住，将原学校高级官员办公的春风楼改做私家官邸，后陈立夫任（代）教育长时，也占据此楼，因此俗称"二陈"官邸（竹林别墅）。1946年，中央政治学校迁回南京后，该址的使用状况与校长官邸相同。

中央政治学校研究部（彭氏民居）旧址位于巴南区南泉镇白鹤林，又称彭家大院。整个院落坐东向西，由前、中、后3个厅（堂）10个回廊式四合院组成正方形的

"二陈"官邸旧址

大宅院,占地面积5320平方米,建筑面积3260平方米,大小厅室77间。前厅为单檐硬山式穿斗木结构建筑,面阔3间10.15米,进深5.8米,通高6.4米。中厅为单檐悬山穿斗抬梁式木结构建筑,面阔3间13.9米,进深10.5米,通高7.8米。后厅为单檐悬山式穿斗木结构建筑,面阔5间22.9米,进深10.3米,通高7.2米。屋面均铺以小青瓦,四周用高达5米至7米的砖石围墙或风火墙维护。

中央政治学校研究部(彭氏民居)旧址始建于1822年,为当地彭氏家族私宅。清末民初,彭氏家族衰落,该址改建为存古学堂。1938年,中央政治学校内迁重庆,在小泉新筑校舍期间,该校的会计院、地政院暂借彭氏民居复课。1939年1月,小泉校舍落成,校本部全部迁入,研究部则迁驻民居,直到1946年,研究部随校迁回南京。1940年,在研究部建立人中学,供当时研究部职员的子女就读;1945年,在中共中央南方局的领导下,董必武、张友渔同志在彭氏民居创办西南学院;新中国成立后,西南革命大学接替西南学院;1953年,旧址改办为重庆市第二十七中学;1984年至1993年该处成为四川省重庆市南泉职业中学;1992年,该址被公布为重庆市级文物保护单位,并对外

中央政治学校研究部(彭氏民居)旧址

开放；1993年至1998年改为重庆市蓉泉职业高级中学；1998年至2002年改成重庆市南泉职业高级中学，民居为该校女生宿舍；2002年1月彭氏民居交由巴南区文物管理所管理；2008年，重庆市保利小泉集团出资进行过大修，并修建陈列室；2009年12月，该址被确定为重庆市文物保护单位。目前，遗址建筑保存完好。

南泉抗战遗址群是抗战时期国民党高级领导人和重要机构迁渝驻地的遗存，是重庆抗战遗址遗迹的重要组成部分，具有较高的历史文物价值和社会价值。

第一，南泉抗战遗址群是国民政府抗战活动的最重要见证之一。1937年11月20日，为坚持持久抗战计，国民政府宣布迁都重庆。重庆大轰炸前后，南温泉成为迁建区。大量司法、行政、军事院校的机关及人员，为避难空袭而疏散到南泉，形成名人聚居区域。南泉抗战遗址群主要承载着国民政府高层领导人活动和国民党党务教育等方面的历史内涵。例如林森官邸是国民政府主席林森在重庆的两处重要住所之一，其长期在此办公和倡导抗战；孔祥熙官邸(孔园)旧址是孔祥熙主持抗战期间中国经济、财政工作活动的最主要见证；中央政治学校则是蒋介石主持典礼、检阅、训话、接待外宾的重要场所。国民党总统侍从室第三处也常驻扎于此，随时上传下达，处理各类繁杂的国事、战事。因此，校长官邸不仅是国民党高层领导人的又一活动场所，也是当时国民党外交活动的中心之一。

第二，南泉抗战遗址群具有重要的建筑艺术价值。林森别墅(听泉楼)旧址是具有典型的中西式砖木结构的小洋楼建筑，是重庆近现代代表性的重要建筑。孔祥熙官邸(孔园)旧址也是中西式砖木结构建筑，是目前南泉发现规模最为宏大、配套最为完整的个人旧居遗址。这些建筑都具有传统的巴渝民俗风貌，是对地方文化的一种展示。

第三，南泉抗战遗址群是促进对台交流的重要平台。南泉抗战遗址群是国民政府内迁重庆后的重要办公地点，它是国民政府迁渝后坚持抗战的一处重要物证。保护好这一处遗址群，是对抗战史的一种尊重，有利于更好地在当今和平环境下，促进对台交流与合作。

中央政治学校研究部(彭氏民居)旧址内部

鉴于以上情形,我们认为,在今后对南泉抗战遗址群的保护与利用过程中,应该注重以下几点:

第一,加强文物建筑的保护力度,防止雨水渗漏、白蚁病害、木制构件霉变等问题,重新修复被损坏了的旧址建筑;进一步做好现有消防、防雷设备的管理,消除火险隐患。

第二,改善管理机制,厘清责任关系。目前,南泉抗战遗址群中校长官邸(小泉总统官邸)与"二陈"官邸(竹林别墅)旧址的保护管理机构为重庆市保利集团,中央政治学校研究部(彭氏民居)旧址保护管理机构为重庆市巴南区文管所,林森别墅(听泉楼)、孔祥熙官邸(孔园)旧址保护管理机构为重庆市巴南区南泉风景管理处。今后应该进一步理顺机制、强化管理。

第三,加强文物和文献资料的征集,不断充实馆藏文物和完善馆内资料库,做好相关的学术研究。目前,南泉抗战遗址群的文物和文献资料还十分匮乏,馆藏亟待丰富,以此为基础的学术研究也有待展开,可以考虑联合中国台湾方面的学者加强研究。

第四,对陈列展览补充史料和照片,重新布展。南泉抗战遗址群重要性强、规模大,仅仅对遗址本身进行保护,是远远不够的。接下来,文博单位应该对相关史实进行梳理,做好陈列展览。

第五,整治周边环境,扩大对外宣传的力度,形成有一定影响的文化旅游景区。南泉抗战遗址群地处巴南区南泉镇,这里风景优美,既是展示抗战文化的场所,也是展示当地民风民俗的场所,当地政府可以充分挖掘其中的资源,进行适度旅游开发。

跳伞塔遗址

跳伞塔遗址位于两路口大田湾体育场内，紧邻重庆市急救中心，东面邻体育路，南面邻健康路，西南靠体育场，北面接体育场大门，地处重庆市渝中区的中心地区，交通方便。跳伞塔塔身为钢筋混凝土结构，呈圆锥形，通高38米，实际跳距28米，底部围长13米；挂伞钢臂3只，各长30米，向三面伸出并可同时进行跳伞训练；塔身内有螺旋楼梯上下，并装有各种专用机械以及夜航灯、避雷针等安全设备。

跳伞塔现状

修建时整个工程共用去钢筋50吨，水泥无数，总建筑费用为56万元法币，为战时重庆市最为雄伟、壮观的建筑物之一。现在整个遗址建筑面积为5.89平方米，保护范围面积为2826平方米。

抗战爆发后，重庆在成为中国抗战政治、军事、经济、文化、外交中心的同时，也成为日机轰炸的主要目标。为应对日机轰炸，建设中国空防，国民政府在"空防为国防建设之首要工作,滑翔运动及跳伞技术之普遍化,当为空防建设之初步"的思想指导下,由中国滑翔总会主持,基泰工程公司著名设计师杨廷宝等设计,战时重庆著名的六合工程公司施工,在重庆两路口修建了专门训练国民跳伞技术的跳伞塔。该塔于1941年10月动工,1942年3月完成,同年4月4日举行落成开幕典礼。

跳伞塔的建成,使陪都重庆又添一新景,前往参观者络绎不绝,陪都舆论也称誉跳伞塔具有"挺秀、坚强之气概",是"最伟大的一座跳伞塔"。为了扩大影响,造成声势,中国滑翔总会于1942年内接连举办了几次规模颇大的跳伞活动。通过这些活动,跳伞运动更加深入广大市民特别是众多的青年学生之中。除此之外,为达到"地尽其利,物尽其用"的效用,中国滑翔总会还决定,除滑翔训练班及跳伞运动员的正常训练外,重庆跳伞塔每天上午的9时至11时,下午的3时至5时对外开放,欢迎市民参加。1942年4月15日该跳伞塔正式对外开放。从此之后,在跳伞塔每天都有数十上百的市民尝试着"飞将军自天而降的趣味",这当中,既有72岁的老翁,也有四岁半的幼儿,他们在快乐中接受着跳伞技术的基本训练,在无形中成为中国降落伞部队的后备人员。据中国滑翔总会的统计,自1942年4月跳伞塔开幕到1944年3月底止,在短短的两年时间内,前往重庆跳伞塔参加跳伞训练的多达3.5万余人。但以后由于每次跳伞收大洋一元,票价昂贵,一般青少年望而却步,由此

抗战时期的跳伞塔全貌

一来,跳伞塔也就逐渐无人问津了。到1949年底重庆解放时,跳伞塔只剩下塔身和一片荒地。

解放后,跳伞塔的管理单位是重庆市体育局。1954年,市体育馆对跳伞塔进行了较大规模的维修并在此建立了重庆市跳伞运动学校,开展航空跳伞活动,培养和造就了一批优秀的世界级跳伞运动员。"文革"期间,各项体育运动都沉寂下来。"文革"刚结束,重庆又恢复了跳伞运动,其中最辉煌的时段是1978年至1980年间,每年的寒暑假,跳伞的学员要排队上伞塔。当时,全市几乎每所中学都长期保持着一二十名同学参加跳伞培训。从1983年起,因经费等原因,跳伞队解散,跳伞培训撤出各中学。1989年,市体育馆以塔为轴心,环塔基新建成重庆市少年儿童游泳池,后来游泳池又改造成停车场。

跳伞塔的设计者是我国著名的建筑大师杨廷宝。他在接受此设计任务后,结合重庆的具体环境、抗战时的特殊条件以及物资保障方面的可能性,经过反复多次的研究、论证,最后决定跳伞塔采用国外跳伞塔的中级高度,用料则采用当时甚为稀贵的钢筋水泥。有文物专家称:"作为上世纪战时陪都重庆最重要的抗战遗迹,跳伞塔与解放碑同样是一个时代和精神的象征,是重庆具有代表性的标志建筑。"在抗战时期物资十分匮乏的历史条件下,中国的建筑、设计大师们,因陋就简,因地制宜,建设起了一座高40米、臂长30米的宏大建筑,且经70余年的风雨而不倒,其蕴藏的重大价值,是不言而喻的。跳伞塔的建设适应了抗战时期中国的国防需要,也顺应了世界空军、空防的发展潮流。跳伞塔的建成,既开了中国进行跳伞、滑翔运动之先河,也是战时中国政府与中国人民不畏强敌、积极抗战的见证。而围绕跳伞塔发生的一系列重大事件和重要人物的重大活动,则是战时重庆各界积极动员、坚持抗战的具体体现。因此,跳伞塔包含了战时中国丰富的历史文化内涵,具有重要的历史价值。

跳伞塔作为战时中国在物资条件十分艰苦下培养航空人才的象征,虽经70余年的风霜仍巍然耸立在原址,但由于跳伞塔系室外建筑,塔身长时期暴露在外,日晒雨淋,年久失修,加之受重庆地区高温潮湿等气候和自然环境的影响,目前保存状况较差,1997年体育场就因其塔顶避雷针歪斜,将3个钢支架拆除。跳伞塔塔身局部裂缝,钢筋锈蚀存在严重的安全隐患。又因其地处闹市,土地昂贵,商业开发价值大,还有不少开发商对之虎视眈眈,以各种理由和借口,准备整体拆除开发后改作他用。因此,重庆跳伞塔的保护,刻不容缓。

鉴于以上情形,我们认为,在今后对重庆跳伞塔遗址的保护与利用过程中,应该注重以下两点:

第一,抓紧时间修缮文物本体。重庆跳伞塔已经建成70余载,其间除因自然腐蚀产生的破坏外,人为的影响也较大。因此,文物保护单位应该对跳伞塔加固、维修。

第二,可以考虑对跳伞塔的实际功能作创意思考,比如将跳伞塔改造成温度计,既能便于周边居民了解天气变化,也能起到美化城市空间的作用。

望龙门缆车遗址

望龙门缆车遗址位于重庆市渝中区望龙门码头，坐北朝南，车道长147.6米，宽5.8米，上下高差46.9米，分布面积为885.6平方米。此处地处渝中区的下半城，东面为湖广会馆风貌协调区，南面濒临长江，西面紧邻白象街，北面是解放东路，人流量、人居量大。

抗战时期，重庆成为战时首都，人口陡增，交通问题日趋严重。当时，两江四岸主要靠轮渡和木渡连接，而沿江码头，高差甚大，解决爬坡的交通成为市政建设的一个重要课题，于是有兴建缆车的提议。1941年1月21日，重庆市市长贺耀组根据中国桥梁公司的计划书，代表政府率先提出兴建缆车提议。

望龙门缆车旧影

1944年2月,由国民政府经济部、重庆市政府和中国桥梁公司共同发起,邀集银行界和重庆轮渡公司,筹组重庆缆车特种股份有限公司。3月22日,在打铜街交通银行二楼举行了缆车公司筹备委员会。5月,缆车公司正式成立。公司董事会设董事11人,推举国民政府经济部部长翁文灏为董事长,钱永铭(交通银行)、徐国懋(金城银行)、傅汝霖(中国兴业公司)、杨卓庵(市政府)等四人为常务董事,聘请茅以升为总经理兼总工程师,梅旸春为副总工程师。筹集资本法币4500万元,后增为6000万元。缆车公司成立后,对沿江望龙门码头、嘉陵江码头、牛角沱码头、临江门码头等处进行实地调查、勘察规划。经董事会研究,决定首先选址在人流量较大的望龙门码头修建客运缆车。当时望龙门滨江地段,水流湍急,较小的趸船难以锚碇,故选在轮渡趸船后30米处,建钢筋混凝土停车站一座,其高度以水位到轮渡不能开航时,缆车也随之停运为标准。江边停车站仅供乘客上下及候车之用。缆车道则在原码头的石级上,修建钢筋混凝土栈桥,桥上铺轨,轨上行车,车用缆牵,缆用机挽,机用电力。望龙门缆车轨道呈"鱼腹式",中间设双车道,两端为单车道进站。

修建缆车,虽非顶级工程,但在重庆尚属首创。加之,在抗战期间,物资匮乏,修建缆车也非易事。好在当时全国工程技术人员云集重庆,对工程设计和设备制造,提供了难得的有利条件。此项工程是由茅以升总工程师和梅旸春副总工程师亲自主持设计和建造,工程包括土建、栈桥、轨道、车辆、缆索、绞车、马达、电源等。整个工程于1944年7月破土动工,1945年4月竣工。1945年5月16日望龙门缆车正式通车营业。望龙门缆车建成时,备有客车车厢2辆,每辆可载客50人。运行初期,日运量约5000人次至7000人次。据通车8个月有效运营情况记载,客票营运收入为法币1750万元,乘客人次为上行66988人次、下行22046人次,总计89394人次,行车总时间为382小时,行车次数为13040次。望龙门缆车为重庆建成的第一条公共客运缆车,缆车建成时,翁文灏写下《创建重庆望龙门缆车记》,称"此类创举,不失为抗战期间工业发展史中一史实"。

此后,望龙门缆车由于运输人次逐年上升,曾在重庆交通运输史上发挥了举足轻重的作用。据1974年至1985年的资料统计，平均日运量1.34万人次，最高曾达1.7万人次。望龙门缆车连接车站码头，在上、下半城之间，起着重要的公共客运交通作用。毫无疑问，望龙门客运缆车的兴建，开创了山城轨道交通的先河。在后来的60余年间，重庆市先后修建此类缆车8条，因交通结构变化等原因，这些缆车先后报废或者停运。1993年，因修建长江滨江路，望龙门缆车站被拆除，缆车停

望龙门缆车遗址

运。1996年长滨路通车后，缆车正式停运。由于缆车被废弃后，无人看管，年久失修，当地居民把这里用作垃圾坑，居民生活垃圾腐蚀，雨水侵蚀，铁轨被盗，车轨铁螺丝帽缺失严重，围墙长满青苔杂草，亟待整治。望龙门缆车目前虽然没有铁轨，但是整个缆车路基保存完整。

鉴于以上情形，我们认为，在今后对望龙门缆车遗址的保护与利用过程中，应该注重以下几点：

第一，划定保护范围，明确保护责任。望龙门缆车遗址已经废弃多年，在第三次全国文物普查中，望龙门缆车以其重要的历史价值被列为近现代文物遗址，现在应尽快划定保护范围，明确保护职责。

第二，进行基础设施及环境整治。望龙门缆车遗址被废弃后，无人看管，年久失修，垃圾成堆，环境恶劣，在保护范围、保护职责明确后，应马上开展环境整治，改善遗址现状。

第三，考虑对望龙门缆车进行适度修复。望龙门缆车是重庆人半个多世纪的共同记忆，是重庆人城市生活中的一部分，加之其特殊的历史价值和交通方式，都有必要将其修复，且遗址虽然废弃，但其路基未毁，修复的基础还在。目前，重庆市渝中区政府已经将望龙门缆车列入湖广会馆风貌保护区

内,规划对其进行修复,作为一处重要的城市风貌进行保护和利用。

第四,加紧正在进行的全国重点文物申报。望龙门缆车遗址在交通史、抗战史、建筑史等多个方面都具有重要的历史价值,符合申报全国重点文物的条件,相关申报工作现已展开,如果申报成功,将更加有利于该遗址保护与利用工作的开展。

于右任官邸旧址

于右任官邸旧址位于重庆市南岸区黄桷垭铁路疗养院内,始建于民国初期。于右任官邸海拔高度为484米。其面临长江,背靠涂山,位于重庆著名的南山风景区内,四周树木茂密,环境清幽。于右任官邸为折中主义建筑,砖木结构,地上两层,地下一层,占地面积280.5平方米,建筑面积850平方米。该建筑依山势而建,整栋房屋建在由条石砌为基础的平台上,条石砌成的圆拱形大门进去为底层,其上为官邸主体建筑,青砖墙体,人字坡屋面,房顶铺设机制板瓦。这座建筑最有特点的是南面围合式台地花园的造型,台地高约

于右任官邸全景

5米,青石垒砌,外立面模仿古典式城门城墙,左右各设一个角楼。

于右任(1897—1964),陕西三原人,原名伯循,字诱人,后以其谐音"右任"为名,晚年自号"太平老人"。于右任是国民党元老,1930年起担任国民政府监察院院长,1938年随国民政府众机构由汉口撤退至重庆,最初与邵力子等人同住在市中区领事巷康心之公馆。1939年,日军"五三"、"五四"重庆大轰炸后,市区经常遭受日机的狂轰滥炸。为了安全起见,政府机关及市区民众纷纷疏散至西郊以及巴县境内的成渝、川黔两条公路沿线等区域。于右任先生亦暂时迁到山洞游龙山居住,但不久即搬至南岸黄桷垭别墅区,并在此办公。抗战胜利后,国民政府各机构陆续迁回南京,1946年5月,于右任先生也回到南京工作,此处房屋就暂时闲置下来。解放后,该建筑交由铁路疗养院使用至今,目前处于闲置状态。由于长期空置,房屋墙壁长满了蔓藤,墙体也遭到不同程度的自然破坏。

于右任是早期同盟会会员、国民党高级官员,同时也是著名的爱国主义人士和书法艺术家。于右任官邸作为其在重庆期间办公和生活的场所,有着重要的历史价值、艺术价值和社会价值。

首先,迁都重庆期间,国民政府监察院在于右任先生的领导下,依法行使监察权。抗战军兴,国民政府颁布《抗战建国纲领》,监察院基于此种指示,除依法执行弹劾职权外,还鉴于抗战期间公务人员职责重大,制定了《非常时期监察权行使暂行办法》,采取种种措施,做到"整饬纲纪,严惩贪污",确保不因公务人员的违法失职而影响抗战救国大业。

其次,于右任先生在重庆期间还撰写了很多揭露日本侵略野心、号召全国人民共同

于右任官邸外侧围墙上的"于庄"

抗日的文章。如1940年和1941年元旦分别发表的《新的希望和警惕》与《新民族与国家》，还有《中国是国际反侵略的大本营》、《祖国为世界努力》、《太平海》等一系列文章。此外，于右任先生在后方还时常撰写一些鼓舞人心的诗文，勉励大家积极抗战，大大地增强了全国军民的士气。

再次，于右任先生是著名的爱国人士，虽于1949年被迫随国民政府败退至台湾，但仍渴望祖国统一，思念大陆亲人，一首《望大陆》（又名《国殇》）在海峡两岸均有重要反响。

此外，值得一提的是，作为民国时期著名的书法艺术家，于右任先生1941年在西北考察莫高窟归来后，立即向国民政府教育部提出设立敦煌艺术学院的提案并获得批准，此举对于我国敦煌研究的发展有着深远意义。

鉴于以上情形，我们认为，在今后对于右任官邸旧址的保护与利用过程中，应该注重以下两点：

第一，落实抗战文化遗址保护政策，做好对于右任官邸文物本体的修缮工作。作为重庆重要的抗战遗址，于右任官邸在1986年的第二次全国文物普查中被登记为不可移动文物点，1992年被四川省重庆市人民政府公布为重庆市重点文物保护单位，2009年12月25日被重庆市人民政府公布为重庆市第二批重点文物保护单位。然而，在批准为各级文物保护单位的同时，相关部门并没有投入相应的人力、物力和财力实施具体的保护措施，以致于右任官邸至今仍呈现出衰败、破损的景象。今后，应该对于右任官邸作修缮处理，并作陈列展览。

第二，加大对于右任及其官邸的研究。众所周知，于右任是近代中国的著名人物，其为政之道、为学之道以及艺术之道都值得我们去深入研究。

中国国民党中央执行委员会旧址

中国国民党中央执行委员会旧址位于上清寺,在中山四路与人民路的交会处,邻近桂园。其整体范围属原重庆电报局,包含着两处国民党的重要建筑,即国民党中央执行委员会办公楼、国民党中央党部办公楼。国民党中央执行委员会旧址为仿哥特式建筑,坐北朝南,砖木结构,一楼一底。面阔7.9米,进深10.8米,通高7.5米。建筑占地面积180.05平方米,建筑面积361平方米,保护范围面积1350平方米。

中国国民党中央执行委员会是由国民党全国代表大会选举产生的最高

中国国民党中央执行委员会旧址

党务机关。抗日战争全面爆发后,国民党各机构陆续迁渝。1937年11月30日,国民党中央执行委员会秘书长叶楚伧以及其他一些要员抵达重庆,开始为国民党中央执行委员会寻找办公场所。

修缮后的中国国民党中央执行委员会旧址

12月7日,国民党中央党部在范庄(现为市人民政府第二招待所)举行迁渝后的首次执监联席会议,并开始在渝办公。之后,随着内迁工作人员的增多,国民党中央党部和执行委员会借用张群之弟、重庆电报局局长张骧的公馆及其电报局来作为工作场地。

抗战时期,朱家骅、吴铁城任国民党中央党部秘书长时就在此办公,并多次召开国民党中执委政治会议,指导全国实施训政,监督国家政务和全国抗战事务。抗战后,该处为国民党高级官员张群之弟张骧的住所。解放后,该处为重庆电话局使用。20世纪50年代在原址建设了重庆市电话局机电房与营业厅。目前上清寺电信营业厅就是原国民党中央党部办公楼所在地,机电房就是原国民党中央执行委员会办公楼所在地。2003年,国民党中央党部执行委员会旧址(张骧公馆)由渝中区人民政府公布为区级文物保护单位。2009年,重庆市人民政府公布国民党中央党部执行委员会旧址为第二批市级文物保护单位。同年,市文广局对遗址本体进行了修复。

中国国民党中央执行委员会旧址是重庆抗战文化遗址的重要组成部分,具有较高的文物价值、艺术价值和现实利用价值。

第一,它包含着重要的历史信息。中国国民党中央执行委员会旧址原是张骧公馆,也是原重庆电报局所属场地,承载着近代重庆电讯事业的发展历程。自1937年国民党中央执行委员会迁渝后,张骧公馆及其附近建筑即成为国民党重要的办公场所。国民党中央在此召开了多次会议,作出了众多抗战决议如发动国民精神总动员、开除汪精卫党籍等。毫无疑问,国民党中央执行委员会旧址作为中国近现代史上重要的政党办公地,尤其是在抗战时期陪都的中央办公地,是非常重要的历史物证。总的来讲,它对研究近代重庆电讯史、抗战史、国民党党史及民国史都有极其重要的参考价值。

第二,它在建筑上具有较高的艺术价值。中国国民党中央执行委员会旧址(张骧公馆)建于20世纪30年代,属仿哥特式建筑,是一幢青砖洋瓦的别致小楼,折中主义风格,采用壁炉居宅心的西式住宅空间布局模式,并引用了西式的阳光房。建筑屋顶结合了西式、中式歇山与十字双坡,颇具匠心。2009年,重庆市对建筑本体进行了维修,总体上保留了建筑原貌,其艺术价值也得到全新的展现。

第三,它有利于促进两岸交流。中国国民党中央执行委员会旧址是国民党内迁重庆后的重要办公地点,它是国民党发展、变迁的一处重要物证。保护好这一处遗址,是对历史的一种尊重。这就能更好地在当今和平环境下,促进两岸的交流与合作。

鉴于以上情形,我们认为,在今后对中国国民党中央执行委员会旧址的保护与利用过程中,应该注重以下几点:

第一,加大对遗址本体以及相关史实的研究。中国国民党中央执行委员会旧址(张骧公馆)不仅蕴藏着丰富的历史信息,还有较高的艺术价值。此前,在这方面的研究尚浅,今后应该多搜集相关文物、文献资料,开展基础性的研究。

第二,在周边竖立醒目的路牌指示标识。目前,中国国民党中央执行委员会旧址(张骧公馆)虽然得到修缮,但是它身处电信局内,与之相邻的上清寺转盘处因围墙相隔,并不方便参观。路人经过此处,多只能远看公馆,但并不知道这是一幢什么样的遗址。故建议竖立相应的指示标牌。

第三,打造新的文化空间,促进对台交流。中国国民党中央执行委员会旧址是国民党内迁重庆后的重要办公地点,对于国民党而言,它承载着其一段珍贵的历史。今后,可以通过对遗址的保护,打造新的文化空间,促进两岸对话与交流。

中国美术学院(研究院)旧址暨徐悲鸿旧居

中国美术学院(研究院)旧址暨徐悲鸿旧居位于重庆市江北区渝江村5号的石家花园,又名培园。为新中国成立前重庆商会会长、川东慈善会主席石荣廷先生在1931年建造的公馆。1938年10月2日至1939年5月,国民党党史编撰委员会将10余万册珍贵档案贮藏在培园地下书室中。1942年徐悲鸿先生在重庆到处寻觅院舍,利用中英庚子赔款筹组中国美术学院(研究院),石荣廷先生慨然将石家花园内的石家祠堂借与徐悲鸿,作为徐悲鸿和其他研究员的住地和习作画室。中国美术学院(研究院)建立后,徐悲鸿聘请张大千、吴作人、李瑞年、沈逸千、张倩英、张安治、陈晓南、费成武、孙中慰、宗其香等人为中国美术学院(研究院)研究员。在此,徐悲鸿创作了油画《庭院》,国画《六马图》、《奔马》、《群马》、《灵鹫》、《墨竹》、《山鬼》等作品。1945年秋,徐悲鸿、廖静文在重庆中苏文化协会礼堂举行婚礼,婚后夫妻二人仍住中国美术学院(研究院)内。1946年夏,徐悲鸿离渝返宁。

中国美术学院(研究院)旧址——石家花园正立面

中国美术学院(研究院)与徐悲鸿旧居属同一范围遗址建筑,两遗址相距约50米，有1.2米宽的小道相连，建筑面积1783平方米。中国美术学院（研究院）正屋两楼一底，砖木结构，中国古典翘角歇山式大屋顶（解放后改为歇山式普通屋顶）。屋身部分是标准西式洋房，一楼西面有宽敞的廊内阳台，屋基系条石垒坎而成，室内房间高大宽敞，四面开窗，房内有通顶壁炉，走道、楼梯、地板全由木料铺就。正屋前有人造假山的大院坝，坝下有一临江地下石屋，石壁上有"曲径通幽处，石室藏古篇"、"旧书不厌百回读"、"佳客来时一庄倾"等书法石刻。石屋系沙石结构，内有平房三开间，围墙下各有一个小型钟乳石盆景池，小庭院中有石桌、石凳，整个地下石屋建筑面积101平方米，建筑现状基本完好。

徐悲鸿旧居由三幢建筑及周边环境构成。徐悲鸿旧居包括旧居和地下画室两部分，建筑面积296.4平方米。为一楼一底的砖木结构建筑，楼上楼下各4间房，面阔16.5米，进深7.45米，高5.39米。画室在居住地左坎下，系条石构成，拱顶，面阔15.83米，进深5.56米，通高3.86米，小青瓦屋面，人字木屋架，青砖墙柱承重，条石基础。

2000年9月，重庆市人民政府将中国美术学院（研究院）旧址暨徐悲鸿旧居公布为第一批重庆市文物保护单位。目前，中国美术学院（研究院）旧址保存相对完好，但作为民居使用，其墙壁与门窗已有所损坏；徐悲鸿旧居屋面局部坍塌漏雨，木基层部分糟朽，木屋架完好稳定，部分檩子糟朽，门窗及封檐油漆剥落，室内、外电线老化，室外散水明沟已大部分毁坏，且环境较差。

徐悲鸿旧居画室

中国美术学院（研究院）旧址暨徐悲鸿旧居是重庆抗战文化遗址的重要组成部分，具有较高的爱国主义教育意义和历史纪念价值。

第一，它是重要的爱国主义教育基地。

抗战爆发后,徐悲鸿以一个爱国艺术家的良知,尽力去履行一个中国人应尽的职责。他先后在南洋、云南、贵州等地举办筹赈画展,并将画展所筹巨款全部捐献给祖国的抗战事业。他用洋溢抗战

中国美术学院(研究院)旧址

精神的绘画作品,作为他向暴日战斗的武器,鼓动和激励全国人民奋起抗战到底,对中华民族抗日战争作出了杰出的贡献。1942年自南洋巡展归国后,徐悲鸿在重庆江北利用中英庚子赔款创建具有研究院性质的画院,他对此倾注了极大热情,并通过自己的努力,用艺术的形式来支持和宣传抗战。因此,中国美术学院(研究院)旧址暨徐悲鸿旧居是徐悲鸿在重庆以画笔作武器,激励国人英勇抗战的战场,是以徐悲鸿为代表的中国美术家爱国精神的物质载体。

第二,它是纪念徐悲鸿的重要场所。抗战爆发后,徐悲鸿于1938年来到重庆,但住处并未固定。当年7月,他又离开重庆去南洋办个展宣传抗日,后又辗转赴印度。直至1942年,徐悲鸿才回到重庆,并开始筹备中国美术学院(研究院)。最终,徐悲鸿把地址选在了江北大石坝,并在那里工作和生活了四年。因此,中国美术学院(研究院)旧址暨徐悲鸿旧居实际上是徐悲鸿在重庆居住最久的地方。从1942年至1946年,徐悲鸿完成了一生中的大部分作品,形成了他人生的创作高峰。1943年3月19日,徐悲鸿在当时的中央图书馆举办个人画展,展出了国画、油画、素描100余件,轰动山城,3天时间参观者逾3万。因此,中国美术学院(研究院)旧址暨徐悲鸿旧居可以视作纪念徐悲鸿,乃至在重庆筹办画展的重要场所。

鉴于以上情形,我们认为,在今后对中国美术学院(研究院)旧址暨徐悲鸿旧居的保护与利用过程中,应该注重以下几点:

第一，修复文物本体。石家花园是中国美术学院（研究院）旧址暨徐悲鸿旧居的历史来源，其中包含着不少重要的历史信息，其建筑本身也具有一定的文物价值。因此，接下来，有关部门应该以修复中国美术学院（研究院）旧址暨徐悲鸿旧居为契机，将石家花园全部纳入整治范围，这有助于保证历史展示的完整性。

第二，厘清管理机制，搬迁徐悲鸿旧居住户，拆除与文物建筑无关的建筑物，还原当年现状对外展示。目前，由于管理机制上的原因，中国美术学院（研究院）旧址暨徐悲鸿旧居内部还有一些房间被用来居住，无形中损害了文物本体。因此，我们应该责成有关部门，迁出其中的居民，并对内部进行复原展示。

第三，在建设徐悲鸿旧居陈列馆的基础上，结合该地区的开发建设，建设打造徐悲鸿艺术中心或美术创意工作室，使之成为重庆新的艺术高地和公共文化空间，以促进艺术交流、展示、交易、培训和文化展示。

中华全国文艺界抗敌协会旧址

中华全国文艺界抗敌协会旧址位于重庆市北碚区天生新村65号,建筑面积120平方米。该建筑依山而建,为砖木结构,一楼一底,共8间,面积120平方米。房屋前后有三合土卵石甬路环绕一匝,林木遮掩。楼下只有前半部分,相当于地下室。楼上正面与地平,面前有一方小坝,栽有花木。二楼成为里外相通的建筑主体,恰似平房格局。

中华全国文艺界抗敌协会旧址,又名老舍旧居,建于1940年,原为著名文学家林语堂购置的私人住所。1940年,林语堂赴美前将该房赠与中华全国文艺界抗敌协会作为办公地点。

中华全国文艺界抗敌协会,简称文协,1938年3月27日成立于武汉,同年5月4日,文协会刊《抗战文艺》创刊,8月文协搬迁至重庆市中区临江门,是抗日战争时期在中共中央南方局领导下,为广泛团结一切抗日力量而成立的文艺界统一战线组织。郭沫若、茅盾、夏衍、胡风、田汉、老舍、巴金、朱自清、郁达夫、阳翰笙等45人为理事,周恩来、孙科、陈

中华全国文艺界抗敌协会旧址入口

立夫为名誉理事,老舍为总务部主任,主持日常工作。文协宗旨在于"联合全国文艺作家共同反对日本帝国主义的侵略,完成中国民族自由解放,建设中国民族革命的文艺,并保障作家的权益"。文协宣言指出,对国内,我们必须喊出民族的危机,宣布日本的侵略罪状,造成民族严肃的抗战情绪生活,以求持久的抵抗,争取最后胜利;对世界,我们必须揭露日本的野心与暴行,引起人类的正义感,以共同制裁侵略者。1940年6月12日,日军轰炸重庆,中华全国文艺界抗敌协会寓所被炸毁。同年8月,搬迁至北碚林语堂捐赠的私人寓所办公,老舍常住于此办公。直至1946年2月老舍赴美后,文协在北碚活动才停止。抗日战争胜利后,中华全国文艺界抗敌协会更名为中华全国文艺界协会,并于1945年10月20日晚在重庆张家花园举行委员联欢会,以示庆祝。

中华全国文艺界抗敌协会旧址是该协会仅存的一处保存较完好的建筑,是我国著名文学家、艺术家老舍先生在北碚的寓所。在此居住的短短几年时间内,老舍创作了大量抗战文学作品,有长篇小说《火葬》、《四世同堂》、《八方风雨》、《民主世界》,短篇小说《一筒炮台烟》、《贫血集》,话剧《桃李春风》、《王老虎》、《张自忠》,散文、杂文等数十篇,文字达百多万。文协总会在北碚举行活动,使北碚成为抗战后期的文化活动中心,经常来往的有梁实秋、以群、光未然、姚逢子、萧红、赵清阁等文化名人。另外,中华全国文艺界抗敌协会在重庆期间,在中共中央南方局领导下,开展广泛的抗日民族统一战线工作,尽最大努力团结全国文艺界的抗战力量,积极领导、推动全国各地文艺界的抗日斗争。提出了抗战期间"文章下乡、文章入伍"的口号,提倡文艺的大众化、通俗化。积极组织和推动进步文艺工作者深入战地、农村,进行广泛的抗战动员和宣传,大力推进抗战文学创作。广泛编印抗战宣传资料及通俗文艺书刊,普遍开展街头剧、诗朗诵运动,深入进行抗战文学理论的研究,为抗战文艺的蓬勃发展,为中国传统文化的发扬光大,为抗日战争的最后胜利作出了重要贡献。

1950年后,该旧址房屋属北碚区房管局所有,由市民居住。20世纪80年代以来,该建筑经过不定期多次维修,现主体结构稳定,基本保持原状。2005年,该建筑设计和布展设计方案征得老舍先生的子女认可后,重新修复、陈列

布展,并已免费开放。目前,该旧址还不能从周围居民楼中独立出来,旁边道路过往行人较多。四周高楼环绕对文物本体保护极为不利,加上地势低洼、潮湿,也存在一些不安全因素。

中华全国文艺界抗敌协会旧址全貌

鉴于以上情形,我们认为,在今后对中华全国文艺界抗敌协会旧址的保护与利用过程中,应该注意保护和发展相协调,在保护历史文化遗产、自然人文景观的同时,合理利用其周围的人文资源,促进旅游发展和社会经济发展,在保护中合理发展,在发展中有效保护。保护维修工程以"修旧如旧"的保护性修缮为原则,力图完整保持文物的历史原貌。具体而言,可以从以下几个方面努力:

第一,进一步加强中华全国文艺界抗敌协会暨老舍旧居的宣传力度,有针对性地对中华全国文艺界抗敌协会在抗战时期的发展、工作情况等作深入研究,编写普及性小册子向广大群众免费发放。

第二,改善周边环境,在附近交通干道和人流量大的地方悬挂中英文指示牌、地图等。

第三,随形势的发展不断充实和改进展厅陈列,举办各种宣传活动,以吸引更多观众。

第四,加快与北碚区现有的其余抗战遗址地的联合,以形成具有一定规模的旅游及宣传效益。

中国民主革命同盟旧址

中国民主革命同盟旧址位于重庆市渝中区领事巷14号（原10号），即康心之公馆内。坐落在渝中半岛腹心位置，因重庆山城特有的地势，北高南低，坡度稍缓。周边均为小高层建筑。附

中国民主革命同盟旧址

近植物主要有黄桷树，多为人工栽培的园林绿化。此处为城市中心地带，周边为各类企事业单位及居民住宅区，人居量密集。东面邻火药街，南面邻天官府，西面靠山城巷，北面为领事巷。附近有渝中区人民政府、重庆自来水厂、重庆市妇幼保健院、金汤街综合办公楼、市级文物保护单位"郭沫若旧居"以及区级文物保护单位"唐式遵公馆旧址"等。中国民主革命同盟旧址坐北朝南，偏东30度，为一楼一底砖木结构中西合璧式建筑。面阔21米，进深14.85米，占地面积约707平方米，建筑占地面积约312平方米，建筑面积约630平方米。屋面为硬山坡屋顶，小青瓦铺面，砖柱砖墙，白灰外墙，水磨石地面，石砌基础，木质楼面，三面券廊。附带壁炉、老虎窗及烟道。建筑外观基本保持原貌，内部格局有

一定改变,木质地板及木梯红漆轻微脱落,墙层剥落,望板局部脱落。

　　中国民主革命同盟又称小民革,它是在中国共产党领导下的活动于国统区的一个不公开的秘密革命团体,成员既有中共党员亦有国民党左派及其他民主党派分子,是中国共产党统一战线性质的组织。它1941年成立于重庆,1949年9月17日在北平结束。小民革从成立到结束,始终在周恩来同志的关怀和指导下,是一个由中共中央南方局直接领导的外围革命组织。1939年冬到1941年春,国民党顽固派发动了两次反共高潮。在当时极度困难的情况下,为保护党内外革命力量,避免不必要的损失,中共开始在国民党内部爱国民主分子中做工作。1941年,领导南方局工作的周恩来同志提议由一部分中共党员、爱国进步人士、国民党民主派以及一些在国民党政府中担任较高幕僚职务的进步人士,组织成立一个秘密政治工作团体,以配合南方局贯彻抗日民族统一战线政策。在重庆的国民党左派和上层人士中,一些进步人士为共产党统一战线的政策和周恩来的个人魅力所折服,参加了党领导下的一些活动,紧紧团结在党的周围。中国民主革命同盟就是在这样的形势下应运而生。

　　1941年夏,在中共中央南方局周恩来、董必武、王若飞等人的亲切关怀和直接领导下,中国民主革命同盟在重庆正式成立,成立之初名为中国民族大众同盟,1942年改名中国民主革命同盟,习称小民革。它的主要任务是利用各种渠道,广泛联络国民党上层中愿意进步的人士,让他们联合起来,从国民党内部推动坚持团结、民主、抗战的斗争。它的成立会在屈武暂住的重庆领事巷10号康心之公馆内召开,王昆仑、王炳南、邓初民、刘仲容、许宝驹、许宝骙、阳翰笙、闵刚

俯瞰中国民主革命同盟旧址

候、吴茂荪、侯外庐、屈武、阎宝航、高崇民、郭春涛、梁蔼然、赖亚力、曹孟君、谭惕吾等18人参加了成立会，王昆仑、许宝驹被推选为主要负责人。此后，成员逐渐发展到近200人，除了在重庆开展活动外，有的还深入到外地及北平沦陷区开展工作。其组织领导的革命青年组织中国民主实践社，是由一些革命青年参加的秘密组织，主要负责人有曹孟君、蒋燕等。周恩来与小民革联系十分密切。毛泽东到重庆谈判期间，曾在红岩村约见该同盟主要负责人王昆仑、许宝驹和屈武，谈了一个通宵，周恩来、王炳南也在座。根据革命发展形势需要，1949年9月17日，在北京中南海勤政殿举行的新政协筹备会第二次全体会议上，正式宣告中国民主革命同盟结束，并发布了《中国民主革命同盟结束声明》。

康心之公馆建于20世纪20年代至30年代。陪都时期，屈武、于右任、邵力子夫妇等暂住于此，在康心之公馆这个倚山临水、景物清丽的大花园里，公余之暇，品茗谈心，共话抗战形势，展望和平未来。新中国成立后，康心之将领事巷10号私宅无偿捐给政府。其后由重庆市物资局使用，目前为重庆市建筑材料总公司使用。该处于1992年由市中区（今渝中区）人民政府公布为区级文物保护单位。

中国民主革命同盟旧址是重庆抗战遗址遗迹的重要组成部分，反映了在中共中央南方局的领导下中国共产党与民主同盟合作的这段历史，是这段辉煌历史的重要载体，具有重要的历史意义。中国民主革命同盟是一个不公开的秘密政治团体，它的参加者大都是国民党知名的上层左派，如王昆仑是国民党中央候补委员，屈武是监察院院长于右任的女婿，赖亚力在冯玉祥身边工作多年，刘仲华、刘仲容系桂系李宗仁、白崇禧的秘书。他们利用自己的身份，经常把了解到的重要政治、军事情报，直接向周恩来、叶剑英反映，或者通过王炳南转达，这对推动国民党民主派的工作，起了重要作用。王昆仑还在1945年的国民党第六次代表大会上与蒋介石进行了面对面的斗争。此外，小民革成员中还有救国会著名人物、知名的无党派人士和一批进步青年。小民革作为西南地区民主革命统一战线的基地之一，老一辈革命家以此为活动中心，进行抗日、反蒋活动，开展爱国民主运动，为中华民族的独立和中国人民的解放作出了卓越贡献。因此,该遗址也是反映王昆仑、康心之、屈武等爱国民主人士活动的重要载体。同时,康心之公馆为中西式砖木结构,仿西式风貌建筑,外观券廊环绕,是一个独立的别墅小院。建筑结合重庆山地特点依山而建,具有欧式小洋楼的装饰风格,体现了重庆别墅建筑的独特神韵,是重庆近现代代表性的重要建筑。该建筑是重庆近代建筑从开埠时期的殖民风格向现代中国建筑风格过渡的典型代表作之一,对研究20世纪重庆建筑的发展历史具有重要的参考价值。

目前,中国民主革命同盟旧址由重庆市建筑材料总公司管理使用,隶属于重庆港务集团,但相关文物保护单位已经对该遗址进行了立碑保护,并划定了保护范围。鉴于此,我们认为,在今后对中国民主革命同盟旧址的保护与利用过程中,应注重以下几点:

第一,抓紧申报市级、国家级重点文物保护单位工作,并投入专项资金对中国民主革命同盟旧址进行全面修缮,并整治周边环境。

第二,增加文物征集和保护资金,向全国、全市征集跟中国民主革命同盟和康心之有关的实物和文献。

第三,改善管理体制,协调相关单位、部门之间的关系,尽可能将中国民主革命同盟旧址打造成专题陈列馆。

第四,形成统战教育基地。以爱国主义教育与革命传统教育为主题,将中国民主革命同盟旧址打造为渝中区商务中心爱国主义教育基地。

潘文华公馆旧址

潘文华公馆旧址位于重庆市渝中区中山四路81号。该址属剥蚀山地地貌,形态基本平直。建筑周边环境优雅,绿树成荫。该址在中山四路主干道旁,坐落在重庆市妇联、团委大院内,北面

潘文华公馆旧址

邻轻轨轨道,南面正对市委大院,东面邻区级文物保护单位戴笠公馆旧址及国家文物保护单位中共中央南方局旧址。附近还有求精中学、人民小学以及国家文物保护单位桂园。此地居民住宅较少,多为学校、文化以及政府办公用地,交通方便。该建筑坐北朝南,西式砖木结构,外涂黄色油漆。建筑中间为二楼一底,两侧为一楼一底,建筑面积1043.93平方米,占地面积684.09平方米。该处造型精致,花木繁茂,具有较高的艺术观景价值。

潘文华(1886—1950),号仲三,四川仁寿县人,国民党二级陆军上将。出身贫寒家庭,新军陆军速成学堂毕业,曾加入同盟会。1911年响应辛亥革命,因战功显赫,就任川军第三师团长。1920年跟随刘湘,先后升任重庆商埠督办、国民革命军第二十一军二师师长兼五旅旅长、教导师师长等职。1929年

任重庆市首任市长,修建了从通远门到上清寺的中区干路,创办自来水厂,修建电话所、重庆市第一所公园,兴建大溪沟古家石堡电厂,集资开办公共汽车公司等,打造了沙坪坝文化区,为重庆的市政建设和经济发展作出了巨大贡献。1937年后,率军出川抗日,历任国民党第七战区二十三军军长、二十八集团军总司令兼川陕鄂边区绥靖公署主任等职。1944年冬秘密参加民盟,在周恩来等中共领导人的帮助和影响下,逐渐接受中国共产党的观点和主张。重庆谈判期间,团结各界进步力量,暗中协助中共中央南方局保障中共代表团成员安全。1949年12月9日,与刘文辉等川军将领在四川彭县龙兴寺联名发出起义通电,宣布脱离国民党政权,接受中央人民政府领导。新中国成立后,任西南军政委员会委员。1950年10月在成都病逝。

潘文华公馆旧址是潘文华在渝居所之一,建于1927年。当时中山四路一带称为德安里,依山临江,环境优雅,为高档别墅区,聚集众多达官贵人。周围有周公馆、张骧公馆、张治中公馆、蒋介石公馆、宋美龄公馆、戴笠公馆等,潘文华作为重庆市第一任市长,也在此建造一套别墅,整个抗战期间,作为在城里的居住场所。解放后,此处收归国有,作为重庆市妇联办公楼使用至今。

潘文华是重庆第一任市长。在重庆主政期间,在市政、交通、文化建设方面作出巨大贡献,可以说是现代重庆市政基本格局的奠基人之一。抗战期间,潘文华带领川军出川抗日,为民族独立作出了应有贡献,解放战争时期,起义投诚,为四川、重庆的解放立下功劳。该建筑是其人生历程的重要载体,也是见证重庆陪都抗战历史的重要场所,有

潘文华公馆旧址

着较高的历史价值。

目前,市妇联负责对该址进行日常的保护与管理,相关文物保护单位对遗址立碑保护,并划定了保护范围。鉴于此,我们认为,今后对潘文华公馆旧址的保护与利用过程中,应注重以下几点:

第一,加大对潘文华相关史料和文物的搜集,在旧址内适度充实相应陈列,以更好地展示其历史内涵和文化价值。

第二,结合上清寺至红岩村抗战遗址长廊建设工程,统筹规划,合理利用,致力于打造成为历史文化建筑保护开发的示范项目。

唐式遵公馆旧址

唐式遵公馆旧址位于重庆市渝中区金汤街80号。坐落在渝中半岛腹心位置,因重庆山城特有的地势,坡度稍陡,南面为陡坎,北面为斜坡,周边均为小高层建筑。附近植物主要有黄桷树,多为人工栽培的园林绿化。此处为城市中心地带,南面紧靠自来水公司,东面邻金汤街,北面邻打枪坝自来水厂,西面邻领事巷。居民状况为教师、学生、一般城镇居民。产业状况主要以第三产业为主,包括文化、教育、商业、电信、金融等。附近有渝中区人民政府、重庆市妇幼保健院、放牛巷小学等。此地人居量密集,交通不便。

唐式遵公馆旧址

唐式遵公馆旧址坐西向东,偏南15度,为二楼一底砖木结构中西合璧式建筑,面阔19.3米,进深38米,通高15米,占地面积约733平方米,建筑面积约2000平方米。歇山式屋顶,屋面为机制板瓦(现大面积换为小青瓦),砖柱砖墙,外墙为小青砖,基础为石作,室内为红木地板及门窗,内设壁炉。外立面三面拱形券廊,两翼飞檐走阁,造型别致,古朴典雅。因年久失修,屋面、屋架多处破损，局部墙体脱筋开裂，木楼板局部糟朽。

唐式遵（1884—1950），字子晋，四川省仁寿县人。1906年考入四川陆军小学弁目队，翌年入军事读习所。1908年入四川速成陆军学堂。1910年后随钟颖入藏、川，任连长、团长、师长及援鄂军第一路总指挥等。曾任川军刘湘部队第二十一军军长，国民党第三十三集团军总司令、第三战区副司令长官等职，也是第一任重庆商埠督办。"七七"卢沟桥事变后，面对日本帝国主义的侵略，在中华民族生死存亡的危急关头，唐式遵率部奋勇抗击日寇。曾自作诗一首以明志："男儿立志出夔关，不灭倭奴誓不还。埋骨何须桑梓地，人生处处有青山！"

1937年冬天一度统兵驻扎九华山。1942年8月住宿祇园禅寺期间，为激发全体将士和国人抗击日寇的爱国主义精神，他出资派人在寺内一巨型石壁上镌刻"固我山河"四个大字。每个字边方长宽各约有1.4米，面积近2平方米，刻画深度有3厘米之多。1941年，唐式遵作为第三战区副司令长官，跟随司令长官顾祝同参与了围攻新四军的皖南事变行动。1950年初，退踞台湾的蒋介石命令胡宗南纠集残部，固守西康省西昌（现属四川省），妄图卷土重来。时任西南军政副长官兼四川省第一路游击总指挥唐式遵，决心跟随胡宗南负隅顽抗，被蒋介石委任为四川省政府主席。1950年3月25日晨，唐式遵率伍道垣、羊仁安、罗子舟（西康袍哥会首领）等少数官兵离开西昌，策划赴川南进行反共活动。队伍行至小山地区，被当地彝族武装配合解放军将其包围，在激战中唐式遵、罗子丹等被当场击毙。

唐式遵公馆内部一角

唐式遵公馆修建于民国时期，系唐式遵夫妇长期生活的地方。新中国成立后至今为重庆民盟市委和九三学社市委所在地，作为其共同的办公楼。2003年被渝中区人民政府列为区级文物保护单位。

唐式遵公馆是一处宝贵的抗战文化遗产，反映了唐式遵在重庆的办公、生活情况，蕴藏着丰富的社会、政治背景及人文信息，是研究重庆抗战陪都文化的重要遗迹，对促进海峡两岸交流有积极作用，具有较高历史研究价值。同时，唐式遵公馆既有中式楼宇的古朴，又有西洋公馆的气派，造型别致、古朴典雅。该建筑是重庆地区较具代表性的近现代建筑，对研究20世纪重庆建筑的发展历史具有重要的参考价值。

目前，唐式遵公馆旧址由重庆民盟市委和九三学社市委共同管理办公，隶属于重庆市委统战部，房屋产权为重庆市机关事务管理局。相关文物保护单位对遗址立碑保护，并划定了保护范围。鉴于此，我们认为，今后对唐式遵公馆旧址的保护与利用过程中，应注重以下几点：

第一，抓紧实施申报市级文物保护单位工作，并以此为契机，投入专项资金对唐式遵公馆旧址进行全面修缮。

第二，增加文物征集和保护资金，向全国、全市征集跟唐式遵公馆有关的实物和文献。

第三，考虑到唐式遵公馆旧址目前的现状，下一阶段拟加强与业主单位的沟通、协调与合作。争取国家和地方的经费支持，根据保护规划方案，进行周边环境整治、文物本体保护（外观和内部修缮）等工作，力求在最大程度上恢复唐式遵公馆原有风貌。同时征集相关文物，将其开辟成与川军抗战有关的专题陈列场所，供广大民众参观学习。

戴笠公馆旧址

戴笠公馆旧址位于重庆市渝中区中山四路85号,坐落在渝中半岛北面,濒临嘉陵江。因重庆山城特有的地势,坡度稍陡。附近植物主要有黄桷树、银杏树等,多为人工栽培的园林绿化。此处为城市中心地带,东面紧邻国家级文物保护单位周公馆,西面邻区级文物保护单位潘文华公馆,南面正对重庆市委小礼堂及市级文物保护单位重庆谈判旧址,北面邻轻轨车站。周边有重庆市团委、妇联、市委、市府等市级部门。戴笠公馆旧址坐南朝北,砖木结构,两楼一底,是一幢黄色折中主义建筑。面阔8间20米,进深13.3米,通高约14米,建筑面积888平方米,建筑占地面积300平方米。坡屋顶,屋面为机制板瓦,砖柱砖墙,水泥砂浆抹面(黄色),条石基础,两立面带回廊,内设壁炉。进入院内,有垂带式踏道五级,前后均有副阶。院中间有一个小天井,整个建筑保存较完好。

戴笠公馆旧址建于1905年,是一位重庆籍盐商的私家别墅。该建筑在1938年至1945年期间作为戴笠的私人寓所,在中共中央南方局重庆驻地周

戴笠公馆旧址

公馆右侧，相隔甚近，专门设置了特侦组，其目的就是便于监视周公馆一切动静和进出人员的活动。同时，在此设置了特别警卫组，作为蒋介石的近卫保镖，护卫住在德安里尧庐（现市委大院内）的蒋介石。新中国成立后，该建筑成为中共重庆市委办公厅家属宿舍。于2003年由渝中区人民政府列为区级文物保护单位。2009年由重庆渝阳建筑设计有限公司制定对戴笠公馆的维修改造方案，并通过专家评审，年底由重庆市大足盛煌建筑工程有限公司（文物二级）进行施工，2010年竣工。目前为巴渝文化会馆，对外开放。

戴笠公馆是一处宝贵的抗战文化遗产，此处反映了戴笠在重庆的办公、生活情况，有着深厚的社会、政治背景及人文信息，是研究重庆抗战陪都文化的重要组成部分，具有较高历史研究价值。抗战时期，戴笠对周公馆进行严密监视，此处也反映了曾家岩50号周公馆的周边环境复杂险恶。在周恩来同志领导下的中共中央南方局却八年如一日，战斗和生活在这里，为抗日民族统一战线的发展、壮大和巩固而不懈努力，是中共中央南方局在重庆卓绝斗争的另一见证。同时，戴笠公馆结合了中西方建筑的风格，具有一定的建筑艺术价值，为研究抗战历史以及重庆地区建筑风格、建筑形式、建筑技术提供了重要参考。

目前，戴笠公馆旧址由嘉禾实业公司（巴渝文化会馆）管理使用，隶属重庆市国有文化资产经营管理有限责任公司。会馆以"汇聚巴渝文化精粹，展示巴渝文化魅力"为宗旨，主要从事传统书画和文化礼品的经营，组织策划高端文化活动。鉴于此，我们认为，在今后对戴笠公馆的保护与利用过程中，应该注重以下几点：

第一，管理使用单位应该加强文物建筑的日常性管理与维护。

第二，增加文物征集和保护资金，向全国、全市征集跟该址有关的实物和文献。

第三，结合上清寺至红岩村抗战遗址长廊，结合周边抗战文物点，合理利用，致力于打造成为历史文化建筑保护开发的示范项目。

冯玉祥歇台子旧居

冯玉祥歇台子旧居位于重庆市渝中区歇台子12号后勤工程学院内老干部活动中心。该址坐落于渝中半岛西部边缘，接沙坪坝区，地貌属丘陵山谷坡地，西高东低，建筑背靠坡壁堡坎。该址处于学校院内，环境清

冯玉祥歇台子旧居

幽，绿树成荫，附近植被有黄桷树、桂花、竹子等，多为人工栽培的园林绿化。西面10米处堡坎上方为学生宿舍小操场，东面为住宅区，南面陡坎上邻学院球场坝，北面邻住宅区。冯玉祥旧居坐西向东，为一楼一底的砖木结构西式青砖小楼，面阔19.4米，进深8.5米，楼高10余米，共存大小房间12间，建筑面积257.2平方米，占地面积132.6平方米。该楼有大小两道门通向外界，进退极方便。楼前有一片小草坪，后山即松竹林。周围松竹茂林掩映围绕，环境极为幽静。

冯玉祥（1882—1948），民国时期著名军阀、军事家、爱国将领、著名民主人士、社会活动家。原名冯基善，字焕章，原籍安徽巢县（今安徽省巢湖市），

寄籍河北保定，国民革命军陆军一级上将。冯玉祥自幼在直隶保定长大，少时家贫，1896年入保定五营当兵，历任哨长、队官、管带等职。1911年辛亥革命爆发后，参与发动滦州起义，积极推翻清政府。辛亥革命后，任陆军旅长，先后率部参与讨伐护国军、辫子军、护法军等，其间根据形势的发展左右逢源，与多种势力周旋，官职几经起落后，于1921年8月任陆军第十一师师长、陕西督军。1922年到1924年，参与直系与奉系的军阀大战，并在第二次直奉战争中发动北京政变，推翻直系军阀政府，驱逐清逊帝溥仪出宫，改所部为中华民国国民军，任总司令兼第一军军长，电邀孙中山赴京共商国是。后迫于形势，向反直系的军阀张作霖、段祺瑞妥协，组成以段为临时执政的北洋政府。1926年1月，在奉、直军联合进攻下被迫通电下野，8月被广州国民政府接纳，任命为国民政府委员、军事委员会委员。1926年9月在绥远五原（今属内蒙古）誓师，就任国民军联军总司令，正式宣布全体将士集体加入中国国民党，参加国民革命，随即率部参加北伐战争。1927年4月，任国民革命军第二集团军总司令。后因军队编遣问题与蒋介石发生利害冲突，在1929年和1930年爆发的蒋冯战争和蒋冯阎战争中失败下野，所部被蒋收编。1931年"九一八"事变后，积极主张抗日，反对蒋介石的不抵抗政策。1933年5月，在中国共产党的帮助和推动下，与方振武、吉鸿昌等在张家口组织察哈尔民众抗日同盟军，被推举为总司令，指挥所部将日军驱逐出察哈尔省（今分属河北、内蒙古）。1935年4月被授为陆军一级上将，12月在南京出任军事委员会副委员长。1937年"七七"事变爆发后，相继任第三、第六战区司令长官，不久受蒋介石排挤离职，但仍奔走于鄂、豫、湘、黔、川等省，从事抗日

冯玉祥歇台子旧居侧面

救国活动。

1938年底冯玉祥一家迁来重庆,先后换过四次住所。刚来时住两路口,后来房子被日军炸毁,就迁到了上清寺。冯玉祥觉得那里鱼龙混杂,军统特务进进出出,很不自在。于是他就自己出资在歇台子一荒坡上建了一栋两层高的小楼居住,定名为抗倭楼。在歇台子抗倭楼居住的一年多时间里,是冯玉祥诗画作品盛产的时期,也是他和进步文艺人士交往密切时期。当时中华全国文艺界抗战协会就在观音岩,文艺界大家们纷纷聚集重庆,冯玉祥平易近人、热爱文艺是出了名的,所以茅盾、老舍、田汉、夏衍、曹禺、臧克家……这些抗战文人常常都是抗倭楼的座上客。此楼修建时,冯将军曾作《抗倭楼》诗一首,诗文为:"盖房为何在坡头?怕占粮田民心忧。此心又有谁知道,不知我心乐悠悠。"后因日机对城区的频繁轰炸,歇台子也不安全,遂又举家迁往歌乐山山麓的一个宅第里。

冯玉祥居渝八年期间,积极开展抗日救亡活动,亲自奔走于四川山乡,募集黄金2.3万两支援抗日前线。抗战胜利后,为形势所迫,于1946年以水利考察专使名义出访美国,同时被强令退役。从1947年起,在美国公开抨击蒋介石的内战、独裁政策,积极支持国内人民的爱国民主运动。1948年1月中国国民党革命委员会在香港成立,当选为常务委员和政治委员会主席,7月应中共中央邀请参加中国人民政治协商会议筹备工作,自美国回国途中,因轮船失火,于1948年9月1日与女儿冯晓达一起遇难,享年66岁。1949年9月,中共中央在北平隆重举行追悼会。毛泽东送了挽联,周恩来致悼词,高度评价了冯玉祥为实现民主的新中国所做的努力。1953年,按照冯玉祥生前愿望,遗骨安葬在泰山。

新中国成立后,解放军后勤工程学院选址在歇台子建设,冯玉祥旧居一直为该校办公用房,目前为该校老干部活动中心。2000年,该址由重庆市人民政府公布为市级文物保护单位。

重庆作为抗战时期中华民国的陪都,留存众多名人旧居,而冯玉祥旧居无疑是这些旧居的重要组成部分,它具有丰富的历史文化价值和较高的建筑艺术价值。

首先，此处反映了冯玉祥在重庆的办公、生活情况，有着深厚的社会、政治背景及人文信息，是研究重庆抗战陪都文化的重要组成部分，具有较高历史研究价值。

其次，该址一楼一底，砖木结构，西式青砖小楼，具有典型民国风格，见证了风雨飘摇的乱世，目睹了民族的苦难与抗争，为研究抗战历史以及重庆地区建筑风格、建筑形式、建筑技术提供了重要参考。

目前，旧居由中国人民解放军后勤工程学院管理使用，隶属总后勤部。鉴于此，我们认为，今后对冯玉祥歇台子旧居的保护与利用过程中，应该注重以下几点：

第一，相关文物保护单位应敦促使用单位加强文物建筑的日常性管理与维护。

第二，借中国人民解放军后勤工程学院搬迁之际，协调有关部门，对冯玉祥歇台子旧居的保护与利用作整体规划。

第三，增加文物征集和保护资金，向全国、全市征集和冯玉祥有关的实物和文献。

第四，规划成立抗战时期名人馆项目，以各主要名人馆为基本陈设，形成联动，致力于打造成为历史文化建筑保护开发的示范项目。

白鹤嘴石碉堡

白鹤嘴石碉堡位于重庆市渝中区白鹤嘴山头上。该石碉堡建于1936年,编号为"东路第二号",由"重庆市碉堡委员会"统一修建。石碉堡依山而建,基础及墙体全为条石垒砌,形态为圆形筒体,直径约7米,高约8米,占地面积约50平方米。小青瓦木屋面,中心砖柱承托,均布八檩,椽子呈放射状分布。内分二层,外设分层观察眼及枪眼若干。根据碉堡外表面阴刻铭文记载和现场踏勘分析,该碉堡建筑形制完整,保存状况较好。重庆自1929年建市以来,依照山城特有地势构筑碉堡、防空洞等一系列防御设施。白鹤嘴石碉堡防御辐射主要以西、北两面为主,西为佛图关口以及(肖家湾)鹅颈地段进城方向,北为(黄沙溪一带)长江沿岸地段。石砌碉堡依山而建,独立崖嘴,镇锁渝江,护卫主城,与古城门城墙和抗战修建的钢混结构碉堡互为犄角,形成完整的山城防御体系。石碉堡作为抗战时

白鹤嘴石碉堡

期的军事防御堡垒,是重庆陪都抗战文化的重要组成部分。该碉堡作为城市不可再生的历史遗存和独具特色的景观资源,具有较高历史文化、军事研究价值。

打枪坝水厂纪念塔

打枪坝水厂纪念塔位于重庆市渝中区领事巷附近打枪坝自来水厂内净水池南侧。水塔建成于1931年,整体建筑材料以砖石为主,塔身表体由水泥砂浆以及瓜米石组成,建筑形态略带欧式,属折中主义建筑风格。该塔大体分为三层,并由下至上层层收分。塔底为圆形,直径10.5米,东、南、西、北四面均有五步石梯,石梯两边均有花台,底层共有立柱16根,二层为圆形石垒,三层为方形,由16根立柱组成,顶部设有避雷针以及后期的航标灯。另有办公楼一栋,一楼一底为折中主义风格,砖石木结构建筑,整体结构保留比较完好。纪念塔建筑面积120平方米,占地面积50平方米,办公楼建筑面积1044平方米,占地面积522平方米。塔底南面立有石碑,为纪念水厂

打枪坝水厂纪念塔

创始人税西恒而立。1926年官商筹办自来水公司,由税西恒担任水厂的设计和建筑工作,建筑泵站于大溪沟,建净水及制水厂于打枪坝。从筹备到建成,历时六年,重庆第一自来水公司终于在1932年3月1日竣工,结束了重庆无自来水的历史。在当时,重庆自来水公司也是我国最早自己设计和建造的自来水公司之一。抗战时期,重庆自来水公司为市民生活和工业生产用水的顺利供应作出了积极贡献,打枪坝水厂纪念塔作为这一历史的见证,具有重要的历史文物价值。目前只保留一处纪念水塔以及一栋一楼一底的原水厂办公楼。该处文物反映了抗战时期民族事业的进步以及爱国知识分子的智慧,具有很高的历史文化、科学技术、建筑艺术价值。2008年由重庆市人民政府公布为近现代优秀建筑。2009年由重庆市人民政府公布为第二批市级文物保护单位。

大川银行旧址

大川银行旧址位于重庆市渝中区解放东路31号。该址坐东朝西，偏南10度，为上海里弄风格砖木结构建筑，进深16.1米，面阔24.88米，建筑面积1626.19平方米，占地面积439.92平方米。此处由两栋建筑相连而成，中间形成一方形

大川银行旧址

天井。1号楼原为营业厅、库房，楼底的边角处为原地下仓库。2号楼为接待厅，极具特色的旋转楼梯已于20世纪60年代拆毁，圆弧楼梯做工非常精致。此房有地下室，据说是金库。大川银行内还发生了许多鲜为人知的事情，革命叛徒甫志高曾在此地工作、居住以及被捕，还有成都第八任市长杨全宇因"现任官吏囤积粮食"的罪名在此地被捕后被蒋介石枪决等。根据重庆市档案馆《民国档案》记载，大川银行的位置就在林森路（现解放东路），熊觉梦（王缵绪女婿）曾任大川银行总经理。据房产资料查证，这原是林森路17号，最早为大川银行重庆分行，地价"壹拾贰万贰仟壹佰叁拾陆元正"。1950年交给

西南军政委员会交通部国营运输公司,运输公司和搬运公司有部分职工调入港务局,此房在1961年交给重庆港务局,1962年12月又移交给重庆市搬运装卸公司。此处是陪都时期林森路金融一条街的重要史证,具有较高的历史文化价值。

戴笠神仙洞公馆及军统办公室旧址

戴笠神仙洞公馆及军统办公室旧址位于重庆市渝中区枇杷山正街72号。该址坐西向东，偏北10度，为三层砖木结构中西结合建筑，面阔9.7米，进深13.9米，建筑面积1560平方米，占地面积390平方米。此建筑于

戴笠神仙洞公馆及军统办公室旧址

20世纪30年代修建，抗战时期作为戴笠公馆及军统办公室之一，解放后作为重庆市市委机关办公室之一，60年代初，在上面加盖一层楼房。1970年，又将该房屋移交市博物馆管理，使用至2007年10月。2007年10月，移交市艺术创作中心管理。目前该建筑底楼作为库房使用，二楼为办公室，三楼为会议室，现由重庆市文化局创作中心管理。该处是目前渝中区保留较完整的民国时期公馆建筑，具有一定建筑艺术价值。

丹麦公使馆旧址

丹麦公使馆旧址位于重庆市渝中区鹅岭正街176号鹅岭公园内。该建筑建于1938年10月,坐东朝西,为砖木结构平房建筑,总长15米,进深9.3米,三开间,建筑面积143.22平方米。小青瓦屋面,人字木屋架,

丹麦公使馆旧址

青砖墙柱承重,条石基础。原有门窗已部分改变,房间内部格局有些改变。首任丹麦公使欧斯浩德于1938年10月8日飞抵重庆。1940年6月14日,新任公使高霖抵重庆接替欧斯浩德。高霖同时兼任驻泰国公使。1941年8月21日,丹麦政府宣布承认南京汪精卫政权,同时承认日本扶持的伪满洲国傀儡政权,中国与之断交,丹麦使馆关闭。该址作为中国外交史上的历史建筑,是驻渝外交机构遗址群构成之一,对研究中国外交史有着重要意义。2009年12月由重庆市人民政府公布为直辖后第二批市级文物保护单位。

飞 阁

飞阁位于重庆市渝中区鹅岭正街176号鹅岭公园内。该建筑建于1939年,坐南朝北,偏东25度,为一栋砖木结构仿古建筑,面阔16.8米,进深19米,通高约10米,建筑面积319平方米,碧瓦彩檐。因其造型奇特,中心为六角形阁,沿阁延出三馆,状若飞鸟,故名飞阁。飞阁所在地(鹅岭)以前是私家花园,是清政府赠给当时重庆商会会长李耀庭的礼物。1909年,李耀庭帮清政府还国债——将资本投入铁路建设,解除清政府与法国的铁路债务关系。清政府为表感谢让其自选礼物,他就选了鹅岭这块地。此后,该园由李耀庭父子精心打造而成,名礼园。1939年初,国民政府侍从司委托基泰工程司,为蒋介石和宋美龄夫妇在鹅岭建造一套别墅。由中国著名设计大师张缚设计,不到一个月就拿出了设计。1939年夏天,蒋介石和宋美龄就住进了这座新别墅,在此居住两月有余。为防日军空袭,当时在飞阁之下修建了一个防空洞,并专门在飞阁的"江山一览"旁,为宋美龄修建了一个玻璃房子,供宋美龄晒日光浴。1940年至1945年8月,飞阁

为英国驻华大使卡尔先生居所。重庆解放后成为西南军区司令部,刘伯承、宋任穷先后在此寓居。此建筑具有中国古代建筑风格,其间有多位名人在此居住,有较高的建筑艺术、历史文化价值。2009年重庆市人民政府公布其为第二批市级文物保护单位。

苏军烈士墓

苏军烈士墓位于重庆市渝中区鹅岭正街 176 号鹅岭公园内。该纪念碑建于 1959 年,坐西向东,为钢筋混凝土结构,宽 2.15 米,厚 2.15 米,通高 9.75 米,碑身高 9 米,外表是光滑的磨石,正面饰有镰刀斧头金色图案,碑座为须弥座,高 0.75 米,宽 3.22 米,厚 3.22 米,正面镌刻"志愿参加抗日战争牺牲的苏联军官司托尔夫、卡特诺夫烈士之墓"。墓碑面积 10.43 平方米,占地面积 219.79 平方米,保护范围面积 1935 平方米。苏军烈士墓是为纪念在抗战期间牺牲的两名苏联空军烈士而修建的。约于 1938 年至 1940 年之间,苏联志愿援华空军上校军官司托尔夫和卡特诺夫在重庆病故。最初安葬在袁家岗,1951 年因拓宽两杨公路(两路口至杨家坪),将烈士墓迁至两杨公路(两路口至杨家坪)与袁茄公路(袁家岗至茄子溪)交叉处。1956 年,袁茄公路兴工建设,将烈士墓移迁至江北区杨家花园病故军人陵园内。因杨家花园墓地狭小,不宜长期安葬国际烈士,经中共重庆市委决定,于 1959 年 9 月,将烈士遗骸迁葬于鹅岭公园内。至此,烈士遗骸

苏军烈士墓

几经迁徙,始得安定。1987年2月21日,四川省人民政府秘书长姜泽亭、重庆市副市长冯克熙,代表省、市人民向在我国抗日战争中捐躯的苏军烈士敬献了花圈,红绸挽联上书:"在反法西斯战争中牺牲的苏联红军永垂不朽!"此处反映了反法西斯战争中友邻国对华支援的历史背景,是中苏友好外交的象征,具有较高的历史文化价值。2000年9月7日重庆市人民政府公布其为直辖后第一批市级文物保护单位。

桐轩石室

桐轩石室位于重庆市渝中区鹅岭正街176号鹅岭公园内。该址建造于1909年到1911年间，坐南向北，偏东10度，为中西合璧式建筑。面阔18.1米，进深8.7米，通高7米，建筑面积132.11平方米，占地面积94.08平方米，保护范围面积820平方米。石室共一层，有主室和左右耳室共三间，中间屋顶呈拱形，主室中央放有一长方形大型石桌，正壁刻清代中国地图，两侧为世界地形图和行星绕太阳公转的浮雕，两壁下方刻有中国四季图各一幅，高0.94米，宽1.05米。两侧石屋有隧道式石阶通屋顶平台。室内地面石料呈阴阳八卦布局，石室屋檐下饰有斗拱、花瓶、几何形图案等。该建筑全用石材建成，采用的是仿罗马式建筑风格，结合中国元素的图案，雕刻精致，古朴典雅，奇特之处是门窗及其他的装饰图案无一相同，工艺精美，内容丰富，融会多种文化元素，完整地表现出了中华民族建筑传统手法的智慧与气魄，具有较高的历史文化、建筑艺术、史学研究以及观景价值。桐轩石室是清末时重庆商会首届会长李耀庭所建的避暑之地。2009年重庆市人民政府公布其为市级文物保护单位。

桐轩石室

佛图关白骨塔

佛图关白骨塔位于重庆市渝中区佛图关公园北侧,修建于抗战时期。佛图关白骨塔目前有两处塔址,相隔近百米远,塔基为乱石及灰土,塔身由石灰、红砖垒成,通高约7米。重庆被日寇大轰炸时,许多惨死的平民被就近埋葬于佛图关上,轰炸结束后,埋葬于荒坡上的尸骨被收纳后集体下葬,成为12座白骨塔。如今,只剩了这座完整的白骨塔和不远处的另外半座残塔。佛图关白骨塔是抗战时期重庆大轰炸的重要历史见证,具有较高的历史文化价值。

佛图关白骨塔

佛图关抗战石刻蒋介石题刻处

佛图关抗战石刻蒋介石题刻处位于重庆市渝中区佛图关公园内东侧,为民国时期蒋介石手书。该题刻面向南(长江),题刻为"挺起胸膛、竖起脊梁"八字,楷体,系阴刻,题刻高2.07米,宽约1.5米(因治理山体滑坡,被加固砌石所遮挡,只外露0.85米),有一定程度风化。佛图关位于重庆市渝中区鹅项颈上,是重庆城郊西的制高点,海拔388米。凭高俯瞰两江三岸,极目二县五区。两侧壁立,地势险峻。重庆北、东、南三面环江,只有西面通陆,佛图关便成为扼控重庆的咽喉,历为兵家必争之地,也是西上成都的要冲。抗战时期,国民政府迁都重庆,此地为国民政府中央训练团基地范围,改名为复兴关(解放后又改回佛图关)。蒋介石在这里题刻的八个字,是抗战时期鼓舞国民抗日士气的标志,具有较高的历史文化、书法艺术价值。

佛图关抗战石刻蒋介石题刻处

高显鉴公馆旧址

　　高显鉴公馆旧址位于重庆市渝中区上清寺路252号。该旧址建成于1938年，坐南朝北，为砖木结构，由三幢两楼一底的中西式建筑组成，外墙由当时典型的燕窝泥构筑而成，进深约17米，

高显鉴公馆旧址

面阔约45米，建筑面积2117.56平方米，占地面积779.36平方米。此建筑又名高公馆。高显鉴在刘湘主政时，被任命为四川省立教育学院首任院长，而四川省立教育学院就是原西南师范大学的前身。抗战期间，宋美龄曾在此指挥过重庆龙舟大赛，鼓舞人们抗击日寇的决心。1942年元旦，此处还举办过为期15天的迁川工厂出品展览会，国民党军政要员林森、冯玉祥、于右任、何应钦等，及中国共产党周恩来、邓颖超、董必武等都来此参观。为此，当时的《新华日报》还专门刊发了社论。该建筑向前俯瞰嘉陵江，向后临牛滴路（老成渝路）。当时从上清寺至现在的红岩村一带，修建了陶园、荫园（前川军二十一旅旅长范子荫建）、特园、怡园、史迪威居所、高公馆和刘湘公馆等。这一带成为重庆当时名副其实的别墅区。高公馆是渝中区保留较完整

的民国时期公馆建筑之一,具有较高的历史价值和建筑艺术价值,具有一定地域特色、历史特色,为研究重庆地区建筑风格、建筑形式、建筑技术提供了参考。

归元寺石碉堡

归元寺石碉堡位于重庆市渝中区归元寺中巷89号、114号。归元寺石碉堡共有两处,基础为条石,堡身及顶部全由钢筋混凝土浇筑而成,碉堡顶盖呈圆形。1号碉堡位于上三八街的小胡同,在上三八街89号前的平台处,此处原为归元寺的制高点之一,整个碉堡占地面积约为50平方米,平面为几何多边形。从侧面可以看出碉堡为混凝土浇构,旁边有一处白色抹灰外墙的附属建筑。2号碉堡位于归元寺中巷89号前的平坝下方,混凝土结构,俯视为圆形。石碉堡建筑形制完整,保存状况较好,具有一定的历史价值、科学研究价值和景观价值。重庆自1929年建市以来,国民政府就依照山城特有地势构筑碉堡、防空洞等一系列防御设施。1号石碉堡防御辐射以南面通远门外的陆地交通为主,2号石碉堡防御辐射以北面嘉陵江沿岸一带为主,两处石碉堡相隔50余米,相互呼应,形成防御体系。它经历了民国军阀割据、抗战大轰炸、重庆解放,见证了近70年的风雨沧桑,传递了丰富的历史

归元寺石碉堡

信息。延续了城市历史文脉，丰富了城市内涵。该石碉堡作为抗战时期的军事防御堡垒，是重庆抗战文化的重要组成部分；作为城市不可再生的历史遗存和独具特色的景观资源，具有较高历史文化、军事研究价值。

国际村旧址

国际村旧址现今主要遗存包括国际村102号建筑和国际村石碉堡。国际村102号建筑位于重庆市渝中区国际村102号。该建筑坐南朝北，为一楼一底砖木结构中西合璧建筑，进深9.2米，面阔14.25米，建筑面积279.4平方米，占地面积131.1平方米。基础为石作，建筑背面基础石壁堡坎，外墙为青砖砖砌，小青瓦屋面，木质楼板、回廊、梯道。建筑布局为船的形态，具有一定特色。该处在抗日战争时期为美国、英国等国家的反法西斯国外友人居住，具有一定历史文化价值，其具体历史信息有待进一步研究。

国际村石碉堡位于重庆市渝中区国际村103号。该碉堡坐北朝南，由条石以及钢筋混凝土浇筑而成，整个布局形态犹如八卦，内设排水沟，机枪口若干，出入口两处。石碉堡建筑形制完整，保存状况较好，具有一定的历史价值、科学研究价值和景观价值。重庆自1929年建市以来，国民政府就依照山城特有地势构筑碉堡、防空洞等一系列防御设施。国际村石碉堡位于国际村

国际村102号建筑

国际村石碉堡

山坡制高点,俯视山坡下的所有景物(现两路口长江一路),防御辐射主要是西面佛图关口至鹅颈地段东端,此地是通往重庆主城的必经之路,历为兵家必争之地。石砌碉堡依山而建,镇锁渝江,护卫主城,与古城门城墙和抗战修建的钢混结构碉堡互为犄角,形成完整的山城防御体系。该石碉堡作为抗战时期的军事防御堡垒,是重庆抗战文化的重要组成部分;作为城市不可再生的历史遗存和独具特色的景观资源,具有较高历史文化、军事研究价值。

国民党警察局旧址

国民党警察局旧址位于重庆市渝中区上曾家岩19号。该址坐北朝南,为一楼一底砖木结构建筑,进深14.41米,面阔22.3米,建筑面积约642.68平方米,占地面积321.34平方米。歇山屋顶,小青瓦屋面,设有连排老虎窗,砖柱砖墙,表体贴有瓷贴,条石基础,内部为木质结构。建筑内有两道石朝门,石朝门门楣有雕饰。该址毗邻周恩来同志工作过的曾家岩50号,为原国民党警察局。由于用途的特殊性,内里格局分布严谨,设有地下室,外部有铁栏、铁窗花栏,里面开间整齐分布。重庆警察始于1905年冬,前后有巡察总局、巡察署、警视总厅、警察署、警察厅等名称。1927年重庆市政厅改厅为府,警察厅改为公安局。局内设秘书、督察二处,总务、行政、卫生、司法四科。1934年改公安局为警察局。1940年3月重庆市面积扩大,分为18个区,市警察局设18个分局,另设水上分局一个;各分局下设分驻所及派出所,局内部设秘书、人事、统计、会计四室,总务、司法、行政、外事四科,另设有督察

国民党警察局旧址

处、刑警处和消防、保安两个警察总队等。1949年11月重庆解放，该局由重庆市公安局接管。整个建筑背靠嘉陵江，视野开阔，具有较高的建筑艺术和历史研究价值。

国民政府国防部会议厅旧址

国民政府国防部会议厅旧址位于重庆市渝中区鹅岭正街某部队大院内。该址建于1940年,坐南向北,为中式大圆顶砖木结构建筑,共一层,周长48米,通高约10米,基座高0.48米,建筑面积约130平方米。屋面

国民政府国防部会议厅旧址

为五坡水圆形屋顶,机制瓦铺面,白色外墙,中国宫廷式撑拱木柱,类似于天坛式的两层台阶及两层石栏,在东、南、西、北面共有门四道。此建筑造型别致,布局饱满,反映了重庆陪都时期的典型建筑风貌,具有较高的建筑艺术、景观、历史文化价值。1945年8月15日抗战结束后,美国帮助国民政府于1946年3月在南京成立了一个美国军事顾问团(顾问团最初在重庆求精中学内办公),名义上是国民政府聘请的美国军事专家,实际受美国五角大楼的控制。它向国民政府提出一个"国防部编制方案",建议撤销国民政府原有的高级军事指挥机关军委会及中国陆军总司令部,合并编组为国防部。6月,军事委员会所属各部会迁到南京,即以此班底为基础,把中国陆军总司令部并入

编组。国民政府国防部于1946年6月在南京黄埔路中央军校旧址成立。第一任部长白崇禧,参谋总长陈诚。1949年淮海战役后,该部几经紧缩编制于12月1日迁往成都,大部遣散留在成都直至解放,一部分迁台湾。

国民政府军事参议院旧址

国民政府军事参议院旧址位于重庆市渝中区李子坝正街61号。该址坐北朝南，偏东20度，为三层砖木混合结构简洁风格办公楼建筑，面阔近33米，进深12米，建筑面积约1270平方米，占地面积467平方米。屋顶为硬山坡屋顶，小青瓦屋面，砖柱砖墙，外墙表体局部为燕泥墙，条石基础。整个建筑依山而建，因地制宜，底屋全为石基地。此建筑为石、木、砖三结合，墙体分段式，采用拉毛、仿砖石清水墙勾缝装饰工艺手法，体现了抗战时期较高的历史建筑风貌和艺术价值。国民政府军事参议院是抗战时期国民政府军事委员会有关军事咨询的最高机构。1928年11月军事委员会撤销后，国民政府决定在原军事委员会有关厅处的基础上，成立军事参议院。该院于1929年9月正式成立，直隶于国民政府。1938年2月，该院正式改隶恢复后的军事委员会，职责为有关战时军事研究与建议，设有秘书室、副官室、总务厅、军事厅及各种军事研究会。院长先后为陈调元、李济生、龙云等。此处反映了陪都时期的军事、政治背景，具有较高的历史研究价值。

修缮后的国民政府军事参议院旧址

韩国光复军司令部旧址

韩国光复军司令部旧址位于重庆市渝中区邹容路37号。该处坐南朝北，偏西20度，砖木结构，二楼一底，为中西结合建筑，建筑面积约2500平方米。外墙为砖砌，内部开间为夹壁墙，木质门窗及楼梯。据"味苑"餐厅老员工介绍，这栋房屋建于20世纪30年代。1940年，大韩民国临时政府在重庆成立光复军司令部，租赁该房屋作为办公用房。韩国光复军是第二次世界大战时期大韩民国临时政府（朝鲜在华流亡政府）的军队，1940年9月17日成立于中国重庆，主要由在华的朝鲜人组成，对日军进行游击战。总司令由池青天（化名李青天）担任，参谋长为李范。解放后，该房产交西南军政委员会，20世纪50年代交给重庆饮食公司，2004年随着国企改革，成为重庆市国资委下属33个企业集团之一——重庆渝慧食品集团公司。此处作为反法西斯战争中，朝鲜人民在中国长期坚持反日独立运动的流亡政府机构，具有较高的历史价值。

韩国光复军司令部旧址

贺国光旧居

贺国光旧居位于重庆市渝中区健康路4号,水文站大院内。该建筑坐西向东,偏南20度,为二楼一底中西式砖木结构建筑。面阔32.47米,进深23.5米,通高约15米,共有房屋31间,建筑面积1057.66平方米,占地面积967.61平方米。硬山式屋顶,机制瓦屋面,砖柱砖墙表体抹灰,底层及基础为石作。建筑整体布局为"L"形,分为前后两部,中间有天桥连接,中庭内有花园,坝前建有一个家庭用小篮球场。该建筑建于1935年,造型别致,典雅大方,反映了重庆在陪都时期的建筑风貌,具有较高的建筑艺术价值。贺国光(1885—1969),字元靖,湖北省蒲圻县人。1905年底到成都考入四川陆军速成学堂,毕业后担任川军排长。后被保送入北京陆军大学。1926年吴佩孚委任他为第十五师师长兼开封警备司令,1927年任第五军军长,后率部投北伐军。整编后,任湖北省陆军第一师第一旅旅长兼武汉卫戍副司令,1930年任蒋介石南昌行营参谋长。1934年2月,蒋介石委任其为驻川参谋团主任率团入川,从此中央势力进入四川。1935年11月任新成立的重庆行营参谋长。1937年刘湘部队与蒋介石的嫡系部队发生冲突,在两路口、菜园坝及佛图关外张宗祠一带构筑工事准备打仗时,贺国光亲自出面调停,免除一场兵祸,由此升任重庆行营代主任。1940年11月,贺国光调任宪兵司令兼重庆卫戍副总司令。1941年担任防空司令,在日本对重庆的战略大轰炸的一段时间中指挥了极其惨烈的对空防御战。1944年3月调任国民政府军委会办公厅主任,掌管全国军事机要。1945年参加国共两党和谈,负责接待中共代表团。1946年任西昌行营主任,1949年底任西昌警备总司令、西康省主席。1950年飞台湾后,先后任"总统府"国策顾问、土地银行总监督,1969年病逝。此处作为贺国光在重庆的官邸,具有一定的历史研究价值。

红 楼

红楼位于重庆市渝中区枇杷山正街72号。建成于20世纪20年代末,时值重庆建市期间。该建筑坐南朝北,偏西10度,为二楼一底中西式砖木结构建筑。面阔30米,进深16米,高15米,占地面积200平方米,建筑面积403平方米。此建筑造型别致,古朴典雅,具有较高建筑艺术价值,现仅存主楼,基本完好,该建筑因由红砖砌成,故称为红楼。该建筑为王陵基公馆所在,当时公馆附近一共有14座房屋,还有一座碉堡(后改建为红星亭),周围广植果木,王陵基是积极反共的军阀,又是战功卓著的抗日将领。王陵基时任国民革命军第二十一军第三师师长,兼重庆卫戍总司令,遂占用市区制高点枇杷山的南面山麓修建公馆。抗战时期,王陵基任三十集团军总司令,后任第六、九两战区副司令长官。抗战胜利后,先后任江西省、四川省政府主席等职。解放后,被捕入战犯管理所改造,1964年被特赦并安排工作,1967年病逝于北京。1949年12月6日中共重庆市委接管红楼作为机关驻地。

红楼

1955年,市委迁至曾家岩中共西南局原址办公,枇杷山改建为公园。该建筑现为枇杷山公园茶楼。红楼为王陵基在枇杷山别墅区保留的建筑之一,具有较高的历史文化价值。

胡子昂旧居

胡子昂旧居位于重庆市渝中区解放东路太华楼一巷6号。该建筑坐西向东,偏北20度,为二楼一底中西式砖木混合结构四合院建筑,面阔13.4米,进深10.2米,建筑面积366.3平方米,占地面积136.68平方米。建筑共有3层楼,整体呈"凹"字形,墙壁为木屑灰壁。此建筑布局工整,典雅大方,反映了渝中区下半城的建筑风貌,具有较高的历史文化、建筑景观价值。胡子昂(1897—1991),重庆市人,历任南昌江西农学院技师兼总务长、巴县中学校长、重庆市教育局局长,后转入实业界和金融业,并建成了西南地区最早出现的年产量45吨的水泥厂。1941年到成都任四川省建设厅厅长。1942年担任川康兴业公司董事长兼总经理。创办重庆华康银行并兼任董事长。1946年任重庆市参议会议长,一度担任国民参政员和立法委员。解放战争时期积极参加爱国民主运动,反对专制独裁,呼吁停止内战,倡导和平救国。1948年底到香港,1949年9月应中共之邀北上参加第一届全国政协会议和开国大典。随刘邓大军回到重庆,任西南军政委员会委员、西南财经委员会委员、重庆市副市长。将华康银行、各企业全部股票和个人珍藏书画无偿上交国家。历任民主建国会中央副主席,全国工商联主席,第五、第六届全国政协副主席,第二届至第五届全国人大常委会委员等职。1991年逝世于北京,享年94岁。目前此房楼底为胡子昂妹妹的孙女所有,二、三楼为望龙门房管所管理。2009年12月,重庆市人民政府公布其为第二批市级文物保护单位。

华威银行旧址

华威银行旧址位于重庆市渝中区解放东路16号。该建筑坐北朝南,为三楼一底砖木结构建筑,进深9.05米,面阔8.8米,建筑面积约318.56平方米,占地面积79.64平方米。屋顶为硬山顶,小青瓦铺面,砖柱砖墙表体抹灰,石作基础,木结构楼板及梯道。正大门由三根大柱支撑而成,两边柱粗壮,中间一柱仅有两边大柱一半。现正大门中间一柱上有一小型木质板,上面以旧社会特有的茶具摆放着三杯凉茶,据称为"华威茶"。华威银行是解放前民国私办银行之一,底层设有钢筋混凝土的地下室,为金库。此处与大川银行隔街对望,一公立一民营的银行相对而立,是陪都时期林森路金融一条街的重要史证,具有较高的历史文化价值。

华威银行旧址

交通银行旧址建筑群

交通银行旧址建筑群位于重庆市渝中区李子坝正街49、61号。该建筑群前身为中华民国中央银行及二十四兵工署,后为交通银行使用。建筑群内包括三幢近现代建筑(交通银行办公楼、宿舍楼、银行学校楼),两处地下金库,银行大门也保存至今,国民政府军事参议院也在其中,是抗战时期重要的政治、军事、金融机构。目前为重庆仪表厂办公楼和工厂车间。

交通银行旧址建筑群

银行学校楼坐北朝南,偏东30度,为依山而建的中式建筑,三楼一底(俗称三层半),砖木结构。建筑面积1800平方米,占地面积472.5平方米。大型地下室位于2楼南面靠崖壁处。银行办公楼坐北朝南,偏东30度,砖木结构,一楼一底。建筑面积495.9平方米,占地面积248平方米。银行宿舍楼坐北朝南,偏东30度,砖木石结构,二楼一底。建筑面积902.4平方米,占地面积301平方米。小型地下室位于2楼南面1米处坡坎下。银行学校入口处门斗装饰风格独到,办公楼原貌清晰可见,宿舍楼具有山地典型建筑特色,三幢建筑位置和风貌相互协调,原大门上"交通银行"字迹依稀可见。地下金库及通风掩体保存完好。交通银行1908年成立于北京,1928年国民政府定都南京后,该行迁往上海,抗战爆发后,又先后迁往武汉、香港,于1938年6月迁往重庆,地址在化龙桥。1938年1月,交通银行重庆分行在打铜街成立。此处为交通银行重庆分行李子坝支行,成立于1939年6月15日,是抗战时期交通银行在重庆地区的唯一一个支行,抗战胜利后该支行降为办事处。1946年,交通银行总行迁回上海。交通银行旧址建筑群对研究重庆抗战历史以及大后方的金融历史有着较高的历史价值,对彰显重庆抗战时期作为金融中心的历史地位具有重要研究价值和利用价值。

抗建堂旧址

抗建堂旧址位于重庆市渝中区上纯阳洞13号。该建筑1940年动工修建,至1941年落成,坐北朝南,为中西式砖木结构建筑,有堂厢、楼厢和工作室。总占地面积1321平方米,剧场占地面积543.28平方米,建筑面积817.22平方米。抗建堂是抗日战争时期,电影制作厂自建的,专供映、演抗战影剧的剧场。在中共中央南方局周恩来的亲切关怀和大力支持下,郭沫若、曹禺等一大批文化界人士,把抗建堂作为宣传抗日救亡的重要活动场所。先后在此演出的剧团有中国万岁剧团、孩子剧团、中央青年剧社、中国胜利剧社、中华剧艺社等。先后在此上演的剧目有郭沫若《棠棣之花》、《虎符》,曹禺《北京人》、《雷雨》,陈白尘《陌上秋》,吴祖光《牛郎织女》、《国贼汪精卫》等。重庆解放后,抗建堂于1950年由重庆市文工团接管,改名为红旗剧场。1984年红旗剧场划归为文化开发公司。1986年改为文化艺术服务公司,将红旗剧场改名为抗建堂俱乐部,后剧场内部改为舞厅。1987年重庆市人民政府将抗建堂旧址列为市级文物保护单位。2000年后,因老建筑年久重修,抗建堂原地重建。

抗建堂旧址

李根固旧居

李根固旧居位于重庆市渝中区李子坝正街61号。该址坐南朝北,偏西40度,一楼一底砖木结构建筑,楼上有一阁楼。面阔19米,进深13米,通高12米,建筑面积494平方米,占地面积247平方米。李根固原为军阀刘存厚的部下,1919年任独立团团长兼炮兵营营长,其后任刘湘辖区宪兵司令。在重庆大轰炸中任防护团副团长、市防空司令部司令。1936年冬成立了重庆市防护团,时任重庆警备司令的李根固担任副团长。1937年9月1日正式成立重庆防空司令部,为全市最高防空指挥机关,按部队编制,纳入军队序列,直接受重庆行营领导。李根固被重庆行营委任兼防空司令部司令。在他指挥下建立起庞大的防空体系,包括照测中队、高炮部队、防空情报、灯火管制、消防、避难等。他的指挥区域包括南岸、江北、磁器口、广阳坝等。1940年重庆升格为陪都后,防空司令部随之变化,上将贺国光兼任防空司令部司令,中将李根固调整为副司令,在原有防空系统中,增设了防毒大队。从1938年8月开始修筑的重庆大隧道防空工程,贯穿主城区东西南北,全长达3722米。在防空司令部指挥、安排下,以各种方式修建的防空洞,总容量为46.17万人,有效地保护了市民免遭日机荼毒。重庆的防空司令部为抗战大业作出了巨大贡献。此处作为李根固官邸,反映了陪都时期李子坝一带的建筑风貌,具有一定历史文化价值。

李子坝石碉堡

李子坝石碉堡位于重庆市渝中区李子坝2村10号。该石碉堡坐南朝北,基础及墙体全为条石垒砌,"L"形,内有2间,外设分层观察眼及枪眼若干,进深4米,面阔3.33米,总面积约13.25平方米。石碉堡建筑形制完整,保存状况较好,具有一定的历史价值。重庆自1929年建市以来,国民政府就依照山城特有地势构筑碉堡、防空洞等一系列防御设施。李子坝石碉堡防御辐射主要以北面嘉陵江两岸为主,守据东面的国民政府兵工厂以及中央银行(后为交通银行)地下金库。石砌碉堡依山而建,镇锁渝江,护卫主城,与古城门城墙和抗战修建的钢混结构碉堡互为犄角,形成完整的山城防御体系。该碉堡作为抗战时期的军事防御堡垒,是重庆陪都抗战文化的重要组成部分,具有较高历史文化、军事研究价值。

李子坝石碉堡

李宗仁旧居

李宗仁旧居位于今重庆市委大院内,现为市委6号楼,是一幢坐南朝北的西式砖木结构建筑。主楼两楼一底,两侧为一楼一底。通高11米,面阔35.2米,进深24米。这里原为刘航琛的公馆。1949年重庆解放前夕,国民政府代总统李宗仁曾在此暂住。根据史料考证,1949年怡信工程公司对原有建筑改造性修建,共3层,建筑面积1117平方米,砖木结构。因是为李宗仁所建,故称宗仁楼。1950年2月以后,刘伯承在此住过。因名人使用而具有历史价值。建筑保持了原磨缝青砖的形制和悬窗,属"国际式"现代风格,整个建筑风格保持历史原貌。2000年,市政府公布其为市级文物保护单位。

李宗仁旧居

李宗仁公馆旧址

李宗仁公馆旧址位于重庆市渝中区枇杷山后街93号。该址坐西向东,偏南15度,为二楼一底仿哥特式砖木结构建筑,面阔17米,进深16.3米,通高15米,建筑面积886.65平方米,占地面积295.55平方米。机制瓦屋面(部分为石棉瓦),青砖外墙,底层外墙及基础为石作。该处原为郭勋祺公馆(郭在"三三一"惨案前后有进步表现,抗战时期任第十军军长,解放后任川南行署交通厅厅长)。抗战时期,李宗仁曾在此住过。

李宗仁公馆旧址

李宗仁(1891—1969),字德邻,广西临桂人,1908年入广西陆军小学堂,自幼习武。1910年加入同盟会,历任南宁将校讲习所尉官、滇军排长、护国军连长、营长。1923年5月任广西定桂军军长时,由李济深、陈铭枢介绍加入国民党。1924年11月由孙中山任命为广西全省绥靖办公署督办兼广西陆军第一军军长。此后与粤军合作统一了广西。又配合广东政府第二次东征,帮助广东革命根据地实现统一。1926年1月当选国民党中央候补监察委员,3月任广西军改编的国民革命军第七军军长。1927年8月,联合何应钦逼迫蒋介石下野,同时击溃南犯的北洋军阀孙传芳部,保卫了南京政权。1929年3月被蒋介石免去所有职务并开除国民党党籍。"九一八"事变后恢复国民党党籍并当选第四届中央监察委员、西南政务委员会常委。主张抗日,支持察哈尔民众抗日同盟军。抗战爆发,1937年8月任第五战区司令长官,指挥津浦线防御战。1938年指挥台儿庄战役,歼敌万余,获得大捷,极大地鼓舞了中国人民的抗战斗志。抗战胜利后,任北平行营主任,支持蒋介石发动内战,1948年4月当选中华民国副总统。1949年1月蒋介石第三次下野,李代行总统职权。国民党退守台湾后,李宗仁出走美国,于1965年7月回到大陆,1969年1月30日在北京逝世。此处具有较高的历史文化价值,2009年由重庆市人民政府列为市级文物保护单位。

刘湘公馆旧址

刘湘公馆旧址位于重庆市渝中区李子坝正街186号。该址建于20世纪30年代,坐南朝北,为一楼一底砖木结构中西合璧式建筑,面阔26.3米,进深15米,通高12米,建筑面积970平方米,占地面积500平方米。楼前有六级垂带式踏道,露天立有两座水门汀门柱,正立面为走廊,开间宽大气派,有华丽的琉璃窗,一对圆柱悬空而立,护栏上雕刻有蝴蝶纹,还有特殊工艺制作的西式壁炉。该建筑原为川东道尹柳善的府第,民国初年刘湘买下修缮后作为川军二十一军办公楼。

刘湘(1890—1938),字甫澄,四川大邑县人。1909年在四川陆军速成学堂毕业。1913年在川军中担任团长,在随后的护法战争中,先后支持刘存厚、熊克武等四川军阀,被委任为川军第二师师长,师部设于合川,开始了割据一方的军阀生涯。1920年在川、滇、黔军阀大混战中,升任第二军军长。击败滇、黔军后,协助熊克武将刘存厚部赶出四川,在重庆就任川军总司令兼四川省长。1923年出任北洋政府委任的四川善后督办。后被蒋介石委任为国民

刘湘公馆旧址

革命军第二十一军军长,从1926年至1935年,在重庆实施长达十年的"防区制"统治,大规模进行市政建设,修建南区和中区交通干道,修建嘉陵江、朝天门、太平门等沿江码头,使重庆城区扩大了一倍以上。建立重庆大学,安装电话,大力兴办社会文化事业。并以重庆为起点,修建成渝、川黔、川湘公路。1927年制造过镇压共产党人和进步人士的"三三一"惨案,镇压刘伯承领导的"泸州起义"。1937年"七七"事变后,积极主张抗日,在南京国防会议上表示:"四川可出兵30万,提供壮丁500万,提供粮食若干万担。"率11个师的四川部队出川抗日,被任命为第七战区司令长官。1938年1月病故于汉口,被国民政府追赠为陆军一级上将,明令国葬。该处具有较高历史价值和建筑艺术价值。2003年,由渝中区人民政府列为区级文物保护单位。

孙科公馆旧址

孙科公馆旧址位于重庆市渝中区嘉陵新村189号。该址建于1939年,坐西向东,是一幢中西式圆顶砖石木结构建筑,共两层。主体建筑上小下大,通高10.4米,底层直径17.4米,顶层直径6.8米,基座及底层外墙全是坚固的条石砌成,顶层为砖墙。紧靠顶层南端附有一耳房,系砖瓦平房,呈长方形,面阔11.1米,进深4.3米,通高约5米。总建筑面积520平方米,占地面积275.4平方米。公馆由著名建筑师杨廷宝设计,馥记营造厂施工,依山地形势而筑,整个建筑平面由内外两个同心圆组成,圆厅顶部设气楼一圈,以解决采光和通风,底层天花板均匀设置6个通风口,经由上层管道拨风换气,圆厅住宅东西延伸作为辅助用房,并与大门台阶、绿化等组成紧凑的入口。该建筑造型别致,具有较高的建筑艺术价值。孙科(1891—1973),字哲生,广东省香山市人,为孙中山之子,早年留学美国,1910年加入中国同盟会,1917年起,任孙中山大元帅府秘书、参议院议长等职。1931年后成为国民党"再造

孙科公馆旧址

派"首领,与桂系、粤系、改组派等反蒋力量联合。"九一八"事变后,出任南京政府行政院院长、立法院院长,主持制定《中华民国宪法草案》。先后提出"抗日救国纲领草案"、"长期抗日方针案"、"集中国力挽救危亡案"等。1938年随国民政府迁都重庆后,曾两次以蒋介石特使身份去苏联寻求援助,1939年6月在莫斯科与苏联代表签订《中苏商务条约》。发起成立中苏文化协会并兼任会长。1945年1月28日,孙科在嘉陵新村居址,宴请了周恩来、王若飞、沈钧儒、黄炎培、邵力子、王世杰、王昆仑等人,会谈国共和谈问题。抗战胜利后,任国民政府副主席,后任行政院院长,1949年辞职。1973年病逝于台北。2008年,重庆市人民政府将孙科公馆旧址列为近现代优秀建筑。

鲜宅旧址

鲜宅旧址位于重庆市渝中区嘉陵西村23号。该建筑建于1929年,坐西向东,为砖木结构平房,进深6.7米,面阔13.3米,建筑面积89.11平方米,

鲜宅旧址

占地面积约100平方米。鲜英(1885—1968),字特生,四川西充县人。1908年入四川陆军速成学堂。1913年保送保定陆军军官学校第四期学习。1921年任川军总司令部行营参谋长兼重庆铜元局局长,其夫人金竹生女士以废弃煤渣打成煤砖卖售,积得资本建房出租,积年发展,修建鲜宅。鲜宅主体达观楼,即为金夫人本人亲自设计。据鲜英孙女鲜述秀所述,鲜宅始建于1929年,1931年完成。解放后,鲜英历任西南军政委员会委员、四川省民盟副主任委员、全国政协委员、全国人大代表等,1957年反"右"扩大化运动中,特园、鲜宅、鲜家随同鲜英本人遭遇了巨大转折。鲜英夫妇1960年迁往北京天安门寓所定居,鲜氏家族1967年全部迁出,寄居储奇门至80年代才返回。1968年

3月25日,一个"文革"战斗队在达观楼二楼当年议事的大客厅内隔着铁板焚烧传单,引燃红漆木地板,连续一昼夜,将鲜宅夷为灰烬,仅残余书房(儿童学塾)、厨房。该处对研究民国时期民主党派的活动具有一定的历史价值和意义。

徐远举公馆旧址

徐远举公馆旧址位于重庆市渝中区嘉陵新村73号。该址坐南朝北,偏东20度,为一栋中西式石木结构建筑,面阔10米,进深9米,通高8米,建筑面积171平方米,占地面积85.5平方米。硬山坡屋顶,机制瓦屋面,设有老虎窗,基础及外墙全为石作,梯道及阁楼为木质结构,阁楼为机要室,底层为会客室和卧室。该建筑反映了陪都时期当地的建筑风貌,具有一定建筑研究价值。徐远举(1914—1973),湖北大冶人,黄埔军校(武昌时期)七期生。1932年加入复兴社,在军统的中央特警训练班受训。1935年随班禅行辕到西藏工作至1945年。1946年任重庆行辕二处处长。1948年中共重庆地下市委将机关刊物《挺进报》送到行辕主任朱绍良的办公室里,徐远举受朱绍良"限期破案"严令,立即提出侦破方案,逮捕了中共重庆市委委员,中共重庆市委的正、副书记。由于中共重庆市委正、副书记的叛变,大批地下党员和进步群众被捕,牵连到整个川东地下党组织,波及上海、南京。事后徐远举升任保密局西南特区区长,控制了保密局重庆、成都、

徐远举公馆旧址

康定站,控制川、康、滇、黔广大地区。1949年9月开始,受蒋介石指令,由保密局局长毛人凤主持,与其他军统特务头子共同制造了重庆"11·27"系列大屠杀,尤以11月27日夜在白公馆、渣滓洞进行的大屠杀最为惨烈,共有200多名中共党员、民主党派和无党派人士、进步群众学生惨遭屠杀,12月9日,徐远举潜逃至昆明被起义将领卢汉扣留。一年后被押送至重庆白公馆关押,1956年转押至北京功德林监狱,1973年病死狱中。该处作为徐远举的秘密办公地,具有一定的历史研究价值。2008年由重庆市人民政府公布为近现代优秀建筑。

中央公园旧址

中央公园旧址位于重庆市渝中区公园路与西三街交界处,今人民公园。中央公园建于1929年,公园占地面积约12000平方米。清朝时期,这里曾是巴渝名胜"金碧流香"的所在地金碧山。山脚下是重庆府衙,左边是川东道衙,右边是巴县县衙,这里集中了当时的三级政权。20世纪20年代,金碧山杂草丛生,垃圾成堆,一度还成了刑场,更有坟茔蹲卧其间。也许是因为衰败,人们便管这里叫后侍坡。1922年,杨森为重庆商埠督办(市长),将上下城之间的后侍坡开辟出来,准备作为公园。后侍坡上接大梁子(今新华路),下接巴县衙门。但因战乱停工,1929年至1931年,潘文华继任重庆商务督办,重修这座公园,种植花木,筑金碧山堂、江天烟雨阁、涨秋山馆、喷水池、悠然亭等,还建起阅报室、网球场、儿童游戏场、假山等,并在大门进口处塑起孙中山像,取名中央公园。抗战时期,重庆成为国民政府的陪都,中央公园改称中山公园。解放后,中山公园改名为人民公园。

歌乐山抗战石刻群

歌乐山抗战石刻群位于重庆沙坪坝区歌乐山。根据空间位置,石刻群可分为A、B、C、D四区。A区位于云顶寺主峰南侧的天然崖壁上,现存石刻四幅,皆凿刻于抗战时期。最左一幅为柯璜撰文、书丹,题刻宽2.6米、高1.95米,字体狂草。第二幅位于第一幅右

歌乐山抗战石刻群-1

上方,为林森撰文、柯璜书丹,题刻宽4米、高2.5米,字体行草,大字高47厘米、宽28厘米、间距42厘米,题刻内容为:"大禹会诸侯于涂山,召众宾歌乐于此。青芝老人题 民国二十六年冬 黄岩璜书。"第三幅位于第二幅右侧5米处,为林森撰、著名画家张光书丹,题刻凿刻于宽1.92米、高0.9米、深0.1米的石龛内,字体行楷,题刻内容为:"歌乐山头寻禹记,茫茫孰辨四千年。小居偶在林庐畔,彩笔凌云近日边。己卯子超公主席得二十八字,以附不朽 张光。"第四幅在第三幅下方,位于一处人工开凿的山洞的洞口东壁,为柯璜撰文、书丹的"云山九叠往复徊,洞口烟霞凝作扉。清泉摩翠千飞后,穴居少顷亦玄机"。题刻宽0.4米、高0.8米,字体为狂草,字宽8厘米、高13厘米。

B区位于云顶寺主峰西南侧的天然崖壁上,现存石刻二幅,皆凿刻于抗

战时期。左边一幅风化剥蚀严重，字迹不可辨识。右侧一幅为"云山九叠"题刻，题刻宽1.95米、高0.7米，题刻主体为行草"云山九叠"四字，四字阴刻，字径40厘米，四字左侧为跋："每当风日晴和，远望云山岚光，掩映隐隐叠叠，蔚为九数，此乃歌乐一佳景也。青芝老人题。"

歌乐山抗战石刻群-2

C区位于云顶寺主峰西侧的天然崖壁上，现存石刻四幅，皆凿刻于抗战时期。左边一幅，楷书阴刻"民守正国"四字。第二幅位于第一幅右侧，题刻宽2.1米、高1.35米，其上阴刻"翠岩"二字，字行草体，每字宽23厘米、高43厘米，从书体分析为柯璜所书。第三幅在第二幅右上方5米处，题刻宽0.6米、高2.7米，阴刻"狮岩名鼓岩"，字行草体，题字左下侧有柯璜的两枚印信。第四幅位于第三幅右侧5米处，题刻依山形凿刻于天然崖壁上，高2.2米、宽2.1米，其上竖书阴刻"石狮衔石鼓　一击一吼震万古　青芝老人题　柯璜"。

D区位于云顶寺东麓的天然崖壁上。现存石刻三幅，分布在宽9.5米、高10.25米的天然崖壁上。崖壁正中为阴刻

歌乐山抗战石刻群-3

竖书"红岩"二字，字径1米左右，字行楷体，遒劲有力，石刻右上角雕刻有一列小字"一九六六"，应为石刻雕凿年代。"红岩"右上方为阴刻竖书"四友游春"四字，字体行书，宽0.35米，高1.7米。其右侧5米处为"飘游嘉畔"石刻，石刻宽1.9米、高0.39米，正中阴刻横书"漂游嘉畔"四字，字体行书，单字字径40厘米，四字右侧为跋，跋竖书，"中华三十四年胜利年造此留迹纪念"，四字下方为题名为"武昌王哲强 河南李朝海 江西蔡玉林"。

歌乐山抗战石刻群–4

抗战时期，歌乐山被国民政府划为甲等迁建区，上百位军政要人、社会贤达迁居歌乐山，而时任国民政府主席的林森也在山顶云顶寺下建有公馆，公馆名曰林庐，一些国民党元老遂随林森寓居云顶寺。同住云顶寺或常来暂住的有于右任、张继、李烈钧、冯玉祥、鹿钟麟以及著名书法家、孔子学会会长柯璜等。他们彼此交往、吟诗作赋，抒发情怀，并勒石于岩上以持远久，在云顶寺附近的山岩上留下了一大批集历史、艺术价值于一身的摩崖石刻。

歌乐山抗战石刻群保存较为完好，为著名书法家撰文、书丹，具有极高的历史与艺术价值，对研究抗战时期陪都文化的发展具有重要的史料价值。鉴于此，我们认为，在今后对歌乐山抗战石刻群的保护与利用过程中，应该注重以下几点：

第一，清除污渍、青苔等物。歌乐山抗战石刻群都处于山林崖壁之中，受自然风化和微生物腐蚀的影响，存在一些污渍和损坏，相关文物保护部门应该趁石刻还基本完好之时，抓紧时间清理好石刻上的附着物。

第二，完善标识，整治周边环境。文物保护部门应该在石刻附近竖立明显的标识牌，并对石刻作简要介绍；与此同时，要联合有关部门、单位整治好周边环境，改善道路交通状况，便于市民参观。

第三,结合歌乐山旅游开发项目,紧扣石刻保护与利用的特点,整体规划,分步实施,力争打造成为重庆抗战遗址遗迹中富有特色的景点。

第四,加大对歌乐山抗战题刻的研究。歌乐山抗战题群刻蕴藏着较为丰富的历史信息,也具有很强的书法艺术感。因此,无论是从史学角度,还是从艺术学领域,歌乐山抗战题刻群都可以作为今后学者研究的一个对象。

第五,有关文博机构可以考虑复制题刻,在博物馆或陈列室展出。

歌乐山林森题刻

歌乐山林森题刻位于林森官邸和桂花湾两处,是抗战时期国民政府主席林森在此居住、办公时所刻,主要包括"寸心"石刻、"云梯"石刻和"佛"字石刻。

"寸心"石刻,地处四号楼东侧,宽约1米,高1米,上刻

"寸心"石刻

有"寸心"二字,落款为"民国二十九年冬",落名为"青芝老人"。顺道往上走200米处西侧,一石壁上刻有"云梯"二字,落款为"民国三十年春",落名为"青芝老人"。

"云梯"石刻

"云梯"石刻位于沙坪坝区山洞林园通信学院内,在一号楼和二号楼间的石壁上,林森于1941年题于石壁上。该石刻属于阴刻,石壁高4米、宽5米,楷书书法"云梯"两字。"云梯"石刻与"寸心"石刻两处字体正楷,刻琢细巧,遒劲

雄朴，潇洒自如。

"佛"字石刻位于歌乐山镇桂花湾，刻于一块高3.5米、宽5.8米的岩石断面上，分布面积20.3平方米。隶书体，阴刻，该字通高1.5米、宽1.35米。"佛"字石刻是国民政府主席林森于1939年镌刻。

歌乐山三处林森题刻并不处于同一位置，但却都是抗战时期所刻，具有较高的历史文物价值和艺术审美价值，对于了解和研究当时林森的思想兴趣也具有其特殊意义。歌乐山林森题刻目前保存较好，无明显损坏。鉴于此，我们认为，在今后对歌乐山林森题刻的保护与利用过程中，应注重以下几点：

第一，清理石刻表面青苔和污渍，竖立明确标识。由于石刻已形成70多年，且长期处于山林之中，受到自然侵蚀的影响，表面存在不少青苔和污渍。因此，相关保护部门应该对其作清理和维护，并竖立明确标识，展示其价值。

第二，与周边抗战遗址特别是其他抗战题刻的保护相结合，统一规划，分步实施，促成歌乐山抗战遗址片区的综合利用。

第三，在学术上应加强对林森的研究。长期以来，学界对于国民党的元老林森关注并不多，研究也不够深入。事实上，林森从晚清开始便开始了革命活动，抗战时期担任国民政府主席，其个人事迹、思想以及书法艺术，都需要作进一步探讨。

第四，有关文博机构可以考虑复制题刻，在博物馆或陈列室展出。

中国国际广播电台发电站旧址

中国国际广播电台发电站旧址位于重庆市沙坪坝区土湾街道羊角堡社区下土湾6号。为一栋石砌墙体、钢筋混凝土梁架的防御工事。建筑坐东南朝西北,进门左半部分为两层,右半部分为一层。工事顶部每隔1米开有通风口一个,共18个。工事内部每面墙体上皆开有通风窗,落地窗上镶有砖质菱形花窗。工事内门与龛上方皆饰有扇形装饰。现存部分为原工事的一部分,原旧址前还建有岗楼等附属建筑。

中国国际广播电台前身是成立于1928年的南京短波广播电台。1938年,内迁重庆。选定沙坪坝为发射台台址,临嘉陵江的土湾为发电机厂址,两处共占地200亩,歇台子为收音台台址,播音室设在重庆国府路2号上清寺。1939年2月6日,短波广播电台在重庆上清寺正式播音,台名中央短波广播电台。短波台的蒸气发电厂和收音台于同年建成使用。1938年6月1日,取消中央短波广播电台名称,与中央广播电台中波台合并,统称中央广播电台。1939年1月15日,根据中央广播指导委员会决议,为便于国际宣传,将其并入中央广播电台的短波电台,连同人员及经费,交给中宣部国际宣传处直接管理,并任命王慎铭为台长,改名为国际广播电台。

根据史料记载,中央短波广播电台(中国国际广播电台)内迁重庆时共设四个部门,分别为发射台、发电站、收音台、播音室,四部门分别位于当时重庆市区四个相距较远的位置。究其原因,与日军对重庆进行的多次大轰炸有密切联系。中国国际广播电台的前身南京短波广播电台在宁时便屡遭日机轰炸，因此便将各部门分置于南京市内各地，若一处被炸，其余各部门仍可迅速恢复工作。因此，电台在迁渝选址上充分吸收了在南京时的经验，将设备最为贵重，又不可深埋地下的发射台设在当时还属郊区的沙坪坝；将收音台设在地势相对较高的歇台子；将最需与政府联动的播音台设在国民政府所在的上清寺；将电台的动力支持发电机站设在了紧邻嘉陵江的一处岩壁下方的钢筋混凝土工事中。

发电站是整个电台的动力来源，由于广播电台的特殊性，电台通常不会使用民用供电线路，而是会设置自己的发电厂，以求在遇到紧急状况下，仍可对外发出广播。对于中国国际广播电台这么一座关系国计民生的重要电台来讲，自然会设立独立的发电机构。根据史料记载，当年发电机厂使用的设备为英国马可尼公司生产的360马力蒸汽引擎发电机。

抗战时期，中国国际广播电台是中国政府对外宣传的重要工具，珍珠港事变后，远东盟国电台落入日本手中，中国国际广播电台成为盟军在远东唯一可利用的短波电台，国外记者都利用这个电台转播、传真、发稿。日军深感头痛，尽管制订了周密的轰炸计划，但该电台依然躲过重重轰炸，雄鸣不止。无可奈何的日寇谑称此电台为"重庆之蛙"。由于种种原因，当年国际广播电台在渝设立的四个部门，现仅存发电站旧址。

2009年7月，沙坪坝区文物管理所在开展第三次全国文物普查实地调查阶段工作中，在沙坪坝嘉陵江滨江路下土湾段发现一处建筑风格独特的石砼结构建筑。通过实地调查、查阅史料、走访得知，该建筑为抗战时期中国国际广播电台发电站旧址。

2010年6月，文物、档案史料、建筑等相关方面的市级专家组对该文物点进行了

中国国际广播电台发电站旧址

实地调查和论证。专家组一致认定,从建筑形制、档案记载等方面综合评估,该处建筑确为抗战时期中国国际广播电台发电站旧址所在地,是一处重要的抗战遗址,为第三次全国文物普查的重大新发现,已列入重庆市抗战遗址名录,纳入《重庆市抗战遗址保护利用总体规划》。

重庆作为抗战时期全国经济、政治和军事中心,引领着整个中国乃至亚洲地区对日本侵略的抵抗,而沙坪坝区的国际广播电台发电站旧址更是这种不屈不挠的抗战精神的典型缩影。所以对该遗址的修复不仅具有物质上的价值,更能够使现代人去继承在那段艰难岁月下所形成的宝贵的精神财富。中国国际广播电台是抗日战争时期中国政府重要的对外宣传工具,中国国际广播电台发电站旧址见证了抗战时期中国广播事业的发展,是一处重要的抗战遗址,具有重要的历史与文物价值。

目前,沙坪坝区文物管理所已经委托重庆大学城市规划与设计研究院制作了《中国国际广播电台发电站旧址保护利用规划》,并通过专家评审。

中央研究院地质研究所暨中国科学工作者协会旧址

中央研究院地质研究所暨中国科学工作者协会旧址位于沙坪坝区小龙坎街道快乐里社区重庆探矿仪器厂南侧的住宅区内。现西南地质局旧址内保存有抗战时期、新中国成立初期的数栋历史建筑，其中有李四光曾经居住、工作过的中央科学院地质研究所旧址，西南地质局礼堂，西南地质局职工子弟学校旧址，西南地质局仓库等。中央研究院地质研究所旧址位于探矿厂，为一栋砖木结构二层小楼，折中主义建筑风格，平面呈"凹"字形，建筑坐东南朝西北，建筑面积368平方米。西南地质局礼堂旧址位于探矿厂南侧，建筑坐南朝北，为一栋砖木结构一层建筑，占地550平方米。礼堂为中国式建筑样式，采用木质梁架，砖质柱，屋顶为重檐悬山顶，小青瓦覆顶。该建筑现为仓库。西南地质局职工子弟学校旧址位于探矿厂南侧的住宅区内，该楼建设于20世纪50年代，坐南朝北，为一栋实用式风格的三层砖楼，平面呈"王"字形，采用对称式布局，占地面积1500平方米，建筑面积4500平方米。该楼20世纪50年代至60年代被作为西南地质局职工子弟校使用，现该楼为重庆探矿机械厂退休职工宿舍。西南地质局仓库位于探矿厂西侧，仓库坐西朝东，为一栋钢筋混凝土建筑，仓库占地面积485平方米。仓库使用砖墙，采用拉索式屋顶，屋顶拱形，使用十道钢索牵拉。西南地质局仓库建造于20世纪50年代至60年代，此种拉索式屋顶为现代大型建筑中常用的拉索式穹顶的前身，而那时的拉索式屋顶在此类建筑中极为罕见。

中央研究院地质研究所暨中国科学工作者协会旧址从抗日战争时期便

一直是地质调查研究机构的驻地，1945年，以李四光为所长的中央研究院地质研究所，从广西迁来此地，在此办公至抗战胜利；1945年7月6日，在周恩来的关心和指导下，由李四光为监理长的中国科学工作者协会在此成立；1945年至1949年，此地为四川地质调查所。1950年8月，在邓小平的亲自关怀下，原四川、贵州、云南、西康四省地质调查所合并而成的西南地质调查所在此成立；1952年，经西南军政委员会批准，调查所升格为西南地质局。现在旧址为重庆探矿仪器厂使用。2010年，沙坪坝区文物管理所在第三次全国文物普查中将其登录为三普文物点。

中央研究院地质研究所暨中国科学工作者协会旧址

西南地质局旧址长时间的作为地质调查研究机构，见证了从抗战时期到社会主义建设时期西南地区乃至中国地质矿产事业的发展，对于研究中国地质矿产事业的发展历史具有重要的参考价值。而1945年成立于此的中国科学工作者协会，则是中国共产党领导下成立的中国第一个科学工作者组织，是中国科协的前身，是抗日民族统一战线的重要组成部分。

鉴于以上情形，我们认为，在今后对中央研究院地质研究所暨中国科学工作者协会旧址的保护与利用过程中，应注重以下几点：

第一，旧址诞生于抗战末，且自新中国成立后，长期为企业所使用，其建筑已多显20世纪50年代至60年代特征，但作为抗战遗址，应该在接下来的修复过程中，尽可能增加抗战文化符号。

第二，加大对中央研究院地质研究所暨中国科学工作者协会旧址的研究，可以考虑从科技史的角度进行探讨，也可以开展对相关人物的研究。

《涵园记》题刻

　　《涵园记》题刻位于重庆市沙坪坝区覃家港镇土湾社平顶山龙泉1号楼背后的崖壁上。题刻所在地俗称二层岩。抗战时期,川军第十七集团军副军长、重庆市政府秘书长李寰(后在台湾任立法委员)在二层岩修建了一座名为涵园的山间别墅,此别墅后遭拆毁,

《涵园记》题刻

具体位置便是今龙泉1号所在地。《涵园记》题刻便位于原涵园别墅背后的天然崖壁上,从题刻内容可知,此题刻为李寰撰文、民国著名书法家何思宽书写的一篇游记性质的散文,其中饱含作者对大好河山的赞美。题刻宽6.1米,高2米,全文约760余字,分38列,每列20字,字为阴刻,书体楷中有隶意。现题刻除有轻微的风化现象外,保存完好。

　　《涵园记》题刻保存完好,篇幅宏大,又为书法名家书丹,具有重要的文物与艺术价值,更难能可贵的是其中对巴县西部(今沙坪坝区)风景名胜及山形地貌细致入微的描写,对研究清末民国该地区的历史与风貌具有重要的参考价值。鉴于此,我们认为,在今后对《涵园记》题刻的保护与利用过程中,应注

重以下几点：

第一，清理石刻表面污渍和杂草，整治周边环境，竖立明确标识牌。石刻由于长期暴露在日光和风雨中，容易受到侵蚀，应先清理其表面污渍和杂草，然后考虑进一步的保护措施。与此同时，还应该整治周边环境，可以考虑修建人行步道，便于市民或游客抵达观瞻。

第二，结合歌乐山片区其他题刻，综合规划，形成抗战题刻集中展示的局面；与此同时，有关文博机构也可考虑复制题刻，在博物馆或陈列室展出。

冰心寓所旧址

冰心寓所旧址位于沙坪坝区歌乐山镇森林公园内。冰心寓所又称潜庐，抗战时期著名作家冰心寓居于此。该寓所为一栋折中主义风格砖木结构二层小楼。建筑中间有一走廊，房屋分布在走廊两侧，建筑面积364平方米。

冰心（1900—1999），现当代著名女作家、儿童文学作家。原名谢婉莹，原籍福建长乐，生于福州，幼年时代就广泛接触了中国古典小说和译作。作品有散文集《归来以后》、《再寄小读者》、《我们把春天吵醒了》、《樱花赞》、《拾穗小札》、《晚晴集》、《三寄小读者》等，儿童文学作品选集《小桔灯》就是于抗战时在此居住期间完成的。

1940年，冰心还在昆明郊区的呈贡县简易师范学校授课，而她的丈夫、著名社会学家吴文藻则在云南大学执教。这年冬天，吴文藻在重庆国防最高委员会工作的清华同学浦薛凤，力劝他到委员会里来当参事，负责研究边疆的民族、宗教和教育问题。于是，当宋美龄的邀请函到达之后，一心想为抗战事业作点贡献的冰心夫妇，便决定北上重庆，投身

冰心寓所旧址

到火热的抗战活动中去。当时,国民政府各个部门的官员,社会各界的知名人士云集重庆,住房相当紧张。冰心被安置在顾一樵位于七星岗的嘉庐中暂住,二楼便是中国驻苏联大使蒋廷黻夫妇的居室。宋美龄知道后,曾吩咐侍从室主任陈布雷帮助冰心寻找房子,但因房源奇缺,最终还是没能在城区找到合适的住房。为了躲避复杂的政治环境和日机对重庆市区的轰炸,也为了养病,1941年春,冰心便从七星岗迁到郊外的歌乐山上居住。1946年,冰心离开重庆。2006年,潜庐被列为重庆市沙坪坝区级文物保护单位,并作了历史陈列规划。

曾俊臣公馆旧址

曾俊臣公馆旧址位于沙坪坝区山洞平正村40号。该房屋坐北朝南，砖木结构，一楼一底，硬山式屋顶，面阔3间11.7米，进深2间7.9米，建筑面积约236平方米。

曾俊臣公馆旧址

曾俊臣，四川威远人，开明绅士，民国初年为盐商，后来开始经营鸦片贸易，素来与刘湘交好，为重庆盐帮会会长、民生公司重要发起人之一。2006年5月，沙坪坝区人民政府公布曾俊臣公馆旧址为区级文物保护单位，并予以挂牌保护。目前有3户居民在该遗址内居住，楼房基本结构保持完好，但墙体有所改变，部分起泡脱落。建议文物保护单位与相关机构协调，迁出居民，并对遗址本体进行维修。

川军总司令行营令题刻

川军总司令行营令题刻位于重庆市沙坪坝区歌乐山镇歌乐山森林公园内，处于公路崖壁下方的石壁上。题刻高1.2米，宽0.73米，顶部横刻隶书"川军总司令行营令"，其下为正文，正文竖刻隶书："云顶古寺，公共保持，不改学堂，不招僧侣。乡绅经营，部分儒释。不准伐树，树要人惜。名胜之区，不关一邑。永立为案，告示刊石。倘有违犯，官厅严缉。之为约法，实行以力。"

川军总司令行营令题刻

邓家彦公馆旧址

邓家彦公馆旧址位于沙坪坝区歌乐山镇森林公园停车场1号,该公馆坐东向西,为砖木结构平房,格子玻璃窗,房屋面阔12.8米,进深6.65米,建筑面积85.12平方米。邓家彦,时任国民党中央常委兼国防最高委员会常委。1952年,由美赴台湾,任国民党中央评议委员兼"总统府"国策顾问。抗战时期,寓居于此,该房屋具有一定的历史价值。

邓家彦公馆旧址

斐然渠堰坝、题刻

斐然渠位于重庆市沙坪坝区中梁镇庆丰山村干堰塘，为民国时期兴修的一处重要农业水利设施。现存堰坝一处，堰坝下半部被淤泥掩埋，残高7米余，堰坝倾角30度，其正中设有九道泄洪口，现因淤塞仅余5个，泄洪口直径0.27米，间距0.92米，呈上下一字排列，用于调整水库水位。泄洪口两侧为两列台阶，台阶宽0.43米、高0.2米、长0.68米，现存17级。斐然渠堰坝为现存不多的、保存较为完整的一处民国时期的农业水利设施，

"斐然渠"堰坝

沈鸿烈题"斐然渠"

它对研究抗战时期大后方农业水利建设有着重要的史料价值。

另外，斐然渠还存有题刻一处，位于堰塘坝底，由时任国民政府农林部长的沈鸿烈题写。题刻

高0.73米,宽2.05米。碑文阴线横刻楷书大字"斐然渠"。题刻右方阴线竖刻楷书小字年款"中华民国三十六年七月"。题刻左下方阴线竖刻楷书小字题款人"沈鸿烈"。其中大字宽0.27米、高0.3米,小字宽0.5米、高0.3米。目前,斐然渠题刻保存完好,为抗战时期水利建设难得的见证。

鉴于以上情形,我们认为,在今后对斐然渠堰坝、题刻的保护与利用过程中,应该结合当地水利设施规划,修缮遗址本体,发挥其现实作用;同时,文物保护部门应在其附近竖立明确保护标识,说明遗址的历史背景,以增强其历史价值。

冯玉祥题纪念段绳武先生题刻

冯玉祥题纪念段绳武先生题刻位于重庆市沙坪坝区歌乐山镇歌乐山森林公园内，在山顶东侧的一块天然崖壁上，题刻高9.9米，宽14.3米，上刻冯玉祥书写的纪念段绳武先生的诗词一首。题目为"纪念段绳武先生"，正文为"能苦干，能爱人，能说出，能实行。大人物，段先生，殁太早，我心疼。岂独我，世同情，后死者，奋为雄"。落款为"民国三十年冯玉祥"。题刻为隶书，其中题目和落款字略小，长10厘米，宽17厘米，字间距10厘米；正文字略大，长25厘米，宽35厘米，字间距35厘米。石刻前原有段绳武先生墓，今墓已不存。段绳武（1897—1940），河北定县人，早年入孙传芳旗下，迅速成长。1929年，被蒋介石收编。此后，段绳武解甲归田，筹建"河北新村"。抗日战争全面爆发后，冯玉祥等人力邀段绳武出山抗日，最终任后方勤务部总政治部中将主任。1940年7月，在重庆病故。傅斯年曾于1943年著有《段绳武先生传》。

冯玉祥题纪念段绳武先生题刻

龚家洞金库旧址

龚家洞金库旧址位于沙坪坝区歌乐山镇新开寺村石灰湾社。抗战时期,为国民政府迁都重庆后的金库所在地。解放前夕,金库内所有储备均运往台湾。20世纪50年代,曾在洞内大炼钢铁。

龚家洞为一处岩溶溶洞,外窄内宽,内有下、左、右支洞若干。目前,洞门尚存,高4.3米,宽1.1米。此洞作为抗战时期国民政府重要机构旧址,具有一定的历史价值。

龚家洞金库旧址

郭勋祺公馆旧址

郭勋祺公馆旧址位于重庆市沙坪坝区山洞游龙山 54—58 号。郭勋祺（1895—1959），川军名将，率领军队出川抗战，任二十三集团军副总司令兼第五十军军长。抗战时期，郭勋祺寓居于此。1949 年，郭勋祺参加策反，有助于成都解放。现郭勋祺公馆由两栋砖木结构的平房组成，皆为悬山式顶，小青瓦覆顶。西侧面阔 6 间 21.53 米，进深 2 间 11.63 米。总建筑面积为 231.61 平方米。该旧址具有一定的历史与文物价值，应当抓紧时间进行修缮，并作历史陈列设计。

郭勋祺公馆旧址

国民政府国史馆旧址

国民政府国史馆旧址位于沙坪坝区歌乐山镇天池村向家湾60号。抗战时期,张继任馆长。该房屋为土木结构,平房,悬山式屋顶,建筑面积114平方米。

国史馆是中华民国政府的历史研究机关,为总统府直属机构,以修纂国家历史、史料整理、史料文物采集,总统、副总统文物管理为主要任务。国史馆最早成立于民国元年(1912年),原称国史院,后改为国史馆。

国民政府国史馆旧址

旧址中的原四合院现已拆,残存部分长13.6米、宽18.44米。旧址现为当地居民使用,建议迁出居民,修缮房屋,竖立明确标识和说明。

国民政府军委会交通司电报局旧址

国民政府军委会交通司电报局旧址位于沙坪坝区山洞街道林园社区游龙山51、52号,抗战时期该机构曾在此办公。该房屋坐西向东,建筑采用穿斗式构架,悬山式屋顶,小青瓦覆顶,面阔3间10.8米,进深2间7.6米,建筑面积为82.08平方米。

国民政府军委会交通司电报局旧址

国民政府军委会交通司电报局旧址现保存较好,整体结构未变,但墙体有一定损坏或改变。建议整治周边环境,拆除依附于文物本体的建筑,严格按照划定的保护范围进行立牌保护。

国民政府内政部旧址

国民政府内政部旧址位于重庆市沙坪坝区陈家桥镇天马山村3社，此地原是当地地主付郎轩的住所，抗战时期国民政府内政部在此办公。旧址坐东南朝西北，为一栋砖木结构二层小楼，占地面积576平方米。小楼采用穿斗式构架，歇山式顶，整栋建筑的梁架采用中国传统建筑手法，设有檐廊，廊枋上设有木雕云托，但在柱头等细部装饰上却采用西式风格，是一栋中西合璧的典型建筑。

国民政府内政部旧址建筑风格独特，为一处重要的抗战史迹，对研究重庆抗战时期的历史具有重要的参考价值。根据当前旧址的保存状况来看，应尽快整治周边环境，拆除搭建物，竖立标识牌和说明牌。

国民政府铨叙部旧址

国民政府铨叙部旧址位于沙坪坝区歌乐山森林公园桂花湾原重庆军队离退休干部活动中心内。抗战期间，为避免日机轰炸，国民政府机关、高级政要（员）纷纷迁往歌乐山一带，其中铨叙部为三部一院中的一部。其职责主要是任命国民党各级政要官员，调整机构的增减，相当于现在的组织部、人事局。该旧址坐南向北，石木结构，一楼一底，中西合璧式建筑，建筑面积414平方米，面阔5间19.7米，进深2间12.2米。它具有十分重要的历史价值。国民政府铨叙部旧址现为重庆市第三社会福利院西院。该院已于2011年对院内所含国民政府铨叙部旧址，吴国桢、孔祥熙公馆等抗战文物建筑进行保护性修缮。

国民政府铨叙部旧址

孔祥熙公馆旧址

孔祥熙公馆旧址位于沙坪坝区歌乐山镇桂花湾17号。抗战时期，四大家族成员之一的孔祥熙曾在此居住。孔祥熙曾任国民政府实业部长、工商部长、行政院副院长、中央银行总裁等职务。

孔祥熙公馆旧址

该公馆坐北朝南，为一栋折中主义风格石木结构房屋，一楼一底，悬山式屋顶，朱漆门窗，木地板。该房屋依山而建，面阔22.6米，进深8米，建筑面积300.56平方米。孔祥熙公馆旧址是现存孔祥熙在重庆的三处居所之一（其他两处分别位于南岸和巴南），该公馆保存基本完好，墙体有一定改变，具有较高的历史文物价值。

吴国桢公馆旧址

吴国桢公馆旧址位于歌乐山镇森林公园内桂花湾16号。吴国桢（1903—1984），湖北建始人，曾任湖北财政厅厅长、汉口市市长、重庆市市长，抗战时期还兼任防空副司令，抗战后任上海特别市市长。

吴国桢公馆旧址为一栋折中主义风格的砖木结构建筑，坐东北朝西南，一楼一底，建筑平面呈"L"形，建筑面积193.97平方米。抗战时期，吴国桢寓居于此，该遗址现保存基本完好，具有较高的历史文物价值。

吴国桢公馆旧址

国民政府文官处旧址

　　国民政府文官处旧址为文官处防空疏散驻地,办公室已拆。文官长吴鼎昌、魏怀在此办公、寓居。此为天然溶洞,吴鼎昌曾多次邀请林森、于右任等国民党元老入洞游览。洞为陪都时期重庆防空、避暑、游览之地。由于原办公室已经拆除,现仅剩溶洞和一些建筑残迹。

国民政府文官处旧址

国民政府驻郊区办事处旧址

国民政府驻郊区办事处旧址位于沙坪坝区山洞街道山洞路17号。抗战时期,国民政府重庆市政府郊区办公处曾长期在此办公。该建筑坐东南朝西北,砖木结构,一楼一底,悬山式屋顶,穿斗式木结构,木块粉灰望板,格式板门,木地板。面阔4间16.2米,进深2间9.9米,建筑面积为396平方米。国民政府驻郊区办事处旧址具有一定的历史价值,现保存较为完好,墙体和门窗有所改动,建议按照保护范围拆除周边依附遗址的建筑,并对遗址进行修复。

国民政府驻郊区办事处旧址

吉星文公馆旧址

吉星文公馆旧址位于沙坪坝区山洞西山新村8—10号。吉星文（1905—1958），河南人，国民党陆军中将，中国抗战名将。1936年，吉星文调守北平西南的宛平县。1937年，"七七"事变中，吉星文指挥第二十九军三十七师二一九团在卢沟桥抗击日军20余日，为"打响卢沟桥事变第一枪"的第一人。抗战时期，吉星文率军辗转各地抵御日军侵略。该公馆是抗战时期吉星文在重庆的居所，具有一定的历史价值。吉星文公馆坐西南向东北，为一栋折中主义风格的砖木结构小楼，一楼一底，机制大瓦覆顶，总建筑面积214.4平方米，面阔4间12.6米，进深2间9.32米，现基本框架保存较好。

吉星文公馆

金九公馆旧址

金九公馆旧址位于沙坪坝区歌乐山镇歌乐山森林公园内桂花湾1号。金九先生抗战时期寓居于此。金九是韩国的一位传奇人物、著名的独立运动家。早年参与反对朝鲜王朝的东学党运动,之后因不同原因数度入狱。后来由于出色的政治领导力,金九加入了韩国的独立运动,且成为领导人。金九与国民政府关系良好,抗战时期国民政府迁往重庆,金九所领导的大韩民国临时政府亦随之迁于重庆。该公馆坐东向西,为一栋石木结构的一楼一底小楼,建筑面积315平方米。目前,金九公馆形制和结构保存较好,具有一定的历史文物价值和建筑价值。

金九公馆旧址

宽仁医院门柱

宽仁医院始建于1892年，初为一所基督教会医院，院址设在重庆戴家巷。1939年初，抗日战争打乱了医院正常工作，医院奉命疏散，时任院长的曾定夫率医院撤往歌乐山。医院在歌乐山成立第三支医疗队，在陈家湾男子中学内设立一支手术队，歌乐山上的医疗队有150余张病床，大部分病人在城内通过宋美龄赠送的救护车转送到歌乐山治疗。陈家湾的手术队主要收治因日军空袭致伤病员。在抗战期间，宽仁医院收治了大量伤员，其事迹被写入众多史书中，当时国民政府主席林森专门题写了"宽仁医院"院名。现宽仁医院旧址已不存，仅保

宽仁医院门柱

存有林森手书"宽仁医院"院名的正门门柱。门柱坐北朝南,砂岩质,由6块高约60厘米的"亚"字形砂岩相叠而成,顶端置边长53厘米的二层台一个。南立面阴刻林森手书"宽仁医院"四字,左下为林森署名及印信。

宽仁医院为民国时期重庆的著名医院,刘伯承、陈独秀等都曾在该院就医。抗战时期,宽仁医院在自身安危难保的情况下,承担起救治在轰炸中受伤军民的任务,为抗战胜利作出了巨大贡献。建议竖立标识牌,详细讲述其历史背景和文物价值。

刘牧虎公馆旧址

刘牧虎公馆旧址位于沙坪坝区山洞游龙山43—47号。刘牧虎曾任国民党第十五兵团（罗广文兵团）司令部副官处长。抗战时期，刘牧虎曾寓居于此。该公馆坐西北向东南，为一栋砖木结构一层平房，硬山式屋顶，小青瓦覆顶，建筑面积236平方米。刘牧虎公馆旧址具有一定的历史文物价值，2009年被列为重庆市抗战遗址文物保护点，现为民居。

刘牧虎公馆旧址

刘雨卿、官全斌公馆旧址

刘雨卿、官全斌公馆旧址位于重庆市沙坪坝区歌乐山镇高店子社区保育路135、137号。抗战时期,这里曾为刘雨卿、官全斌寓所。

刘雨卿(1892—1970),1940年任国民党二十三集团军副总司令,1948年任国民政府重庆警备司令,至台湾任"国防部"中将参议。官全斌(1899—?),黄埔军校第一期毕业,抗战爆发后任新编第三十九师副师长、第二十三集团军总司令部参谋长,1940年被授予陆军少将衔。

刘雨卿、官全斌公馆旧址具有一定历史文物价值,现为民居,已有损坏,残存面阔8.3米、进深8米,前厢房长4米、宽4米,建筑面积82.4平方米。

刘雨卿、官全斌公馆旧址

盛世才、沈鸿烈公馆旧址

盛世才、沈鸿烈公馆旧址位于沙坪坝区歌乐山镇高店子社区保育路135号。该旧址坐北朝南，为一栋砖木结构平房，歇山式屋顶，建筑面积410平方米。抗战时期，盛世才、沈鸿烈曾在此居住，具有一定的历史文物价值。沈鸿烈，曾任国民政府农林部长，兼国家总动员秘书长及考试院铨叙部部长。盛世才，曾任国民政府新疆省主席、农业部长、第八战区副司令官。盛世才、沈鸿烈公馆旧址现为民居，整体结构保存基本完好，墙体、门窗有改动。

盛世才、沈鸿烈公馆旧址

孙炎公馆旧址

孙炎公馆旧址位于沙坪坝区山洞街道平正村社区64号。该建筑坐北向南,砖木结构建筑,悬山式屋顶,面阔3间11.57米,进深2间7.68米,另有厢房一间,长4.4米,宽2.1米,总建筑面积118.97平方米。

孙炎,国民党陆军大学飞行系少将、教官、中央军委委员,抗战时期曾经寓居于此。该房屋现保存较为完好,具有一定的历史文物价值。

孙炎公馆旧址

唐式遵公馆旧址

唐式遵公馆旧址位于沙坪坝区山洞街道平正村社区33号。该建筑坐东北朝西南,砖木结构,折中主义风格,悬山式屋顶,房外有一吊脚楼,穿斗屋架。房屋面阔20米,进深7.5米,另有一厢房,总建筑面积170平方米。

唐式遵,历任国民党二十四军团军团长、二十三集团军总司令、第三战区副司令长官。抗战时,寓居于此。该建筑风格独特,具有一定的历史价值。

唐式遵公馆旧址

王正廷公馆旧址

　　王正廷公馆旧址位于沙坪坝区歌乐山镇歌乐山森林公园停车场9号。该建筑为平房,砖木结构,一楼一底,面阔18.05米,进深9.55米,总建筑面积303.575平方米,呈"凹"字形。王正廷,曾任国民政府外交部部长、交通银行董事长,抗战时期在此寓居。该旧址现保存较好,具有一定的历史文物价值。

王正廷公馆旧址

夏斗寅公馆旧址

夏斗寅公馆旧址位于重庆市沙坪坝区山洞街道山洞社区西山新村4—7号。该建筑坐东向西,砖木结构,悬山式屋顶,穿斗式构架,格子门窗,格式木板门。面阔4间12.8米,进深2间6米,建筑面积96.6平方米。素面台基0.6米,阶梯踏道2级。

夏斗寅,曾任国民党第十三军军长、湖北省主席、重庆行营总参谋。抗战时期,夏斗寅曾寓居于此。目前,该建筑保存较好,具有一定的历史价值。

夏斗寅公馆旧址

许世英公馆旧址

许世英公馆旧址位于沙坪坝区歌乐山镇天池村韭菜湾39号。该旧址坐东北向西南,为一栋折中主义风格的砖木结构建筑,建筑一层,西南侧设有檐廊。面阔15.67米,进深7.87米,建筑面积148.55平方米。素面台基0.4米,阶梯2级。抗战时期,许世英曾在此居住,具有一定历史文物价值。许世英(1873—1964),历任段祺瑞北京政府司法内务、交通总长、安徽省长等职。1928年,被南京国民政府任命为全国赈济委员会委员长。1936年出任驻日本大使,参与中日谈判。1938年,回国重新掌管赈济委员会。目前,该公馆为民居,基本结构保存完整。

许世英公馆旧址

臧克家旧居

臧克家旧居位于沙坪坝区歌乐山镇天池村堰塘湾5号。抗战时期，著名作家、诗人臧克家曾寓居于此。当时，臧克家任国民政府赈济委员会专员，并任职于中华全国文艺界抗敌协会。新中国成立后，任全国文联委员、中国作协书记处书记。

臧克家旧居为一处川东传统民居院落，采用穿斗结构，悬山顶，小青瓦铺顶，建筑面积450平方米。该旧居现为民居，保存基本完好，具有较高历史人文价值。

臧克家旧居

张心田公馆旧址

张心田公馆旧址位于沙坪坝区歌乐山镇大土村4号。该旧址坐南朝北，为一栋砖木结构平房，建筑平面呈"凹"形，悬山式屋顶，玻璃窗，方格式薄木门板。房屋面阔18.4米，进深15.79米，总建筑面积246.951平方米。张心田，曾任国民政府资源委员会甘肃油石广局运输处处长，抗战时期寓居于此。目前，该公馆形制和结构保存较好，具有一定历史文物价值。

张心田公馆旧址

山洞隧道

山洞原名青龙嘴,位于沙坪坝区山洞街道山洞路,1927年修筑成渝公路在青龙嘴凿一隧洞,1931年凿通,1933年正式建成,改名为山洞。该洞高4米,长64米,宽5.8米,是抗战时期四川省第一座公路隧道。

山洞隧道保存较为完好,形制独特,为研究抗战时期交通建设情况提供了难得的实物资料。

山洞隧道

私立赈济初级中学旧址

私立赈济初级中学旧址位于沙坪坝区歌乐山镇向家湾77号。私立赈济初级中学旧址现存建筑一栋,坐北向南,为砖木结构平房,悬山式屋顶,"凹"字形布局,正室面阔7间24.66米、进深2间8米,左右厢房各面阔2间7.67米、进深3.43米,总建筑面积280.11平方米。私立赈济初级中学建立于抗战时期,国民政府赈济委员长许世英为董事长,周学英为校长。该遗址具有一定历史文物价值。

私立赈济初级中学旧址

松堡美国教会学校旧址

松堡美国教会学校旧址位于重庆市沙坪坝区井口镇松堡社区，重庆地质仪器厂区内，现为地质仪器厂职工宿舍区。现存砖木结构建筑7栋，皆为折中主义风格，此地原为一处民国时期美国教会学校，现在房屋为原学校学生宿舍、教师住宅。20世纪30年代，美国基督教传教士溯嘉陵江而上，见此地树木茂盛、环境优美，便决定在此买地建教会学校，该学校最多时有学生两三百人，所招收学生多为当地穷苦居民。1949年重庆解放，教会学校随之裁撤。据厂区内老职工回忆，2006年，曾任教于教会学校的美籍教师携家眷回松堡故地重游，找到当时居住的房屋，此人20世纪70年代至80年代曾任美国哈佛大学校长。松堡美国教会学校旧址保存较为完好，是民国时期基督教会教育在中国发展的难得例证，对研究基督教在中国的传播及对近代社会的影响具有重要的参考价值。

松堡美国教会学校旧址

松堡美国教会学校旧址 1 号楼位于松堡北部,为原教会学校男生宿舍,建筑坐北朝南,砖木结构,小灰瓦铺顶,墙面采用小青砖一平一仄样式砌筑,建筑平面呈"T"字形,占地面积 141.7 平方米,有房间 4 间,大小皆相同。

松堡美国教会学校旧址 2 号楼位于松堡北部,1 号楼东侧 10 米处,为原教会学校男生宿舍,建筑坐北朝南,砖木结构,小灰瓦铺顶,墙面采用小青砖一平一仄样式砌筑,建筑平面呈"一"字形,占地面积 113.1 平方米,有房间 10 间。

松堡美国教会学校旧址 3 号楼位于松堡东部,为原美方教师住宅,坐西朝东,为一栋折中主义风格的砖木结构小楼,一楼一底一阁楼样式,小灰瓦铺顶,墙面采用小青砖一平一仄样式砌筑,建筑平面呈"十"字形,建筑占地面积 82.8 平方米。前后设有檐廊,房内墙壁上开有壁橱,地面铺设木质地板。3 号楼建筑样式独特,细部装饰考究,为松堡建筑群中造型最为精美的一栋,具有较高的文物价值。

松堡美国教会学校旧址 4 号楼位于松堡东南部,为原教会学校美方校长住宅,建筑坐北朝南,为一栋折中主义风格的砖木结构小楼,一楼一底样式,小灰瓦铺顶,大门开在上层,设有石砌阶梯。建筑平面呈"T"字形,建筑占地面积 136.5 平方米。原房屋为小青砖墙面,后经修缮,在外墙面糊敷一层水泥,对文物外观造成一定影响。

松堡美国教会学校旧址 5 号楼位于松堡东南部,为原教会学校女生宿舍,建筑坐西北朝东南,砖木结构,小灰瓦铺顶,墙面采用小青砖一平一仄样式砌筑,建筑平面呈"一"字形,占地面积 85.75 平方米,有房间 7 间。

松堡美国教会学校旧址 6 号楼位于松堡南部,为原教会学校中方校长住宅,建筑坐西北朝东南,为一栋砖木结构平房,小灰瓦铺顶。建筑占地面积 56.4 平方米。原房屋为小青砖墙面,后经修缮,在外墙面糊敷一层水泥,对文物外观造成一定影响。

松堡美国教会学校旧址 7 号楼位于松堡西北部,为原教会学校食堂,建筑坐西北朝东南,砖木结构,小灰瓦铺顶,墙面采用小青砖一平一仄样式砌筑,建筑平面呈"一"字形,占地面积 117.6 平方米。

项家院

项家院位于重庆一中内,始建于明代,又称项氏庄园,为当地名门豪宅。20世纪初,为军阀军械库使用。院子坐南朝北,院内门厅、正厅、厢房组成四合院,东西长55.6米,南北长25米,建筑面积1555.2平方米。

项家院

新华日报印刷所旧址

新华日报印刷所旧址位于重庆市沙坪坝区井口镇南溪村高峰寺。1939年5月3、4日,日本轰炸设在市区的新华日报编辑部和印刷所。在化龙桥虎头岩新址未竣工之前,南方局决定尽快恢复印刷所工作,于是征得饶国模女士同意,借其果园即高峰寺的房屋用作印刷所新址,直至1940年2月迁至化龙桥虎头岩。

新华日报印刷所旧址

新华日报印刷所旧址坐北朝南,为传统穿斗式构架房屋,悬山顶,小青瓦覆顶,南侧屋檐处饰有滴水,房屋尚存9间,面阔4间19.25米,进深2间10.3米,建筑面积215.375平方米。1997年,沙坪坝区政府公布其为区级文物保护单位,现保存基本完好。

于右任监察院办公室旧址

于右任监察院办公室旧址位于歌乐山镇金刚村金刚坡1号。该房屋为抗战期间于右任居住和办公地。于右任(1879—1964),著名诗人、书法家、政治家,曾任南京临时政府交通部次长,国民政府常委、军委会常委、审计院院长,后长期任监察院院长。于右任精通书法,尤擅草书,有《标准草书》一册行世,被誉为"当代草圣"。1964年,病逝于台湾。

办公室旧址坐北朝南,为一栋砖木结构平房,平面呈"凹"字形,悬山式屋顶,总建筑面积317.5平方米。2006年5月,沙坪坝区人民政府公布其为区级文物保护单位,并予以挂牌保护。该房屋框架保存完整,目前闲置中。

大公报印刷厂遗址

大公报印刷厂遗址位于万州区钟鼓楼街道办事处都历村145号。该遗址坐北朝南，为土木结构，四合院布局，一楼一底，青瓦屋面，面阔16米，进深14米，正门上方残存墨书字迹为"大公印刷厂"，

大公报印刷厂遗址正面

字体为隶书。原有建筑物大多垮塌，屋内楼板已被拆除，现仅存正屋1间、厢房3间。

大公报印刷厂遗址侧面

《大公报》创刊于1902年，发展相当迅速。由于张季鸾、胡政之等优秀报人的努力，《大公报》成为当时中国新闻界的翘楚。抗战期间，《大公报》辗转迁徙，财产损失严重，

但由于经营管理得法,报馆依旧获得长足发展,渝版、港版、桂版一度同时发行,在规模和舆论影响力上,国内其他报纸难望其项背。1938年,《大公报》重庆版发刊,并在万县租用一四合院作为其印刷厂。

大公报印刷厂遗址是抗战时期经济文化中心向大后方迁移的历史见证,反映了当时报刊媒体发展的曲折历程,是万州区重要的抗战文物点。2009年,大公报印刷厂遗址被重庆市文物局公布为重庆市抗战遗址文物保护点,隶属万州区文广新局,由万州区文物管理所进行保护。目前,该遗址基本结构保存完好,墙体也保持了原貌,但由于年久失修,自然破损状况也比较明显。

观音阁

观音阁位于万州区国本路190号（国本小学内），坐南朝北，四边形，三层楼阁式，通高18米、边长4.9米，底层外有宽7.7米、高0.8米的台基。阁楼为砖木结构，十字架梁，外有走廊、阶梯。

抗战时期，中共地下党在此创办国本小学，观音阁位于国本小学内，是地下党在万州的主要活动场所，对进行爱国主义教育具有重大的历史意义。观音阁于1999年被万州区人民政府公布为第一批万州区文物保护单位，隶属万州区文广新局，由万州区国本小学、万州区文物管理所进行保护。2009年，被重庆市文物局公布为重庆市抗战遗址文物保护点。观音阁内现陈列党史文物、照片、文献资料等。

观音阁

军政部军粮局万县第十二仓库暨六战区兵站总监部第六粮服库

军政部军粮局万县第十二仓库暨六战区兵站总监部第六粮服库位于万州区钟鼓楼街道办事处，北山第一中学背后山岩上甘霖洞内。甘霖洞为自然洞穴，宽5米，进深8米，原高5.8米，为古报恩寺旧址，抗战时期被作为军政部军粮局万县第十二仓库使用。2009年，军政部军粮局万县第十二仓库暨六战区兵站总监部第六粮服库被重庆市文物局公布为重庆市抗战遗址文物保护点。

军政部军粮局万县第十二仓库暨六战区兵站总监部第六粮服库

万州抗日阵亡将士纪念碑

万州抗日阵亡将士纪念碑位于万州区甘宁镇河口社区河口完全小学。纪念碑为四面体，高2.15米，边宽0.37米，字迹为正楷阴刻，正面刻"抗日阵亡将士纪念碑"，右题"革命之血"，左题"民族之光"，背面落款"中华民国二十九年四月万县县立女子中学全体师生敬立"。碑基为六边形，边长0.68米，高0.28米。碑座为四面体，高0.75米，边长0.65米，占地面积约为20平方米。

抗日战争时期，川军出川抗日，万县出征壮丁6万名以上，牺牲无数，为褒彰爱国将士

抗日阵亡将士纪念碑

为国捐躯，慰其英魂，万县女子中学全体师生在民国二十九年（1940年）立碑纪念。抗日阵亡将士纪念碑记载了万州军民在抗战时期同仇敌忾，抗击日本侵略者的历史和对抗日阵亡将士的缅怀。作为万县人民出征抗日的重要历

史记录，抗日阵亡将士纪念碑有着重要的历史价值，对人民起到爱国主义教育作用。抗日阵亡将士纪念碑于1999年被万州区人民政府公布为第一批万州区文物保护单位，隶属万州区文广新局。2009年，抗日阵亡将士纪念碑被重庆市文物局公布为重庆市抗战遗址文物保护点。抗日阵亡将士纪念碑现由万州区文物管理所、万州区河口小学进行保护，是河口小学对在校学生及免费参观群众进行爱国主义教育的场所。

杨森万县公馆暨民国万县防空指挥部旧址

杨森万县公馆位于万州区太白街道办事处白岩路社区三峡水利大厦院内,也称民国万县防空指挥部。杨森万县公馆坐北朝南,欧洲园林别墅风格,共二层,砖木结构,建于清代末期,占地面

杨森万县公馆暨民国万县防空指挥部旧址

积220平方米,建筑面积440平方米。底楼、二楼均有走廊,花瓶柱式栏杆,走廊大门、室内大门均为立柱式拱券造型,墙为白石灰抹面,木窗、楼梯、楼板均为赤褐色油漆涂面,上下两层室内为木板吊顶。建筑通高9米,底层通高4.5米,二楼高3.5米。

杨森万县公馆建于清代光绪年间。据载,万县富绅李伯皋的祖辈靠售盐发家致富后,大修家宅私园,在万县新城镇高笋塘边修建了这栋二层洋楼,被称为李家花园,后来李家家道中落,李家花园也随之凋败。1925年杨森来万县后,曾把驻军司令部设于此处。1928年冬,杨森离万,驻军师长王陵基曾住于此楼。1933年至1938年,这里被作为万县警备司令部。1937年至1945年,国民政府在这里设立万县防空指挥部,负责指挥万县及第九区各县的防

空工作。万县防空指挥部是抗战期间万县城区修筑城防、调度防空炮火、组织战时军民疏散的指挥中心。在抗战期间对抗击日军飞机轰炸,保护战时人员生命财产安全,减少人员伤亡和经济损失,保存战争潜力起到了重要的作用。

  解放后,杨森万县公馆被作为政府招待所。2008年,万州区政府办公室将该楼出租给三峡水利电力集团。因杨森曾在这里短期居住,故当地老百姓都称其为杨森旧居或杨森公馆。2009年,杨森万县公馆暨民国万县防空指挥部被重庆市文物局公布为重庆市抗战遗址文物保护点,隶属万州区文广新局,由万州区文物管理所进行保护。

青岛海军军官学校旧址

　　青岛海军军官学校旧址位于万州区周家坝街道办事处狮子村九组。青岛海军军官学校始创于1923年,原名葫芦岛航警学校,1939年10月迁至万县,校址在狮子寨。在此期间,马尾海校、黄埔海校和电雷学校并入,师资力量得到充实,共有学员300多名,1941年学校撤销。2009年,青岛海军军官学校旧址被重庆市文物局公布为重庆市抗战遗址文物保护点。现校舍已完全垮塌,仅存部分屋基,屋基为石条堆砌而成,残存长20米、宽8米、高6米。遗址周边现为农田。

青岛海军军官学校旧址

狮子寨炮台旧址

狮子寨炮台旧址位于万州区周家坝街道办事处狮子村九组。从1938年起,日本飞机开始狂轰滥炸万县城乡。1938年7月,万县防空指挥部在天生城、翠屏山、北山观等11处高地构筑24个对空射击阵地,每地配置1门高射炮,派部队把守。狮子寨炮台就是这11处阵地之一。

狮子寨炮台为抗战时期防空设施,建于狮子寨古城墙之上,用条石堆砌而成,长11米,宽7.5米,高度1.5米,占地面积80平方米。原炮台上架有高射炮,现已拆除。狮子寨炮台旧址是万州人民抗击日本帝国主义侵略的重要见证,是重要的抗战遗址。2009年,狮子寨炮台旧址被重庆市文物局公布为重庆市抗战遗址文物保护点,隶属万州区文广新局,由万州区文物管理所进行保护。

狮子寨炮台旧址

天生城炮台旧址

天生城炮台旧址位于万州区周家坝街道办事处流水村。如同狮子寨炮台设置缘由，1938年7月，在天生城古城墙之上建炮台。天生城炮台为抗战时期防空设施，用条石堆砌而成，共两座，炮台直径2.9米，高1.2米，分布面积80平方米，并与抗战期间的海军第一司令部连在一起。解放后，海军第一司令部被拆，炮台现仅存台基。

天生城炮台旧址是万州人民抗击日本帝国主义侵略的重要见证，是重要的抗战遗址。2009年，天生城炮台被重庆市文物局公布为重庆市抗战遗址文物保护点，隶属万州区文广新局，由万州区文物管理所进行保护。

天生城炮台旧址

杨沧白墓

杨沧白墓位于巴南区东泉镇东泉村东泉社,小地名大地坝,有石板路与东泉镇鲜花大道相通,陵园坐落在木耳山南麓,北临五布河,东与东泉镇文化服务中心办公楼相接,坐东北向西南。陵园平面呈长方形,宽18.5

1984年修建的杨沧白墓

米,长22米,占地面积为407平方米;外砌条石围栏,坟茔前端有一壁堡坎,左壁上嵌的黑色大理石碑上刻有"重庆市文物保护单位:杨沧白故居暨墓(杨沧白墓)重庆市人民政府1992年3月19日公布";中部设石梯17级,宽3.5米。陵园中部墓碑用黑色大理色镶嵌在青石基座上,上刻"杨沧白先生之墓"。封土堆条石错缝砌成,正面呈拱形挡墙,平面为长方形,长4.6米,宽3米。陵园左侧立红色大理石碑一块,刻有杨沧白先生的生平简介。整个陵园绿树成荫,拜台环顾,其后雄峰高耸,盘旋起伏,岗峦合抱两侧,庄严肃穆。

杨沧白,名庶堪,字品璋,后改沧白、邠斋。1881年12月9日生于四川省巴县木洞镇(今重庆巴南区木洞镇)。1903年杨沧白与梅际郁在重庆首倡成立重庆乃至四川省第一个资产阶级革命组织——公强会,1906年改组为同盟会重庆支部。1911年,四川保路运动爆发,乘其势杨沧白于11月22日率众在重庆发动武装起义,兵不血刃一举夺取清朝川东政权,成立重庆蜀军政府,兼任高等顾问。1913年响应二次革命号召与熊克武在重庆成立讨袁军,并出任民政总长。讨袁失败,亡命日本,协助孙中山组建中华革命党,任政治部副部长和四川主盟人。自此便全力协助孙中山组建中华革命党,先后任四川省长、财政部长、广州政府大元帅府秘书长、国民党中央执委和候补监委、广东省长、北京政府司法总长等要职。抗战爆发后,拒绝汪伪政权利诱,抛妻别子,转归重庆参加抗战。终因不满蒋氏独裁而归隐。1942年8月6日,病逝于重庆南岸大石坝寓所内,终年62岁,葬于巴县东泉镇。

杨沧白逝世后按国葬礼仪,蒋介石主祭,张群等显要乘舟泊木洞后亲送其灵柩于重庆东泉安葬,墓碑由杨沧白治丧委员会副主任、老同盟会会员但懋辛题隶书"杨沧白先生之墓"。墓毁于"文化大革命"期间,1984年重修,1994年再次维修,更换墓碑,树杨沧白生平简介碑,栽植小叶榕六棵和香樟数棵。1992年,杨沧白墓被重庆市人民政府确定为市级文物保护单位。2000年9月7日,直辖后的重庆市重新将杨沧白故居及墓两个文物点合并为一处并公布为重庆市文物保护单位。2000年,杨沧白名列重庆市十大历史文化名人金榜。

杨沧白墓是巴南乃至重庆现存不多的辛亥革命重要历史名人遗迹,也是重庆抗战遗址遗迹的重要组成部分,是东温泉具有特色的人文景观,被列为巴南区的青少年爱国主义教育基地。加强杨沧白墓的保护,有利于景区注入文化内涵,提升景区的文化品质,对缅怀革命先烈有重要的意义。鉴于此,我们认为,在今后对杨沧

1994年维修后的杨沧白墓

白墓的保护与利用过程中,应该加强对杨沧白墓周边环境治理,恢复民国时期墓碑形制,使之具有历史厚重感;另外,在陵园内补栽松柏、花草,加固墓前堡坎,对称栽密集的小叶榕树,使之更为庄重。

吕超墓

吕超墓位于重庆市巴南区南泉镇虎啸村,处在重庆正大软件职业技术学院南300米松林堡内。坐北向南,占地面积29平方米,墓主人为革命志士吕超。由墓冢、墓碑、拜台组成。墓冢砖石围砌,上覆封土堆,长6.6米,宽4.6米,高2.3米。墓碑为峡石,石质坚硬,宽0.94米,高1.95米,厚0.16米。长方形拜台宽3.4米,长7米,用红砖围砌成高0.3米的栏。

吕超(1890—1951),名平林,字汉群,四川宜宾人,国民党川军高级将领,国民革命军陆军中将加上将衔。吕超早年加入同盟会,1910年入保定陆军军官学校,毕业后任川军第五师师长。1913年,吕超入熊克武所率川军第五师旗下,任第二团团长,驻重庆。在革命过程中,吕超积极响应孙中山号召,与杨沧白联合反熊,自任川军总司令,兼任川滇黔联军副总司令,兵败后退至广州。1923年任广州孙中山大元帅府参军长。吕超曾发起恢复四校同学会(北洋时代在北京成立的将弁、陆军小学、陆军中学、保定等四校),欲与蒋介石的黄埔同学会相抗衡,但不久便被蒋介石解散。1931年,吕超任国民政府参军长。抗战开始,吕超

但懋辛题"吕超同志之墓"

坚持抗日,曾于1939年10月派参军携其亲笔信赴延安见毛泽东、朱德,共商团结抗战,反对投降事宜。同时,吕超还在重庆成立了中国抗建垦殖社,组织在雷波、马边、屏山、峨边等地进行开发,坚持抗日。1945年,吕超辞去国民政府参军长职务,任军事参议院上将参议,后又任国民政府中央监察委员,在成都成立监察使署。1949年留居大陆,策动西南将领起义,促成成都和平解放。新中国成立后,吕超任西南军政委员会委员。1951年7月20日,吕超在重庆病故。

吕超墓最初为土冢墓,1954年由重庆市巴南区民政局重修。巴南府发〔2000〕131号文公布吕超墓为巴南区文物保护单位。吕超墓对研究和了解抗日将领吕超的生平事迹具有重要价值,对研究抗战历史、缅怀抗战将领、传承抗战精神等具有较高的研究和教育意义。

曾子唯公馆旧址

曾子唯公馆原名唯庐，位于重庆市巴南区南泉镇虎啸村南泉旅游山庄内。系曾子唯二弟曾稚松于1938年建造。1941年秋天日本飞机轰炸南泉，曾子唯沂风别墅被炸毁，曾稚松将唯庐售予曾子唯。原有两层楼房一栋，及后面的厨房等附属建筑。后陆续修建了围墙、朝门、门房、教室两间及前面一排住房，形成了严谨的庄舍建筑体系。该宅坐东北向西南，隔河与林森别墅和孔祥熙官邸相望。曾子唯公馆共有大小房室26间，占地面积1410平方米，建筑面积857平方米，通高10.5米。建筑风格中西合璧，为一楼一底3栋单体建筑，附属防空洞一个。建筑外表红、白、蓝三色相间，单檐悬山式屋顶，铺素面小青瓦，天花板为泥灰板条。朝门顶为三角形，云头装饰圆球，额匾现改题"曾公馆"；平面呈"八"字形，拱形门洞，高2.95米，宽2.4米。主楼顶设两老虎窗，室内有壁炉，木楼板，木楼梯。前后院坝宽敞，高墙围护，后坝有地道（防空洞）。

曾宪章（1887—1945），自贡市五兴店人，号述孔，字子唯。1906年考入成都速成军校,1909年军校毕业,其被分配往兵备道为二等科员,后升为一等科员。25岁任乐山县知事,后升候补道尹。1916年曾子唯返回军界,开始军旅生涯。辛亥革命后二三十年间,四川地区军阀混战,曾子唯在刘湘、杨森之间屡次倒戈,被称为"倒戈将军"。1922年曾出资200大洋资助朱德赴德学习战术。1926年北伐革命时,曾子唯任杨森川军援鄂第一师师长,兼任前敌总指挥进驻沙市,因不愿与北伐军为敌,曾子唯阵前倒戈投向北伐军,被蒋介石任命为北伐革命军独立十三师师长,兼荆沙卫戍司令并鄂西清乡司令,达到军旅生活顶峰。1928年,曾子唯辗转至重庆,开始在工商业方面谋求发展,并很快获得成功,至1931年他已控制了四家银行、几家钱庄,并投资兴建了烛光电灯公司,获得重庆电力事业30年的专营权。此外,曾子唯还投资了章华剧场、育德电影院、走马街的房产及其他的店铺,但多数在大轰炸中遭日本飞机炸毁。育德电影院被炸毁之后,曾子唯又在原址重建,并更名为唯一电影院,为重庆地区现存最早电影院。

  曾子唯公馆旧址现已开辟为公园,产权属巴南区房管所,由会仙楼饭店长期租用。该旧址为研究中国近代史及抗战期间陪都文化及工业发展提供了实物资料,具有较高的历史文物价值。

王家湾国民政府高等法院旧址

王家湾国民政府高等法院旧址位于巴南区龙洲湾街道办事处红炉村王家湾社。该院落始建于清末,原为当地大户王家老宅,1937年国民政府高等法院由南京迁移至此,租借王家老宅作为办公地点,经简易维修后使用。大院呈四合院布局,坐西南向东北,占地面积1508平方米,建筑面积1991平方米,现存房屋共37间房,为穿斗木结构建筑,单檐悬山式屋顶,小青瓦屋面,泥灰篾竹墙,板式木门、格花窗,素面台基,其他建筑被大部分改扩建。

王家湾国民政府高等法院旧址

国民政府最高法院最初在汉中路附近一所教会学校旧址办公。1932年7月1日,向司法院呈请择地兴建办公大楼,由建筑师过养默设计,东南建筑公司施工,1933年5月建成,占地28亩(约18923平方米),共有276间办公用房,属于西方现代派风格。主楼正视和俯视均呈"山"字形,寓意执法如山。沿大门两侧原各有一道"山"字墙,与主楼相呼应。抗战期间迁往巴县独石村(今巴南区龙洲湾街道办事处红炉村王家湾社),租借王家老宅作为办公地点,院长傅秉常。

国民政府高等法院是国民政府重要的司法机构,为反映抗日战争时期国民政府机构的重要历史事件和重要机构提供了实物资料,对研究抗战文化具有重要的价值。

鉴于以上情形,我们认为,在今后对王家湾国民政府高等法院旧址的保护与利用过程中,应该首先应落实好资金,切实做好建筑本体的保护与修缮工作,同时还要加强研究,翔实考证高等法院在重庆期间的内设机构情况。

鱼洞中坝机场遗址（大中坝机场）

鱼洞中坝机场遗址位于巴南区鱼洞街道大中村，临江台地，地势平坦。北部隔长江与吴家垭口相对、东至中坝岛尾部、南部距中坝渡口100米、西接新庙。机场跑道长1500米，宽280米，土质系砂矿质冲积土，土质疏松，多为灰褐色砂土。

鱼洞中坝机场遗址

据民国向楚编《巴县志》记载，"洪宪时（1915年）曹锟入川，备有军用机随行，为渝见飞机之始"。民国十八年（1929年）四月二十三日，四川军阀、二十一军军长刘湘从法国购置军用飞机数架，1930年在重庆组建航空司令部，1931年成立中国航空公司事务所，重庆开始大规模修建机场。鱼洞中坝机场修建于1940年12月14日。在巴县计征派民工12520人，耗费工日160240个，挖运土石方数千万立方（详数不清），民工费用补贴373828元，占用民地912.266亩（其中住宅计27.967亩），地价支付472922元，征集附近码头二丈以上小木船20只，作为运送军工或机场航勤人员之用。大中坝机场建成后作空军43航空站，供飞机歇加油用，实际上是备用机场，抗战胜利后弃用。

1957年11月10日，该机场被辟为巴县农场。

机场遗址现为当地菜农种植蔬菜，成为巴南城区主要蔬菜基地，占地总面积13万平方米。现存6座钢筋混凝土碉堡、2座暗堡，建筑面积420平方米。碉堡呈椭圆形分布于机场四周，射击孔全部朝向机场。机场跑道现被当地村民改为农田，地表只有一个土平坝。碉堡形制基本保存完好，均为钢混结构，墙体厚达0.7米左右。目前，由于长江小南海水利枢纽工程建设需要，机场遗址正被辟为坝区。

作为重庆地区抗战时期国民政府军事设施遗址，鱼洞中坝机场具有特殊的历史背景，为研究巴南地区抗战史、中国航空史和军事史提供了实物资料，具有重要的历史研究价值。

鉴于以上情形，我们认为，在今后对鱼洞中坝机场遗址的保护与利用过程中，建议专题调查机场遗存的设备设施，研究其用途，如需迁移异地保护的，应抓紧时间迁移。遗址周边地带发现大量的汉代文化遗存，建议小南海坝区建设前对跑道区域进行考古钻探，探寻《华阳国志》记载的龟亭遗址是否在该地。

木洞中坝海军修械所旧址

木洞中坝海军修械所旧址位于重庆市巴南区木洞镇中坝村六社,此地也称抗战时期中坝防空洞出口。防空洞可能是其防御工事的一部分,其内部通道已被封堵,入口亦不详,仅见出口。出口用青砂石砌筑成拱形,门洞内空,长0.85米,宽1.1米,高1.75米,占地面积1.5平方米。抗战时期国民党海军修械所内迁至木洞中坝岛上,修筑大量军队防御设施,抗战结束后大部分被销毁。该处防空洞目前已作封堵保护,其形制结构尚不清楚。

木洞海军修械所档案库旧址

木洞海军修械所档案库旧址位于重庆市巴南区木洞镇保安村前进路56号,占地面积1100平方米,建筑面积900平方米,坐南向北,由木构穿斗老屋、碉楼及花园三部分构成。据户主沈永仁(73岁)介绍,院内碉楼建于1932年,为木洞古镇桐油商人菜恩荣(商号"歉吉")私家建筑。抗战时期,国民政府海军修械所租用此建筑,作为存放文书档案的仓库。1946年搬走后,菜家将该碉楼转卖给沈炳轩,在巴县参赞李灿东手里完善转让手续。该碉楼现为三楼一底庑殿顶土木结构,碉楼平面为正方形,边长10.1米,通高13.5米,中心砖柱上架十字梁,每层有木楼连接,三面开窗,每窗两扇。室内松木楼板,底楼临街门框用长条石砌成,木质铁板门,厚9厘米,铁板厚5毫米、高2.62米,门宽0.79米,底楼高3.5米,二楼高3米,墙体厚0.9米,四个面各楼层各设两个长方形弹孔。后院老宅为穿斗式木构房屋,面阔五间,小青瓦屋面。花园内有方形供水池。

抗战之初,由于日、中海军实力的寡众悬殊,国民政府军事委员会确定以长江流域

木洞海军修械所档案库旧址

为主战场。1938年1月,国民政府军事委员会裁撤海军部,于同年2月1日成立海军总司令部,直属军事委员会,由陈绍宽出任总司令,缩编参谋、军衡、舰械、军需四处,总司令部下辖四部十科,1938年12月总司令部迁往重庆江北,海军修械所由靖港迁往巴县木洞镇中坝岛。木洞镇水运交通发达,是重庆重要的商贸集散地,也是战时陪都扼守长江水路咽喉所在。海军修械所专门负责修复在战争中损坏的枪炮和船舰,检验枪炮的使用情况,岛上专门开辟出空坝,成为修械所的试射基地。据当地村民回忆,当时时常停靠江中的有"楚观"、"楚同"两艘战舰。

木洞海军修械所档案库旧址是巴南区新发现的一处保存较为完整的抗战文物点,为研究抗战军事史提供了极其宝贵的实物资料。碉楼及木构穿斗式院落保存完整,处于木洞老街口,与杨沧白故居临近,开发潜力较大。鉴于此,我们认为,在今后对木洞海军修械所档案库旧址的保护与利用过程中,可以考虑首先迁出住户,在产权与管理上肃清障碍;其次可以考虑与杨沧白故居连片综合开发,形成富有特色的地方文化区。

关门石题刻

关门石题刻位于巴南区界石镇新玉村玉龙社，老木河溪河内的河床中间一块南北向的巨石的斜面上，石刻面朝东向，该石刻占地面积约5平方米。关门石的东面阴刻有纵向隶书"高山流水"四个大字，以及"刘振东敬题，民国廿七年（1938年）中央政校研究部□淮移□□□"等字。"高山流水"四个大字，每字直径为0.4米，"刘振东敬题"五个大字，每字直径0.2米，"民国廿七年"等字，直径均为0.1米至0.12米。20世纪60年代农业学大寨时，开山取石将南侧部分题记损毁，后经村民劝阻，工匠停止开采，保存了该石刻。

关门石题刻是2009年在开展第三次全国文物普查期间新发现的抗战文物，题字人为原国民政府中央政校研究部教务长刘振东。1937年抗日战争爆发后，中央政治学校迁至重庆小温泉，并将科系调整为法政、经济、外交、新闻、地政五系，尔后又成立新闻事业专修班、新闻专修科、地政专修科、会计专

关门石题刻

修科、统计专修科、语文专修科。中央政治学校是中国国民党训政时期培育国家政治人才的主要基地。关门石题刻纪年清楚,保存完整,对研究抗战时期国民政府迁都重庆后的教育史、政治史具有较为重要的实物价值。

经济部中央工业试验所旧址

经济部中央工业试验所旧址位于重庆南岸区黄桷垭南山路34号,由中央工业试验所5栋房屋构成,占地面积约900平方米,房屋主体基本保存完好。

中央工业试验所1栋为二楼一底,砖木结构,中西式建筑。房顶为人字坡,小青瓦屋面,屋顶有老虎窗。墙体为砖砌,外敷水泥,采用水泥爪面装饰。二层正面中间靠左伸出一天桥与楼前马路相连。三层正面有走廊。二、三层背面有廊。木天桥、木地板、木楼梯。该建筑原为宿舍,现在仍有三户人家在此居住。

中央工业试验所2栋为砖木结构,一楼一底带一阁楼。房顶为小青瓦屋面,外墙为砖砌,内部隔间用夹壁墙,木地板、木楼梯。该建筑原为一私人别墅,现为民工住宅,一、二层居住用,阁楼堆放杂物。由于生活需要,对其进行翻修并改变了局部结构。

中央工业试验所3栋为砖木结构,一楼一底。房顶为歇山式屋顶,小青瓦屋面,有老虎窗,砖墙,木地板、木楼梯、木房架。目前房屋空置,仍属中药

中央工业试验所旧址-1

中央工业试验所旧址-2

研究所产权并使用。

中央工业试验所4栋为砖木结构,一楼一底。房顶为四面坡,机制板瓦屋面,带一个烟囱,砖墙,木地板、木楼梯,门前有一门廊。该处曾为颜(严)姓人士居住,后有职工十几户居住过。

中央工业试验所5栋为砖木结构,一楼一底。房顶为人字坡,小青瓦屋面,砖砌外墙,内部隔间用夹壁,木地板、木楼梯。大门前有门廊,廊上方挑出一间房间。该建筑现已空置,内部损坏较大。

1937年11月,国民政府移驻重庆,中央工业试验所随之迁入重庆。该所设总办公处于重庆市南纪门外上南区马路199号,并在重庆南山、北碚、自贡等地设立试验所、实验工厂、推广工作站。1941年9月,中央工业试验所在渝制定了抗战期间的主要工作目标和任务,并为实现这些目标和任务的步骤和手段作了明确规定。其中,目标和任务是"研究工业原料,供中国工业自给化;改进工业技术,供中国工业现代化;检验工业成品,供中国工业标准化";步骤和手段一是"研究与试验",二是"改良与适应",三是"推广与服务"。从1938年到1943年中央工业试验所在重庆、贵阳、乐山、江津、内江、铜梁、成都、广安、自贡以及西北地区的徽县、城固等地,固定联系了70余家工厂作为特约实验工厂,这些工厂遍及大后方各地,涉及酿造、酒精、制酸、制糖、机

中央工业试验所旧址-3

械、油脂、造纸、制革、盐业、纺织等行业，实际上成了中央工业试验所在各地推广工业技术和成果的示范工厂。中央工业试验所在渝八年期间，在生产的意义上是一个示范工厂，在推广的意义上是一个工业技术和成果的推广站和服务站。中央工业试验所对战时工业的发展和支援作出了积极贡献，在中国抗战工业科技史上占有突出的地位。

抗战胜利后，该所迁回南京，为配合西南工业建设需要，特设置经济部中央工业试验所西南区办事处，留下部分试验室、实验工厂继续工作。1947年经济部为统一工业试验机构，在全国各重要区域分别设立工业试验所。同年12月，在接收前经济部中央工业试验所西南区办事处基础上，组建经济部重庆工业试验所，该所1948年5月因经济部改组工商部，曾一度改称工商部重庆工业试验所，1949年3月工商部撤销恢复经济部，该所相继恢复原有名称。1949年重庆解放后，经济部重庆工业试验所由重庆市军事管制委员会接管，其房舍后移交重庆中药研究所使用。2009年，重庆市人民政府公布其为市级文物保护单位。目前，该遗址建筑产权属南岸区房管所，中药研究所使用。

鉴于上述状况，我们认为，在今后对经济部中央工业试验所旧址的保护与利用过程中，应注重以下几点：

第一，修复遗址本体。经济部中央工业试验所旧址中部分建筑空置，并已受到较大损坏，应该率先从这部分建筑开始着手修复。对于已经修复完毕的建筑，应作基本历史背景陈列或说明。

第二，消除体制性障碍，明确文物管理责任。目前，经济部中央工业试验所旧址建筑为南岸区房管所所有，使用单位又是中药研究所，文物保护部门在遗址保护与利用的实际操作中所起的作用难以体现。因此，政府各级部门应该尽可能消除体制性障碍，协调好不同机构间的关系，明确文物管理责任，从而更好地促进遗址保护工作的开展。

瞿塘峡抗战摩崖题刻

瞿塘峡抗战摩崖题刻是十多处瞿塘峡摩崖题刻的一部分，主要包括抗日爱国将领冯玉祥的"踏出夔巫，打走倭寇"、国民党八十八师师长孙元良的"夔门天下雄，舰机轻轻过"和国民党八十八师参谋长李端浩的"巍哉夔峡"。瞿

"夔门天下雄，舰机轻轻过"题刻

"巍哉夔峡"题刻

"踏出夔巫，打走倭寇"题刻

塘峡抗战摩崖题刻位于奉节县瞿塘峡口夔门长江段南岸的白盐山岩壁下部，原址在海拔约120米处，三峡蓄水后，该题刻已被搬迁至距离原址约300米的下游，海拔在200米左右。

　　瞿塘峡抗战摩崖题刻苍劲有力，反映了抗战时期冯玉祥、孙元良、李瑞浩等人的爱国主义情怀，也体现了当时雕刻者的高超艺术，具有较高的历史文物价值、艺术价值和现实旅游开发意义。

中国西部科学院旧址

中国西部科学院旧址位于重庆市北碚区文星湾42号。中国西部科学院为中国第一个民办科学院,1930年由爱国实业家卢作孚在北碚创办。下设理化、农林、生物、地质4个研究所,并附设博物馆、图书馆、兼善学

惠宇楼

校,曾管理三峡染织厂,并设成都办事处、西昌工作站。院址初设在火焰山东岳庙,1934年院部和理化研究所迁文星湾。现存文物点有惠宇楼、地质楼、地磁测点、卢作孚旧居等。

中国西部科学院主楼惠宇楼占地708平方米,建筑面积1406平方米。小青瓦歇山顶,砖木结构,共分三层,一楼一底加阁楼。建筑式样中西合璧,造型美观,气势恢弘。1944年借让给中国西部博物馆作陈列大楼。惠宇楼为中国西部科学院理化研究所办公楼,系1933年卢作孚向国民政府军政要员杨森劝募2万元,后加1万元,于次年建成,因杨森字子惠,故名"惠宇"。1939年1月,国立中央研究院动植物研究所迁来此工作。同年春,地质调查所也迁此

办公。1943年中国西部科学博物馆开始筹备，1944年成立，惠宇楼借作其展览大楼，设地理、地质、工矿、生物、农林、医药卫生6个分馆，这是中国人自己建立的、综合了众多学科的第一家自然科学博物馆。1945年更名为北碚科学博物馆，1946年又更为中国西部博物馆。1949年以后，先后改建为西南人民科学馆、西南博物院自然博物馆、重庆市博物馆自然部。1981年挂牌为四川省重庆自然博物馆，该址为其北碚陈列馆。1991年重庆自然博物馆独立建制。

地质楼建成于1939年春，一楼一底，砖木结构，硬山顶，小青瓦屋面，墙体为青砖勾缝，该建筑面阔9间，进深3间，通面阔宽31.7米，进深为11米，占地面积360平方米。原为1938年抗战时期内迁北碚的经济部地质调查所（1938年1月开始使用此名，1941年夏更名为经济部中央地质调查所办公楼），现为重庆自然博物馆办公楼。

地磁测点在1945年12月由中国西部科学院立，国立中央研究院物理研究所测定，是我国较早测定的地磁点之一。该测点为一石碑，石碑为四方体石柱40厘米×112厘米×40厘米，基座33厘米×120厘米×120厘米，碑的四面均刻有文字记载，一面为东经106°25′46.0″，一面为北纬29°50′07.3″，正立面和侧面刻有"中国西部科学院立"等字样。

卢作孚旧居建于1944年，占地128平方米，建筑面积256平方米，一楼一底。卢作孚旧居原为中国西部科学院和中国西部博物馆办公楼，其院长室曾作为卢作孚办公及临时起居使用。

中国西部科学院旧址1992年被公布为重庆市市级文物保护单位，1996年核定为四川省省级文物保护

地磁测点

单位,2000年公布为重庆市直辖后第一批重庆市文物保护单位,2006年国务院核定公布为第六批全国重点文物保护单位。中国西部科学院以及中国西部博物馆是我国西部地区最早建立的自然科学研究机构和自然科学博物馆之一。该址对研究我国民族科学的发展、西部地区的开发建设以及抗战内迁科学家的科研活动有着重要的学术研究价值和历史价值。

卢作孚旧居

峡防局旧址（文昌宫）

峡防局旧址（文昌宫）始建于明末清初，占地面积约1473平方米，前身是有着300多年历史的文昌宫。

文昌宫是当地一座供奉文昌帝君的宫殿，在乾隆四年（1739年）进行过整修。文昌

修缮前的峡防局旧址（文昌宫）

帝君是主宰功名利禄的神灵，在民间信仰中具有广泛影响。辛亥革命后，四川局势混乱，各派系斗争不止；加之，嘉陵江所属的沥鼻峡、温塘峡、观音峡段地势险峻，交通困难，以致此处匪患连连。1916年，当地为保土安邦、平定匪患，川东道尹下令在嘉陵江三峡地区设立治安联防组织峡防营。之后，随着重庆地区驻防军队的变更，峡防机构先后更名为警备队、峡防司令部。1923年，四川通省团练局设江北、巴县、璧山、合川四县峡防团务局，局址就在巴县北碚文昌宫。不过，由于地方派系斗争不断，峡防局也成为各自发展势力的场所，匪患仍难清除。1926年，合川士绅耿布诚、江北士绅王序九等人建议："请双方不必争夺，让一位既孚众望，又有才干的第三者卢作孚出来负责。"1927年，卢作孚开始出任江巴璧合四县峡防团务局局长，负责剿灭周边匪患，

修缮后的峡防局旧址（文昌宫）

并在此进行了乡村建设实验。

峡防局旧址（文昌宫）由三个大殿和两侧耳房以及吊脚楼组成，具有浓厚的地域特色和时代特色，它是北碚城区中唯一保存下来的古建筑，具有较高的建筑艺术价值。与此同时，峡防局旧址（文昌宫）见证了影响深远的嘉陵江三峡乡村建设实验，也是抗战时期北碚重要的行政和文化中心之一，是研究中国乡建运动和抗战文化的重要载体，具有十分重要的历史价值、文化价值、教育价值和旅游开发价值。2009年7月，该址被确定为重庆市抗战遗址文物保护点，并于2010年12月作为重庆市重点工程正式启动保护性修缮。目前，经修缮后的峡防局旧址占地面积1570平方米，建筑面积1450平方米。室内有历史主题陈列展览，室外花园绿化面积300平方米，整个建筑焕然一新、错落别致、庄重美观。

中国科学社生物研究所旧址

中国科学社生物研究所旧址位于北碚区朝阳街道文星湾新桥社区（重庆绒布总厂子弟校）。该建筑遗址为一楼一底穿斗式结构，坐南朝北，海拔高度208米，典型的川东建筑格调，单檐式歇山顶，主体面阔五间，中间三间进深一间；左右两侧为耳房，进深两间。由正前方木楼梯连接建筑上下，总占地面积270平方米，建筑面积480平方米。现在无人使用，建筑破损较严重。

中国科学社是20世纪中国成立最早、规模最大、时间最久、影响

中国科学社生物研究所旧址

最广的民间科学社团组织，是中国科协的前身之一。中国科学社生物研究所于1922年在南京成立，此乃中国第一个生物学研究机构。抗日战争爆发后，为了保存中国科学社生物研究所初步形成的科研队伍，在中国西部科学院卢作孚的帮助下，钱崇澍率领中国科学社生物研究所一部分科技人员，迁往西南大后方重庆北碚，1937年迁驻于中国西部科学院，暂驻惠宇楼。根据原来北碚《嘉陵江报》记载，中国科学社因内部人员过多，惠宇楼不够工作分配使

用，于1939年斥资在新桥（现重庆市北碚区特殊教育学校后侧）新建办公楼，并于1940年2月落成后由惠宇楼搬至此处。

中国科学社生物研究所旧址也称作中央研究院生物研究所旧址。中央研究院生物研究所成立于1934年，由中央研究院国立自然历史博物馆改名而来。同年7月，又更名为中央研究院动植物研究所。抗日战争全面爆发后，中央研究院动植物研究所先后迁往长沙和衡山。1939年，再次内迁至重庆北碚。1940年，迁入中国科学社生物研究所办公楼，与其共用房屋开展工作。

中国科学社生物研究所旧址是重庆抗战遗址遗迹的重要组成部分，它是抗战时期重庆科研和文化活动的历史见证，具有重要的历史文物价值。建议对该遗址进行抢救性维修保护，并改善周边环境。

鹿钟麟公馆旧址

鹿钟麟公馆位于沙坪坝区歌乐山镇歌乐山国家级森林公园桂花湾18号,该公馆坐南向北,建筑面积244平方米,石木结构,悬山式屋顶,木结构扶栏,格式木板门,面阔2间9.6米,前小坝长4米、宽2.8米,鹿钟麟曾于抗战期间在此居住。

鹿钟麟公馆旧址

鹿钟麟(1884—1966),字瑞伯,定州北鹿庄人,西北军著名将领,国民党二级上将。自在北洋新军学兵营与冯玉祥相识后,随冯戎马生活近40年,成为冯的主要助手。在北京政变中,率部先行入城,不费一枪一弹,仅三天就控制北京全城。接着,带领军警等20余人,直入清室,将中国末代皇帝溥仪驱逐出宫,废为平民。北伐后,曾任南京军事委员会委员、军政部次长及代理部长、河北省主席、兵役部部长等要职。1949年1月,在天津迎来了解放,获得了安定的晚年,以一个普通公民身份积极参加街道居民工作。1954年,毛泽东主席接见他时,称其为"街道工作专家"。是年,任国防委员。该公馆基本结构完好,目前为居民居住。2006年5月,沙坪坝区人民政府公布其为区级文物保护单位,并予以挂牌保护。

五云山寨

五云山寨位于沙坪坝区回龙坝五云山山顶，占地面积15万平方米，寨墙有内外两层，均用长0.8米至1米、宽0.28米、厚0.28米的柔石夹泥心砌成，有寨门四座，东、南、西门被封，北门仍通行，作拱形顶，进深3米左右，面阔2米左右，高3.2米。抗战时期，五云山寨为国民党青年训导团驻地，墙上有行体墨书"我们也要打日本鬼子"等七条抗战标语，石拱大门顶上有"中山门"字样。该寨具有一定历史价值。

五云山寨

建业岗别墅群

建业岗别墅群均位于重庆社会主义学院内，包括4栋别墅建筑。

建业岗别墅群办公楼建于一山丘顶部，正对渝中半岛上的湖广会馆。该建筑为砖木结构西式建筑，二楼一底带阁楼，面阔6间21米，进深2间6.8米。有门廊，廊上方为露台。正门前5米处有台阶向下，台阶位于堡坎中部，堡坎高约6米，台阶两侧在堡坎内各设一地下室。该建筑是建业岗别墅群中规模最大的一栋。建筑原为汤氏兄弟修建的别墅，后由王梦南居住，抗战时期曾作为美国大使馆。现为社会主义学院产权并作为办公楼使用。

建业岗别墅群办公楼

建业岗别墅群-1位于社会主义学院三单元，为中西式折中主义风格建筑，砖木结构，一楼一底，呈"一"字形布局。长14米，宽8米，房顶为两坡面铺机制板瓦，屋顶天花

建业岗别墅群-1

板为灰板条,青砖墙体,屋前有廊,有柱两根为砖砌圆柱。底层廊前有一石梯通向二层走廊。地板和栏杆均为木制。该建筑抗战时期为美国使馆用房,目前空置未用。

建业岗别墅群-2为中西式建筑,砖木结构,一楼一底带地下室。砖墙二层外墙采用水泥爪面手法,底层外墙涂黑漆。面阔16米,进深6米,通高10米。门外有一门廊,廊上方为露台。廊右侧有石梯通向地下室。地下室以条石堡坎为内侧墙体,青砖加砌外侧墙体,室内隔间用灰板条,地板为木制。

建业岗别墅群-2

建业岗别墅群-3位于原老公安局附近一小山丘上。该建筑为中西式砖木结构建筑,二楼一底,建于条石堡坎上。面阔18米,进深8米,通高12米。房顶为机制板瓦,天花板为灰板条,有一个烟囱,砖墙,木地板,木楼梯,二、三层外墙采用水泥爪面,底层外墙涂黑漆。正门外有一门廊,只有一根门柱,柱与两侧的墙相连处形成券门。该建筑现为一建筑公司施工工程办公室,为社会主义学院产权并使用。

建业岗别墅群为抗战时期重庆不可多得的典型建筑,对研究民国建筑发展史具有重要的实物借鉴价值。2002年被公布为南岸区文物保护单位。建议对该别墅群遗址本体做修缮处理,并规划历史主题陈列。

建业岗别墅群-3

安达森洋行旧址

安达森洋行旧址位于长江边上，依山而建，与慈云寺毗邻。背山面水，地理位置极佳，现仍有仓库5栋，土木结构建筑。洋行占地面积1万平方米，建筑面积3200平方米。各仓库均采用人字坡小青瓦屋面，大梁穿斗结构，筑土为墙，石质基座。抗战时期，故宫文物南迁，该址曾作为故宫文物临时存放地点，文物保存完好无损。该遗址历史悠久，在重庆开埠史中占有重要的地位，同时又是故宫文物的存放地点，具有重要的历史价值，为研究重庆开埠史、抗战史提供了丰富的实物资料。

安达森洋行旧址

塘坎村抗战题刻

塘坎村抗战题刻位于广阳镇塘坎村新二组祖师观玉米洞半山腰悬崖处。题刻分布在两个洞口之间，洞口之间长13米，题刻为隶书阳刻"抗战必胜、建国必成、周宣德题、赵家齐篆"题记一则，题刻长3米、高2米，每个字高30厘米、宽22厘米，字迹清晰可见。抗战时期广阳岛飞机场机油就储存在此防空洞（俗称玉米洞），该题刻据当地村民说是当时守卫防空洞的国民党士兵所刻，现在半山腰未使用。该抗战题刻保存完好，实属不多，具有较高的历史研究价值、纪念意义，是不可多得的爱国主义教育题材。

塘坎村抗战题刻

美国使馆酒吧旧址

美国使馆酒吧旧址位于南岸区南滨路旁,为二楼一底砖石木混合结构中西式建筑。地层用条石,余为青砖砌成,人字坡小青瓦屋面,呈"一"字形布局。建筑面阔15米,进深20米,通高18米。该处原为英国人蒲领江住房(蒲兰田,英国航海家,长江三峡最早的外国领江),美孚洋行买后做酒吧。1938年至1942年供美国使馆人员娱乐,故称美国使馆酒吧。1952年移交给重庆市新生煤矿厂,后为重庆市化工商品质量检查站,2003年卖给重庆艺博园公司,现为玛雅摄影场。该址是重庆抗战时期重要的外事机构,对研究中国近现代史、外事史均有较高的价值。

美国使馆酒吧旧址

美国大使馆武官公寓旧址

美国大使馆武官公寓旧址有两栋,分别称作美国大使馆武官公寓–1 和美国大使馆武官公寓–2。美国大使馆武官公寓–1 位于建业岗小山丘上,视野开阔,远眺长江、渝中区,原为一楼一底,后连一平房,砖木结构,

美国大使馆武官公寓旧址

中西式建筑,后因居住需要在此加盖一层。条石基础高 1 米,青砖柱,青砖和抹灰墙面,小青瓦屋面,垂带式踏道 10 级,主楼面阔 16 米、进深 12 米,附楼面阔 6 米、进深 12 米,建筑面积 460 平方米。大门宽 2.2 米、高 3.2 米,门内有 2.7 米的通道,底层为水磨石地面,其余为木地板。建筑二层外砖墙采用传统装饰工艺,在墙面先作抹灰,在抹灰表面抓毛,形成墙面凹凸不平的效果,再用暗红色颜料涂刷。该建筑原为汤壶峤所建,抗战时期为美国武官居住。解放后,美国武官公寓–1 由重庆市人民银行接收。20 世纪 80 年代,曾有美国人到该址参观,拍照留念。

美国大使馆武官公寓–2 位于建业岗小山丘上,前眺长江、渝中区,后望

美国大使馆武官公寓旧址保护标识牌

涂山山脉,原为一楼一底、后连一平房的砖木结构中西式建筑。后因居住需要,美国武官公寓-2被加盖一层。美国武官公寓-2条石基础高1米,青砖墙,机制瓦屋面。主楼面阔17米、进深12米,附楼面阔8米、进深12米,建筑面积506平方米。该建筑原为开埠时期汤壶峤所建,抗战时期为美国武官居住。

美国大使馆武官公寓是抗战时期外交的实物见证,具有一定的研究价值和外交价值。

新华信托储蓄银行旧址

新华信托储蓄银行旧址位于龙门浩枣子湾半山腰凹地处,前临南滨路,后依建业岗,为两楼一底砖木结构中西式建筑,青砖柱、墙,部分为夹壁墙,机制瓦屋面,屋面有两个老虎窗,屋顶和天窗上的盖瓦呈较大斜度的坡面,具有典型的北欧建筑风格。建筑正面有一门廊,宽4米,高3.4米,进深2米,门廊上为阳台。建筑面阔14.2米,进深10.5米,通高10米,建筑面积为450平方米,一层地面为水磨石,二层为木地板。该建筑1891年由富商汤壶峤修建,抗战时期该址曾为新华信托储蓄银行(又名中国银行国外部)所用。解放后由中国人民银行接管,分配给银行职工居住。该址是重庆抗战遗址遗迹中重要组成部分,对研究抗战时期大后方经济具有较高的价值。

新华信托储蓄银行旧址

南山邮政总局及其别墅旧址

南山邮政总局旧址位于南岸区敦厚中段43—50号。该建筑为两楼一底，面阔4间，进深3间，长21.8米，宽17.6米，为砖木结构，中西式建筑，房顶为重檐歇山式屋顶，原铺滚筒瓦，现改铺石棉瓦，墙为青砖砌成，

南山邮政总局旧址

大门外右侧为廊，有三根木柱，木地板、木楼梯。抗战时期，国民政府邮政总局迁渝，此处为邮政总局工作人员居住，现为长航的产权并使用。该遗址是重庆抗战时期邮政机构旧址，为研究重庆抗战史、邮政史提供了重要的实物资料，具有较高的历史研究价值。

邮政总局别墅旧址位于南岸区文峰段14号。该建筑为砖木结构，一楼一底带一地下室，面阔3间，进深3间，长12.4米，宽15.5米。房顶为人字坡，小青瓦屋面，墙面二层楼为灰板条抹灰，底层为砖砌，木地板。该址原为国民党邮政总局长官住所，现为私人购买，该建筑损坏严重，2007年6月18日屋前

黄桷树倾倒将屋顶和局部墙体打垮。该遗址是研究抗战史、邮政史的实物资料,具有一定的历史研究价值。

邮政总局别墅旧址

重庆市私立南山中学遗址

重庆市私立南山中学遗址位于南岸区黄桷垭南山路34号。现存两栋建筑，其中一栋是重庆市中药良种选育与评价工程技术研究中心办公楼，位于重庆市中药研究院主办公楼时珍楼南侧，坐南向北，另一栋是小动物饲养室，

重庆市私立南山中学遗址

位于复兴村38号。两栋建筑形制、风格及规模均比较一致，二层砖木结构建筑，悬山式屋顶，红墙灰瓦，竖向矩形窗户。

重庆市私立南山中学开办于1939年，因抗战全面爆发后大量机构、人员迁渝，生源增多而原有学校办学压力过大而办，开始时仅设初中一班，男女同校不同班上课，后来设小学部。该校因系私人开办，故设校董会，延聘邓建中为中学校长，刘文信为小学校长（后期由邓建中兼任），经费来源主要是校产收益、学生所缴校费和校董会临时筹资。1943年，重庆市教育局举办了陪都社教扩大运动周，展览了学生有关作品，私立南山中学获得"优秀"成绩。目前该建筑为重庆中医药研究所使用。

杜月笙公馆旧址

杜月笙公馆位于南山公园路101号植物园内,为中西式砖木结构建筑,一楼一底带一阁楼,进深4间,面阔3间,长13.8米,宽15.4米,通高12米。屋顶为机制板瓦覆盖;砖砌墙、柱;木楼梯、木楼板;一楼外墙用条石堆砌,门右侧有回廊;回廊上方为二楼露台。杜月笙是上海青帮头目之一,"上海滩三大亨"之一。抗战期间,杜月笙积极参加抗日。该建筑原为杜月笙的公馆,解放初由部队代管,1958年移交市房管所,2003年由南山植物园收购,现为植物园建设有限公司办公室。该遗址具有一定的历史研究价值,为研究重庆民国史、抗战史提供了重要的实物资料。

杜月笙公馆旧址

汪山别墅

汪山别墅位于南山植物园鹰园内(俗称汪山),中西式砖木结构建筑,一楼一底带一地下室,进深3间14.1米,面阔4间25米。屋顶为四面坡机制板瓦,小青瓦覆盖,墙、柱为青砖砌成,木楼板、木门窗。大门外有两根朱红圆柱。该建筑原为留法医生汪代玺的私人别墅,现为南山植物园产权并使用。该建筑造型优美,是重庆典型的近代民居建筑,具有较高的艺术及建筑价值,为研究民国建筑史提供了重要的实物资料。汪岱玺是重庆名人,具有传奇色彩和一定影响力,该别墅对研究地方史具有一定的参考价值。

汪山别墅

王陵基别墅旧址

王陵基别墅旧址位于南山和尚沟山顶的丛林中,水池为自然山石中凿出来的不规则长方形。主楼为中西式建筑,一楼一底带一阁楼。面阔3间,进深3间,长15.2米,宽13.8米,通高10米。屋顶为人字坡,小青瓦屋面,有两个烟囱;砖墙;条石基座;底层为水磨石地面,二层为木地板。次房为中西式结合砖木结构围廊式建筑,屋顶为重檐歇山式,廊柱横4根、纵6根,条石基座,木地板,通高约8米。佣人房是依山建的"L"形建筑,典型的篾笆子结构,屋顶为小青瓦人字坡,4根柱子。房屋现空置,南山植物园产权。王陵基曾任国民革命军第九战区副司令兼第三十集团军总司令,四川省主席兼四川省保安司令,被授予国民党陆军上将军衔。王陵基别墅具有一定的历史文物价值和学术研究价值。

王陵基别墅旧址

孔香园

孔香园位于南岸区黄桷垭铁路疗养院内,由主楼和附属建筑构成,中西式结构建筑。主楼为石木结构,面阔5间,进深4间,长22.4米,宽17.8米,为一楼一底带一地下室,屋顶为人字坡小青瓦屋面,一楼为水磨石地面,二楼为木地板,建筑基本保存完好。抗战时期,孔二小姐(孔祥熙二女儿孔令俊)常在此避暑。附属建筑为条石砌筑平房,现为门房。铁路疗养院产权并使用。该建筑为不可多得的名人旧居,形制优美,建筑工艺独特,具有很高的历史和艺术价值,为研究重庆抗战史和孔氏家族史提供了重要的实物资料。

孔香园

泉山炮台遗址

泉山炮台遗址位于泉山山顶，现存8个炮台基座，分布在长40米、宽30米的平台上。炮台基座为水泥砌成，深1.2米，入口呈斜坡。8个基座分两排排列，每排4个，平台北端有一营房，为一土木混合式平房建筑。面阔5间16米，进深2间8米。小青瓦屋面，木架梁，筑土墙，木门窗。该遗址是为反击日军大轰炸所设的高射炮炮台遗址，是中国人民反抗法西斯的重要见证，具有较高的历史研究价值和文物价值。

泉山炮台遗址

英国大使馆南山别墅旧址

英国大使馆南山别墅旧址位于黄桷垭南山山脉白耳山一山峰上。该建筑为中西合璧式建筑,单层平房,4开间,面阔19.5米,进深7.2米。房顶为小青瓦屋顶;红砖砌墙;条石基座;木地板;双层窗户,内层为木框玻璃,外层为木百叶窗。正门外两侧原有廊(已损坏)。1938年抗战时期,英国大使馆搬迁到黄桷垭清水溪,英国政府将白耳山作为大使馆工作人员的居住区,在白耳山相连几个山顶上建英驻华大使、二使、三使的别墅。现仅存驻华三使的红砖房,其余建筑在20世纪60年代"文革"中被拆除。该建筑具有较高的历史价值与艺术价值。

英国大使馆南山别墅旧址

中华剧艺社旧址

中华剧艺社旧址位于南岸区南山街道联合村苦竹社60号。社址所在建筑修建在一个台地上,台地下方原为煤窑。该建筑为土木结构,穿斗式建筑,一楼一底。面阔5间21米,进深3间12米,房顶为人字坡小青瓦屋面,墙面为灰板条夹壁墙,底层为土墙、木地板、木楼梯,房屋前有廊,廊两端为厢房。中华剧社成立于1941年6月11日,当时国民党加强文化控制,戏剧界人士在共产党支持下成立,当时社址定在南岸黄桷垭苦竹村一所简易民房,演员多为当时著名演员。1942年社址迁至渝中区国泰大戏院附近。1943年春离开重庆转移到川西活动。该遗址为研究重庆抗战史、战时文化发展史提供了重要的实物资料,具有较高的历史价值。

中华剧艺社旧址

潘文华公馆旧址

潘文华公馆旧址位于重庆市南岸区南山街道双龙村双燕社30号，为一层平房土木结构建筑，人字坡小青瓦屋面，筑土为墙，条石基座，呈"n"形布局。正屋面阔3间11米，进深2间7米。正屋左右两边均有侧房，形制相同，2开间7米，进深1间4米，总建筑面积320平方米。潘文华是重庆国民政府时期首任市长，该建筑为其寓所，现为南山村民居住。该址具有一定历史研究价值和建筑价值。

潘文华公馆旧址

何北衡旧居

何北衡旧居位于重庆市南岸区南山街道双龙村双燕社。该房屋为一楼一底砖木混合结构建筑，面阔3间12米，进深2间7米，建筑面积210平方米。人字坡小青瓦屋面，青砖砌成，木楼梯、木地板、木门窗。何北衡（1896—1972），罗江县人，1924年北大法律系毕业，原任巴县县长，川军刘湘部科长。1938年任四川建设厅厅长、川康水利局局长，对四川水利有较大贡献。1949年赴香港，1951年应邀回北京任水利部官职，全国政协委员。1972年在北京病逝。该旧居内部布局人为改变，外墙原为青砖白线勾灰，现已人为改为水泥墙面。该房屋为抗战时期何北衡居所，具有一定的历史研究价值。

何北衡旧居

中国银行货币发行处旧址

　　中国银行货币发行处旧址位于重庆市南岸区南山街道双龙村双燕社34号。该建筑为一层平房土木结构建筑，面阔5间27米，进深2间12米，通高7米，小青瓦人字坡屋顶，筑土为墙，木地板、木窗户，条石基座。抗战时期，为躲避日机轰炸，中国银行货币发行处搬迁到此。解放后为南山村民居住，目前空置。该建筑为研究重庆抗战史提供了实物资料，具有一定的历史研究价值。

中国银行货币发行处旧址

国民政府中央国际电台旧址

国民政府中央国际电台旧址位于南山人头山（因山形像一个人头而得名），此处现为南山街道新力村洪家坡5号。抗战时期，国民党中央情报局筹资兴建。目前仅存国民党中央国际电台的一栋房屋，该建筑为土石木混合建筑，长16米，宽6米，高7米，人字坡小青瓦屋面，条石基础，筑土墙，屋旁有防空洞和地下工作室。该址现为村民居住，破损严重。该遗址为研究重庆抗战史提供了重要的实物资料，具有一定的历史研究价值。

国民政府中央国际电台旧址

国民政府中央造币厂旧址

国民政府中央造币厂旧址位于重庆市南岸区南山街道联合村龙文41—50号。该遗址原占地面积20亩,现仅存房屋一幢,为一楼一底土木结构建筑,面阔3间12米,进深2间8米,建筑面积192平方米,人字坡小青瓦屋面,木梁架,土墙,外墙刷黄色,百叶窗,条石基座。屋面漏水,外墙墙面脱落。该遗址是重庆抗战时期重要的机构旧址,为研究重庆抗战史、地方史提供了实物资料,具有一定的历史价值。

国民政府中央造币厂旧址

重庆中华职业学校旧址暨于学忠将军旧居

重庆中华职业学校旧址暨于学忠将军旧居位于重庆市渝北区回兴街道回兴初级中学校内。旧址建于民国初期，占地5000平方米，建筑面积约1200平方米，为中西结合的砖木结构建筑，四合院布局，内有天井、花台，一楼一底，铺小青瓦。底层有内回廊，楼层有外廊。面阔约31米，进深约32米，通高约9米。抗战初期，中华职业学校由上海迁入重庆，曾一度以该建筑为校舍，江竹筠等四名烈士在此期间于该校就读或工作，以此为革命活动据点。在抗战后期，于学忠将军举家迁于此，以此为定居所，直至新中国成立。其北侧有于学忠将军父亲的墓。新中国成立后，旧居收归国有，为回兴乡公所，回兴乡撤销后，交回兴初级中学校管理。

重庆中华职业学校旧址暨于学忠将军旧居

于学忠，字孝侯，1896年11月16日出生于山东省蓬莱县，毕业于通州速成随营学堂。1917年被召到襄阳任炮兵营长，后升任团长、旅长，1925年10月任命为二十六师师长，1927年于率部投奉，张作霖任命他为第三方面军第二十军军长，于学忠为张学良最亲近的部下。1928年奉张学良之命坚守东北门户山海关。1930年中原大战率东北军入关。中原大战结束后,于学忠任平津卫戍司令兼五十一军军长。在抗日战争期间,先后任五十一军军长、第三集团军总司令。他积极抗日、反对内战,是著名的抗日爱国将领,先后率部队参加过台儿庄战役和武汉保卫战。解放战争时期,任国民政府军事战略委员会委员,已不问政事。全国解放后,蒋介石指定专机让其全家去台湾,他躲到乡间,拒不上机。新中国成立后,曾任河北省人民政府委员、全国人大代表、国防委员会委员等职。于1964年9月22日病逝于北京。该旧居有着重要的历史价值和纪念意义。2001年被公布为渝北区文物保护单位,2009年被公布为重庆市文物保护单位。

汉渝公路渝北段旧址

汉渝公路渝北段旧址位于渝北区双凤桥街道、木耳镇、兴隆镇、茨竹镇，始建于民国二十九年（1940年），占地28万平方米。起于重庆沙坪坝三角碑，止于陕西汉中，全长587公里，过境渝北人和、鸳鸯、双龙湖、双凤桥、木耳、兴隆、茨竹等地，渝北区境内长73.89公里。现因开发建设，人和、鸳鸯、双龙湖段已经改建，双凤桥、木耳、兴隆、茨竹段约40公里，其路基仍为原址，只是在公路改造中进行了加宽。1938年2月，为沟通大西北国际运输线陇海铁路，接运西北物资直达，国民政府军事委员会电令交通部速建汉渝公路。1943年春全线工程完成。汉渝公路在抗战时期发挥过重要的历史作用。公路初为碎石路基，路面宽7米左右。新中国成立后，国家多次对该路段进行修缮，现已经建成为国家二级公路。

汉渝公路渝北段旧址

杜家冶炼高炉旧址

杜家冶炼高炉旧址位于渝北区兴隆镇杜家村十社堆子院子，建于20世纪30年代末期。为冷风式冶炼高炉，炉体用厚35厘米、宽35厘米、长90厘米的条石平砌而成。底平面呈正方形，长6.6

杜家冶炼高炉旧址

米、宽6.6米、高约20米，占地面积500平方米。炉体自下而上逐渐内收，中空，顶上有个4米的圆形烟囱。底部四周有出铁口，为圆拱形门，拱门宽1.9米、高2.2米。

据史料记载，此高炉为当地富商所建，1938年建成，是抗战时期重要的工业设施，为抗战和民用工业提供了重要的铁材料。抗战结束后，因国民政府将矿产资源收归国有，因原料和市场原因，企业停业，高炉停止使用。该冶炼高炉为研究渝北区的历史、文化提供了珍贵的实物资料，具有很高的价值。

中央大学柏溪分校旧址

中央大学柏溪分校旧址位于重庆市渝北区礼嘉镇柏溪村三社。1937年抗日战争爆发后,中央大学由南京迁往陪都重庆,寄寓于重庆大学校内,同时于柏溪设分校部,蒋介石曾兼任校长。1946年夏,学校迁回南京。中央大学柏溪分校原有的教学楼、附属小学、宿舍楼、食堂大楼已被拆毁,仅存收发室,旧址大部为北部新区的农业生态园所有。收发室为木构建筑,三开间,悬山式顶,铺小青瓦。面阔约12.5米,进深约6.5米,通高约5.6米。校园内有石碑一座,上书"中央大学柏溪分校旧址1938年—1946年",为中央大学校友会1997年所立。

中央大学柏溪分校旧址

兵工署第二十五兵工厂弹药库洞旧址

兵工署第二十五兵工厂（现嘉陵厂的前身）弹药库洞位于重庆市渝北区大竹林街道黑沟村凤居沱，占地面积500平方米。抗战时第二十五兵工厂为防止日本飞机轰炸，在工厂对岸的岩上开凿洞窟3个，用以存放弹药。洞窟为人工开凿，洞口高7米、宽6米、深约20米。该旧址是重要的抗战遗址，具有重要的历史意义和文物价值。

兵工署第二十五兵工厂弹药库洞旧址

大竹林临时弹药库旧址

大竹林临时弹药库旧址位于重庆市渝北区大竹林街道凤栖沱社区老街，建于20世纪30年代末，为临街建筑。抗战时期曾征用作为临时弹药库，用以贮备军用物资及弹药。建筑为一楼一底，中西结合，砖木结构，临街开间8间，单间面阔4.2米、进深8米，总面积33.6平方米，占地面积约270平方米，建筑面积540平方米。

大竹林临时弹药库旧址

柏溪于学忠将军旧居

柏溪于学忠将军旧居位于重庆市渝北区礼嘉镇柏溪村三社山坡上，占地600平方米，建筑面积400平方米。该建筑坐东向西，原为三合院布局，砖木结构，现存正厅、右厢房、碉楼、左厢房和戏楼，两道朝门均已毁。正厅原为5间，现4间，每间面阔3.8米，通面阔15.2米，进深5米，前檐为挑檐。正厅前为6级石阶踏步，高1.2米。庭院石板铺面，从庭院下宽阔的石阶踏道直通朝门，朝门原正对戏楼。碉楼位于院子的西北角，为四层楼的西洋式建筑，砖木结构。窗户为拱形腰窗样式，排水管层间有花雕装饰，楼内有木构板楼的楼梯，两侧各雕刻"地利"、"人和"。

柏溪于学忠将军旧居

悦来南京青年会中学校旧址

悦来南京青年会中学校旧址位于重庆市渝北区悦来街道柑子园村四社双龙嘴,建于清末民初。该建筑海拔338米,建筑面积约500平方米,占地面积约1000平方米。因抗战爆发,1937年底,南京青年会中学教师逃难到重庆。1938年初,经重庆青年会的大力帮助,青年会中学在曾家岩租房,筹备开学。在日军轰炸中,教学设备与课桌椅被毁,学校又迁往江北县悦来场(现渝北区悦来街道)双龙嘴戴家院,租房招生上课,直至抗战胜利。校舍为民居建筑,原为四合院布局,由前厅、正厅、厢房组成,以中轴线左右对称。现只保留前厅及正厅一部分。正厅五开间,铺小青瓦,悬山式顶。总面阔约14米,总进深约15米,通高约6米。在前厅墙上发现墨书"阅报栏"。著名诗人余光中抗战时期于此就读。该旧址是研究抗战时期渝北教育的重要见证地,有一定历史价值。

悦来南京青年会中学校旧址

梁实秋旧居(雅舍)

梁实秋旧居(雅舍)为我国著名作家梁实秋先生抗战期间在北碚的寓所,是国内仅存的梁实秋旧居。梁实秋先生从1939年春天寓居北碚,与社会学家吴景超夫妇合买此房,因没有门牌,邮递不便,便以吴景超夫人龚业雅之名取名"雅舍"。雅舍共六间房,梁实秋占用两间;龚业雅及孩子占两间;其余两间由时为教育部教科用书编委会代主任的许心武及其秘书尹石公居住。梁实秋在《北碚旧游》一文中记述,雅舍"六间房,可以分为三个单元,各有房门对外出入,是标准的四川乡下的低级茅舍。窗户要糊纸,墙是竹篾糊泥刷灰,地板颤悠悠的吱吱作响"。

梁实秋旧居

虽然地荒凉、屋简陋,雅舍却胜友如云。一大批名人雅士常到雅舍做客,如冰心、卢冀野、陈可忠、张北海、徐景宗、萧柏青、席徽庸、方令孺、余上沅、李清悚、彭醇士……老舍一家时居北碚,也是雅舍座上客。

1940年梁实秋应友人之邀,在此撰写了20多篇散文随笔,并以《雅舍小品》命名出版。之后,梁实秋又先后出版《雅舍小品续集》、《雅舍小品三集》、《雅舍小品四集》。梁实秋学贯中西,介于学者与名士间,《雅舍小品》寻觅闲情逸致,其内容平实简朴、风格雅洁恬淡、意蕴从容隽永、行文洒脱幽默,活脱脱地反映出梁先生甘居淡泊而目光向上的人生境界及旨趣,雅俗共赏,深受广大读者欢迎。以雅舍冠名的,还有《雅舍杂文》、《雅舍谈吃》、《雅舍散文》等书。从1939年来碚至1946年秋离碚,梁实秋在雅舍住了八年。

该旧居位于西南大学后山围墙外,位于北青公路旁边的小山包上,建筑主体风格为典型的川东民居,穿斗结构夹壁墙,单层建筑,悬山式两坡屋顶,小青瓦屋面。后经整修,现为砖木结构(仿穿斗),2003年该址辟为梁实秋纪念馆,主体共分5间,为3开间,进深2间,其中中间第一间为实物展览区,两侧为耳房,其余均为图片展览区。内陈列有家具6件、文房2件、围棋1副、李清辉墨宝(复制)2幅以及图片200多张。其建筑面积152.25平方米,占地面积为662平方米。

该址为研究抗战名人旧居提供了实物资料,对本地开展爱国主义教育活动起到了积极的作用,具有一定的历史、社会、教育价值。1993年6月,该处被区政府公布为区级重点文物保护单位。2009年12月被重庆市人民政府公布为市级重点文物保护单位。2012年,北碚区已完成对梁实秋旧居主体的修缮工作,现已进入布展准备阶段,布展完成后将对外免费开放。

中国乡村建设学校旧址暨晏阳初旧居

中国乡村建设学校旧址暨晏阳初旧居位于北碚区歇马镇柑橘研究所内，原占地700余平方米，平房、三合院布局，共有大小房间17间。1987年，相关部门在原址上改建整修并辟为陈列馆，现建筑面积为547.8平方米，7个房间，被围墙所围。

晏阳初，1893年生于巴中县，早年求学香港，1918年获美国耶鲁大学学士学位。毕业从事平民教育运动，积极传播文化科学知识。1940年10月在北碚创办私立中国乡村建设学校，并居住于此。1950年移居美国。1943年

中国乡村建设学校旧址暨晏阳初旧居

在世界纪念哥白尼诞辰400周年纪念大会上,被评选为"现代世界最具革命性贡献的十大伟人之一"。他被赞誉为"世界平民教育之父"。

中国乡村建设学校(晏阳初旧居)原为普通农家小院。1940年,晏阳初在该处购地520亩,兴建教室、礼堂、学生宿舍、农场、试验田等教学场地和设施,成立乡村建设育才学校,设立了研究部和专科部。1942年增设了两个专修科。1945年更名为私立中国乡村建设学校。晏阳初亲任校长,设立了4个系,学制4年。一些著名的学者如熊佛西、孙伏园等和一些外籍教授如施德福、道格拉斯等在校任教。1951年学校改名为川东教育学院。翌年,分别并入西南师范学院、西南农业学院、四川师范学院、南充师范学院。2005年,西南大学成立后,该址并入西南大学,作为该校实验基地。2012年,北碚区已完成对中国乡村建设学校旧址暨晏阳初旧居主体的修缮工作,现已进入布展准备阶段,布展完成后将对外免费开放。

中国词典馆暨军政部陆军制药研究所旧址

1939年5月,军政部陆军制药研究所迁至北碚北温泉公园内,办公地点设在温泉寺观音殿左侧益寿楼,当时的研究所所长为黄鸣驹。观音殿左侧的益寿楼,建于1930年,部分两楼一底,穿斗式木板壁,现作寺庙禅房用,楼下外墙有半月池。花好楼与观音殿左侧的益寿楼对称,1931年建成,部分两楼一底,现作寺庙禅房用。观音殿以及其左侧益寿楼和右侧花好楼组成倒"凹"形。该址对研究抗战时期北碚文化发展的历史有一定价值。

中国词典馆暨军政部陆军制药研究所旧址

阳翰笙创作地旧址(竹楼)

阳翰笙创作地旧址(竹楼)位于北温泉自然风景区内,嘉陵江温汤峡西岸山石之上,共两层,上下两层均面阔5间,通面阔21米,进深5间,通进深16米,建筑形制呈"L"形,房间外围设有过道、回廊。占地240平方米,建筑面积476.4平方米。竹墙、竹柱、木楼、小青瓦屋面、悬山顶,中式建筑风格,环境十分优美。

阳翰笙创作地旧址(竹楼)始建于1936年,由邓少琴募捐建造。抗战期间,多位文化名人在此研习、创作。1939年至1942年,阳翰笙和夏衍等在此研习,创作了《水乡吟》,并将《塞山风云》、《日本间谍》和《复活》改编为电影剧

阳翰笙创作地旧址(竹楼)

本或同名话剧。1942年,卢作孚在该楼创建私立北泉图书馆,曾藏书3万余册,供市民研习之用。1949年,该馆并入北碚图书馆。解放后,该楼一直隶属北温泉公园,作为客房;现归重庆市北泉风景区管理处管理使用。2009年12月,该址被确定为重庆市级文物保护单位。

林森主席山庄旧址(磬室)

　　磬室位于北温泉自然风景区内,映月池边,地势西高东低,三面岩石壁立,一面临嘉陵江,室筑岩上,依势而建,一楼一底,建筑主体形制奇特,砖木结构,青砖勾缝,小青瓦悬山顶屋面,具有折中式建筑特征。临江面有回廊、阳台、露台等,别致险峻,幽静奇特,占地面积600平方米。磬室一层正面门厅及左右耳房面阔三间,通面阔10米,进深1间,通进深7米,其中门厅为正门第一间呈五边形(五角星)状,其余房间均为四边形见方,共有7间房。临江外围有近13米长、2.2米宽的阳台,可以直接通往底层房间及露台花园。

　　磬室始建于1929年,系民生公司股东的优先股捐建,原为嘉陵江温泉公

林森主席山庄旧址(磬室)

园客房之一，属园产。磬室因坐落岩石如磬，又有江水击石，声鸣若磬而得名。1937年，国民政府主席林森游览北泉时看中该室，经改建和装修后常来小住，磬室也因此更名为"主席避暑山庄"。解放后，一直隶属北温泉公园。

该址于1989年7月30日被北碚区人民政府审定公布为北碚区级文物保护单位。2009年12月15日被重庆市人民政府审定公布为重庆市级文物保护单位。该址对研究抗战陪都历史和北碚城市发展历史有一定价值。

数帆楼

数帆楼位于北温泉公园大门右下侧。该址坐西向东,占地面积227.48平方米,建筑面积365平方米,大小厅室16间。目前,该楼建筑主体结构保存完好,基本保持原有风貌。

数帆楼始建于1930年,由范绍增捐资修建,因该楼可凭栏望江,观"船帆点点",故名数帆楼。1941年春节被烧,次年重建,原为温泉公园招待所之一。抗战时期,中国旅行社迁驻后,此楼作为该社的贵宾招待所。凡来北温泉游览的各界名人均下榻于此,蒋介石、周恩来、董必武等均住过数帆楼,黄炎培、朱德、郭沫若等还在此留名篇佳作。解放后,该建筑一直隶属北温泉公园。1989年7月,北碚区人民政府公布其为区级重点文物保护单位。2009年1月,重庆市人民政府公布其为重庆市第一批优秀近现代建筑。2009年12月,该址被确定为重庆市文物保护单位。目前,该楼归重庆市北泉风景区管理处管理使用。

数帆楼

陈书农公馆旧址(农庄)

陈书农公馆(农庄)位于北温泉公园中心。坐东向西,两楼一底,原占地面积120平方米,为土木结构,草顶。1966年改建为砖混结构,青砖青瓦,中式硬山顶建筑风格,建筑面积980平方米。

陈书农公馆旧址(农庄)

农庄始建于1927年,次年春落成,系卢作孚建设嘉陵江温泉公园时,动员军阀陈书农捐建,故名农庄。该址原为温泉公园客房,居于公园中心,风景极为优美,门前绿荫草坪,四周金银花开,芬芳四溢,沁人肺腑,令人流连忘返。抗战期间,冯玉祥、陶行知来北碚时均下榻于此。解放后,一直隶属北温泉公园。贺龙元帅曾在此休养。农庄1966年进行过改建。"文革"时,更名为"旭阳楼",作为招待所。1984年李鹏副总理来此挥笔题词:"建设北温泉,造福于人民。"1986年恢复原名,李井泉、叶剑英、赵紫阳、李鹏、布什等中外政要曾先后在此下榻。2009年12月,该址被确定为重庆市文物保护单位。目前,该楼归重庆市北泉风景区管理处管理使用。

国立江苏医学院重庆旧址

国立江苏医学院重庆旧址位于北碚老城区牌坊湾，该建筑为砖混木结构，折中式建筑，两楼一底，占地面积1269平方米，建筑面积2214平方米。在该建筑正门右侧十多米处墙上嵌有奠基石，为民国二十八年建。

国立江苏医学院于1939年4月迁于此地，1946年迁回江苏镇江。当时有学生200多人，洪式闾、胡定安先后任院长，邵象伊、陈友浩、王促侨、徐佐夏等一批著名教授在此执教。除设有附属医院外，并附设有公共卫生事务所、高级护士职业学校、医科研究所寄虫部。现该校址属重庆市第九人民医院。该址对研究抗战时期陪都历史和北碚城市发展历史有一定价值，同时其建筑具有一定的建筑艺术价值。

国立江苏医学院重庆旧址

国民政府司法院行政部旧址

该建筑位于歇马镇许家院村,区级文物保护单位。此地原为一许姓地主庄园,为清末民初建筑。抗战时期国民政府司法院行政部迁驻此地。

旧址为三重殿四合院,共有7栋,其中6栋为平房,1栋为二层楼房,现仅剩门房一栋。门房面阔27.76米,进深5.73米,建筑面积162.7平方米,建筑占地面积208.7平方米。

国民政府司法院行政部旧址

美龄堂

美龄堂位于北碚区澄江镇运河口(四川仪表九厂内),坐南朝北,建筑为平房,小青瓦硬山顶,砖混结构,拱形正门,折中式建筑。有一正门、二侧门、门厅、通道,共有13间房,侧面各有2扇窗,前后各有12扇窗,占地面积508.1平方米。

美龄堂

抗战时期前线激战正酣之际,实业家蓝文彬在北碚兴办实业的同时也大力发展地区经济,给当时的澄江镇带来极大的人气,创办了当时全国最大、最早的荣誉军人自治实验区。1943年10月15日,实验区举行了隆重的庆典仪式。时任国民政府主席、军事委员会委员长蒋介石,蒋夫人宋美龄以及来自各国驻华使馆、国民政府各部会的中外代表200多人出席了庆典。蓝文彬为接待出席典礼的蒋介石及夫人宋美龄,专门修建了一栋小洋楼式的休息室,这便是美龄堂。实验区建有礼堂、食堂、工场等建筑物30余幢,设有农艺、养鱼、畜牧、藤器、皮鞋、雨伞等生产部门。荣誉军人自治实验区从1942年开始筹建到1946年迁出,共存在了近五年时间,先后有数百名荣誉军人在这里生产、生活。如今,实验区的多数建筑已经损毁,美龄堂的外形仍然保持完整,成为中国人民不屈不挠抗击日寇侵略的一个见证。2012年,北碚区已完成对美龄堂主体的修缮工作,现已进入布展准备阶段,布展完成后将对外免费开放。

国民党中央警卫署旧址

国民党中央警卫署旧址位于北碚区水土镇银头湾村。建筑主体均为穿斗式夹壁墙,悬山顶,小青瓦屋面。主要建筑形式为四合院一门三殿构造形式,中间为空坝,占地面积930平方米。其中正面入口为朝门,面阔14.5米,进深7.3米,东侧为一楼一底木阁楼(原为戏楼),南侧靠江处为宽14米、进深5米的平层建筑,西侧为宽22米、进深18米的主殿建筑,殿内有数根木柱、主梁尚存。该建筑原为一处建于清末民初的王爷庙,抗战时期国民党中央警卫署迁驻于此,中央警卫署迁走之后改为保育院,20世纪50年代初为江北县拘留所。该址对研究抗战大后方历史有重要意义。

国民党中央警卫署旧址

北川铁路——白庙子码头绞车遗址

北川铁路——白庙子码头绞车遗址位于嘉陵江进北碚门户观音峡北岸白庙子山坡处，为北川铁路终点。北川铁路始建于1928年，1933年全线通车，因铁路通行于当时的江北县与合川县境内，故名北川铁路。北川铁路是四川境内开通的第一条铁路线。铁路自嘉陵左岸的白庙子起东北行，经水岚垭、麻柳湾到达万家湾，经文星湾、后丰岩而至郑家湾，过土地垭、戴家沟、大岩湾，直到终点大田坎，共11个站，全长约16.8公里。北川铁路的建成，不仅发展了当地的工业，而且为后面的抗日战争作出了巨大贡献。据国民政府1943年统计，陪都重庆1/3以上的能源供应靠这条铁路运输，其中兵工55%、航运纺织85%、发电60%、化工冶炼25%的用煤均来自北碚天府地区。

白庙子码头绞车遗址

1952年，戴家沟以上煤矿失去开采价值，大田坎至戴家沟一线铁路拆除。1968年，随着天府煤矿新矿区的开发，北川铁路全线拆除。北川铁路现仅存白庙子车站两条梭槽,梭槽宽15米、进深5.4米、高16.2米,由青石造成。天府煤矿出煤为抗战时期重庆大后方提供了能源支持。该址对研究抗战时期陪都历史与北碚城市的历史发展、煤炭的开采与四川铁路的发展有一定价值。

梁漱溟旧居

梁漱溟旧居位于重庆市北碚区北温泉街道、四川省总工会重庆北温泉疗养所内,原为孙元良私家别墅。该址始建于20世纪40年代,坐西向东,一楼一底,占地面积480平方米,建筑面积1157平方米,大小厅室28间。房屋建筑风格别致,整栋房子系石头砌成,坡屋顶,外墙面用黄色颜料特意勾勒出一些凸出墙面的石头轮廓,看上去像开满了金黄色的花朵一样,故又名"花房子"。1949年,梁漱溟从金刚碑菩萨沟移住"花房子",使用底楼的四间屋子至1950年赴京止,是梁漱溟寓居北碚期间两处旧居之一。

梁漱溟(1893—1988),原名焕鼎,字寿铭、萧名、漱溟,广西桂林人,著名思想家、教育家、社会活动家和爱国民主人士。梁漱溟早年参加辛亥革命,后执教北京大学。梁先生毕生探索救国救民、改造社会之道路。20世纪二三十年代,全力提倡并践行乡村建设运动,先后在河南、山东等地创办村治学院、乡村建设研究院等教育机构,培养乡村建设人才,推行乡村建设运动。抗战爆发后，内迁重庆，在璧山创办勉仁中学，1941年迁北碚，1946年改建勉仁国学专科学校，1948年更名勉仁文学院，继续兴教办学育人，进行乡村建设、改造社会实践。与此同时，先生还积极投身抗日救亡活动，曾任最高国防参议会参议员、国民参政会参政员等职，并组织成立了中国民主政团同盟，创办《光明报》，坚持为抗日民族统一战线、国共合作和民主建国而奔走。解放后，梁先生潜心研究，著书立说，成果显著，在20世纪中国思想史和哲学史上占有重要地位，享有中国新儒学先驱盛名，有"中国最后一位儒家"之誉。2009年12月，该址被确定为重庆市文物保护单位。

国民政府行政法院旧址

抗战时期北碚作为迁建区,国民政府机关司法部门大多集中在北碚区歇马镇,且大多利用地主大院为驻地。国民政府行政法院于1940年至1946年迁驻北碚区歇马镇石盘村何家下院,该址原为何姓地主所有,四合院平房,小青瓦、悬山顶、夹壁墙穿斗结构,占地733平方米。国民政府行政法院于1933年成立,掌理全国行政诉讼审判事务,当时的院长为茅祖权。解放后,该址分配给多户农民住家(即为宅基地)。因部分农户对其自己的宅基地进行了改扩建,整体格局已破坏,未改扩建部分保存基本完好。该址对于我们了解抗战时期作为司法中心的歇马镇的地方状况有很重要的实物价值,同时也有助于我们更深一步了解抗战时期的北碚发展史。

国民政府行政法院旧址

最高法院检察署旧址

最高法院检察署旧址位于北碚区歇马镇互援村刘家沟,为一四合院平房,面阔28米,进深25米,宅院占地面积542平方米,建筑面积454.08平方米,为穿斗夹壁墙结构,小青瓦硬山顶,典型川东民居结构。该址原为陈姓土绅宅院,最高法院检察署于1939年至1946年迁驻于此,检察长为郑烈。最高法院检察署于1928年11月成立,隶属于司法行政部,负责全国检察事务的指挥、监督、执行及提起非常上诉等事项。该署设检察长一人,书记官及检察官多人,并设有会计室和书记厅。历任检察长为:郑烈(1928—1948)、向哲浚(1948—1949)。新中国成立后,该建筑分给村民居住用,2004年左右住于此院落的村民进行大改建,致使整体损毁严重,现仅保留部分残院角落。该址对研究抗战历史与川东民居院落有一定价值。

最高法院检察署旧址

桃花溪电站旧址

桃花溪电站旧址位于长寿区凤城街道三洞沟二洞岩，建筑面积500平方米。现存厂房一栋，桥梁一座，保存完好，并仍在使用。厂房条石结构，屋面为钢筋混凝土预制板，现仍在发电，有发电机4台。桥梁为单孔石拱桥。离厂房约50米的地方是生活区，生活区房屋多为新中国成立后建筑，但仍有围墙、石壁等抗战时期的遗迹。

桃花溪电站旧址

1935年长寿县人王绍吉在三洞沟采用明渠引水，建恒星电厂。厂房为条石结构，其装机容量为42千瓦，1937年发电。抗战时期，发电供城区使用。1939年，国民政府资源委员会为了开发水力资源，在长寿成立龙溪河水力发电工程处，由留美归国的张光斗和留英归国的设计工程师李鹗鼎参加了几个水电站建设，其中规模较大的有1941年建成的桃花溪电站，装机3台，1944年建成的下洞水电站，装机2台。1941年，恒星电厂将财产转卖给桃花溪电站。原发电所用2台机组现保存于狮龙公司。桃花溪电站是中国最早创建的水电站之一，为中国水电事业的发祥地之一，在中国水电史上有着重要地位。

军政部第十一陆军医院旧址

军政部第十一陆军医院旧址位于重庆市长寿区原第一中学校内,坐北向南,四合院建筑,上殿已拆毁,现存下殿和厢房,悬山式屋顶,小青瓦屋面,抬梁、穿斗房架,下殿外建围墙,东西两边各开一道石门。内坝建有一栋现代建筑。

军政部第十一陆军医院旧址

该旧址系清雍正六年(1728年)修筑,名凤山书院。1938年改作第十一陆军医院,作为大后方野战医院,专门收治从抗战前线下来的国民党伤员。当时,有医护人员80余人,勤杂人员10余人,为抗战后勤保障作出了贡献。此建筑两边山墙均为清代建筑,其中的彩绘具有一定的艺术价值。下殿和厢房为民国建筑,在抗战时期作为战时医院,有一定的历史纪念意义。

该旧址东邻长江的支流桃花溪,桃花溪旁是长寿三洞沟自然保护区,南靠三倒拐古建筑群。四周绿树成荫,环境幽雅。建议与三倒拐古建筑群、林庄学堂旧址以及三洞沟自然保护区连成一片进行合理利用。

罗围中心校旧址

罗围中心校旧址位于长寿区双龙镇罗围村4组老街。建于清嘉庆十二年（1807年）。坐西北向东南，悬山式屋架，穿斗式结构，正殿面阔4间16.8米，进深7.6米，通高5.8米，殿前坝长13.6米，宽13.5米。檐柱柱头用红漆粉刷，柱础为石砌圆形，直径0.45米，高0.1米，右次间中柱横梁上墨书"大清嘉庆十二年丙□□"，明间第五柱横梁上墨书"四川重庆府长寿县正堂"。该处房屋民国年间和解放后一直是学校，也是"润之堂"所在地，2004年学校搬迁，改为罗围村办公室。

1944年7月，中共长寿党组织正式恢复，成立了中共长寿县特支委员会。中共长寿县特支委员会和中共罗围党支部同时设在罗围乡中心校，罗围党支部即为中共长寿特支的办事机关。该建筑对研究长寿区党史有着重要价值。同时，作为历史建筑，该旧址也为研究当地清代时期建筑风格、经济状况等提供了实物资料，具有一定的保存价值。

第七保育院旧址

第七保育院旧址位于重庆市南川区南城街道办事处田家村5社。该旧址建于民国时期,四合院布局,坐北向南,四周均为砖墙木结构房架建筑,建筑面积904.55平方米。前堂砖木结构,单檐悬山式屋顶,穿斗式梁架,面阔7间28米,进深2间9.74米,通高10米,素面台基0.3米,踏道两级,中间有戏楼为单檐悬山式屋顶,楼台长7米,宽7米,后堂单檐悬山式,面阔5间28米,进深5间13米,通高14米,素面台基高0.8米,踏道4级。厢房左右各面阔3间16.2米,进深5间6.39米,通高7米。该建筑破损严重,急需修缮。

第七保育院旧址

第七保育院全称是战时儿童保育会直属第七保育院,建于1939年7月,首任院长夏一之,当时院址选定在马鞍山下鲜氏宗祠,首批难童百余人由重庆入院。9月由重庆万寿宫临时保育院转送过来的难童近200人。到1941年9月,这里已经接收难童480人,院址也扩展为几处,此处为院址之一。1946年6月30日,直属第七保育院结束。

抗战期间,全院师生在院长夏一之、杜彦桐的带领下,努力学习文化,该院教学在南川全县达到一流水平,学生身体健康,并排演《送军舞》《送郎参军》《呆子》《生死恋》等话剧,宣传抗战。该旧址对于研究战时儿童保育会相关历史、南川区抗战历史以及社会文化、教育等方面都有较为重要的历史价值。

抗战建国阵亡将士纪念碑

抗战建国阵亡将士纪念碑位于重庆市酉阳土家族苗族自治县龙潭镇永胜下街中山公园内。此碑立于"中华民国廿八年八月";为石结构四棱锥顶,通高3.8米,通宽0.64米。成梯形四方上踏道各3级。碑身南、北两面阴刻楷书"抗战建国阵亡将士纪念碑"大字,字径高0.13米、宽0.15米,字距0.08米。碑身东面以及碑座四面题词5首。该碑是1939年撤离抗战前沿回后方休整的黔军何绍周部驻酉秀一带时,当地人民为纪念阵亡的抗日将士,特立此碑以缅怀。该碑是龙潭人民拥军抗日的历史见证。1988年公布其为县级文物保护单位。该碑题刻年代特殊,饱含历史文化信息,对研究渝东南地区碑刻文化及历史沿革有重要的参考价值,具有较高的保护意义。

抗战建国阵亡将士纪念碑

明诚中学旧址

明诚中学旧址位于重庆市九龙坡区铜罐驿镇陡石塔村的天主教堂内。该天主教堂始建于清光绪二十四年(1898年)。民国十二年,教徒捐资维修天主教堂和钟楼。抗日战争时期,明诚中学为避日机轰炸,于1941年迁往天主教堂内。新中国成立后,巴一中在此开办,教堂及其全部附属建筑均被占用。1990年,天主教堂归还给当地教会,并于1992年11月恢复宗教活动。

明诚中学旧址

现存天主教堂旧址有三栋主体建筑,即天主堂、神父楼和修道院,占地面积3647平方米,建筑用地2526平方米,其中教堂建筑面积578平方米,可容纳1000人同时礼拜。教堂主体建筑为哥特式风格,砖柱结构,空高7米,正面屋顶为中国传统穿斗式结构。教堂内部空间空旷,拱形屋顶,由12根平面四角柱支撑教堂主体,具有典型的中西建筑风格特征。天主堂内设祭台,堂后修建一钟楼,钟楼内高悬一法制合金大钟,其声悠远洪亮,铿锵动听。神父楼位于天主堂侧面与天主堂有一耳室相连,双层,砖柱结构。天主教堂是近代帝国主义侵略中国时期,法国人在此修建的。因此其涵盖了许多有价值的历史信息,对近代革命史的研究起着重要的史料作用,也是当地重要的宗教场所。

国民党中央党部党史资料编撰委员会旧址

国民党中央党部党史资料编撰委员会旧址位于重庆市九龙坡区含谷镇崇兴村娅光寺吴家大洞内，建于民国二十九年。该旧址为一处天然溶洞，主洞中央长34米、宽15米、高10米，支洞若干，洞口原设有办公室。

抗日战争时期，国民党党史资料编撰委员会为躲避日军轰炸，把中国国民党党史档案存放于此长达五年之久，由国民党中央宪兵守卫。该遗址的发现为研究我国抗战时期历史提供了实物资料，具有重要的研究价值。

国民党中央党部党史资料编撰委员会旧址

朱再明墓

朱再明墓位于重庆市九龙坡区陶家镇友爱村14社青龙湾。该墓为土冢，葬于1951年，坐西向东，占地面积约15平方米，无墓碑，墓长6.3米、宽3.6米，封土高1.8米。

朱再明，巴县陶家乡人（现九龙坡区陶家镇），生于1896年，卒于1951年。据巴南区档案局保存的《朱再明自传》记载，"再明世为农业，民国二年十六岁时，鉴于北洋军阀执政受日本帝国主义支配，政体日非，乃决心从戎报国"。他16岁当兵，参加过护法战争、北伐战争。1937年抗战爆发后，朱再明随川军二十九集团军出川，先后任陆军一六一师九六六团上校团长、一六一师四八一旅少将旅长、一四九师少将师长等职，参加了武汉会战、襄河保卫战、随枣会战、枣宜会战、大洪山保卫战等，成为从巴县出川的军衔最高的抗日将领。该墓的发现对纪念朱再明本人和研究重庆市名人事迹有重要的研究价值。

朱再明墓

朱再明

南京内学院旧址

南京内学院旧址位于重庆市江津区几江街道办事处东门社区2组（原东门公园内），修建于1938年，坐西南朝东北，建筑面积638平方米，占地面积668平方米。该建筑为土木石结构房屋，悬山式屋顶，长26米，宽22米，通高5.8米。

南京内学院旧址-1

南京内学院于1922年由著名佛学大师欧阳竟无、吕澂等人在南京创办，乃南京刻经社前身。1938年为躲避战乱的威胁，迁到江津几江镇东门社区江津公园内。由邓蟾秋捐资买来地基，佛学社协助修建。翌年，欧阳竟无在江津刻经讲学，设毗昙、戒律、瑜伽、般若、涅槃五科，常指导江津佛学研究工作，把"抗战到底，保家卫国"、"杀鬼子不犯杀戒"贯穿讲经中。

该旧址由江津区文物管理所管理，并设有专门的文物保护管理员；设有保护标志碑一块，立于南京内学院旧址大门外；划定了保护范围与建设控制地带。重点保护范围为沿主体建筑基座外缘平等延伸10米，建设控制地带为沿重点保护范围边线外延长20米。建立了完善的档案管理，有关南京内

南京内学院旧址-2

学院旧址的简介、概况、历史沿革及其他文献资料、图片、调查报告、近年来的维修资料、相关的文件及保护规划等资料都已分类建档,专人负责保管。

南京内学院旧址是江津区也是重庆市重要的抗战文化遗址,是日本残酷侵华的铁证。南京内学院是抗战时期办院时间最长的佛学院,其秉承"教育兴教,教育兴国"原则,将佛学的教学、研究与爱国紧密地结合在一起,在抗战时期起到积极作用,对研究抗战时期当地状况具有重要的意义。该旧址建筑的构造、风格和传统工艺具有建筑科技研究价值。总之,南京内学院旧址传递了深蕴丰厚的历史信息,具有重大的历史价值、艺术价值和科学价值。

陈独秀旧居

陈独秀旧居位于重庆市江津区几江街道办事处五举村石墙七社石墙院，坐南朝北，四周为空地，北偏东30度，占地面积14680平方米。院墙四周因圈砌两壁丈余高的石墙而得名。旧居原为清代光绪年间进士杨鲁丞的故居，由门厅、正厅及两侧的厢房组成四合院，为土木石结构房屋，悬山式顶，上厅面阔7间长31米、进深8米、通高6米，中堂面阔7间31米、进深4米、通高6米，东西厢房面阔3间25米、进深5.2米、通高5.8米。

1939年5月，陈独秀寓居于此，至1942年5月27日病逝。解放后，石墙院所有权归私人所有。1998年至2004年，江津市人民政府先后对其进行维修

陈独秀旧居

和布展，并对外开放。2004年上半年，陈独秀旧居纪念馆竣工开展，馆内主题展览《风流无悔——陈独秀生平事略》对陈独秀的一生进行了公正客观的展示。

陈独秀旧居具有重要的历史价值、艺术价值和科学价值，是全国陈独秀旧居中唯一幸存下来的未受破坏的一处原始寓居地，这对研究其抗战时期的思想和活动，正确评价陈独秀具有重要历史意义，对研究江津抗战时期的文化状况和对外交流情况具有重要意义。该旧居是一座具有典型川东清代民居特色的古建筑，这对研究川东民居具有重要意义。2000年9月7日，被公布为重庆直辖后第一批文物保护单位。

国立中央图书馆旧址

国立中央图书馆旧址位于重庆市江津区白沙镇高屋村，办公处设在遛马岗邓家大院。1928年，国民政府在南京召开了全国教育会议，决议筹建一个国家图书馆。1933年4月8日，教育部派著名学者蒋复璁为国立中央图书馆筹备处主任。4月21号，他们租下南京沙塘园民房作为筹备地点，正式开始筹建中央图书馆。1936年初，筹备处迁入南京成贤街。9月1日，中央图书馆阅览室对外开放。

抗战爆发后，1937年8月，中央图书馆筹备处奉命撤离迁川。1938年初，筹备处到达重庆。5月1日，在重庆设立参考阅览室，供读者公开阅览。1939年3月，日机轰炸重庆。4月，迁到江津白沙镇。1940年，正式命名为国立中央图书馆，蒋复璁任馆长。1941年，已经完成筹备的中央图书馆进入了一个相对稳定的时期。1946年5月迁回南京。在白沙五年时间里，图书馆得到了较大的发展，藏书有普通本602942册、善本153214册、西文本21867册、日文本74164册、金石拓本7568幅358册。

该旧址提供了研究国立中央图书馆的史实资料,同时对研究抗战文化具有极其重要的意义。

欧阳渐墓

欧阳渐墓位于重庆市江津区几江街道艾坪社区以西150米的艾坪2社松林坡,坐东南朝西北,北偏西20度。欧阳渐及其夫人墓,墓冢呈方形,通长3.3米,通高2.1米。该墓原坐落在几江铜锣湾西关村花园西20米。

欧阳渐墓

欧阳渐(1871—1943),字竟无,江西宜黄人。秀才出身,中国佛教学者、居士。1922年在南京创建支那内学院,任院长。抗日战争时期,他随学院迁江津。晚年主要从事有关佛学的撰述,提倡居士佛教,著有《竟无内外学》。1943年2月23日在江津病逝,葬于江津中学背后。由于城市规划建设,该墓于2003年4月迁于此。墓前石碑为1986年重刻,赵朴初书,镌楷书"欧阳竟无大师暨其德配熊氏之墓"。

欧阳渐是一个积极支持抗日的佛教学者。此墓对研究抗日战争时期欧阳渐的思想、佛教学者们对抗战的贡献及江津抗战时期的佛教发展状况具有重要的意义。

米邦沱日机炸弹爆炸点遗址

米邦沱日机炸弹爆炸点遗址位于重庆市江津区几江街道办事处通泰门社区3组上沙嘴，处在长江边。

1938年到1943年，日军对中国战时首都重庆进行了长达五年半的战略轰炸，史称重庆大轰炸。这是世界战争史上第一次取消了前线与后方、交战人员与和平居民界线的无区别轰炸。在长达五年多的重庆大轰炸中，日机同时对近郊县城进行了轰炸，其中江津就是被轰炸的对象之一。由于轰炸目标不明确，日机投下的几枚炸弹纷纷落入长江中。据当时目击者称，爆炸形成几米高的水柱，其中有一枚落入沙滩未爆炸，现存放于江津区文物管理所内。该遗址是日本侵略者残酷侵华的历史见证，具有重要的历史价值。

米邦沱日机炸弹爆炸点遗址

朝天嘴码头

朝天嘴码头位于重庆市江津区白沙镇江边,是一座老码头。明朝万历年间,在这里设置水驿。1935年,民生公司在朝天嘴设置趸船。之后逐渐形成了轮船码头。抗战时期,白沙作为抗战大后方的人力、物力集散地,为保障人员往返、物资转运发挥了重要作用。

目前,朝天嘴码头是长江上唯一保存完好、至今仍在发挥作用的传统码头。其地势地貌、码头设施建筑与重庆朝天门酷似,被誉为"白沙朝天嘴,重庆朝天门"。码头共有77步台阶,现在仍在使用。

朝天嘴码头

夏坝国立第二华侨中学旧址

夏坝国立第二华侨中学旧址位于重庆市江津区夏坝镇五福社区1组,即现在江津区继侨学校,坐东朝西,三面环水,一面靠山。旧址原为钟家洋楼,始建于1920年,为土木石结构,悬山式

夏坝国立第二华侨中学旧址

顶,由正厅和两侧厢房组成,正厅是中西合璧建筑,一楼一底,面阔5间16米,进深6.7米,通高10.3米。

1937年,日军全面侵华,国外特别是东南亚地区相继挑起排华事件,华侨们纷纷向国民政府提出送子女回国求学。1939年10月,国民政府提出设立华侨学校。同年11月28日,决定在云南昆明保山成立华侨一中。1941年5月,由国民政府教育部王德玺、翟俊千二人同赴四川重庆、綦江一带勘察校址,确定以小余梁的程家祠堂为校址,校名为国立华侨中学第二校。1942年,该校奉教育部侨字第7123号训令,正式改名为国立第二华侨中学。1944年,侨一中由昆明保山迁往夏坝镇五福场钟家洋房子,由国民党中央监委李次温担任校长,并奉命接收贵阳市十四中侨生271人。1946年5月26日,学校师

生700余人,分批乘车赴广州,教育广州区辅导委员会内设侨二中临时办事处接应。1946年9月,国立第二华侨中学迁至海南,此地仍为办学之地。1941年至1946年期间,国立第二华侨中学为我国培育出大量人才,输送到祖国各地。

该旧址具有重要的历史、艺术和科学价值,对研究江津乃至我国抗战时期的教育状况,尤其是江津在重庆作为抗战陪都时所发挥的作用具有重要意义,对研究江津乡村建筑及中西建筑的交流融合具有重要意义。2009年7月,重庆市文物委员会确定夏坝国立第二华侨中学旧址为抗战遗址保护点,并授牌。

国民政府四川省建设厅园艺场旧址

　　国民政府四川省建设厅园艺场旧址位于重庆市江津区几江街道办事处鼎山大道52号内，建于1936年，坐西南朝东北，面积114.5平方米。

　　该园艺场属国民政府时期省级单位，是国内较早的园艺场。该建筑共分上下两层，面阔两间，深两间，共四间，属于中西合璧式建筑。其保存较好，第一层的右边两间现被用来办公，左边两间用来作为果树研究所退休人员的活动中心。

　　该建筑体现了国民政府时期的建筑风格，为广大青少年提供了教育和参观的场所，同时也为研究和学习该时期的建筑风格提供了可靠的实物依据。

国民政府四川省建设厅园艺场旧址

后勤总司令部驻川粮积处第二十六仓库白沙堆积所旧址

后勤总司令部驻川粮积处第二十六仓库白沙堆积所旧址，原是大粮商王建章的粮行仓库，位于重庆市江津区白沙镇朝天嘴社区光华路1、3、5、7号，建于民国初年，坐东南向西北，面积394平方米。该建筑共5间，两楼一底，前为门面，后有后室，中间有天井相隔。整体布局规整，为砖木瓦混合形制，小青瓦顶。抗战时期，被国民革命军联勤总司令部征用，作为驻川粮积处第二十六仓库白沙堆积所。解放后，曾有人居住，现空闲。该建筑对研究抗战时期抗战物资粮食流通的状况具有重要意义。

后勤总司令部驻川粮积处第二十六仓库白沙堆积所旧址

乐善堂

乐善堂位于重庆市江津区白沙镇公园路社区太平街93号,建于清末,坐东南向西北,面积736平方米。该建筑属于清末我国南方地区的典型建筑,分上下两殿和左右厢房,上殿阔19米、深11.5米,原为刘备、关羽、张飞三人石刻雕像的供奉地,后来改为居住房。下殿为两层,左右厢房也为上下两层。整座建筑为砖木瓦的混合结构,尤其是弯拱撑梁、弧形屋檐独具特色。

抗战时期,白沙的商户出资在这里煮粥,安置了大量流亡入川的外省学生和难民。该建筑为研究白沙地区的抗战历史和文化提供了重要的实物资料。

乐善堂

白沙第四中山中学班旧址

白沙第四中山中学班旧址位于重庆市江津区白沙镇石坝街黄泥湾，建于抗战时期，坐东朝西，北偏东66度，面积420平方米。该旧址是土木石结构，为单体建筑，面阔37.7米，进深8.7米，通高5.9米。

1941年，国民政府教育部借用始建于清末的养正小学校舍开办第四中山中学班，负责招收战区流亡女生，单设初中，班主任为刘汉良。1941年夏，并入国立十七中，为其女子初中分校。解放后，停止办学。

白沙第四中山中学班旧址

艾坪山防空洞

艾坪山防空洞位于重庆市江津区几江街道办事处艾坪社区7社,修建于抗日战争时期,坐西南朝东北,北偏东25度。

该洞凿于山顶石崖中,呈弧形,洞进深5.85米,洞宽10.93米,洞高17.5米,有左右两个洞口,左边洞口宽2.2米,右边洞口宽4米。洞穴内靠最里面墙壁有小水池一口。

该防空洞是抗战时期为躲避日机轰炸,附近群众自发修建的。这对研究抗日战争时期江津的历史具有重要的意义。

艾坪山防空洞

邓鹤丹、邓燮康合葬墓

邓鹤丹、邓燮康合葬墓位于重庆市江津区白沙镇黑石山村,邓鹤丹是聚奎中学创始人邓石泉之六子,邓燮康为邓鹤丹之侄。这墓为叔侄二人合葬墓。

邓鹤丹(1872—1943),字襟仙,能文章,善书法。光绪二十八年(1902年)考中秀才。留学日本期间,结识了于右任、程潜等人,并加入了同盟会。1906年学成归国,协助其兄邓鹤翔办聚奎书院。与两位兄长不同,邓鹤丹倾注毕生精力,用于教书育人。他先后任江津县视学,重庆联合县立中学、江津中学、万县省立第四师范学校、泸州川南联立师范学校校长,江津县教育局局长等职。1943年患脑溢血辞世。

邓燮康作为江津白沙邓氏家族第三辈的杰出代表,在服务社会、发展教育、培育人才等

方面作出了巨大贡献。

邓鹤丹、邓燮康叔侄二人直接献身于教育事业，捐款办学，为发展教育特别是抗战时期的重庆教育作出了重大贡献。

邓燮康

国立女子师范学院旧址

国立女子师范学院旧址位于重庆市江津区白沙镇高屋村遛马岗重庆工商管理学校内，坐北朝南，北偏西66度，面积1100平方米。旧址是仿欧式建筑，上下两层，平面布局呈方形，长39米，宽16米，通高9米。

国立女子师范学院旧址

抗战时期，迁入白沙最引人瞩目的是学校。1940年4月，开始筹备国立女子师范学院，并设址于白沙。9月2日，教育部创办的国立女子师范学院在白沙新桥正式成立，院长由原教育部督学谢循初担任，教授中有胡小石、魏建功、卢前（冀野）、沙梅、佘雪曼、李霁野、李何林、吴伯超等名流、学者。学院学制四年，开设了教育、国文、英语、史地、理化、音乐、家政七系和体育专修科，另办了附中、附小和幼儿班。这所女师学院是当时全国唯一的女子最高学府。1946年8月迁至重庆九龙坡交通大学校址，1950年合入西南师范学院。该旧址具有重要的历史价值，对研究重庆作为抗战陪都时期的教育状况具有重要意义。

邓家院子

邓家院子位于重庆市江津区白沙街道办事处高屋村七队,建于清末,坐南朝北,面积1824平方米。该院为门厅、正厅及两侧的厢房组成的四合院

邓家院子

布局,土木石结构,正厅为中西合璧建筑,一楼一底,面阔8间47.8米,进深7.3米,通高9米。

邓家院子始建于清末,为清末到民初江津望族之一邓家的祠堂。抗战时期,曾做过军政部学兵总队炮兵第二团第三营的驻地、国立中央图书馆的办公楼和四川省立重庆女子师范学校附属小学分部。解放后祠堂收归集体,为江津县工商校皮塑厂,现为重庆市工商校机械厂职工宿舍。

邓家院子具有重要的历史、艺术价值,对研究以邓氏家族为代表的各行各业人民在重庆作为战时首都中所发挥的作用有重要意义。

白沙新运纺织厂旧址

白沙新运纺织厂旧址位于重庆市江津区白沙镇麻柳湾社区马项垭，建于1939年，坐西朝东，北偏东5度。旧址原建筑结构为土木瓦盖平房20幢、3639平方米，夹壁墙草盖平房3幢、2064平方米，合计建成草瓦房屋23幢，总面积约为6000平方米。后因厂房改建、火灾等原因，旧址现存2幢，为厂房、办公室。旧址依势建为单坡屋面，墙面为竖夯土砌成，厂房呈长方形，长24.8米，宽20.4米，通高7.2米。

白沙新运纺织厂旧址-1

白沙新运纺织厂旧址-2

为了解决来川抗日军属的生活问题，

1939年，宋美龄在驴溪半岛的马项垭兴办了一间纺织厂，厂名为新运总会妇女指导委员会新运纺织厂，厂区定为新运村。同年8月动工，次年秋投入生产。1945年后松溉纺织试验区并入新运纺织厂。1949年12月，改为公营新运纺织厂，属于国有企业，破产后变卖给私有企业经营直到现在。

旧址具有重要的历史价值和科学价值，对研究江津乃至我国抗战时期的纺织业发展状况具有重要意义。1944年3月11日，国民政府军事委员会副委员长冯玉祥在白沙募捐时，曾到新运纺织厂视察并题词，并在该厂募捐到34000元抗战经费，直接支援了抗日，具有重要的历史意义。

江津简易乡村师范学校旧址

江津简易乡村师范学校旧址位于重庆市江津区白沙镇麻柳湾社区重庆市电子技术学校内，建于1933年，坐南朝北，北偏西10度，面积817平方米。该建筑为土木石结构，歇山式顶，分上下两层，东南西北四方开门，总体布局呈方形，长27.6米，宽16.8米，通高6米。

江津简易乡村师范学校旧址

江津简易乡村师范学校建于1933年5月。1943年，在十周年校庆时，冯玉祥亲临发表讲演。该校师生在抗日救亡运动中表现十分活跃。2006年，更名为重庆电子技术学校江津校区。

江津简易乡村师范学校历史悠久，在抗战时期培育了大量人才，为研究抗战时期江津的历史、教育状况提供了重要实物资料。

大塔遗址

大塔遗址位于重庆市江津区德感街道办事处东渡社区居委会塔坪经济合作社一个小山坡山顶，坐东朝西，北偏西20度，西隔长江与江津城两两相望，东面、南面和北面为山丘，占地面积907.5平方米。

大塔始建于清末。抗战时期，为躲避日机轰炸江津城，人们将几个标志性建筑物拆除，大塔就是其中之一。现遗址仅存很少一部分塔基，塔基材料为青砖和条石。

大塔遗址具有重要的历史价值，是日军对重庆实施大轰炸的实物佐证。

大塔遗址

钓鱼城抗战摩崖碑刻

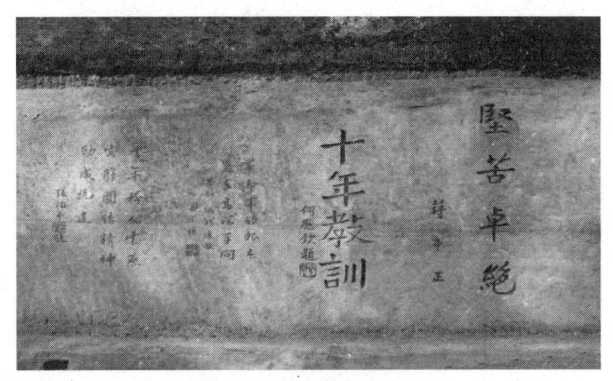

钓鱼城抗战摩崖碑刻位于重庆市合川区钓鱼城钓鱼山。在钓鱼城忠义祠和护国寺内,现保存有碑碣18方。这些珍贵的碑碣,记录了钓鱼城抗战的历史,为当今深入开展

钓鱼城抗战摩崖碑刻-1

钓鱼城抗战史的研究,提供了极为可靠的资料。其中重要的抗战题刻有:1943年7月,中国即将迎来抗战反攻的时刻,蒋介石的题词;时任中央军校特训班副主任施则凡题词;黄埔军校一期毕业、抗日名将、时任重庆警备司令的孙元良于抗战胜利一周年后秋游钓鱼城写的摩崖诗,等等。

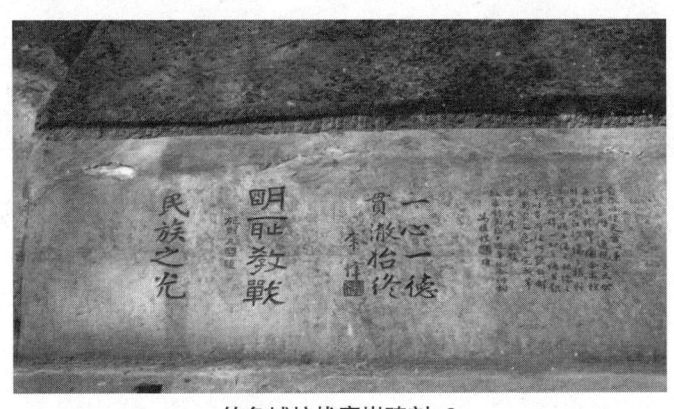

钓鱼城抗战摩崖碑刻-2

抗战时期,游钓鱼城的郭沫若,在摩崖上题写《钓鱼城访古·

华国英撰重建忠义祠碑文》一诗:"魄夺蒙哥尚有城,危崖拔地水回萦。冉家兄弟承璘玠,蜀郡山河壮甲兵。卅载孤撑天一线,千秋共仰宋三卿。贰臣妖妇同祠宇,遗恨分明未可平。一九四二年六月二日 郭沫若。"

钓鱼城抗战摩崖碑刻-3

育才学校旧址

育才学校旧址位于重庆市合川区草街镇古圣村凤凰山古圣寺内。旧址所在的古圣寺系清代建筑,由山门、牛王殿、大雄殿、观音殿、同善堂、厢房构成,中轴线对称,总占地面积4390平方米,总建筑面积2419平方米。大雄殿为歇山顶抬梁式木结构建筑,屋面为小青瓦,面阔7间24米,进深4间10米,高8.2米,建筑面积240平方米。正脊饰二龙抢宝,柱间施花牙子雀替,撑弓上动植物雕刻精美,雕花石柱础,素面台基,普通踏道。

育才学校旧址

1939年,陶行知先生在中共中央南方局支持下,在这里创办育才学校,践行生活教育理论,并聘请当时著名的专家学者到校任教,设有自然、社会、文学、绘画、音乐、戏剧、舞蹈七组。1940年,周恩来、董必武、吴玉章、郭沫若等曾到校作指导。1946年迁往今渝中区红岩村。

旧址原貌得到了完好的保护,是合川区和重庆市爱国主义教育基地,重庆市直辖后成为第一批重庆市文物保护单位,2006年5月25日公布为全国重点文物保护单位。育才学校为中华民族解放事业和新中国建设培育了大批人才,在中国现代教育史上占有重要的地位。

合川国立二中旧址

合川国立二中旧址位于重庆市合川区合阳城街道办事处定林寺内,是一处近现代史上具有重要历史意义的纪念建筑。旧址所处的定林寺,始建于唐,原名庆林观、定林禅院。因寺院地处合阳城北部的濮岩山,明清以后习称濮岩寺。寺内建筑为清代嘉庆二十一年(1816年)重建,现存牌楼式山门一座,大殿一幢及两侧厢房和侧院,成四合院布局,占地5300平方米,建筑面积1388.78平方米。抗日战争时期是合川国立二中的办学地。

合川国立二中旧址

1938年春,国民政府为收容苏沪浙等沦陷区中学流亡师生,在大后方相继设立一批国立中学。3月初,国民政府教育委员会组建以许逢熙任主席的四川临时中学校务委员会,在北碚、合川两地成立国立四川中学,周厚枢任校长。1939年,按照建校的先后顺序,国立四川中学更名为国立第二中学,学校含高中部、师范部、初中部及水产部。其中,高中部、水产部在合川,称合川国立二中;师范部、初中部在北碚。1940年,初中部由北碚迁入合川县城蟠龙山,师范部留在北碚独立成校,命名为重庆师范学校。1941年,水产部也独立成校,命名为国立四川水产学校。抗战胜利后,国立第二中学于1946年迁回江苏,组成江苏省常熟中学。从1938年春到1946年夏,合川国立二中的办学规模达到42个班、2000多名学生、500多名教职工。其中,男生高中13个班、初中14个班,女生高初中达15个班。其间,日本飞机九炸合川城,而这里的学子依然发愤读书。在前后八年半的办学时间里,先后有6000余名师生在这里学习、任教。国立二中培育了各类英才,为抗日救国输送了大批骨干力量,为国家培养了大量优秀人才。其中有不少人成为国家的栋梁之材,如陈琏(陈布雷之女),曾先后担任党的八大代表、全国政协常委及妇联执委;李锡铭,曾先后担任北京市委书记、国家教委主任;路翎,著名作家,创作了《哨兵》、《财主的女儿》等数十部中长篇小说;江泽佳,曾任重庆大学校长;陶诗言,气象学家,1980年当选为中国科学院院士。

  国立二中传承着艰苦奋斗、爱国主义革命精神的光荣传统,已成为合川爱国主义教育基地,具有深远的教育意义和社会影响力。其旧址所在地的定林寺现存建筑保存较为完好,为研究古代寺庙建筑以及近代建筑提供了宝贵的借鉴。该旧址还立有一座由原合川国立二中校友、北京市委书记、国家教委主任李锡铭题写的"抗日战争时期国立第二中学旧址"汉白玉纪念碑。2009年7月,被定为重庆市级抗战遗址。

"抗日战争时期国立第二中学旧址"纪念碑

战时儿童保育会直属第三保育院旧址

战时儿童保育会直属第三保育院旧址位于重庆市合川区土场镇完全小学内,占地面积1551平方米,原为一座清末祠堂式老建筑——周家祠堂。旧址原由祠堂大门、围墙、院坝、礼堂、左右厢房、小院和祠堂外操场

战时儿童保育会直属第三保育院旧址

构成,内设教室、教师办公室、师生宿舍、病房、食堂等。现仅存礼堂和大门,主体建筑礼堂为悬山顶抬梁—穿斗混合式木结构建筑,小青瓦屋面,面阔7间25.4米,进深3间10.4米,高7.2米,方形素面柱础,素面台基,普通踏道。

1939年6月,赵君陶女士受中共中央南方局领导人周恩来和邓颖超派遣,在这里创办了战时儿童保育会直属第三保育院(简称"第三保育院"),负责收养和教育抗战时期沦陷区的难童。第三保育院名义上隶属宋美龄领导的中国妇女慰劳自卫抗日将士总会,实际领导者为中共中央南方局妇女组织,原全国人大常务委员会委员长李鹏同志的母亲赵君陶女士任保育院院长。

第三保育院在土场周家祠堂前后开办6年零9个月,收养了一批又一批从战区流亡到重庆、北碚、合川等地的难童和少年,为我党在国统区培养了不少革命有生力量,共有300多名师生在这里学习生活。1945年8月,毛泽东主席到重庆谈判,亲切接见了赵君陶女士。抗战胜利后,战时儿童保育院决定将第三保育院与重庆歌乐山保育院合并,赵君陶根据党的安排,离开重庆赴延安大学工作。第三保育院旧址是中国抗战时期苦难历史的见证,反映了中国共产党人最广泛地支持、参与、领导抗战工作的史实,已成为合川区文物保护单位和爱国主义教育基地。

瑞山中学防空洞

瑞山中学防空洞又名苏家街防空洞，位于重庆市合川区合阳街道瑞山中学内瑞映山中，防空洞贯穿山体南北两端。

瑞山中学由卢作孚先生创办于1944年。其前身为南宋养心堂书馆，

瑞山中学防空洞

是南宋理宗淳祐三年（1243年）大府安少卿为纪念北宋理学家、合州通判周敦颐创办。清乾隆四十五年（1780年）改置接龙义学。乾隆五十年（1785年）易名瑞山义书。光绪二十三年（1897年）改为瑞山书院。1904年办新学称瑞山小学。1926年改置新学堂。曾为瑞山小学高才生的卢作孚先生，怀着对母校的深厚感情，在学校濒临停办的危急关头，毅然决定由民生公司接办瑞山小学，并亲自担任学校的董事长和校长。1944年秋，卢作孚先生又将瑞山小学扩大为瑞山中学，继续担任学校的董事长。瑞山中学是一所具有光荣革命斗争历史、深厚文化底蕴的学校。

1939年，因躲避日机轰炸的需要，在瑞映山腰红砂石岩上开凿防空洞。其延伸轨迹按逆时针方向由西北向东偏移，平面呈弧形、平顶、直壁，底部由

北向东逐次抬高,顶、壁修整不甚工整。洞顶距山顶5.2米。防空洞通长37.7米,宽3.4米,高2.3米,洞东壁中部,有两岔洞,相距5.9米。该洞现为连接学校北部和东部的通道,作为抗战时期合川人民经历日军轰炸的见证,具有较重要的文物价值。

合川献机运动旧址

合川献机运动旧址位于重庆市合川区合阳城街道办事处交通街体育场,西距合川人民公园15米。该体育场建于1929年,中间是足球场,外圈为田径场,平面呈椭圆形,占地面积33360平方米。

1940年7月22日,日本飞机对合川县城进行了惨无人道的狂轰滥炸,城市繁华区域毁于一旦,全县民众无不义愤填膺,对日本帝国主义的侵华罪行恨之入骨。12月初,在"民国第一侠女"施剑翘的倡导下,

合川献机运动发起人施剑翘女士

由其兄——驻合中央军校特训班副主任施则凡出面,邀集中央训练团童训班、国立二中、县政府、县党部、中国银行、硝磺局、县商会、县财委和特训班政治部党部的负责人,以及社会名流开会商议,于12月7日成立合川县各界筹献"合川号"飞机征募委员会,推选出委员53人,县长袁雪崖为主任委员,施剑翘为指导长,特聘卢作孚、康泽、陈立夫、胡南先、施则凡为名誉会长。会议决定在全县发起"一元献机运动"(即各乡、镇小康之家8岁以上人口,每人捐资1元),并向城乡富绅、富商进行"特别征募"。以县政府的名义将部分任务

分配到各区乡,按完成的实绩,作为乡镇长成绩的考核内容。同月29日,征募委员会颁布奖励办法:对捐上1000元者,呈请省政府嘉奖;捐上5000元者,呈请航空委员会嘉奖。劝捐工作开始后,公教人员、绅商、工人、学生非常踊跃,城区富商一次认捐23700元,其中何达九、郑产之各捐5000元。在富商的带动下,有的小业主变卖部分产业捐献。合川豫丰纱厂职工一天就捐献15000元,相当于全厂职工3天的工资。国立二中、瑞山小学师生会同部分国内名演员,在城区举办献机义演活动,演出话剧《雾重庆》和《法门寺》、《南阳关》等戏剧节目,募得捐款40000多元。短短3个月的劝募活动,大大超过原计划,共募得献机捐款45万元。于翌年4月汇寄中央航空委员会,实际完成购买3架战斗机的任务。1941年5月30日,合川各界在县体育场召开"合川人民爱国献机命名典礼大会",参加民众近万人。"合川一号"、"合川二号"、"合川三号"3架战斗机飞临上空,进行飞行表演,并散发抗日救国传单,一时欢声雷动,盛况空前。合川因此被国民政府国防部和航空委员会专电表彰为"率先倡导"和"全国县级献机最多,首倡成功"。

　　重庆市合川区合阳城街道办事处交通街体育场是合川献机运动的举办地,见证了合川人民同仇敌忾、勇于牺牲的精神,具有深远的历史意义。

合川献机运动的举办地(现重庆市合川区合阳城街道办事处交通街体育场)

杨瑞符墓

杨瑞符墓位于重庆市合川区南津街办事处花园村2社铜梁山方岩东下侧,东距二仙观10米。该墓坐南朝北,占地面积7.2平方米,背靠陡崖,前临绝壁,用石块垒砌,宽2.4米、长3.6米、高2.2米,平面呈不规则状长条形。

杨瑞符墓

杨瑞符,字节卿,天津市静海县人,1902年出生,1921年入伍,被编入国民革命军八十八师五二四团,先后任排长、连长、营长,淞沪抗战后晋升为团长,死后追赠陆军少将,是孤军奋战"八百壮士"的指挥者之一。1937年8月13日,日军占领上海。同年11月26日,杨瑞符与副团长谢晋元亲率五二四团"八百壮士"留守闸北,以四行仓库为依托,抗击并重创日军。1939年5月,九死一生的杨瑞符携妻儿及负伤的内弟来到大后方,在合川城南铜梁洞二仙观养伤。1940年初,杨瑞符在淞沪抗战中留下的枪伤复发,送重庆抢救无效,病故于重庆陆军医院,终年37岁。遵照杨瑞符生前嘱咐,由卢作孚先生派民生公司轮船将其灵柩运回合川,安葬在合川城南铜梁洞二仙观右侧。县人感念其为国奋战,捐资购棺修墓。

杨瑞符及其所属官兵为抗击日本侵略军而奋不顾身、勇于牺牲的精神是中华民族的精神财富。该墓对建设爱国主义教育基地和弘扬民族精神具有重要意义。2009年9月,抗日英雄杨瑞符墓被重庆市文物委员会确定为重庆市抗战遗址文物保护点。

崇敬中学东岳庙旧址

崇敬中学东岳庙旧址位于重庆市合川区钓鱼城街道办事处黑岩村一社,现存大殿3幢,分前、中、后三殿,面积1370平方米,建于明成化年间,因其曾供奉"东岳大帝"黄飞虎,合川人称之为东岳庙。建筑均坐北朝

崇敬中学东岳庙旧址

南,其中前殿为木结构悬山式建筑,小青瓦屋面,抬梁式梁架,面阔5间21.06米,进深3间6.00米,通高7米,素面台基高0.21米。中殿面阔21.06米、进深12.72米,后殿面阔5间21.06米、进深5间11.2米、通高8.5米。中殿和后殿建筑形式与前殿同。

抗战全面爆发后不久,江苏南通崇敬中学被迫内迁合川,初设校址在东岳庙。1938年夏天,刚刚初中毕业的朱光亚和两个哥哥一道由湖北转移到大后方重庆,就读于合川崇敬中学。朱光亚在重庆的四年学生时光,其中有一年就是在合川崇敬中学度过的。合川崇敬中学留下了"两弹一星"元勋朱光亚的闪光足迹。1939年4月,合川崇敬中学爱国师生在中共地下党员李清华、黄乃麦等组织发动下,发起了"反汉奸运动"。

  东岳庙是合川城区为数不多的古代建筑,又是抗战时期南通崇敬中学旧址,因而具有重要的文物价值。2009年7月被重庆市文物委员会定为重庆市抗战遗址文物保护点。

甘家坝军粮仓库旧址

甘家坝军粮仓库旧址位于重庆市合川区钓鱼城街道办事处甘家坝社区合川盐化工业有限公司家属区内，北距嘉陵江50米。现存粮仓1座、粮仓基址2处，总占地面积1780平方米。仓库为砖石结构，悬山顶小青瓦建筑，一楼一底，每面墙体外相距4.2米砌砖柱加固，并于石地栿处开气孔，单栋建筑占地面积257平方米，建筑面积573平方米。

甘家坝军粮仓库旧址

该粮库成立于1942年，属粮食部四川储运局合川聚点仓库之一，主要转运嘉陵江、渠江、涪江三江上游沿岸29县运往重庆的粮食，拨付军粮，组织部分粮食加工。

该仓库在1942年至1945年抗战期间作为重要的粮食转运、加工点，极大地保障了抗战粮食供应，为抗战胜利作出了应有的贡献，具有重要历史和纪念价值。

豫丰和记纱厂合川支厂旧址

豫丰和记纱厂合川支厂旧址位于重庆市合川区南津街街道办事处东津沱，西距合川城区2.5公里。

豫丰和记纱厂于1919年创建于河南郑州，最初命名为豫丰协记纱厂。1936年因经营困难，由中国银行天津分行将其全部股票收买，更名为豫丰和记纱厂。为了避免日机轰炸，于1938年2月内迁重庆土湾，取名为豫丰和记纱厂重庆分厂。1940年，因重庆分厂遭日机轰炸，9月便在合川东津沱购地600亩，以捆绑厂房形式建立豫丰和记纱厂合川支厂一厂，安有美制萨克洛威尔细纱机15000锭、500kW发电机1台、5E/N锅炉1台。1941年5月投产，年产支售纱2959件。为满足大后方抗战需要，该厂于1942年、1944年先后两次扩建，新增英制勃拉特纱机24780锭，拆除原有美制萨克洛威尔细纱机5000锭运回重庆，合川支厂保存各种纱机34780锭、电机1200kW，年产支售纱14300件。其中，英制勃拉特纱机生产的棉纱注册商标为"金飞艇"。

豫丰和记纱厂合川支厂旧址

抗战期间,合川支厂年最大棉纱生产量14300件,产品大部分运到重庆出售,为民族生产力的维持和抗战经济的运转作出了较大的贡献。1949年12月8日,合川解放,人民政府接管了豫丰和记纱厂合川支厂,并由西南工业部派马景继、赵彤任驻厂军代表,工厂便由官僚资本转变为全民所有制企业。1951年改为六一一纺织厂,1959年更名为六一一纱厂,1963年更名为合川纱厂,1966年更名为重庆市工农棉纺织厂,1969年更名为重庆第四棉纺织厂直至21世纪初企业改制。现存建筑有厂部大门、动力车间、材料库、工人俱乐部、幼稚园、职工宿舍等11栋,均为砖混建筑,反映了当时工厂分布及运转情况,是抗战时期工业生产情况的真实反映,具有重要的文物价值。2009年7月,豫丰和记纱厂合川支厂旧址被重庆市文物委员会确认为重庆抗战遗址遗迹文物保护点。

大昌冶炼厂旧址

大昌冶炼厂旧址位于重庆市合川区狮滩镇聂家村南北长700米、东西宽1000米范围内，分布面积70万平方米。旧址范围内还分布有办公室、材料库、职工宿舍、矿渣堆积场等。

该厂于1939年由民族资本家李云根、汪云松等筹资兴建，曾设有煅矿炉、炼焦炉、热风炉、冶铁炉及矿场等，年产生铁约600吨，80%由政府收购。抗战胜利后，生铁滞销，于1948年停产。大昌冶炼厂主要在抗日战争时期生产，反映了当时的经济情况，是研究战时经济的重要文物资料。

大昌冶炼厂旧址

崇敬中学天平寨旧址

崇敬中学天平寨旧址位于重庆市合川区官渡镇断桥村天平寨内。

抗战全面爆发后不久,江苏南通崇敬中学被迫内迁合川,初设校址在东岳庙,后迁至天平寨。寨子依险而筑,面积约1.4平方公里,平面呈不规则形,寨门7道,墙高4.2米至5.8米。据了解,当时寨内会聚四川及其他省份携家人、仆从来此避难的共600多户,并设乡团把守,一时房屋连片,不见耕地,寨内有寺庙、国学馆、贞节院、老善堂等诸多建筑,并设集市、断讼处等,俨然自成体系。学校原建筑有教室、师生宿舍、办公室、操场等。1942年崇敬中学再迁江北县,房舍作为民居。新中国成立后均被拆除,仅存房屋基址及残破围墙一堵,残存遗址面积850平方米。该遗址见证了中国教育事业历经战乱而薪火不熄,具有一定的文物价值。

崇敬中学天平寨旧址

江陵机器厂遗址

　　江陵机器厂遗址(第十兵工厂)位于重庆市江北区大石坝街道忠恕沱的瓦场嘴社区、前卫社区。该址建于民国时期。1938年3月至1945年期间,国民政府兵工署为抗击日军轰炸,将第十工厂迁入江北区境内,共征地1634.746亩,分别建成厂房、住宅、射击场、公路。1941年更名第十兵工厂,属国民政府军政部兵工署炮兵技术研究处。第十兵工厂旧址现存10栋建筑,分别为校官楼、职员楼、职员住宅、百货公司、双环餐厅、保卫处、江陵1-114幢(粮店)、商贸区(肉店)、图书馆俱乐部、山洞车间,保存状况一般。该旧址的发现为研究抗战文化及抗战商贸设施提供了丰富的资料,有一定的历史价值和文物价值。

江陵机器厂遗址

王伯群墓

王伯群，系原国民党中央执行委员、国民政府委员、交通部长，是何应钦妻子的亲弟弟，卒于1944年。王伯群墓位于重庆市江北区观音桥街道造纸社区建新西路猫儿石村猫儿石李家坪山坡上。该墓始建于1945年，坐北朝南，为一座土坑石砌墓，墓地占地面积30余平方米，该墓为青条石砌筑，墓顶为三合土，墓栏杆、墓碑均为青石刻制、安砌。墓长2.9米，宽1.05米；墓围栏长5.96米，宽3.3米，高0.55米；碑高1.63米，厚0.1米。该墓保存较好，于1983年重新修葺。王伯群墓的存在为研究民国史提供了一定的实物资料，具有较高的文物保护价值。

王伯群墓

石家花园

石家花园位于重庆市江北区大石坝街道石门社区渝江村1号,该建筑建于民国时期,为一处中西合璧式建筑,坐东南向西北,由正房、院坝石屋子组成,该花园系解放

石家花园

前重庆商会会长、川东慈善会主席石荣延的公馆。花园集书法、石刻于一体,主要房屋的面积为721平方米。正房原系现代与古代建筑相结合的砖木结构的一楼一底的大屋顶楼房,解放后维修时将大屋顶拆掉变为现状,面阔24.8米,进深17.9米,通高8.62米。院坝宽32.9米,进深17米,右边是一座用大小石山、树木等物筑成的假山,被三棵黄桷树盘根错节环绕并凿有一拱形洞门。两个圆形洞口,洞内各安放一小巧玲珑的石床。石屋子位于院坝的底下,从正房左侧(底楼)下24级石梯,即到通往石屋的地下室通道。通道分两段:第一段宽3.15米,深8.3米,顶高3.1米,壁高2.1米,内放有一雕刻着狮子、花草的精致大石床,后壁上有浅龛。第二段:长4.9米,宽2.02米,顶上开有一

宝塔形的高1米的出气口。石屋系沙石结构，面阔三间，建筑面积101平方米，门框及屋内阴刻有字，具有较高的书法、建筑艺术价值。石家花园布局规范、风格独特，为研究民国时期的建筑提供了实物资料，具有重要的文物价值。

绿川英子、刘仁旧居暨反攻杂志社旧址

绿川英子、刘仁旧居暨反攻杂志社旧址位于重庆市江北区观音桥街道猫儿石造纸厂社区建新西路28号、32-1号，总建筑面积735.2平方米。旧址现存建筑2

反攻杂志社旧址

栋，分别为原反攻杂志社的编辑部与印刷车间。编辑部坐西北向东南，一楼一底，砖木结构，小青瓦屋面，面阔24米，进深10.1米，通高7.4米，建筑面积480平方米。印刷车间为一栋穿斗结构传统民居建筑，四合院布局，坐北朝南，单檐悬山式屋顶，面阔17.2米，进深16米，通高5.74米，建筑面积275.2平方米。

刘仁系中共政治活动家，绿川英子系刘仁的日籍夫人，1938年底至1946年夫妻俩寓居猫儿石，并在该宅主编抗日救亡总会机关刊物《反攻》杂志。抗战胜利后，二人于1945年去东北解放区工作。解放后，刘仁曾任北京市副市长。绿川英子生有女儿五人，现均在日本从事新闻工作。1979年，她们曾来重庆,并在廖伯康陪同下到猫儿石参观其父母旧居。绿川英子、刘仁旧居暨反攻杂志社旧址的存在为研究重庆抗战期间的反战同盟提供了重要的实物资料,具有重要的文物价值。该旧址于1986年被公布为江北区区级文物保护单位。

黄生芝公馆旧址

黄生芝公馆旧址位于重庆市江北区观音桥街道建东社区办事处三二四医院内,西洋式建筑。该建筑坐北朝南,始建于1943年,为一楼一底一阁楼的砖木结构房屋,右边有一阳台式的角楼。主体房屋面阔20.05米,进深14米,面积约为280.7平方米,曾为三二四医院幼儿园,现为医院办公楼。黄生芝,民族资本家,经营纺织业,抗战时期曾任重庆市参议员。该遗址为研究重庆抗战文化提供了重要的实物资料,具有一定的文物价值。

黄生芝公馆旧址

兵工署第二十一兵工厂旧址

兵工署第二十一兵工厂旧址位于重庆市江北区五里店街道雨花村社区长安机器厂内。二十一兵工厂系南京金陵兵工厂和汉阳兵工厂于1937年由南京雨花台

兵工署第二十一兵工厂旧址

迁至重庆江北陈家馆后组成，1938年3月奉军政部令改称为第二十一兵工厂，直隶军政部兵工署。该厂内部机构先后设有办公厅、总工程师室、工务处、会计处、审计处、材料储整处、保管处、职工福利处，厅处下设有业务课19个，另辖重迫炮厂、炮弹厂、重枪厂、步枪厂、制弹厂、药厂、修枪厂、动力厂、火工厂、工具厂等16个分厂及学校、医院、农场等。该厂的主要任务是研究、生产各种轻重机枪、步枪、迫击炮等武器弹药，修理枪炮及制造部分军用器材、武器附件、防毒面具、甲雷等。二十一兵工厂生产的枪炮支援了抗战前线，为抗战胜利立下了汗马功劳。重庆解放后，1949年12月该厂由重庆市军事管制委员会接管。后为长安汽车厂（长安汽车是其民用工业部分）。现二十一

兵工厂仅存两栋车间,同向排列,坐东北向西南,砖木混合结构,墙体和柱体为砖筑,房梁架为木结构,悬山式组合式屋顶,小青瓦屋面,长69.7米,宽16.52米,占地面积均为1151.4平方米。该建筑的保存为研究抗战文化提供了实物资料,有着重要的价值。

国民党社会部第一保育幼院旧址

国民党社会部第一保育幼院旧址位于重庆市江北区铁山坪街道东风社区东风二村371、374号,解放前此房的门牌是复兴路60号。1941年1月,社会部在唐家沱创办第一保育幼院。现存建筑为当年宋庆龄操办的孤儿院,所收养的全是在对日作战和日机轰炸中失去双亲的孤儿。国民党社会部第一保育幼院坐北朝南,现仅存两栋一楼一底两层建筑,砖木结构,悬山式屋顶,屋顶上覆小青瓦,建筑面阔约6.9米,进深8米,建筑面积55.2平方米。主体框架为8根砖柱,原为夹壁墙,现改为砖墙。国民党社会部第一保育幼院旧址的发现为研究重庆抗战文化提供了重要的实物资料,具有一定的文物价值。

国民党社会部第一保育幼院旧址

军政部后方医院旧址

军政部后方医院旧址位于重庆市江北区铁山坪街道东风社区东风二村420号。该院于1939年随军政部机构内迁重庆,选址江北区,为抗日战争时期医治伤员提供了有力的后方支持与保障。军政部后方医院旧址的建筑总面积为1185.496平方米,现存三处建筑,分别为门诊部(或住院部)、化验部、手术部。三栋建筑均为中西合璧式建筑风格,砖柱结构,其中门诊部(或住院部)坐东向西,现为东风职工医院肠道门诊楼,房屋面阔41.5米,进深12.1米,建筑面积502.15平方米。化验部现为东风传播设计研究所,坐北朝南,面阔33.7米,进深10.45米,建筑面积352.165平方米。手术部现为东风船舶工业公司经营开发处,坐北朝南,建筑面阔38.69米,进深8.56米,建筑面积331.186平方米。军政部后方医院在抗战时期的医疗救护中发挥了重要作用,具有重要的纪念价值。

军政部后方医院旧址

三民印刷所旧址

三民印刷所旧址位于重庆市江北区铁山坪街道东风社区东风三村9号。此处在抗战期间作为秘密印刷基地，印刷国民党的法定货币——法币。其后，在解放前是国民党军队七十九司的营房，解放后为陆军医院。现位于东风船厂香水沟工弄桥东面，距长江500米处。旧址现存建筑7栋，建筑规格皆相同，分布在长江边的二级台地上。建筑为砖木混合结构二层小楼，折中主义建筑风格，建筑平面呈"国"字形，砖砌立柱框架，夹壁墙，外墙饰以黄色，组合式悬山顶，小青瓦覆顶。三民印刷所旧址的发现对研究重庆抗战文化有着重要的历史意义，具有重要的保护价值。

三民印刷所旧址

龙章造纸厂旧址

龙章造纸厂位于重庆市江北区观音桥街道造纸社区猫儿石一村2号。龙章造纸厂原为1906年庞元济在上海创办的上海唯一的一家造纸厂——上海龙章造纸股份有限公司，主要以生产证券、钱币、票据等高档纸为主。1937年"八一三"事变之后，龙章造纸厂被迫歇业内迁，850吨机件分10批装箱，雇用帆船72艘载运，途中散失沉没的几近半数。目的地也多次变更，最终决定迁往重庆。1939年3月方才到达重庆，同年8月开始在猫儿石动工建厂。1941年1月新厂建成出纸，同年11月被中央信托局收购，改名中央造纸厂，以生产证券纸为主要业务。1947年中央印制厂接管中央造纸厂，更名为重庆造纸厂。新中国成立后，人民政府接管之，更名为六〇一造纸厂，后来再次更名为重庆造纸厂，最后改名为重庆龙章纸业股份有限公司，迁往铜梁西泉镇。现存建筑两栋。一栋为办公楼：龙章造纸厂办公楼始建于1938年，坐北朝南，为一楼一底，砖木结构，悬山式屋顶，小青瓦屋面，面阔10.5米，进深10.5米，建筑面积138.425平方米。一栋为礼堂：

礼堂距办公楼右侧约20米,该建筑是一栋二层小楼,平面布局呈扁长的"凹"字形,人字形屋架,青砖墙,悬山式屋顶,小青瓦屋面,屋顶置老虎窗。建筑原貌有一定程度的改变,几处门窗被青砖或红砖堵封。龙章造纸厂旧址见证了龙章造纸厂内迁重庆的历史,为研究抗战时期内迁工厂的发展提供了重要的实物资料,对研究抗战时期重庆工业有重要作用,具有重要的历史、科学及社会价值。

蜀都中学旧址

重庆蜀都中学是1944年秋,在中共中央南方局周恩来和董必武的指示关怀下,在林伯渠、徐冰、张友渔、何其芳、刘光的具体领导下,中共地下党员同民革成员周均时先生共同发起创办的。周均

蜀都中学旧址

时时任董事长,税西恒、周学庸先后任校长。学校按抗大精神办学,提倡"读书不忘救国,救国必须读书",把学校教育与革命斗争和生产劳动相结合,为党培养、输送干部,掩护、转移革命同志和进步人士,积极开展爱国民主运动。部分师生参加了农村的抗丁、抗粮和川北、川东、黔东的武装斗争。董事长周均时,教师张国维、朱麟等殉难于重庆中美合作所。学生滕久荣参加黔东起义牺牲。中华人民共和国成立初期,大部分师生参军、参加工作,学校由西南军政委员会工业部干部培训班接办。为继承和发扬革命传统,1987年重新开办蜀都中学。现有高、初中21个班,学生898人,教职工120人;占地面积2.4万平方米,建筑面积0.75万平方米;设有党史、校史陈列室。

兵工署第二十六兵工厂旧址

兵工署第二十六兵工厂旧址位于重庆市长寿区凤城街道关口社区，工厂于1939年10月开始筹建，1945年1月建成投产，生产氯酸钾、氯酸钠，年产量最高时可达415吨。该厂占地2828亩，1945年有工人1351人，为抗战提供了大量的军用炸药。新中国成立后成立长寿化工总厂，作为厂房一直使用至今，现厂房都已改建，建成时的老厂房已无存。

兵工署第二十六兵工厂旧址

旧址现存用于职工居住的大院一处。大院为一座合院式民居建筑，原为当地地主的一处宅院，名"宝庄"，为民国长寿四大庄园之一。大院前后两进院落，采用穿斗式构架，细部装饰精美，檐下置滴水，灰塑贴瓷脊饰。

綦江闸坝群旧址

綦江闸坝群旧址位于重庆市綦江区綦江河流域。綦江发源于乌蒙山西北麓贵州省桐梓县北大娄山系，流域面积7020平方米，河长220余千米，綦江自古是川盐运黔的水道，航运开发较早。抗战时期，主管淮河航运与防洪的导淮委员会随国民政府内迁重庆。该会利用原在江苏邵伯、高邮、淮阴等地的经验，自1938年至1945年整治綦江，修建綦江渠化工程，连续修建闸坝11处。

綦江闸坝群旧址

綦江流域现存闸坝5座。大仁闸坝位于綦江区石角镇，坐东向西，横跨于綦江支流蒲河中游，为长方形条石砌成的长方形闸坝，闸坝流水坝长58米，船闸长66米、宽9米、高8米。在闸坝北30米有碑刻一幅，为1940年导淮委员会副委员长陈果夫撰文，代理委员长沈佰先书写的《大勇船闸碑记》，记载了导淮委员会修建綦江闸坝的经过，以及每座船闸的规格、经费等。

这些船闸的建设一方面促进了当地经济的发展，另一方面加快了向重庆的冶炼厂、兵工厂运送煤、铁矿、铁砂的速度，保证军工企业的生产，具有重要的历史价值。

綦江中学张家沟旧址

綦江中学张家沟旧址位于綦江区永新镇张家沟。旧址原为当地一地主的私家庄园，为一座典型的川东传统穿斗式梁架民居院落。原建筑规模较大，前后两进横天井，左右横房横天井。现

綦江中学张家沟旧址

仅存部分房屋，建筑细部装饰较为精美，堂屋使用博古卷云纹云托。现已被当地村民改建成住房，原貌不复存在。

1939年，因避日机空袭，綦江中学迁来此地办学。綦江中学的前身是创建于1910年的綦江中学堂。抗战时期，该校为了避免日本飞机的轰炸，綦江中学从县城迁至张家沟池氏庄园。于是，数百学子云集其间，书声震宇，歌声绕林。当时正值抗战时期，广大师生的抗日情绪极其高昂，学校成立了抗敌后援分会，每逢星期日和节假日，师生们纷纷步行到永新场上去，用金钱板、莲花闹、花鼓、大合唱、漫画等宣传抗日。

綦江齿轮厂遗址

綦江齿轮厂遗址位于綦江区古南街道金桥村四社，南侧距村民李兴春住房10米。此处是一处崖洞遗址，一块巨石嵌于土坡上，巨石下形成了一个崖洞。崖洞长26.3米、宽11.6米，占地面积550.8平方米，坐东向西，巨石中部崖壁上刻有"劳工神圣"四个字，"劳"字因流水侵蚀等因素已不太清晰，洞内仍留有金属残渣。但此遗址大部分因现在村民的生产生活活动已被填积一定厚度或挖成坑。整个遗址外长满树木杂草，已基本废弃。綦江齿轮厂遗址为研究本地区的工业生产史提供了实物依据。

綦江齿轮厂前身是成立于1928年国民政府陆海空军司令部交通兵团修理所，抗战爆发后，该厂奉命由南京内迁。1939年，该厂一部分迁到重庆綦江，直属国民政府军政部交通司，专业生产汽车配件。1944年军政部特种车辆修造总厂并入綦江齿轮厂。1945年5月，綦江齿轮厂由军政部兵工署接管。

抗战期间，该厂作为重要的军工企业，生产的汽车配件为保障抗战军运以及大后方物资供给都作出了贡献，具有较高的历史价值，也是重庆为数不多的工业遗址之一，应给予保护。

綦江齿轮厂遗址

潼南陆军机械化学校遗址群

国民党陆军机械化学校1935年成立于南京方山,蒋介石兼任校长,徐庭瑶任教育长。1937年抗日战争爆发后,该校内迁湖南。1942年,由于日军进攻湖南,该校继续内迁,选定潼南双江镇靠涪江之滨的金龙寺、银龙寺一带作为新建校区,从1942年春至1944年夏季,历时两年多,全部竣工。修建校部办公室用房6幢,大礼堂1幢,营房40余幢;还建有练习团大修工场1个,并在双江、大佛、新林河坝一带开辟了8个练兵场。该校迁到潼南后,即在重庆、泸州一带招考高中毕业生入学受训,组建成立学生第二大队,开始了机械化部队学兵、学员的训练。其间白崇禧、徐庭瑶曾先后亲临该校视察,观看了装甲部队、坦克部队的军事演习。

国民党陆军机械化学校旧址作为重庆抗战的历史见证,是研究抗战史的重要文物遗址,对研究抗战军事、教育等有较高历史、文物价值,是潼南县2006年首批县级文物保护单位之一。2009年4月,重庆市委宣传部、市文化广播电视局下发了《关于保护利用重点文化遗产的实施意见》(渝文广发〔2009〕260号),正式启动了抗战文化遗址的保护工作,双江镇国民政府陆军机械化学校旧址中的中正室、将军楼、大礼堂等6处文物单位(点)列为全市抢救维修保护的120处名录中,并纳入《重庆抗战遗址保护总体规划》,列为近期抢救维修保护的75处遗址之内。

中正室位于重庆市潼南县双江镇金龙村2社圆坡顶简氏纸厂内,坐西南向东北,建于民国时期,为原国民党陆军机械化学校旧址的一部分,据传是为蒋介石视察学校而修建的临时官邸。整个建筑呈"7"字形布局，面阔14.6米，进深12.2米，通高6米，建筑面积100米，占地面积170.1平方米，建筑墙体为褚红色沙石条石砌成，庑殿单檐屋顶，小青瓦屋面，台基高0.8米，阶梯式踏步5级。

将军楼位于重庆市潼南县双江镇金龙村3社，坐东向西，建于民国时期，为原国民党陆军机械化学校旧址的一部分，是著名抗日将领徐廷瑶将军在学校的住所。该建筑为单檐歇山砖木混合结构建筑，一楼一底，所有墙壁下半部分由条石砌成，上半部分用青砖砌成，发生过一次火灾，具体时间不详，所余楼板不多，门窗已毁。占地面积336.05平方米，面阔23.5米，进深14.3米，通高16米。

陆军机械化学校大礼堂旧址位于重庆市潼南县双江镇金龙村3社礼堂坡，建于民国时期，为原国民党陆军机械化学校旧址的一部分，现为重庆市丰收农机制造有限公司使用。

中正室

将军楼

陆军机械化学校大礼堂旧址

该建筑坐西向东，为砖石木混合结构，硬山式屋顶，墙下方由条石层层垒砌，柱为石柱，下大上小并向内侧倾斜，较为坚固，每间屋的花窗形制相同，该建筑进深9间39.2米，面阔1间18.9米，通高13米，建筑面积740.8平方米，台基高0.3米。门厅上部设放映室。

练兵场位于潼南双江镇银龙寺，原为军校学员练兵场所，练兵场以细沙土覆盖，跑道与球场以石条隔开。现作为闇公职中的学生操场。

营房位于潼南双江镇银龙寺，原为国民党陆军机械化学校学员住房，现存建筑3栋，皆为砖木结构平房，实用式建筑风格，悬山顶，小青瓦覆顶。墙体以青砖垒砌，山墙上方开有棂格式通风窗。现作为闇公职中的实习教室。

营房

教学室位于潼南双江镇银龙寺，原为国民党陆军机械化学校教室，为一栋石木结构平房，实用式建筑风格。建筑平面呈"L"字形，悬山顶，小青瓦覆顶。墙体以毛石垒砌，山墙上方开有棂格式通风窗。现作为闇公职中的实习教室。

教学室

铜梁林森公馆

铜梁林森公馆位于铜梁县虎峰镇西泉街道峡风村4社,是国民政府迁都重庆后,国民政府主席林森在此修建的别墅,占地200平方米,坐北朝南,砖石木结构,抬梁式梁架,柱下为石。一楼一底,面阔3间15米,进深3间12米,通高12米,吊脚楼高2.5米。

修复后的铜梁林森公馆

抗日战争爆发后,国民政府于1937年内迁重庆,国民党军政首要林森、白崇禧、钱大钧、王秉钺、宋美龄等都先后在西泉择地修筑公馆,作为躲避日机空袭或避暑、游览、憩息之所。其中林森公馆尤为古雅别致,该建筑集20世纪30年代中西建筑特点于一体,既有我国古建筑的古香古色之民族特色,又有西方贵族住宅之豪华风貌。

2012年,当地政府对该建筑进行了抢救性维修,修复的林森公馆将作为重庆抗战历史文化展示的重要场所,向广大公众开放。

秀山抗日阵亡将士纪念碑

秀山抗日阵亡将士纪念碑位于重庆市秀山土家族苗族自治县中和镇乌杨居委会市政园林局苗圃西南角。碑通高3米、宽0.37米、厚0.37米，长方体，碑上竖刻平底楷体"抗日阵亡将士纪念碑"。碑座已毁，纪念碑被平放于地。该碑建于1940年，是为了纪念抗日战争中牺牲的将士，碑文为时任秀山县县长凌承鉴题写。原竖于城南中山纪念堂侧，1992年移竖凤翔公园内，2001年公园辟为花灯广场后移置至今址，保存完好。此碑对研究重庆抗战史具有一定的历史意义和研究价值。

秀山抗日阵亡将士纪念碑

参考文献

一、论文

1.《中国银行分行一览表》,《中国银行业务会计通信录》1915年第1期。
2.《聚兴诚银行之略史及其营业概况》,《银行周报》1919年第118号。
3.《中央银行概况》,《银行周报》1931年第15号。
4.《世界佛学苑汉藏教理院简则》,《海潮音》1932年第1期。
5.《中苏文化协会成立》,《苏俄评论》1935年第5期。
6.童舒培:《万县水电厂事业概况》,《资源委员会月刊》1939年第3期。
7.《四川美丰银行》,《西南实业通讯》1940年第5期。
8.《川康平民商业银行小史》,《四川经济季刊》1944年第3期。
9.张光斗、覃修典:《抗战八年来之水力发电事业》,《资源委员会季刊》1946年第1—2期合刊。
10.杨晓波:《重庆分行之沿革》,《中央银行月报》1948年第10期。
11.王戎:《重庆市抗战文化资源的开发与利用研究》,《重庆交通学院学报(社会科学版)》2001年第4期。
12.潘洵:《重庆抗战文化资源保护、开发的现状与对策》,《西南师范大学学报(人文社会科学版)》2003年第6期。
13.杜春兰、李燕:《重庆抗战遗址遗迹的保护与利用研究》,《重庆建筑大学学报》2008年第5期。
14.曹春霞、钱紫华:《新时期重庆抗战陪都遗址的保护与利用》,《转型与重构:2011中国城市规划年会论文集》,东南大学出版社2011年版。

15.冯开文:《重庆抗战遗址遗迹概况》,《抗日战争研究》1996年第2期。

16.艾智科:《城市化进程中的重庆抗战文化遗址保护与利用》,《长江文明》2011年第8辑。

17.李波:《对重庆抗战文化遗产抢救和保护的思考》,《中国文化报》2007年7月4日。

18.《资源委员会关于补助上海各工厂迁移内地工作专供充实军备以增厚长期抵御外侮之力量案与行政院往来函》,转引自黄立人:《抗日战争时期工厂内迁的考察》,《历史研究》1994年第4期。

19.罗文锦:《回忆抗战时期内迁的复旦大学》,《抗战时期内迁西南的高等院校》,贵州民族出版社1988年版。

20.梁乔、梁华:《遗址博物馆——遗址展示空间意象创造》,《四川建筑》2002年第5期。

21.丛安琪:《古城墙历史文化遗址保护开发和利用研究》,《中外建筑》2010年第8期。

22.徐新民:《保护整体性是大遗址保护的根本》,《中国文化遗产》2005年第3期。

23.刘庭华:《关于国民党正面战场的历史地位》,《抗日战争研究》2006年第2期。

24.单霁翔:《实现考古遗址保护与展示的遗址博物馆》,《博物馆研究》2011年第1期。

25.李海燕、权东计:《国内外大遗址保护与利用研究综述》,《西北工业大学学报》(社会科学版)2007年第3期。

26.张维亚等:《欧洲文化遗产保护与利用研究综述》,《旅游学研究——文化遗产保护与旅游发展国际研讨会论文集》(第2辑)2006年。

27.陈淳、顾伊:《文化遗产保护的国际视野》,《复旦学报(社会科学版)》2003年第4期。

28.康保成:《日本的文化遗产保护体制、保护意识及文化遗产学学科化问题》,《文化遗产》2011年第2期。

29.周星、周超:《日本文化遗产保护的举国体制》,《文化遗产》2008年第1期。

30.钱里博:《诺曼底战役纪念馆》,《国际展望》1995年第13期。

31.张如彬:《美国的历史文化遗产保护及其与其它发达国家的发展比较》,《中国名城》2011年第8期。

32.王林:《中外历史文化遗产保护制度比较》,《城市规划》2000年第8期。

33.安诣彬、邵甬等:《世界遗产地管理体制与方法初探——以法国里昂市为例》,《国际城市规划》2010年第3期。

34.李建平:《关于新加坡、马来西亚二战遗址的考察与思考》,《抗战文化研究》第3辑,2009年。

35.肖静:《浅析日本和我国近现代建筑遗产的保护制度》,《山西建筑》2009年第3期。

36.重庆市委党史研究室:《中山四路36号:凝结在建筑物上的记忆》,《红岩春秋》2010年第5期。

37.鲜述秀、庄燕和:《鲜英与他的特园——"民主之家"》,《四川文物》1987年第2期。

38.陈嘉章:《重庆特园及其主人》,《民国春秋》1990年第2期。

39.甘祠森:《回忆三民主义同志联合会》,《近代史研究》1982年第4期。

40.王德中:《论我国抗战"国防中心区"的选择与形成》,《民国档案》1995年第1期。

41.杨天石:《蒋介石与韩国独立运动》,《抗日战争研究》2000年第4期。

42.张建基:《国民政府军事委员会演变述略》,《军事历史研究》1988年第1期。

43.南方局党史资料征集小组外事组:《南方局外事工作概况》,《南方局党史资料》1986年第1期。

44.孙绳武:《难忘重庆岁月——在中苏文化协会》,《新文学史料》2007年第4期。

45.张震:《中苏文化协会十三年》,《南京党史》1993年第1期。

46.夏从本:《在南方局领导关怀下的中苏文化协会》,《红岩春秋》2007年第2期。

47.张秀莉:《抗战时期中国银行改组述评》,《抗日战争研究》2001年第3期。

48.刘大禹:《抗战时期国民政府行政院的机构调整与改革》,《抗日战争研究》2009年第3期。

二、著作

1.(清)王尔鉴等:《巴县志》卷一,乾隆朝刻印本。

2.张上将自忠传记编纂委员会:《张上将自忠纪念集》,艺文书局1948年版。

3.竹内敏夫、岸田实:《文化财保护法详说》,东京刀江书院1950年版。

4.秦孝仪主编:《中华民国重要史料初编·抗战时期》,(台北)"中央"文物供应社1981年版。

5.秦孝仪编:《总统蒋公思想言论总集·演讲》,(台北)"中央"文物供应社1984年版。

6.隗瀛涛主编:《近代重庆城市史》,四川大学出版社1991年版。

7.李波主编:《重庆抗战遗址遗迹图文集》,重庆大学出版社2011年版。

8.《当代中国城市发展丛书·重庆》,当代中国出版社2008年版。

9.孟广涵主编:《历史科学与城市发展:重庆城市史研讨会论文集》,重庆出版社2001年版。

10.民革中央孙中山研究学会重庆分会编著:《重庆抗战文化史》,团结出版社2005年版。

11.权东计、朱海峡:《大遗址保护与遗址文化产业发展》,陕西人民出版社2007年版。

12.徐嵩龄:《文化遗产的保护与经营——中国实践与理论进展》,社会科学文献出版社2003年版。

13.单霁翔:《从"文物保护"走向"文化遗产保护"》,天津大学出版社2008年版。

14.袁德主编:《社区文化论》,中国社会出版社2010年版。

15.吴永琪等主编:《遗址博物馆学概论》,陕西人民出版社1999年版。

16.侯卫东主编:《文物保护科学论文集》,文物出版社2004年版。

17.沈山、安宇:《和谐社会的城市文化战略》,中国社会科学出版社2009年版。

18.国家文物局编:《大遗址保护高峰论坛文集》,文物出版社2009年版。

19.叶文益主编:《中共中央南方局的军事工作》,中共党史出版社2009年版。

20.中共重庆市委党史研究室:《中共中央南方局史》,中共党史出版社2009年版。

21.中共中央文献研究室第二编研部编:《邓颖超书信选集》,中央文献出版社2000年版。

22.张国镛、陈一容:《为了忘却的纪念——中国抗战重庆历史地位研究》,西南师范大学出版社2006年版。

23.金瑞英主编:《邓颖超——一代伟大的女性》,山西人民出版社1989年版。

24.胡乔木:《胡乔木回忆毛泽东》,人民出版社2003年版。

25.重庆市城乡建设管理委员会、重庆市建筑管理局编:《重庆建筑志》,重庆大学出版社1997年版。

26.李勇编:《重庆谈判》,新华出版社1990年版。

27.重庆市志办公室编著:《重庆志》第2卷,西南师范大学出版社2004年版。

28.重庆抗战丛书编纂委员会:《抗战时期重庆的新闻界》,重庆出版社1995年版。

29.张松编:《城市文化遗产保护国际宪章与国内法规选编》,同济大学出版社2007年版。

30. 杨筱:《探寻陪都名人旧居》,重庆出版社2005年版。

31. 徐立阳等主编:《陪都星云录》,中华书局2005年版。

32. 民盟中央文史委员会编:《中国民主同盟简史 1941—1949》,群众出版社1991年版。

33. 李朝录:《中国政党与政党制度》,湖南人民出版社2009年版。

34.《民主党派在重庆》,中共重庆市统战部重庆市统战理论研究会编辑1995年版。

35. 廖庆渝:《重庆歌乐山陪都遗址》,四川大学出版社2005年版。

36. 苑鲁编著:《中国战区参谋长史迪威将军》,重庆出版社2005年版。

37. 周勇主编:《国民参政会》,重庆出版社1995年版。

38. 周勇主编:《重庆通史》,重庆出版社2003年版。

39. 孟广涵主编:《国民参政会纪实》(上),重庆出版社1985年版。

40. 邓又萍等:《陪都溯踪》,重庆出版社2005年版。

41.《宋庆龄选集》(上),人民出版社1992年版。

42. 王秀鑫、郭德宏主编:《中华民族抗日战争史(1931—1945)》,中共党史出版社2005年版。

43. 张慧英、蒋泓编:《抗日战争中的民主人士》,中央文献出版社2005年版。

44.《廖承志文集》(上),三联书店(香港)有限公司1990年版。

45. 冯开文等主编:《大韩民国临时政府在重庆》,重庆出版社1999年版。

46. 邓加荣:《马寅初传》,上海文艺出版社1986年版。

47. 张建中主编:《重庆沙磁文化区创建史》,四川人民出版社2005年版。

48. 唐润明编:《抗战时期重庆的军事》,重庆出版社1995年版。

49. 重庆地方志编纂委员会:《重庆市志》第10卷,西南师范大学出版社2005年版。

50. 王明湘等编著:《中共中央南方局和八路军驻重庆办事处》,重庆出版社1995年版。

51. 中共中央党史研究室科研管理部、中共重庆市委党史研究室编:《见证红岩:回忆南方局》(下),重庆出版社2004年版。

52.中共中央党校科研部编著:《论抗日战争》,中共人事出版社1996年版。

53.陈瑞云、周玉和主编:《抗日战争史论文集》,吉林文史出版社1991年版。

54.曹剑浪:《中国国民党军简史》(中),解放军出版社2010年版。

55.李秀勤:《中国八年抗日战争日程纪要》,河南人民出版社2009年版。

56.政协重庆市北碚区委员会文史资料研究委员会编印:《北碚文史资料·张自忠将军陵园资料》第2辑,1987年。

57.萧继宗主编:《革命人物志》,第15集,(台北)"中央"文物供应社1976年版。

58.《周恩来政论选》(上),人民日报出版社1998年版。

59.《冯玉祥选集》(上),人民出版社1998年版。

60.周勇主编:《西南抗战史》,重庆出版社2007年版。

61.田保国:《民国时期中苏关系1917—1949》,济南出版社1999年版。

62.财政部财政科学研究所、中国第二历史档案馆编:《国民政府财政金融税收档案史料(1927—1937)》,中国财政经济出版社1997年版。

63.刘慧宇:《中国中央银行研究(1928—1949)》,中国经济出版社1999年版。

64.中国银行行史编辑委员会:《中国银行行史(1912—1949)》,中国金融出版社1995年版。

65.重庆金融编写组编:《重庆金融》(上),重庆出版社1991年版。

66.交通银行总行、中国第二历史档案馆合编:《交通银行史料》第1卷(上册),中国金融出版社1995年版。

67.时广东:《1897—1937:近代中国区域银行发展史研究——以聚兴诚银行、四川美丰银行为例》,四川人民出版社2008年版。

68.张守广:《大变局:抗战时期的后方企业》,江苏人民出版社2008年版。

69.张弓等主编:《国民政府重庆陪都史》,西南师范大学出版社1993

年版。

70.中共重庆市委党史研究室等编:《邓小平与大西南1949—1952》,中央文献出版社2000年版。

71.西南师范大学历史系、重庆市档案馆编:《重庆大轰炸:1939—1943》,重庆出版社1992年版。

72.谢世廉主编:《川渝大轰炸:抗战时期日机轰炸四川史实研究》,西南交通大学出版社2005年版。

73.罗泰琪:《重庆大轰炸纪实》,内蒙古人民出版社1998年版。

74.唐守荣主编:《抗战时期重庆的防空》,重庆出版社1995年版。

75.许蓉生、林成西:《国民党空军抗战实录》,中国档案出版社1994年版。

76.周雨:《大公报史》,江苏古籍出版社1993年版。

77.朱传誉编:《张季鸾传记资料》,天一出版社1979年版。

78.刘重来:《卢作孚与民国乡村建设研究》,人民出版社2007年版。

79.刘重来:《卢作孚画传》,重庆出版社2007年版。

三、报刊

1.《中共重庆市委关于推动文化大发展大繁荣的决定》,《重庆日报》2009年6月30日。

2.马赛:《看意大利如何进行文物保护》,《光明日报》2007年7月9日。

3.穆方顺、马海兵、李玉东:《看外国文化遗产的保护与利用》,《光明日报》2007年6月8日。

四、网络资料

1.《重庆市城乡总体规划(2007—2020)》,http://www.cq.gov.cn/zwgk/zfxx/83801.htm

2.单霁翔:《文化遗产让我们生活更加美好》,http://www.china.com.cn/culture/yichan/2010-08/26/content_20795524.htm

3.《重庆市人民政府关于加强文化遗产保护的通知》,见重庆市政府公众

信息网 http://www.cq.gov.cn/zwgk/zfgw/49928.htm

4.《中央关于深化文化体制改革若干重大问题的决定》，http://www.gov.cn/jrzg/2011-10/25/content_1978202.htm

5.《不应忘却的纪念——对二战认识和纪念的中外差距》，http://www.cmr.com.cn/school/kangri/02_9.htm

6.卡昂和平纪念馆官方网站 http://www.memorial-caen.fr/portailgb/

7.珍珠港事件纪念遗址官方网站 http://pacifichistoricparks.org/pearl-harbor-hawaii.php

8.密苏里号舰纪念馆官方网站 http://www.ussmissouri.com

9.《萨科奇拟在诺曼底登陆旧址建风力农场招致各方批评》，源自中国日报网 http://www.chinadaily.com.cn/hqgj/2011-07/18/content_12924054.htm

五、年鉴、文献汇编与其他

1.《中华民国现行法规大全》，商务印书馆1933年版。

2.国防最高委员会党政工作考核委员会编：《行政三联制文造法令辑要》，正中书局1943年版。

3.陪都建设计划委员会编印：《陪都十年建设计划草案》，1947年。

4.重庆市人民政府办公厅编：《重庆年鉴》，重庆年鉴社1996年版。

5.国家文物局编：《中国文物年鉴（2006）》，科学出版社2007年版。

6.《中华人民共和国法律汇编（2005—2009）》（下），人民出版社2010年版。

7.国家文物局法制处编：《国际保护文化遗产法律文件选编》，紫禁城出版社1993年版。

8.《中华人民共和国文物保护法》，《国务院公报》2002年第33号。

9.中国第二历史档案馆编：《中华民国史档案资料汇编·政治（二）》第5辑第1编，江苏古籍出版社1994年版。

10.中国第二历史档案馆编：《中华民国史档案资料汇编·军事（三）》第5辑第2编，江苏古籍出版社1998年版。

11.重庆市规划设计研究院、重庆中国三峡博物馆、重庆文化遗产保护中心等编:《重庆抗战遗址遗迹保护利用总体规划》,2010年。

六、外文文献

1. Pat Yale. *From Tourist Attractions to Heritage Tourism*, Huntingdon: ELM Publications, 1991.

2. C. R. Vinten. The Conservation of Historic Sites in Florida, *The Florida Historical Quarterly*, Vol.23, No.2, 1944, pp.122–126.

3. John Abbotts. National monument locations and remediation of World War II battle sites, *Remediation Journal*, Vol.19, No.4, 2009, pp.121–134.

4. Hugh Clout. Ruins and Revival: Paris in the Aftermath of the Second World War, *Landscape Research*, Vol.29, No.2, 2004, pp.117–139.

5. Henry Cleere. (ed.) *Approaches to the Archaeological Heritage*. Cambridge: Cambridge University Press, 1984, pp.125–131.

后 记

长期以来,学术界关于重庆抗战遗址遗迹的研究并不深入,成果还不够丰富。在重庆积极实施抗战大后方历史文化工程背景下,重庆中国三峡博物馆黄晓东研究员、张荣祥研究员于2009年共同主持承担了重庆市社科重大项目《重庆抗战遗址遗迹的保护与开发研究》。该项研究以第三次文物普查数据为基本资料,以对重庆抗战遗址遗迹保护作理论分析和实地考察为基本任务。2012年10月,项目组将经过三年研究形成的结项报告交由中国国家博物馆原副馆长夏燕月研究员、中国人民革命军事博物馆原副馆长阮家新研究员和国际友谊博物馆原副馆长相瑞花研究员评审,他们认为这一研究是"开拓之举","对于文博界具有启示意义"。之后,项目组又根据专家意见,对结项报告作了修改,最终形成了这部书稿。

本书紧扣时代脉络与政治方向,在结构上由"总论"和"分论"组成。"总论"对重庆抗战文物遗址内涵与价值、保护历程与现状、分布及其特点等问题进行探讨,比较全面地阐释了重庆抗战文物遗址的保护原则、模式以及规律,同时采取比较研究的方式对重庆抗战遗址遗迹保护提出了总体建议;"分论"对重庆现存主要抗战遗址遗迹的来源、空间形制、内部结构作了详尽研究,并对大多数遗址遗迹提出了比较具体的保护与利用对策。应该说,对重庆抗战遗址遗迹作研究是一项全面而系统的工程,本书既是近年来有关重庆抗战遗址遗迹研究的集大成,也开创了探讨和研究大规模近现代遗址(群)保护利用的先例;它既是对重庆抗战遗址遗迹的综合性理论研究,也是对重庆各个抗战遗址遗迹保护具体措施的研究，兼有理论性和实践性。

  本书的完成是在第三次全国文物普查的背景下进行的。这次文物普查从2007年开始，到2011年结束，由全市各级文物单位数千工作人员历经四载完成。2009年，重庆市开展了第七批国家级文物保护单位的申报工作，在此过程中，文博工作者整理的资料中与抗战遗址相关的有48个文本，涉及155处遗址点。"三普"数据和"国保"申报材料为本书框架的构建和最终成稿奠定了基础。本书由黄晓东、张荣祥两位研究员统筹负责完成，其中，"总论"由艾智科撰写，"分论"主要由艾智科、石丽敏、陶昕、杨雨、张莉、夏伙根等共同撰写和整理。同时，由于资料和精力有限，我们还特别组织了一些专稿，其中，《中共中央南方局、八路军重庆办事处附属旧址》、《新华日报营业部旧址》、《中共代表团驻地旧址》、《中美合作所旧址》由刘英完成，《国民政府外交部旧址》、《潘文华公馆旧址》由唐嵩完成，《冯玉祥旧居》、《中国民主革命同盟旧址》由徐晓渝撰写，《戴笠公馆》、《唐式遵公馆》由胡征撰写，《歌乐山抗战石刻群》、《中国国际广播电台旧址》、《中央研究院地质研究所暨中国科学工作者协会旧址》由李盛虎撰写。

  本书从创作到出版得到了重庆市委抗战办、重庆市文化广播电视局、重庆市文物局、重庆文化遗产保护中心、重庆出版社领导和专家的大力支持。此外，重庆市红岩联线、渝中区文管所、沙坪坝区文管所、南岸区文管所、九龙坡区文管所、江北区文管所、大渡口区文管所、渝北区文管所、巴南区文管所、北碚区文管所、合川区文管所、江津区文管所、永川区文管所、綦江区文管所（含原万盛区文管所）、南川区文管所、长寿区文管所、万州区文管所、铜梁县文管所、潼南县文管所、秀山县文管所、奉节县文管所、酉阳县文管所等为我们提供了不少资料。另外，本书中的部分照片由黄宇星同志、钱陵同志提供。毫无疑问，抗战遗址遗迹研究是一项复杂的系统工程，需要长时间的资料积累，并作具体的实地考察，本书的出版，离不开上述领导、专家和同仁的亲切关怀和共同努力，在此一并致谢。

  最后，需要说明的是，在研究过程中，尽管项目组成员努力全面和准确地寻找重庆抗战遗址遗迹的踪迹，但其间疏漏和不足仍有不少。一是抗战遗址遗迹保护的理论建构还不成熟，对相关遗址遗迹提出的保护建议也需要在实践中探索和修正；二是遗址遗迹保护速度赶不上被破坏的速度，有些在第三次文物普查中出现过的抗战遗址遗迹，在研究过程中，已经被毁坏或消失，故这些遗址遗迹很难在研究成果中反映，如国民政府接见厅旧址；三是有些遗址遗迹不属于抗战遗址遗迹，但在第三次文物普查中却被归入抗战遗址类，如位于綦江的龙云旧居、位于酉阳的王光泽烈士碑等，其人物在该遗址点上的活动事迹以及该遗址产生的年代均与抗战无关，故这些遗址只按第三次文物普查表列出，并未在"分论"中作详细说明；四是不少区级或区级以下遗址遗迹的历史信息偏少，使得研究人员难以对其作比较完整的考察和分析，只能作简单介绍，有极个别遗址遗迹还缺少图片，但总体而言，研究人员对市级和市级以上的遗址遗迹均作了详细解读。上述疏漏和不足都需要在今后的研究和实际工作中作进一步探讨和补充。

编　者
2012年12月